초보 상담자를 위한

사례중심 관계정신분석 상담

Paul L. Wachtel 저 | 허재홍 역

Inside the Session

What Really Happens in Psychotherapy

학지사

Inside the Session: What Really Happens in Psychotherapy
by Paul L. Wachtel

역자 서문

정신역동 상담은 역자가 대학원에 입학하면서 공부하기 시작하였고, 이후로 열심히는 아니지만 계속 공부하고 있는 상담 접근법이다. 그런데 박사학위 논문은 정신역동 상담 이론이 아닌 수용을 기반으로 한 인지행동 이론을 바탕으로 작성하였다. 상당히 아이러니하다고 하겠다.

개인적인 이야기를 하자면, 박사학위 논문을 준비하기 전에 선수들을 대상으로 상담을 한 터여서 선수를 대상으로 한 상담을 전문 영역으로 해 보고자 박사학위 논문도 선수들의 경기불안을 주제로 작성하려고 하였다. 이때는 선수촌과 한국체육연구원이 별로 교류가 없던 때라 선수들에게도 도움이 되어서 준비를 시작하였다. 그런데 선수촌에 새로 부임하신 촌장님이 선수촌과 체육과학연구원이 서로 교류하고 협력해야 한다고 하시면서 양 기관의 교류가 활발해졌고 논문을 쓸 기회가 없어졌다. 경기불안과 유사한 주제가 사회불안이었고, 사회불안의 최근 경향을 찾다 보니 수용 기반의 인지행동 접근에 이르게 되었다. 어찌 보면 이 접근은 이때 처음 공부하는 것이었는데, 의외로 이해가 잘되었다. 그래서 이 이론을 바탕으로 한 박사학위 논문을 작성하고, 그 이후로 이 접근을 더 깊게 공부하지는 않았다.

그러다 2012년에 상담에서 감정을 다루는 책들을 번역해 보는 것이 의미가 있겠다는 생각이 들어서 처음으로 『초보상담자를 위한 정신역동 상담(Psychodynamic techniques: Working with emotion in the therapeutic relationship)』을 번역하였고, 이때 왁텔(Wachtel) 박사의 저서를 알게 되었다. 왁텔 박사의 저서를 읽으면서, 박사학위 논문을 작성할 때 인지행동 이론을 별로 공부하지 않았음에도 수용 기반 인지행동 이론이 쉽게 이해된 이유를 알게 되었다. 그래서 관계정신분석을 이해할 수 있는 책자를 번역해 보고자 하였고, 왁텔 박사가 직접 상담한 내용을 해설한 이 책을 선택하게 되었다.

이 책은 원래 미국심리학회에서 비디오 시리즈 〈심리치료 접근(Systems of Psychotherapy)〉을 제작하기 위해 저자를 초청하여 실시한 시연상담을 다시 책으로 엮은 것이다. 책에도 나오지만 원래 왁텔 박사는 지원자 두 명을 상담하였으나, 이 가운데 잘된 사례를 비디오로 출시하였다. 그러나 책으로는 썩 잘되지 않은 나머지 사례도 수록하여 공부할 수 있는 폭을 넓혀 주었다. 제1부에서는 저자의 이론을 간략하게 소개하고 있다. 저자의 이론을 자세하게 설명하고 있는 책들도 있기는 하지만, 제1부에 소개된 내용만 보더라도 저자가 어떤 이론으로 상담을 하고 있는지 충분히 이해할 수 있을 것으로 보인다. 그리고 제2부에서는 저자가 상담한 내용을 축어록으로 제시하고 각 반응별로 자세하게 설명하고 있다. 이 사례를 통해 저자가 제1부에서 설명한 이론이 어떻게 적용되는지 이해할 수 있을 것이다.

이 책의 가장 큰 장점은 잘된 사례와 잘되지 않은 사례 모두를 제시했다는 점과 상담자가 잘된 반응은 물론 실수하거나 잘못한 반응도 모두 솔직하게 제시했다는 것이다. 이를 통해 신과 같은 전문가가 아닌 인간미 있는 전문가를 만날 수 있을 것이다.

정신분석은 이드 심리학에서 자아심리학으로 그리고 대상관계 이론과 자아심리학을 거쳐 관계정신분석으로 발전하고 있다. 이를 저자의 표현을 빌려 표현하자면 한 사람 관점에서 두 사람 관점으로 그리고 맥락 관점으로 나아가고 있는 것이다. 한 사람이 아닌 두 사람이 함께 있는 공간에서 일어나는 것들을 다루고 있다고 할 수 있겠는데, 이는 가상적인 모형에서 실제 사람 사이의 관계로 나아가고 있다고 할 수 있다. 이 책은 여기서 머물고 있지만 덧붙이자면 이후 이론(정확하게는 접근법)이 발전할 여지는 무궁무진하다고 본다. 그 한 예가 이동식 선생님의 도 정신치료이다. 이 책은 향후 나올 여러 이론을 연결하는 가교로서 좋은 토대가 될 것으로 생각한다.

원래 이 책은 이미 출판이 끝났어야 하는데 역자의 게으름으로 이제야 출판을 하게 되었다. 출판될 때까지 오랜 시간을 인내로 참아 주신 학지사의 김진환 사장님께 감사드리고, 졸고의 편집을 맡아 고생하신 황미나 선생님을 비롯한 학지사 관계자분들께도 감사드린다.

저자 서문

심리치료 문헌은 임상 사례로 가득 차 있다. 하지만 전체 사례를 자세하게 설명하고 있는 경우는 거의 없다. 사례들은 그 사례가 가지고 있는 특성 때문에 선택되는 것이다. 이 점이 취사선택된 사례의 장점이다. 특정 사례를 선택하는 이유는 사례가 적절하기 때문에, 즉 저자가 보기에 그 사례가 어떤 특정 사항을 잘 보여 주기 때문이다. 하지만 이 점이 또 취사선택한 사례의 단점이기도 하다. 사례가 취사선택되었다는 사실 자체만으로도 주의를 요하게 된다. 저자의 의도에 잘 들어맞고 좋은 예가 되는 사례를 선택할 때는 필연적으로 적합하지 않은 것은 배제하게 된다. 이는 저자가 어떤 악의적인 의도가 있어서가 아니라 지각과 기억 본질 자체의 특성이 그렇기 때문인데, 거친 부분은 매끄럽게 하고 우리 도식에 맞는 것을 보게 되고 회상하기 때문이다. 우리는 사례들을 제시할 때 쌀에서 겨를 분리해서, 즉 배경이 아닌 전경에 초점을 맞추려고 노력한다. 하지만 무엇이 쌀이고 무엇이 겨인지, 다시 말해 무엇이 전경이고 무엇이 배경인지는 가장 중요한 논쟁거리일 것이다. 지성과 선의를 가지고 있는 사람들이 치료 과정에 대한 관점이나 치료적 변화에 도움이 되는 요인들을 보는 관점이 왜 그토록 다를 수 있는지 이해하고 싶다면 가장 좋은 출발점은 무엇이 쌀이고 무엇이 겨인지, 여러분이 무엇에 주목하고 초점을 맞추면서 이론과 관점의 토대로 하고 있는지 그리고 무엇을 부적절하고 방해되는 것으로 보고 있는지 물어보는 것이다.

요점은 임상 사례가 유용하지 않다는 것이 아니다. 나는 수년 동안 내 저서에 많은 임상 사례를 수록했다. 내 저서 중 하나인『치료적 의사소통(Therapeutic Communication)』(P. L. Wachtel, 1993; 신판은 출판 중)은 주로 환자들에게 도움이 되는 상담자 반응과 그다지 도움이 되지 않는 상담자 반응을 설명하기 위해 선택한 여러 사례로 구성되어 있는데, 나는 이 '적절한 사례'를 선택하는 데 많은 시간을 보냈다. 분명히 나는 자신의 생각을 내보이고 명확하게 설명하기 위한 매우 유익한 위치가 있다고 생각한다. 하지만 취사선택되지 않은 사례에서 전혀 다른 모습의 임상적 진취성을 보게 되는데, 이 책은 두 번째 접근법에 뿌리를 두고 있다.

나는 총 3회의 완전 축어록을 여기에 제시한다. 축어록에는 상담이 진행되면서 시시각각 내가 어떻게 생각하고 느꼈는지 구체적으로 묘사한 내 생각도 수록하였다. 이 책의 정수는 취사선택한 사례를 제시하지 않고 적합한 것과 적합하지 않은 것을 똑같이 제시하여 무엇이 적합하고 무엇이 적합하지 않은지를 독자가 결정하도록 했다는 데 있다. 여기에 더하여 나는 사례를 삭제한 부분 없이 제시하고 사례를 내가 선택하지 않은 덕분에 사례를 취사선택하지 않아도 되었다. 이 말은 여러 사례 테이프를 뒤지면서 '좋은 사례'를 찾지 않았다는 것이다. 이 책은 미국심리학회(American Psychological Association)가 나에게 비디오 시리즈 〈심리치료 접근(Systems of Psychotherapy)〉의 일부로 DVD 사례 시연을 해 달라고 요청한 데에서 기인한다. 원래 하기로 했던 것은 내가 시카고로 가서 제작자가 모집한 네 명의 환자와 각각 한 시간씩 만나고 네 사례 중 내 상담을 가장 잘 보여 주는 사례를 선택하는 것이었다. 그런데 내가 시카고에 도착했을 때 환자 두 명만 모집되었다는 것을 알게 되었다. 게다가 머피의 법칙처럼 보였던 것을 덧붙이자면, 루이스(Louise, 제3장)와의 상담이 끝날 무렵 감독이 방으로 들어와 "선생님에게 안 좋은 소식이 있습니다."라고 말했다. 감독은 나와 루이스에게 음향에 문제가 있었다고 말했다. 곧바로 거기서 두 번째 상담을 해야 한다는 말인가 하는 생각이 들었다. 그래서 그날 나는 결과적으로 상담을 세 번 했는데, 루이스(제3장, 제4장)와 두 번, 멜리사

(Melissa, 제5장)와 함께 한 번 했다. 그런데 상담을 두 번만 진행했다면 나는 이 책을 저술할 생각을 하지 않았을 것이다. 기술적 결함(나중에 실제로 비디오를 보았을 때는 문제가 되지 않는 것으로 밝혀짐)은 루이스와 또 한 번의 상담을 하는 기회가 되었고, 아무튼 세 번의 상담은 이 책을 저술하게 된 결정적인 계기가 되었다. 상담하는 동안 어떤 취사선택도 필요하지 않았고 또 있지도 않았다. 나는 세 번의 상담을 녹음했고, 이 책에 이 세 번의 상담 축어록을 제시한다.

이 책은 학생이나 초보 상담자 그리고 경험 많은 상담자를 위해 쓴 것이다. 초보 상담자에게 바라는 것은 이 책을 통해 상담 중 내가 한 반응뿐만 아니라 내가 어떻게 생각하고 있었는지, 어떤 경험을 하고 있었는지, 왜 그런 반응을 했는지 볼 수 있는 것이고, 더 바라는 것은 내가 기회를 놓쳤거나 실수를 한 때를 볼 수 있는 것이다. 학생들은 보통 경험 많은 상담자들이 상담에서 어떤 생각을 하는지 그리고 어떤 느낌을 가지는지 볼 기회도 별로 없지만, 경험 많은 상담자들의 실수나 놓친 반응을 볼 기회는 더욱 없다. 보통 경험 많은 상담자는 감독자의 역할을 한다. 그래서 자신의 생각과 감정을 드러내고 결점을 노출시키는 위험을 무릅쓰는 것은 학생이다. 이 책에서 내 목적은 이것을 뒤집어 학생들이 내가 한 상담을 관찰할 수 있도록 하고 상담하는 동안 내가 한 생각과 갖게 된 느낌에 대해서도 들을 수 있게 하는 것이다. 그리고 학생들이 자기 나름의 판단을 할 수 있도록 충분한 자료를 제공하는 것이다.

경험 많은 상담자에게는 상담한 후에 내가 한 상담에 대해 어떻게 생각했는지 그리고 더 일반적으로는 심리치료와 심리치료의 과정에 대해 내가 어떻게 생각하는지 내 마음을 훤히 들여다볼 수 있도록 할 뿐만 아니라 상담할 당시의 내 마음도 훤히 들여다볼 수 있도록 하는 것이다. 이 직업에 종사하는 우리 대부분은 동료들의 어깨 너머로 볼 수 있는 기회도 적고 동료들의 마음을 들여다볼 기회도 적다. 훈련을 마치고 현장에서 심리치료를 해 보면 심리치료는 다소 외로운 작업이라는 것을 느끼게 된다. 내가 자그마하게 바라는 것은 상담하는 동안 내게 든 생각과 느낌을 최대한 자세하게 축어록에 적고 그것을 공유함으로써 상담자들의 고립감을 해소하는 데 기여했으면 하는 것이다. 또 하나의 목적은 이론에 대해 설명한 장이나 축어록과 함께 제시한 논평 모두에서 심리치료가 어떻게 효과가 있는지 그리고 심리치료를 어떻게 해야 하는지 생각해 볼 질문을 제기하는 것이다. 이 책은 임상 이론과 실제의 토대가 된 다양한 가정을 새로운 시각에서 살펴보고, 연구 문헌과 임상 경험을 기초로 치료 과정을 통합해서 설명하는 데 목적이 있다. 이 책에 제시한 상담은 정신역동, 인지행동, 체계적, 경험적 전통에서 다양한 방식으로 도출된 통합 관점에 기인하는데, 이렇게 상담하는 과정에서 자연스럽게 여러 가정과 익숙한 상담 방식에 대해 확증하기도 하고 의문을 제기하기도 한다.

언어에 대한 몇 가지 참고사항

언어는 인간을 인간답게 하는 것이며 심리치료자의 가장 중요한 도구일 것이다. 그러나 언어는 또한 우리 삶에서 잠재적으로 분열을 일으킬 수 있으며, 사람들은 언어를 수단으로 다른 사람과 차이를 둔다. 국가와 민족 차원에서 이는 비극이 될 수 있고, 우리 분야에서는 이론의 차이가 문제가 될 수 있다. 통합 이론가이자 치료자로서 여러 이론의 치료자들과 자주 정기적으로 의사소통할 수 있어야 했고, 또 이들이 다른 이론에서 나온 개념의 가치를 볼 수 있도록 해야 했던 사람으로서 나는 언어가 어떻게 장애물이 될 수 있는지, 즉 (다양한 이론의 치료자에 따라 다양하게) 어떤 용어는 과도하게 가치 있는 전문 용어가 되고 또 어떤 용어는 불리기 어려운 X등급의 용어가 되는지에 대해 계속해서 충격을 받았다. 종종 내가 보기에 자신의 언어를 과대평가하고 다른 이론의 언어는 하찮게 여기는 경향이 가장 강할 때는 양측이 열심히 상담하면서 상담 방식이나 생각하는 방식에서 나타나는 유사점을 보지 않으려고 할 때이다.

나는 이러한 복잡한 문제를 떠맡을 생각은 없다. 나는 내 저서의 상당 부분에서 다른 이론의 치료자들이 각기 다른 언어를 통해서 어떻게 비슷한 개념에 접근하는지 설명하기 위해 노력했다(특히 P. L. Wachtel, 1997 참조). 요점은 이들이 정말로 똑같다고 주장하는 것은 아니다. 그것은 가치가 없을 것이다. 우리 분야의 각 주요 이론에서 도출된 개념과 상담 방식 간에는 상당한 차이가 있어서 내가 하는 통합 노력의 목적은 이러한 차이를 활용하는 것으로 하나의 치료적 틀을 창출하는 것인데, 이 틀 내에서 이러한 차이를 합한 것보다 더 큰 전체를 산출하는 것이다. 통합적 틀에 대한 간단한 설명은 이 책의 제1부 '기초 가정과 원리'에서 소개할 것이며, 이 원리가 임상 장면에서 어떻게 표현되는가는 제2부 '사례'의 각 사례와 사례별로 제시된 논평에 잘 드러날 것이다. 여기 서문에서는 우리를 강하게 분열시키거나 서로 듣지 못하게 할 수 있는 다소 구체적인 두 가지 문제만 강조하고 싶다. 그리고 독자들에게 이러한 위험한 함정을 헤쳐 나갈 수 있는 나만의 특별한 접근법을 알려 주고 싶다.

첫 번째 언어 문제는 심리치료계에만 국한된 문제는 아니고 미국 문화 전반에 있는 중대한 결점이다. 수십 년 동안 영어 사용 문제를 자각해 온 사람들은 언어가 인간을 총칭할 때 여성을 드러나지 않게 한 언어습관을 넘어서는 방법을 찾으려고 노력했다('인류'에 대한 웅장한 선언에서부터 "모든 작가는 그의 언어를 간략하게 해야 한다."와 같은 간단한 진술에 이르기까지 그렇다). 문제는 작가가 그 또는 그녀의 생각이 너무 복잡해서 그 또는 그녀의 문장에서 많은 종속절을 사용하기에 그 또는 그녀의 언어를 간략하게 하는 것이 어렵다는 것이다. 그렇다. 나는 일부러 마지막 문장을 충격받지 않고는 읽기 어렵게 했지만, 이렇게 한 것은 성차별이 덜 하도록 언어를 사용할 때 나타나는 문제를 설명하기 위해서였다.

모든 저자는 이 문제에 대한 자신의 해결책을 찾아야 한다(내가 여기서 주눅이 덜 들게 하는 문장으로 그렇게 한 것처럼 말이다). 이 책에서 주된 내 해결책은 상담자에 대한 일반적인 서술을 여성 대명사로, 내담자에 대한 일반적인 서술을 남성 대명사로 하는 것이다. 독자가 이에 대해 주의를 하면 더 명확하고 쉽게 읽을 수 있고, 두 역할로 성을 구분함으로써 어떤 문장은 더 잘 이해할 수 있다("환자가 그의 이야기를 상담자에게 말할 때, 그녀는 주의 깊게 듣는다."와 "환자가 그녀의 이야기를 상담자에게 말할 때, 그녀는 주의 깊게 듣는다."를 비교해 보기 바란다. 후자에서는 그녀가 누구를 말하는지 처음 보면 헷갈릴 수 있다). 환자와 상담자를 이렇게 대명사로 구분하는 것은 임상 문제를 다루고 있는 내 저서 대부분에서 사용한 해결책이며, 대체로 잘 통했다. 하지만 여기서 나는 독자들에게 더 골치 아픈 문제를 이야기하고 싶다. 결과적으로 이 책 사례의 두 환자(환자라는 단어에 대해 잠시 후에 더 다루겠다)는 둘 다 여성이었고, 상담자는 남성이었다. 따라서 이 책에서 내가 루이스나 멜리사에 대해 구체적으로 한두 문장 정도 언급한 다음 일반적인 사람에 대해 언급할 때, 내가 상담자 역할을 언급하지 않아도 여성 대명사를 문장에 사용한다. 즉, 방금 말한 일반적인 규칙(환자는 남성, 치료자는 여성)은 모든 경우에 지켜지는 것은 아니라는 것이다. 일반적으로 사람들이 남성적인 모습과 여성적인 모습을 모두 보이듯이 내가 일반화하는 경우에도 나는 어떤 때는 여성 대명사를 쓰고 어떤 때는 남성 대명사를 쓴다. 더구나 좀 더 간단한 문장에서는 지금은 익숙한 '그의 또는 그녀의'라는 표현을 사용한다. 나의 말이 독자에게 명확할 것이라고 생각은 하지만 다른 사람들이 사용하는 것과는 다소 다른 방식이기 때문에 이러한 언어 문제를 조율하기 위한 나의 전략을 설명하고 있는 것이다.

내가 독자의 주의를 환기시키기 위한 두 번째 언어 문제는 **환자**와 **내담자**라는 말이다. 치료 학회의 어떤 분야에서는 **환자**라는 용어를 선호하지만 또 다른 분야에서는 **내담자**라는 용어를 일반적으로 사용한다. 이것은 자신이 속한 집단 내에서 토론할 때는 문제를 일으키지 않는다. 하지만 통합 이론가이자 상담자로서 나는 많은 워크숍을 해 왔고, 이 워크숍에서 '혼재된 집단'을 대상으로 발표를 해 왔다. 그럴 때마다 나는 환자 또는 내담자라는 용어를 쓰는 것에 대해 사람들이 보이는 강한 반응에 놀라고 있다. **내담자**라는 용어는 인지행동 치료자와 (물론) 내담자 중심 및 다른 인간주의-경험적 치료자들이 선호하고 있는데, 환자라는 용어에 대한 대안으로 도입되었다. 이렇게 된 이유는 **환자**라는 용어가 '의학적' 모형을 상기시키고 **내담자**라는 용어를 선호하는 사람들에게 환자라는 용어는 치료받으러 오는 사람을 단순히 인간적인 문제로 씨름하는 사람이 아니라 정신병리를 가진 사람으로 보는 것처럼 보이기 때문이다.

지금 내가 고심하고 있는 인간적인 문제 가운데 하나는 내가 **환자**라는 용어로 교육받았다는 것이고, 이 용어가 나에게는 가장 자연스럽게 다가온다는 것이다. 나는 내가 사용하는 용어로 인해 사람들이 내가 말하고자 하는 본질에 다가가지 못하게 하고 싶지 않아서 여러 해 동안 워크숍을 시작할 때 나의 언어습관에 대한 양해를 구하듯이 언급하곤 했고, **내담자**라는 용어에 익숙했던 참가자들에게는 이해해 달라고 부탁하곤 했다(그리고 대부분은 이해했다). 그러던 어느 날, 한 워크숍 참가자가 나와 모든 참석자에게 어원에 대해 알려주었는데, 이로 인해 내가 했던 설명에서 양해를 구하는 듯한 어조를 완전히 사라지게 했다(독자가 이해하겠지만, 이 문제를 독자에게 알려야 한다거나 '해명'해야 한다는 의미는 아니다). 참가자의 말에 따르면 '**환자**(patient)'의 라틴어 어원은 '고난을 겪는 사람'을 의미하고, 이와는 달리 '**내담자**(client)'의 어원은 '의존하는 사람'을 의미한다. 실제로 **내담자**의 client는 라틴어 cliens에서 파생되었는데, cliens는 해방되었으면서도 여전히 주인에게 의존하고 있는 로마의 노예를 말한다. 이렇게 보면 **환자**라는 단어는 개인의 고통에 더 공감적인 태도를 보이는 것이고, **내담자**라는 단어는 자신도 모르게 비하하고 있는 태도를 보이고 있는 것이라고 주장할 수도 있는 것이다. 내담자라는 용어를 쓰게 되면 개인의 자율성, 즉 그 또는 그녀가 치료자에게 동등하게 온다는 것을 의미하기는커녕 의존하는 상태, 마치 자율성이 거의 없거나 아예 없는 나라가 더 큰 나라에 의존하고 있는 상태를 생각나게 하는 언어적 맹점이 있는 것이다.

이런 종류의 장난기 어린 탁상공론을 즐기는 독자라면 위키피디아, 구글 그리고 다른 웹사이트들이 무한정의 즐거움을 줄 것이다. 이보다 더 중요한 것은 21세기 이 시점에서 대부분의 인지행동 치료자가 **내담자**라는 용어를 사용하는 것이 의학적 모형에 대한 이들의 반항적인 도전을 반영한다는 가정에 의문을 제기할 만한 이유가 있다는 것이다. 정신분석가들이 '의학적 모형'에서 상담을 하고 있고, 행동치료자들이 이 모형에 도전을 하고 있다고 보는 것이 타당하다면, 오늘날 상황은 더 복잡해서 어떤 면에서는 방향이 반대일 수 있다(P. L. Wachtel, 2010a). 어쨌든 이 책에서 나는 환자라는 단어를 주로 사용할 것이다.[1] 환자라는 용어에 대해 혐오감이 있는 독자의 경우 앞에서 말한 장난기 어린 농담이 그 감정을 둔감하게 하는 데 도움이 되기를 바라는 마음이다.

대부분의 독자에게 내가 바라는 것은 제1부의 이론과 연구 고찰 그리고 제2부의 사례 제시와 사례에 대한 논평을 통해 독자가 훈련받은 이론이 아닌 다른 이론에서 나온 개념들이 한 중대한 기여를 볼 수 있게 되는 것이다. 임상 장면과 연구에서 파생된 관찰은 우리가 직면한 문제에 다른 관점에서 빛을 줄 수 있으나, 우리가 하는 일이라는 것이 이러한 관찰에서 혜택을 보지 못하게 하는 이념적인 맹점으로 우리를 제한하지 않는다면 하기 어려운 일이다.

마지막으로 큰 도움을 준 베레드 로넨(Vered Ronen)에게 감사하고 싶다. 베레드는 참고문헌을 모으고 마구잡이로 된 참고논문을 APA 형식으로 정리

1) 역자 주: 이 역서에서는 저자와는 달리 내담자라는 용어를 사용한다. 용어 자체보다는 상담하는 사람의 마음가짐이 더 중요하기는 하지만, client라는 용어를 사용하는 데는 단순히 의학적 모형에 대한 반발만이 있는 것은 아니고 상담하는 사람과 상담받는 사람이 동등하다는 사상이 담겨 있는 것이어서, 이 책에서는 저자와는 달리 내담자라는 용어를 사용하기로 한다. 부언하면, 역자도 환자보다는 내담자라는 용어로 훈련받아서 내담자라는 용어가 더 편한 것이 사실이다.

하는 데 엄청난 도움을 주었다.

그리고 사랑스러운 마무리로, 책의 모든 내용을 꼼꼼히 논평해 주고 이 책을 집필하는 동안 지원을 아끼지 않은 아내에게 고마움을 전할 수 있어 기쁘다. 집필을 끝낼 때 느끼는 즐거움 가운데 하나는 우리 삶을 경이롭게 해 주는 일들을 할 시간이 더 많아진다는 것이다.

차례

제3부 되짚어 보기

제**1**부

기초 가정과 원리

제1장

지면 높이에서 본 상담

상담의 실제에 대해 직접 생생하게 묘사하는 것보다는 상담의 이론이나 과정에 대해 저술하는 것이 더 쉽고, 상담자의 평판을 위해서는 더 안전하다. 1km 상공에서 보면, 지형은 질서정연하게 보여서 그 윤곽을 파악하기가 쉬워 보인다. 하지만 지면에서 보면 사물들은 그렇지 않다. 상담을 하는 경험은 거의 모든 상담자에게 불편하고 불안하게 하는 모호한 순간(종종 순간 그 이상)을 겪게 하는 경험이다. 강의시간이나 교과서에서 볼 때는 아주 완벽하게 느껴지는 산뜻한 이론도 매우 수수께끼 같은 복잡한 인간의 현실 앞에서는 무너진다. 상담하는 동안 무엇을 해야 하는지 안다고 자신 있게 말하는 상담자는 어쩌면 치료실에서 무슨 일이 일어나고 있는지 충분히 주의를 기울이지 않고 있는 것일 수도 있다.

이 책의 목적은 상담 과정을 **지면 높이**(ground-level)에서 보는 관점을 제시하는 것인데, 상담 과정은 모호하고 예측 불가능한 것으로, 이는 어쩔 수 없는 상담의 한 부분이다. 나는 이 책에 몇 회분의 완전 축어록을 제시하고자 한다. 그리고 이 축어록과 함께 상담시간 동안 내가 했던 생각과 느꼈던 느낌, 내가 하거나 하지 않았던 반응의 의도, 그리고 내가 놓쳤을 수 있는 반응과 다르게 할 수 있었던 반응에 대한 내 생각에 대해 자세하게 이야기하고자 한다. 내 목적은 학생이나 초보 상담자뿐만 아니라 경험이 있는 상담자들에게도 도움이 되게끔 내가 한 상담의 '결점들까지 모두' 제시하면서 그 사례들을 다시 검토해 보는 것이다. 우리는 '잘된' 사례발표는 많이 보지만, 실제 치료가 어떻게 진행되는지 보여 주는 사례발표는 거의 보지 못한다. 어떤 면에서 보면, '일어난 일'을 검토하는 것과 '일어나고 있는 일'을 검토하는 것은 아주 다를 것이다.

나는 저서에 임상 사례를 많이 수록하기는 하지만, 한 회 전체를 수록한 것은 이번이 처음이다. 이 말은 '흥미로운' 것도 아니며 무언가를 '보여 주는' 것도 아닌(무엇을 보여 줄 것인지에 대한 어떤 아이디어가 있을 때 보여 줄 수 있다), 완전히 엉망인 상황인 것이다(좋게 봐 주면 꼬인 상황 정도이다). 즉, 잘 모르겠다는 느낌이 들기도 하고 좌절스러운 느낌이 들기도 하며, 심지어 무능하다는 느낌이 들기도 한다. 그러다가 하늘이 맑아지면서 가야 할 방향이 명확해진다. 나는 상담 과정과 내담자에 대한 내 나름의 이해 방식을 지면 높이의 관점과 결부하여 독자에게 보통은 경험할 수 없는 교육적인 경험을 제공하고자 한다.

이 책이 상담자들에게 도움이 될 수 있는 또 하나의 특징은 여기서 설명한 사례를 DVD로 구할 수 있으며 이 DVD가 책으로 설명한 것 외에 또 다른 관점을 보여 주고 있다는 것이다. 비디오를 구입해서 보는 상담자들은 축어록으로 전달되는 것과 비디오에서 **보고 듣는** 것을 비교해 볼 수 있을 것이다. 비디오에는 정서적인 뉘앙스와 상호작용의 비언어적인 요소가 있는데, 이는 축어록으로는 포착할 수 없는 것이다. 반면, 축어록에서는 반복해서 자료를 검토할 때 활자화된 자료가 허용하는 편의성으로 인해 그리고 상담시간에 나의 개입의 토대가 된 이론적 그리고 임상적 동기에 대해 검토한 내용을 통해서 얻게 되는 관점도 있다. 사례를 글로 보여 주는 방식과 비디오로 보여 주는 방식은 상호 보완이 된다. 두 방식은 각기 나름의 기여를 한다.

독자가 비디오를 보면서 자신의 경험을 보완하기로 결정했건 안 했건 간에, 이어지는 책 내용에서 3회의 상담시간을 통해 어디가 같고 어디가 다른지 검토할 수 있을 것이다. 어떤 면에서 보면, 사물을 보는 내 개인적인 성향과 방식이 이 3회의 상담 동안 일어난 일에 영향을 미친다는 것은 분명할 것이다. 이와 동시에 상담실에 있는 아주 다른 두 사람이 만들어 내는 상호주체적인 장에 순간순간 내가 반응하고 있다는 사실 또한 명백하다. 이와 마찬가지로, 상담시간마다, 같은 내담자를 상담하더라도 나와 내담자 사이의 정서적인 분위기에 따라 내 반응과 경험이 시시각각 달라진다는 것 또한 사실이다.

통합적인 관계주의 관점

이 책에 제시한 상담의 토대가 되는 이론적 관점은 정신분석 접근, 인지행동 접근, 체계적(가족치료) 접근, 경험적 접근의 각 요소를 합한 관점으로 상담한 30년 이상의 임상 경험에 토대를 두고 있다. 또한 이 이론적 관점은 지금은 정신분석에서 **관계주의** 관점으로 알려져 있는 것을 있게 한 정신분석 사조의 상당한 발전에 내가 몸을 담았던 데에도 원인이 있다(P. L. Wachtel, 2008). 이 새로운 형태의 정신분석은 내가 방금 언급한 세 가지 접근으로만 주로 훈련받은 독자에게는 다소 생소할 것이다. 많은 훈련 프로그램에서 정신역동에 대한 교육은 종종 피상적이고, 멸시당하며 희화화되고 있을 뿐 아니라 몇십 년 뒤처져 있기도 하다(Bornstein, 1988; Hansell, 2004; Redmond & Schulman, 2008; Westen, 1998).

이 책에 제시한 상담사례에는 인지행동 접근, 체계적 접근, 경험적 접근으로 훈련받은 독자가 친숙하게 느낄 수 있는 각 이론의 특징과 닮은 요소가 생각보다 많이 있다는 사실에 주목해야 한다. 하지만 이 독자들도 정신역동 전통의 최신 접근법이 어떻게 자신의 접근법을 매끄럽게 보완하고, 어떻게 상담을 더 깊이 있고 효율적으로 할 수 있게 하는지 각 사례에서 설명하는 방식에 대해 생각해 보았으면 하는 바람이다. 이 책을 최대한 활용하기 위해서 정신분석을 하지 않는 독자는 사례의 정신분석 요소가 독자의 임상적 틀과 감성에 어떻게 맞아 들어가는가를 잘 보아야 하고 정신분석 요소가 통합된 접근에 어떻게 새로운 요소를 추가하고 있는가를 잘 보아야 한다. 이렇게 함으로써 놓칠 수 있는 임상 모습을 밝히고 독자가 이미 알고 있는 개입법을 더 보완해 주는 개입법을 도입하는 것이다.

그렇다고 해서 내가 독자에게 의심을 하지 말라고 하는 것은 아니다. 통합된 접근의 정신분석 특징과 그것이 토대를 두고 있는 가정은 다른 이론과 마찬가지로 똑같이 엄격한 평가를 받아야 한다. 오랜 세월 동안 정신분석학계에서는 대부분 정신분석 견해에 대한 실증적 토대에 대해 충격적일 정도로 무신경했다는 것이 불행하지만 사실이다(사실 그러한 태도를 가진 정신분석 사상가들의 일부 집단이 오늘날에도 남아 있다). 그러나 정신분석 이론과 실제가 일반적으로 평가되는 것보다 훨씬 더 엄격한 실증적인 검증을 받아 왔다는 점과 이러한 실증적 토대가 상담 분야의 다른 이론만큼 많은 면에서 꽤 견고하다는 점 역시 사실이다(예: Blatt, 2008; Leichsenring & Rabung, 2008; Levy & Ablon, 2009; Mayes, Fonagy, & Target, 2007; Shedler, 2010; Westen, 1998; Westen, Novotny, & Thompson-Brenner, 2004 참조).

말할 것도 없이, 친숙하지 않은 견해에 개방하는 것이 가치가 있다는 내 주장은 독자 가운데 정신분석 훈련을 받은 사람에게도 똑같이 적용된다. 다른 이론에 대해 똑같이 희화화하는 경향, 즉 똑같이 극단적으로 '배격하는 경향'은 다른 이론과 마찬가지로 정신분석 훈련 프로그램에도 자주 있다. 그래서 나는 이 장에서 내 통합 관점에 대한 짧은 요약을 제공하여 내 원래 관점인 정신분석의 배경이 있는 독자들에게는 다른 이론의 혁신적인 상담자들이 이룩한 중대한 기여를 볼 수 있도록 하고, 인지행동 관점, 체계적 관점, 경험적 관점 배경이 있는 독자들에게는 지금껏 무시해 온 많은 양의 아이디어와 실제에서 혜택을 받고 통합할 수 있도록 한다. 독자에게 편한 이론이 무엇이든지 간에 내가 기술하고 있는 내용이 여러분에게 익숙한 이론 안에서 문제없이 들어맞을 수 있는 방법과 여러분의 생각을 **넓히는** 방법을 발견하기 바란다. 나는 또한 여러분이 훈련받지 않은 '변방' 이론에서 나온 기법이 여러분이 훈련받은 이론에 어떻게 동화될 수 있는지 상담 축어록이 보여 줄 수 있기를 바란다.

불안의 핵심 역할

여기서 설명하고 있는 접근법의 토대가 되고 있는 정신분석 이론이 인지행동 상담자들에게 익숙하게 느껴질 수 있는 이유는 사람들이 상담을 받으러 오는 문제에서 불안의 역할을 매우 강조하고 있고 이 불안이 어떻게 극복되는지 이해하는 데 있어 **노출**(exposure)이라는 개념을 명확하게 포함시키고 있기 때문이다(자세한 내용은 P. L. Wachtel, 1997, 2008 참조). 이렇게 불안에 대해 강조하는 것은 프로이트 이론의 핵심 재공식화와 일치하는데(Freud, 1926), 이 재공식화가 상담 과정에 주는 깊은 시사점은 정신분석학계에서는 제대로 평가되지도 않았고 이해되지도 않았다(P. L. Wachtel, 2008). 프로이트(Freud)는 초기에 불안을 억압의 결과물로 개념정리를 하면서 그것이 더 본질적인 현상이라고 보았으나, 1926년에 그는 자신이 틀렸으며 불안의 기저에 억압이 있는 게 아니라 억압의 기저에 불안이 있다고 명확하게 기술하였다. 억압의 기저에 불안이 있다고 말하기 이전에(예: Freud, 1914/1959), 그가 억압의 개념이 정신분석의 '초석'이라고 여러 번 말했기 때문에 사실상 자기 이론의 초석을 바꾼 셈이다. 프로이트가 나중에 말한 바와 같이 "불안해서 억압을 하는 것이지, 우리가 생각해 왔던 것처럼 억압으로 인해 불안해하는 것이 아니라면"(Freud, 1993, p. 89), 정신분석 사고의 전체 체계의 근본에 있는 것은 불안이며 불안이 정신분석의 초석이라고 생각하는 것은 타당한 것이다. 이러한 사실은 불안을 극복하는 것이 억압을 없애는 것보다도 치료적 변화의 초석이라는 것을 시사하는 것이다.

하지만 독자들은 다음과 같은 사실을 알아야 한다. 내가 이 책에서 제시하고 있는 임상 접근이 이 재공식화에 주로 토대를 두고 있기는 하지만 내가 소개하는 관점이 또 함축하는 바는 프로이트가 자신의 이전 공식화를 뒤바꾸면서 지나치게 멀리 갔다는 것이다. 이어지는 내용에서 내가 제시하는 악순환이라는 개념에서 보면(E. F. Wachtel & P. L. Wachtel, 1986; P. L. Wachtel, 1987, 1993, 1994, 1997, 1999, 2008 참조), 인과관계의 화살표가 양방향으로 되어 있다고 하는 것이 더 정확하다. 즉, 불안해서 억압을 하게 되는 것인데, 이렇게 억압을 하면 더 불안하게 된다는 것이다.

어떤 독자들에게 **억압**이라는 용어 자체는 억압이 정신분석 이론의 초석이 아니더라도 문제가 된다. 절대적으로 그렇지는 않지만, 억압이라는 개념은 '잊혀져' 있으나 이후에 다시 기억할 수 있는 경험쯤으로 잘못 이해되고 있다. 여러 극단적인 연구는 이러한 잘못된 이해에 토대를 둔 개념이 '옳지 않았음을 입증'하고 있다. 오늘날의 맥락에서 그 개념에 대해 타당하게 이해한다면 자기 자신의 경험을 잘못 표현하는 방식에 초점을 맞추는 것이 될 것이다. 우리가 어떻게 느끼고 있는지 또는 어떻게 지내고 있는지 표현할 수 있는 여러 구성개념이 있다(Hoffman, 1998; Neimeyer & Mahoney, 1995). 그리고 이것은 이러한 여러 구성개념이 실제로 일어나고 있는 것을 반영하고 있는 방식일 뿐만 아니라 현대 억압 개념이 실제로 초점을 두고 있는 우리 자신 또는 우리 삶에서 일어나는 일들을 어떻게 바라보아야 하는지를 반영하는(또는 더 넓은 개념인 방어라는 오늘날의 용어와 더 일치되게 문제를 표현하는) 방식인 것이다. 이 개념들을 좀 더 정교하게 이해하면 이 개념들은 사회인지와 인지신경과학 분야의 연구 결과와 사실상 상당히 일치한다.

임상 실제를 위한 불안에 대한 새로운 이해의 함의

억압을 없애는 것이 가장 중요한 상담 목표이며 상담 과정의 핵심이라는 생각에 토대를 두고 정신분석이 오랫동안 시행되어 왔기 때문에 토대가 되는 정신분석 관점에서 일어난 근본적인 변화는 정신분석 기법에서도 그에 상응하는 변화가 일어났어야 했다. 하지만 상당 부분 상담 기법에 관해서는 정신분석 초석의 중대한 변화는 '간과된 변혁'으로 남아 있다(P. L. Wachtel, 2008). 프로이트와 초기 분석가들의 관심을 끌었던 회피와 오해 이면에 있는 불안을 어떻게 감소시키는가에 초점을 맞추는 것이 뒤따라왔어야 했다. 내담자들은 자기 자신 그리고 자신과 다른 사람의 관계에 대해 무언가를 인정하는 것을 끈질기게 회피한다. 하지만 그 회피 자체는 문제가 아니었다(그렇지만 내가 앞에서 언급하고 이후 자세히 설명할 악순환 관점에 관해서는 당연히 다룰 필요가 있다). 바로 회피하게 만드는 불안과 다른 고통스러운 정서가 문제의 핵심에 더 가까이 있는 것이다.

프로이트가 처음부터 이렇게 저변이 있는 동기적 토대를 여러 방면에서 이해했다는 사실을 주목할 필요가 있다. 그가 말한 '방어적 신경정신증'(Freud, 1894, 1896)이라는 생각의 핵심에는 내담자들이 뭔가를 잊어버리는 것은 정신적 고통을 피하기 위한 것이라는 가정이 있다. 하지만 숨겨져 있거나 아직 이해하지 못하고 있는 것을 **발견하는 사람**(discoverer)이라는 자신의 정체성으로 인해(P. L. Wachtel, 2008 참조) 프로이트는 억압을 없애는 것을 상담 과정의 핵심으로 강조하게 되었다. 자신의 연구를 숨겨진 세계를 드러내 주는 귀중한 단서와 귀금속을 발굴하기 위해 땅을 파 내려가는 고고학자의 연구와 비슷하게 생각했기 때문에, 프로이트는 묻혀 있는 것을 드러내는 과정으로서 정신분석이 가장 기본이라고 보았다. 프로이트가 가장 원했던 것은 프로이트의 전기 작가인 어니스트 존스(Ernest Jones, 1961)가 묘사했듯이 상담자나 치유자가 아닌 무의식이라는 잃어버린 세계의 발견자였다. 하지만 그의 연구 장소는 실험실이 아닌 상담실이었다. 그래서 무의식에 묻힌 내용을 드러내는 것에 초점을 맞추는 것 또한 내담자들에게 최대한의 이득을 줄 것이라고 확신하는 것이 안성맞춤으로 필요했던 것이다.

내가 곧 더 자세히 설명하겠지만, 내담자가 피하는 내적인 경험을 탐색하는 것이 치료적이라는 가정은 사실 옳았다. 하지만 이러한 치료적 효과가 있는 것은 내담자가 통찰을 얻어서라기보다는 내담자가 피했던 생각, 감정 그리고 의도를 탐색하는 과정에서 이전에는 무서워서 피했던 자극과 경험에 노출되기 때문이다. 의식하지 못하고 있는 동기와 사고의 특성에 대한 프로이트의 발견, 즉 부인하고 있는 의도를 알아차리고 얼핏 보아서는 아주 다르게 보이는 상반된 감정과 태도를 알아차리는 그의 능력은 여러 세대의 상담자가 자칫 간과할 수 있었던 현상과의 관련성에 주목하도록 했다. 아주 중요하고 결정적인 경험에 대한 자각을 회피하는 것이 만연해 있다는 프로이트의 통찰이 없었다면, 우리가 하는 치료 노력은 표면적인 호소 문제나 내담자가 이미 알고 있을 수 있는 두려워하고 있는 대상에만 국한되었을 것이다. 내 생각에 이러한 상담은 피상적이어서 실험을 위해 모집한 내담자와는 달리 상담기관에 오는 내담자 대부분이 호소하는 문제를 다룰 수가 없다고 본다(Westen, Novotny, & Thompson-Brenner, 2004 참조). 그리고 내 생각에 인지행동 상담이 그 자체로 가치가 있기는 하지만 정신분석적 질문을 통해 알게 되는 이해로 보완해야 할 필요가 있는 것이 바로 이런 이유에서이다. 하지만 무의식에 있던 생각이나 감정을 정신분석적으로 직면해서 호전이 되었을 때 호전된 것이 어떤 요인으로 인한 것인지 명확하게 이해하지 못하면, 정신분석 상담도 다른 의미로 비효율적이고 피상적일 수 있다. 특히 내담자 문제 이면에 있는 것이 불안이라고 이해되었다면, 변화의 원천에 대한 이전의 정신분석적 이해에 추가할 필요가 있는 것은 바로 불안을 어떻게 극복할 것인가 하는 것이다. 내가 다음에 하려는 것이 이 주제에 대한 것이다.

노출과 불안 감소: 광의의 관점

내가 방금 설명해 온 불안과 억압의 관계에 대한 수정된 이론을 진지하게 생각한다는 것은 상담 방식으로서 정신분석의 중요한 수정을 의미하는 것이다. 여기서 수정이라는 말은 정신분석을 더 인간적이고 효율적으로 할 뿐만 아니라 다른 상담 이론의 발전과 더 잘 맞아떨어지게 하는 것을 말한다. 수정된 내용 가운데 가장 중요한 두 가지는 (a) 불안을 가장 효과적으로 극복할 수 있는 것은 무엇인가라는 질문이 대두된 것과 (b) 상담자 태도가 변화되었다는 것이다. 후자는 상담자의 목표가 내담자가 느끼고 경험하는 것을 벗겨낸다거나 내담자가 숨기고 있는 것을 드러내는 것이 아니라 내담자의 감정이나 경험을 덜 두려워하도록 돕는 것으로 상담자의 태도가 변화되었다는 것이다. 내가 곧 자세하게 설명하겠지만, 여기서 말하는 수정한다는 것은 사람들이 그들 경험의 중요한 면을 잘못 표현한다거나 숨기려고 한다는 사실을 무시한다는 것도 아니고, 사람들이 자기 자신을 보다 완전하고 정확하게 이해하도록 하는 데 관심이 없다는 것을 의미하는 것도 아니다. 수정이라는 말이 가리키는 것은 '자기이해를 어떻게 해야 하는가?'라는 질문과 '내담자에게 도움이 되기 위한 자기이해 증대를 위해 어떤 다른 상담 과정이 결합되어야 하는가?'라는 질문은 중요한 차이가 있다는 것이다.

먼저, 불안을 가장 효과적으로 극복할 수 있는 것은 무엇인가의 문제로 다시 돌아가자면, 두려워해서 피했던 경험에 노출하는 것이 가장 중요한 요소라는 점을 시사하는 연구가 많이 있다(예: Craske & Mystkowski, 2006; Deacon & Abromowitz, 2004; Foa, Huppert, Cahill, & Rothbaum, 2006; Foa & Kozak, 1986; Foa & Meadows, 1997; Keane, 1995, 1998; Zinbarg, Barlow, Brown, & Hertz, 1992 참조). 이 결론은 수천 건은 아니더라도 수백 건의 연구에서 도출된 것인데, 비임상집단을 대상으로 한 실험실 연구부터 임상집단을 대상으로 한 통제 실험까지 다양하다. 지금까지 상담 과정이나 상담 방안으로서 노출을 강조하는 것은 인지행동 상담에서 뚜렷했는데, 특히 매뉴얼을 이용한 상담에서 뚜렷했다. 그러나 불안을 극복하는 데 있어 노출의 영향력을 이용하는 데는 다양한 방안이 있을 수 있다.

매뉴얼로 만들어 특정 증상이나 호소 문제를 표적으로 하는 상담은 전체 상담 이론에서 나름대로 위치를 차지하고는 있으나, 이렇게 협소하게 표적을 두는 상담은 심각한 한계 또한 있다(이와 관련하여, P. L. Wachtel, 2010a; Westen et al., 2004 참조). 상담을 받으러 오는 상당수의 내담자는 문제가 그렇게 쉽게 분류되거나 목표가 한정적이지 않다. 이 책에 수록된 사례의 주인공인 루이스와 멜리사도 여기에 속한다. 하지만 사실 인지행동 상담이나 몇 안 되는 표적을 대상으로 한 매뉴얼화된 상담은 불안 극복에서 노출의 영향력을 보여 주고 있는 연구 결과를 충분히 적용하고 있지는 않다. 정신역동 상담에서 상담시간에 무슨 일이 일어나는지 세심하게 주의를 기울여 보면, 인지행동 상담과 노출 방식이나 맥락 그리고 내담자에게 노출되는 자극이나 경험의 본질은 매우 다를 수 있으나 노출 과정은 유사하다는 것이 명확해진다(P. L. Wachtel, 1997).[1)]

인지행동 상담에서 상담의 초점은 외부 상황, 즉 내담자가 두려워하는 표

1) 대부분의 역동치료자는 자신이 하고 있는 상담을 노출의 관점에서 생각하지 않기 때문에 구체적으로 노출의 차원, 즉 내담자가 피하고 있는 생각과 감정에 어떻게 효과적으로 노출을 적용시킬 것인가를 고려해 보면 노출의 원래 효과보다 효과가 떨어진다.

적(다리, 개, 비행기 등)인 경향이 있다. 물론 내담자가 사로잡혀 있는 반복되는 불안의 일부인 내적 단서 혹은 신체감각 단서에 대한 내담자의 불안 반응을 점차 강조하고 있기는 하지만 말이다(예: Barlow, Allen, & Choate, 2004; Craske & Barlow, 2008). 후자의 관점에서 보면 반복되는 불안을 촉발하는 외부 자극뿐만 아니라 불안 경험 자체도 노출의 표적이 되어야 한다. 왜냐하면 내담자는 공황 상태에 빠져 문제를 더 증폭시키고 계속 유지시키는 것이 아니라 불안과 관련되어 있는 내부 신체 단서에 편안해지는 법을 배워야 하기 때문이다.

이것들이 정신역동 상담자들이 고려해야 할(그리고 종종 고려하고 있는) 인과적 역동인 것이다. 그러나 정신역동 상담자들은 보통 내담자가 다른 종류의 자극에 계속해서 노출되도록 하는데, 이러한 경향은 이들이 자신들이 하고 있는 것을 노출의 관점에서 보든 그렇지 않든 마찬가지이다. 정신역동 상담의 가장 중심에 있는 노출은 내담자 자신의 소망과 생각 그리고 자기와 타인의 표상과 관련되어 있는 자극에 노출시키는 것이다.

물론 전통적으로 정신역동 상담자들의 가정은 내담자 문제의 핵심은 내담자가 이러한 생각과 느낌에 접근하지 못한다는 것이었고, 그래서 상담은 대개 내담자들이 접근하지 못하는 생각과 사고에 초점을 두도록 고안되어 있다. 하지만 보통 이 과정을 이해하는 방식은 해석 그리고 통찰의 촉진과 같은 방안에 초점을 맞추었기 때문에 내담자는 호전되기 위해서는 자기 내부의 이러한 측면들을 **알고 이해할** 필요가 있는 것이다. 물론 안다고 하는 것이 단순히 지적으로 아는 것을 의미하지는 않지만, 그럼에도 **자기인식**(self-knowledge)은 핵심적인 비유가 되어 왔다.

이 장 후반부에서 더 설명하겠지만, 자기인식과 자기이해를 촉진시키는 것은 여전히 많은 관심과 가치가 있는 것이 분명하다(그리고 사실상 어떤 상담 접근이든지 각 접근에서 이 과정을 뭐라고 칭하든 간에 모든 접근이 추구하고 있는 것이다). 하지만 성공적인 정신역동 상담에서 일어나고 있는 것은 보통 잘 이해되고 있지도 않으며, 심지어는 주목받고 있지도 못하다. 성공적인 정신역동 상담에서는 통찰을 촉진시키는, 즉 내담자가 자신의 경험을 접촉하지 못하게 하는 방어를 해석하는(이렇게 해서 방어를 하지 않도록 하는) 과정에서[2] 환자가 그동안 피해 왔던 경험에 **더 가까이 다가가도록** 한다. 내담자는 이전에는 피해 왔던 생각을 하고, 느낌을 느낀다. 이를 다른 말로 하면 생각과 느낌에 **노출**하는 것이다.

이 과정을 노출의 하나로 설명하는 것은 정신역동 상담에서 일어나고 있는 일에 대한 하나의 대안을 제공하는 것이며, 이는 우연찮게 상담 과정의 **경험적인** 속성을 강조하는 관점이 된다. 이 관점은 단지 말 또는 알음알이의 문제, 더 나아가 '정서적' 알음알이의 문제도 아니다. 또한 전적으로 '해석'의 문제도 아니다. 해석과 자기인식이 상담 과정에 기여하는 것은 사실이지만 중요한 다른 무언가가 있다. 변화과정은 **직접적인 경험**을 통해 상당히 진전된다(정신분석 과정에서 해석적인 요소보다 경험적인 요소에 대한 논의는 D. N. Stern, 2004; D. N. Stern et al., 1998; Lyons-Ruth, 1998, 1999 참조). 이 저자들은 변화가 직접적인 경험에 의해 생긴다는 사실에 관해 노출의 관점이 아닌 다른 관점을 소개하고 있다. 이들이 소개하고 있는 관점은 절차학습[3] 그리고 이들이 '암묵적인 관계지식'[4]이라고 부르는 것에 뿌리를 두고 있다. 하지만 이들의 관점은 여기에 제시되어 있는 관점과 아주 유사하다(P. L. Wachtel, 2008 참조).

정신역동 상담에서 일어나는 일을 노출의 관점에서 볼 때 특히 중요한 한

---

2) 이와 매우 유사한 과정을 인지행동 상담자들은 반응저지(response-prevention), 또는 발로와 동료들(예: Ehrenreich, Buzzella, & Barlow, 2007)이 **정서로 인해 유발된 행동**을 중단 또는 저지하는 것(disruption or prevention of emotionally driven behaviors)이라고 부르는 개념의 관점에서 생각한다.

3) 역자 주: 절차학습(procedural learning)이란 어떤 기술을 반복 연습을 통해 획득하는 것을 말한다.

4) 역자 주: 암묵적인 관계지식(implicit relational knowledge)이란 자전거 타기와 같이 상징으로 나타낼 수 없는 일종의 절차지식으로, 대인관계 상황에서 개인이 처리하는 방식으로서 규범에 기초해 있다.

가지 시사점은 우리가 일반적으로 알고 있는 노출의 의미대로 불안이 상당히 감소하기 위해서는 내담자가 노출을 **반복해서** 경험하는 것이 필요하다는 것이다. 이는 정신역동 상담자들 또한 암묵적으로 알고 있는 것이고, 훈습이라는 개념에 담겨 있는 것인데, 이전에 두려워서 피했던 것을 한 번 마주 대한다고 해서 해결되는 것은 아니라는 것을 강조하는 것이다(즉, 이전에 억압하거나 피했던 생각이나 느낌을 한 번 인정하거나 경험한다고 해서 해결되지 않는다는 것이다). 하지만 훈습 개념은 통찰, 해석, 드러내지 않았던 것을 **아는** 것이라는 생각에 강하게 뿌리박힌 치료적 개념에서 발전해 왔기 때문에 노출 요소가 더 명확하고 분명하게 이해되고 평가되었더라면 개념 차원에서도 그렇고 기법상에서도 마찬가지로 훈습의 개념이 더 명확하고 경험적인 차원에서 설명되었을 텐데, 그렇지는 못한 상태이다. 훈습과정을 하나의 반복하는 노출로 이해하는 것에서 수정된 다양한 상담 과정 지침이 생겨난다(P. L. Wachtel, 1997 참조).

이 책의 후반부에 제시되어 있는 사례에서, 여러분은 정신역동 관점과 인지행동 관점의 교차가 치료적 상호작용에서 어떻게 전개되는지 그 예를 볼 것이다(또한 여러분은 내가 상담하는 방식에서 체계적 관점과 경험적 관점이 어떻게 나타나는지도 보게 될 것이다). 한편으로 상담 과정을 두려워서 피했던 것에 노출시키는 것으로 이해함으로써 나는 역동 기반의 다른 상담자들과는 다르게 나와 내담자 사이의 과정에 참여하게 되었다. 이런 의미에서 분명한 것은 내가 하는 방식이 정신분석 절차에 따라 진행되는 것은 맞지만 내가 인지행동 상담이라는 대인 세계에 몸담았던 경험에 의해 수정된 과정이라는 것이다. 하지만 거꾸로 보면, 중요한 사실은 노출이라는 인지행동 개념을 인지행동 상담자들이 우연히 또는 넌지시만 초점을 두었던 경험에 적용하고 있는 것이다. 내가 이 책의 상담사례마다 다양하게 설명하고 있고 또 같은 사례에서도 순간순간 설명하고 있기는 하지만, 축어록에서 가장 중요하게 생각하고 있는 것은 내담자가 자라 오는 동안 그리고 사는 동안 표현해서는 안 된다고 느끼게 된 생각, 느낌, 지각을 다시 느끼고 생각할 수 있도록 하는 것이다.

내담자들이 겪는 실제 생활사건을 연결 지어 내담자를 이해한다는 점은 나나 행동주의 상담자, 사회학습 상담자들이 같은 입장이지만(자극 또는 상황과 관련해서는 Magnusson & Endler, 1977 참조), 내가 이들과 다른 점은 나는 내담자의 복합적인 주관적 경험을 상담 과정에 끌어들이고 있고, 그동안 이들이 보지 않으려고 했던 경험들, 즉 두려워서 피하고 충분히 경험하지 못하고 제한된 방식(어떤 면에서는 왜곡되게)으로 구성되어 있는 경험들, 또 다른 면에서는 방어하고 있는 것으로 설명할 수 있는 경험들을 상담 과정에 끌어들이고 있다는 점이다. 달리 말하면, 나는 다른 어떤 접근보다도 더 깊고 넓은 경험을 강조하는 정신분석적 혹은 정신역동적 감수성을 끌어들이고 있지만, 이 감수성을 이론적으로 정교하게 하여 인지행동 전통의 중요한 특징과 조화될 수 있도록 하고 인지행동 전통에서 얻은 핵심적인 관찰 내용, 방법과 양립할 수 있도록 하고 있는 것이다.

자기이해에서 자기수용까지

노출의 관점에서 생각하는 것이 치료적으로 가치가 있다는 점을 강조했는데, 여기에 더하여 상담 기법에 대한 두 번째 중요한 결론은 내담자들이 상담을 받으러 오는 역동에서 죄책감이나 수치심과 함께 불안의 핵심 역할을 명확하게 이해하는 것에서 나온다. 이제 설명하는 바와 같이, 불안의 핵심 역할을 명확하게 이해하는 것은 내담자를 깊게 이해하고자 하는(그리고 내담자가 자기 자신을 이해하도록 돕고자 하는) 노력을 훼손하지 않으면서 내담자에게 더 긍정적이면서 내담자의 자기존중감을 지지하는 상담 접근법으로 우리를 안내할 수 있는 것이다. 이전 정신역동 모형에서는 주된 초점이 '드러내고' '해석하는' 것이었는데, 여기에는 보통 자신도 모르게 치료 대화에 적대적이고 비난하는 어조가 있었다. 치료적 소통에 대한 내 책의 상당 부분에서 (P. L. Wachtel, 1993, 출판 중), 이러한 적대적이고 비난하는 요소(이 요소는 그 영향이 크더라도 감지하기 힘들 수 있다)와 그 대안에 대해 설명하는 데 할애하고 있다(Havens, 1986; Renik, 1993; Shawver, 1983; P. L. Wachtel, 2008; Weiss & Sampson, 1986; Wile, 1984 참조). 이 책에 있는 루이스와 멜리사의 사례를 검토한 내용에서 목적을 두고 있는 것은 함정과 대안을 더 깊게 탐색하는 것이다.

레스턴 헤이븐스(Leston Havens, 1986)는 이 문제를 한마디로 말한다. "현재 많은 해석적인 분위기의 상담에서, 내담자는 주먹을 꽉 쥐고서 다음 통찰을 기다리며 앉아 있다. 이상할 것도 없다. 왜냐하면 다음 통찰은 좋은 소식인 경우가 거의 없기 때문이다."(p. 78) 이 불행한 상황은 어디에서 유래한 것일까? 이는 많은 정신역동 상담자가 앞서 논의한 변경된 불안 이론의 의미를 충분히 이해하지 못한 데서 상당 부분 비롯되었다고 생각한다. 변경된 불안 이론이 도입되기 전에 핵심적인 주제는 내담자는 무언가를 **감추고** 있고 무언가를 부인하고 있으며 현실을 피하고 있다는 것인데, 주류 정신분석에서는 변경된 불안 이론이 도입된 이후에도 수년간은 이것이 중요 주제였다. 정신분석가의 임무는 이 속임수에 도전하고 직면시키는 것이었고, 본질적으로 그것을 받아들이려고 하지 않는 대상에게는 진실을 강요하는 것이었다. 저항과 같은 개념을 말이다. 내담자는 필연적으로 진실을 알려고 하는 분석가의 노력에 저항했고, 이 저항을 극복하는 데 많은 시간을 보내야 했다.

물론 이것이 꼭 비인간적으로 행해졌다거나 내담자가 무서워서 피하고 있다는, 즉 내담자가 숨겨진 것을 받아들이기 어려워하고 있다는 사실을 인정하지 않고서 행해졌다는 것은 아니다. 억압 이면에 불안이 있다고 이해한 것은 프로이트가 자신의 이전 견해에 대해 수정한 것으로 1926년에 명확히 말한 것이지만, 어떤 의미에서 이렇게 이해한 것은 어떤 형태로든 정신분석 사조에 늘 있었다. 정신분석의 여명기에, 이러한 이해는 프로이트가 브로이어(Breuer) 그리고 재닛(Janet)과 차이를 보인 핵심이었다. 프로이트는 방어를 동기가 있는 것으로 본 반면, 브로이어와 재닛은 방어를 변형된 의식 상태의 결과라고 보았다. 헤이븐스의 특성 묘사에 우리가 웃음 짓게 되는 이유 가운데 하나는 그것이 (고의적으로) 상담 과정의 일부만을 강조하고 있다는 점이다. 내담자는 단순히 적대적인 공격자의 표적만은 아니었다. 정신분석 역사에는 친절함, 즉 돌봄의 중요성, 그리고 분석가가 엄한 초자아를 제공하는 것이 중요하다는 것을 많이 언급하고 있다(예: Ferenczi, 1926; Loewald, 1960; McWilliams, 2004; Schafer, 1983; Stone, 1961; Strachey, 1934).

또한 헤이븐스의 논평을 재미있게 하는 것은 그가 정신분석적 관계의 중요한 부분을 포착하고 있다는 것인데, 헤이븐스가 포착한 부분은 정신분석 상담에 대한 대부분의 논의에서는 인정받지 못했으나, 그럼에도 불구하고 너무나도 명백한 것이어서 헤이븐스가 지적한 것을 읽는 편견 없는 임상가(또는 내담자)들은 쉽게 공감할 수 있다. 정신분석에 대한 권위 있는 철학적 탐구에서, 리쾨르(Ricoeur, 1970)는 정신분석을 넓은 '의심학파'의 하나로 기술했는데, 의심학파에서는 가면 뒤의 숨겨진 진실을 드러내기 위해 개인의 '거짓된 의식'을 벗겨 낸다. 이후의 다른 저자들은 이와 유사하게 내담자가 말하는 자신의 삶과 동기에 대해 '의심'하는 것을 정신분석 접근의 중요한 특징으로 기술했다(예: Messer, 2000; Schafer, 1997; Wolff, 2001).

분명히 이 저자들 중 누구도 분석가의 의도에 대해 비난하는 어떤 것을 의미하는 것으로 의심이라는 단어를 쓰지는 않았다. 이들은 모두 정신분석의 옹호자였으며, 이들이 기술한 것은 자신들이 본 것이 바로 가장 깊은 부분에 도달하는 상담의 핵심 특징이라는 것이다. 이 주제에 대해 내가 다른 저서에서 자세히 설명했듯이(P. L. Wachtel, 2008), 이 용어에 무의식중에 드러나는 긍정적인 의도와 잠재적인 문제점 모두를 포착하려고 노력하고 있다.

> 정신분석 방식으로 보거나 듣는다는 것을 의미하는 '의심'은 단순히 무의식을 언급하는 또 다른 방식이라고 이해할 수 있는데, 이 말은 우리가 느끼고 있다고

> 말하거나 하고 있다고 생각하는 것이 사실은 감정이나 행동의 전체 모습과는 동떨어져 있어서 내담자와 상담자가 내담자 고통의 근원인 환상에 공모하지 않으려면 유심히 탐색해야 한다는 것이다. 문제가 발생하는 영역을 보면, 의심으로 인해 상담 과정에서 나타나는 암묵적인 적대적 태도, 내담자의 의식 수준의 경험을 '잘못된' 또는 '왜곡된' 의식으로 잘못된 것으로 볼 가능성, 내담자가 상담자와 다르게 볼 때 '저항'이라고 보려는 태도, 그리고 내담자를 무지몽매하여 내담자의 의식 수준의 경험을 구성하는 왜곡을 바로잡아 줄 상담자를 필요로 하는 존재로 보고 싶은 유혹 등이다(p. 178).

정신분석에서 일어난 '초석의 변화'가 의미하는 바를 충분히 고찰해 보면, 앞의 내용과는 대조적으로 상담자는 내담자에게 '깊게' 들어가는 방식으로 접근하지만 내담자의 입장을 충분히 이해하고 의도치 않은 적대적 태도가 해를 끼치지 않도록 하면서 깊게 들어간다. 이러한 관점에서 본다면 내담자는 '저항'하고 있는 것도 아니며, 유아적 만족감을 몰래 얻기 위해 상담자에게 감추고 있는 것도 아니다. 내담자는 **두려워하고** 있는 것이다. 내담자는 발달과정에서 자신의 가장 깊고 근원적인 욕구 가운데 어떤 것은 수용될 수 없다는 것을 학습해 왔다. 즉, 애착 대상 인물에 대한 애착이나 자신의 생존 자체에 위협이 된다고 느낄 정도로 내담자의 욕구가 애착 대상 인물에게 위협을 준다고 학습한 것이다(Wallin, 2007). 이러한 이유로 내담자는 안전을 위해 필수적이고 중요한 자기의 일부를 배격해 왔다. 이러한 점에서 볼 때, 상담 목적은 내담자를 자신이 속이고 있는 것에 직면하도록 하는 것이 아니라 두려움으로 인해 자기를 알아차리고 느끼는 것을 배격해 온 자기 자신의 경험 일부를 다시 자기 것이 될 수 있도록 충분한 안전감을 느끼게 하는 것이다. 이 두 가지 대조적인 상담 방식에서 생겨난 상담 개입 간의 차이는 치료적 소통에 대해 쓴 내 책의 가장 중요한 초점이었다(P. L. Wachtel, 1993). 이 책의 초점이 되는 상담내용을 논하면서 이러한 차이에 대해 자세히 설명하도록 하겠다.

자기이해: 이성주의와 구성주의 접근

강조하는 내용이 억압을 없애는 것에서 불안, 죄책감, 수치심을 줄이는 것으로 바뀌었다고 하더라도 자기이해를 더 잘하도록 하는 것이 의미가 없다거나 중요하지 않다는 것은 아니다. 자기이해를 더 잘하는 데 목표를 두는 것은 방식은 달라도 사실상 모든 상담 접근에서 가치가 있다. 인지치료 상담자를 예로 들자면, 이들은 문제가 되는 느낌과 경험을 발생시키는 결론에 다다르게 하는 가정에 주로 초점을 맞춘다. 상담 초기에 이 가정은 대체로 내담자 의식에서 초점이 되고 있지 않아서 그것이 무엇인지 내담자가 더 명확하게 인식하도록 하는 데 인지치료 과정의 상당 부분을 할애한다.

하지만 일단 밝혀진 이 가정들을 다루는 방식은 인지상담자 내에서도 상당히 다르다는 것을 주목할 필요가 있다. 그리고 어떤 면에서 이러한 차이는 정신분석의 의심학파 관점에서 하는 정신분석 작업과 내가 하고 있는 비난이 덜한 정신분석에서 하는 정신분석 작업 간의 차이와 비슷하다. 특히 내담자 가정에 대한 논박 그리고 이들의 '비합리성'에 대한 증명을 강조하는 인지치료 상담자들과 인지행동 상담자들[주로 아론 벡(Aaron Beck)과 앨버트 엘리스(Albert Ellis)의 추종자들]은 **구성주의** 쪽 인지상담자들과는 임상 접근에서 상당히 다르다(예: Mahoney, 1995, 2003; Neimeyer & Mahoney, 1995).

이성주의 인지상담자들과는 대조적으로 인지상담의 구성주의 접근을 옹호하는 사람들은 놀라울 정도로 관계정신분석자들의 방식과 유사하게 내담자의 가정을 명확하게 표현하려고 노력한다(예: Aron, 1996; Hoffman, 1998; D. B. Stern, 1997; P. L. Wachtel, 2008). 더구나 두 접근 모두 내담자의 가정을 비판하거나 내담자의 '잘못된' 또는 '비합리적인' 특성을 지적하지 않고 내담자가 스스로 가정이나 특성을 검토하여 스스로 결론을 내릴 수 있도록 하기 위해 내담자의 가정이나 특성을 단순히 명확하게 드러내도록, 즉 내담자 의식의 전면에 가까이 갈 수 있도록 한다는 면에서 인간중심 접근이나 다른 인본주의 접근과 유사하다. 이와는 대조적으로 **이성주의** 인지상담 접근은 삶과 세상에 대한 내담자의 핵심 가정의 **비현실적** 특성 또는 **결점**을 설명하는 것을 강조하는데, 이는 어떤 정신분석 상담에서 내담자의 심리적 구조의 '원시적인' '태곳적의' 또는 '유아적인' 기반을 찾는 것을 강조하는 것과 매우 유사하다(정신분석 상담에 대한 흥미 있는 비판적 검토와 시사점은 Aron, 1991 참조).

물론 이성주의 인지치료와 전통적인 정신분석 간에 유사점은 있지만, 두 접근 간에 이론과 방법상의 특징이 상당한 차이가 있다는 것은 말할 것도 없다. 분명히 벡과 엘리스는 자신들이 원래 훈련받았던 당대의 정신분석 접근에 대한 **대안**으로서 자신들의 접근을 소개하였다. 하지만 내담자가 세상을 바라보는 방식을 **비판하거나 벗겨 낸다**는 점에서 이성주의 인지치료와 프로이트 상담이 상당히 유사하다는 것에 대해 두 접근의 상담자들은 충분히 인식하지 못하고 있다. 이와 마찬가지로 병리적으로 보는 관점에 대한 대안이 발달하는 데 있어서도 유사점이 있다는 것을 두 접근 모두 인식하지 못하고 있다. 여기서 다시 말하자면, 인지행동 사상가와 정신분석 사상가들이 그들의 구성주의 관점, 즉 병리적으로 보지 않는 관점을 발달시킨 방식에는 분명히 차이가 있기는 하지만 상당히 중복되는 부분도 있다. 두 접근 모두 내담자의 경험을 비판하기보다는 내담자의 경험으로 **들어가는** 것을 목적으로 하고 있고, 두 접근 모두 내담자가 경험하는 세상을 **수용하는** 것과 내담자의 고통을 일으키는 내담자가 가정하고 있는 세상의 특징을 **변화시키는** 것 간의 변증법에 치료활동의 근간을 두고 있는 점이 그렇다(예: Bromberg, 1998b; Hayes, Follette, & Linehan, 2004; Hayes, Strosahl, & Wilson, 1999; Hoffman, 1998; Linehan, 1993; Linehan & Dexter-Mazza, 2008; P. L. Wachtel, 1993, 2008).

정서 수용

내가 여기서 강조하고 있는 '이론 간' 수렴을 더 이해하게 되면 **정서**(affect)의 역할에 대해 고찰하게 된다. 이성주의 인지행동 상담에서 내담자의 정서 경험은 대개 부수적 현상(당신은 그렇게 생각하고 있기 때문에 그렇게 느끼는 것이다), 그리고 제거되어야 할 것(당신이 합리적으로 생각하는 방법을 배우기만 하면, 화나 상처 또는 우울을 가질 필요가 없는 것이다)으로 여기고 있다.

내가 처음 정신역동 상담과 행동주의 상담 접근을 통합하려는 노력을 시작했을 때는(P. L. Wachtel, 1977b) 이미 정신분석 훈련을 마친 상태였지만, 행동치료 훈련으로 정신분석을 보완해야 할 필요가 있었다. 나는 몇 번 공식적으로 훈련받을 기회가 있기는 했지만, 당대의 몇몇 행동치료 대가가 너그럽게 봐 주어 덕을 보았는데, 이들은 다양한 방식으로 내가 자신들의 치료에 직접 참여할 수 있는 기회를 주었다. 나는 이 행동주의 상담자들의 능숙한 치료에 놀랐다. 그리고 이들은 정신분석을 보완해 주고 내 임상 자산을 풍부하게 해 준, 내가 찾고 있던 기법과 관점을 제공해 주었다. 이들의 임상적 민감성과 내담자에 대한 인간적인 배려는 내가 정신분석 학계에 몸을 담았을 때 들었던 희화화된 행동주의 상담자들의 모습과는 거리가 멀었다.[5)]

몇 년 후, 행동치료에서 **인지적인** 영향이 증가하기 시작하고 대부분의 행동상담자들이 자신을 인지행동 상담자들이라고 생각하기 시작하면서 몇 년 전 내가 감명받았던 임상적 민감성과 뉘앙스가 훨씬 눈에 띄지 않게 되었다는 것은 걱정스러운 일이었다. 인지행동 상담 초기에 지배적이었던 이성주의 경향에 영향을 받아 내가 한때 존경했던 상담자들은 이 절을 시작할 때 언

5) 희화화하는 것이 두 방향 모두로 갔다는 것을 지적할 필요가 없기를 바란다. 정신분석 사상과 치료에 대한 행동주의 치료자의 시각은 마찬가지로 부정확한 것에 기초하고 있다.

급했던 불행한 경향성에 기대기 시작했다. 이들은 내담자를 설득해서 감정을 느끼지 않도록, 즉 내담자가 화나 슬픔 또는 실망감을 느끼는 것이 왜 '비합리적'인지 증명하려고 노력하였다. 일방경을 통해 관찰하면서 그리고 비디오테이프를 시청하면서 이들의 임상 실제에서 일어난 이 같은 변화를 알 수 있었다. 이처럼 정서에서 멀어지고 경험을 탐색하기보다 비판을 하기 시작한 것은 내담자에게도 그렇고 상담자에게도 큰 손실처럼 보였다. 그러다가 인지치료와 인지행동 상담에서 구성주의, 변증법, 수용 기반 접근법과 같은 새로운 경향이 출현하는 것을 보게 되니 기운이 났다.

이러한 인지 패러다임과 인지행동 패러다임의 대안에서는 내담자의 정서에 대해 동시대의 많은 정신분석 사상가가 보이는 태도와 같은 태도를 보이고 있다. 이는 내담자의 경험을 수용하는 태도인데, 심지어는 내담자의 '비합리적인' 정서 경험도 수용한다. 목표는 '내담자를 설득해서' 화나 상처 또는 슬픔을 느끼지 않도록 하는 것이 아니다. 이보다는 감정을 이해하도록 하고, 수용이라는 바로 그 과정을 통해 내담자가 그 감정을 느끼도록 하며, 가능하다면 내담자가 현재 살고 있는 삶이나 선택하는 방식과는 다르게 살 수 있도록 하는 것이다. 인지 그리고 인지행동 전통에서 새로운 경향은 구성주의 인지치료(예: Neimeyer, 2009; Neimeyer & Mahoney, 1995), 리네한(Linehan)에게서 시작된 변증법적 행동치료(예: Linehan, 1993; Linehan & Dexter-Mazza, 2008; Swales & Heard, 2009), 그리고 헤이즈(Hayes)와 동료들의 '수용전념'치료(예: Hayes, Luoma, Bond, Masuda, & Lillis, 2006; Hayes, Strosahl, & Wilson, 1999)를 아우르는데, 이는 인지행동치료에서 '제3의 물결'로 불리며, 제1의 물결인 자극-반응 행동치료, 제2의 물결인 이성주의 인지치료의 뒤를 잇고 있다.[6]

6) 이러한 '제3의 물결' 외에 '주류' 인지행동 접근에서도 이와 유사하게, 강한 정서를 다루지 않고 회피할 때 달성할 수 있는 것에는 한계가 있다는 것을 지적하고 있다(예: Allen, McHugh, & Barlow, 2008; Barlow, 2003; Ehrenreich, Buzzella, & Barlow, 2007; Moses & Barlow, 2006).

인지행동 영역에서 새로운 물결은 정신역동 사조에서 나타난 새로운 물결과 상당히 유사하다. 정신분석의 새로운 물결은 **구성주의** 그리고 **변증법적**과 같은 이름을 붙일 수 있겠지만(예: Hoffman, 1998), 보통 **관계주의** 또는 **상호주체적**이라고 불린다. 내 상담의 핵심에 있는 것이 바로 이 정신분석 사조인데, 이는 인지행동, 가족 체계 그리고 경험적 전통에서 발전하고 있는 관련 개념들과 시너지를 내면서 상호작용하고 있다. 독자는 내담자의 정서 생활에 이렇게 접근하는 방식을 이 책의 제2부 전체에 제시되어 있는 루이스와 멜리사의 축어록에서 볼 수 있을 것이다. 내가 루이스와 멜리사의 변화를 돕기 위해 노력한 것들이 많이 있지만, 내 접근 방식은 이들이 비합리적이라거나 또는 이들의 행동이나 경험이 유아기의 근원, 즉 원초적인 태곳적 정신 표상이 위장되어 표현된 결과물이라고 설득하지는 않는다.

내 목표는 이들과 함께 이들의 경험으로 **들어가서** 이들과 함께하는 것인데, 이는 이들을 인정해 주고 이들의 경험 가운데 **타당한 것은 무엇인지**, 즉 무엇에 대한 반응으로 그런 경험을 하는 것인지 이해하도록 돕는 것이다. 나는 이들이 자신이 느끼는 것을 더 분명하게 보도록 도우면서, 즉 이들이 피하거나 도망치려고 노력해 왔던 감정을 느낄 수 있는 여지를 만들도록 하면서 이들이 느낌을 '통해 느끼고' 다른 관점으로 볼 수 있기를 바라고 있는 것이다. 이것이 다양한 인지행동적인 사상가(예: Linehan, 1993; Swales & Heard, 2009)와 정신분석 사상가(예: Hoffman, 1998)가 공유하는 역설적이거나 변증법적인 요소이다. 대부분의 변화는 내담자를 변화시키려고 **노력하지 않음으로써**, 정확하게는 노력하는 동시에 노력하지 않음으로써 달성된다고 생각한다(비교: Bromberg, 1998b; P. L. Wachtel, 2008). 내담자가 감정을 재검토하고 재경험하여 사물을 다르게 느끼고 볼 수 있게 되는 것(비교: Stolorow, Brandschaft, & Atwood, 2000)은 내담자가 그 감정을 경험하는 동안 이해받고 있고 누군가가 함께하고 있다는 느낌을 느낄 때이다.

지지적인 탐색 치료

지금까지 내가 논의해 온 것을 조금 다른 관점으로 말하자면, 내담자 문제의 핵심에서 불안의 중요성을 강조하는 것이나 구성주의 그리고 치료가 변화시키고자 하는 경험을 수용하는 것을 강조하는 것 모두 하나의 상담 접근을 창출하는 것으로 수렴되는데, 이 상담 접근에서는 비판은 덜하면서 지지는 더 한다. 내담자의 왜곡, 비합리성 또는 자기기만을 다루고 명료화하는 것이 도움이 되기도 하고 보통 필요하기도 하지만, 중요하게 초점을 두어야 할 것은 이러한 것들이 아니라 내담자가 자신이 느끼고 있는 것을 느껴도 괜찮다고 느끼지 못하게 하는 불안, 죄책감, 수치심이다. 목표에는 내담자가 경험하는 양상과 저변의 심리 구조를 더 잘 이해하도록 하는 것 등이 있기는 하지만, 더 중요한 것은 내담자가 예상하는 파국적인 결과가 없이 금지되어 왔던 감정을 내담자가 느낄 수 있는 환경을 만드는 것이다.

오랫동안 깊고 광범위한 성격 변화를 목표로 하는 상담의 가장 중요한 신조는 월러스타인(Wallerstein, 1989)이 말한 바와 같이 "가능한 한 표현을 많이 하고 **해야 하는** 만큼만 지지하라."였다. 이러한 사고방식은 익명성, 중립성, 내담자의 소망을 '충족시키는' 것을 피하는 것, 그리고 상담자의 자기개방을 가능한 한 피하는 것과 같은 개념을 강조하는 것과 밀접하게 연관되어 있다. 반면, 이 책에 설명되어 있는 접근에서는 이러한 태도를 시대착오적이면서 상담에 한계가 있는 것으로 본다. 예를 들면, 나는 이전 저서(P. L. Wachtel, 1987)의 한 장에 '중립적인 태도로는 성공할 수 없다'라는 제목을 붙이고 자기개방과 지지에 대한 전통적 정신분석적 태도를 날카롭게 비판한 바 있다(P. L. Wachtel, 1993, 2008). 월러스타인이 기술한 지시문과 대조적으로, 나는 치료 작업의 기초가 되는 더 유용한 원칙을 "가능한 한 **지지하라**. 이렇게 하면 필요한 만큼 표현하고 탐색할 수 있을 것이다."라고 제안했다(P. L. Wachtel,

1993, p. 155). 다시 말해서, 내 상담의 가정은 지지와 깊은 탐색이 보통 생각해 온 것처럼 그렇게 상반된 것은 아닐뿐더러, 내담자를 향한 따뜻하고 지지적인 대도야말로 내담자가 피해 왔던 생각, 느낌, 소망을 탐색할 수 있는 역량을 가장 잘 촉진할 수 있는 촉진제라고 하는 것이다.

내담자의 실제 행동과 악순환의 발생에 주목하기

이 책에 제시된 상담 방식을 인도하는 통합적 접근의 또 다른 핵심 특성은 내담자가 일상생활에서 하는 실제 행동에 초점을 둔다는 점과 이 실제 행동이 어떻게 조직화되어 순환고리가 되는가에 초점을 둔다는 점이다. 이 순환고리는 행동 패턴 자체와 내적인 구도와 관계상 구도를 계속 유지시키는데, 이 내적인 구도와 관계상 구도는 행동 패턴의 원인이자 결과이다. 내가 "순환적 정신역동"(예: P. L. Wachtel, 1987, 1993, 1997, 2008)이라고 부르고 있는 이론 접근의 핵심은 바로 악순환, 선순환, 자기충족 예언에 의해 계속해서 반복되어 나타난다는 것이다. 이 관점에서 중요한 것은 '내적인' 영향이 우선인가, 아니면 '외적인' 영향이 우선인가가 아니라 내적인 영향과 외적인 영향이 서로 계속해서 재생산해 낸다는 사실이다.

오랫동안 정신분석 사상가들은 겉으로 드러난 행동이 깊은 바닷속 조류가 표면으로 드러난 것에 불과하다고 보았다. 이들은 깊은 조류가 내담자 문제의 근원이므로 여기에 상담 초점을 맞추어 작업할 필요가 있다고 보았다. 그렇지만 분석가들이 분명 일상의 상호작용을 무시한 것은 아니었다(그리고 심지어 정신분석 초기에 훌륭한 분석가들은 자신들의 저서에서 제안했던 것보다 내담자의 일상생활을 자세하게 탐색하는 데 상당한 시간을 할애한 것은 아닌가 추측하고 있다). 하지만 이러한 '표면의' 세세한 부분을 대수롭지 않게 여기는 이론적인 편향성이 있었고, 또 종종 계속되고 있다. 그 결과, 내가 상담할 때 내담자의 실제 행동과 그 행동이 미친 결과에 주의를 기울이는 것은 정신역동 접근에서 다소 이례적인 것이다. (이와는 달리 행동치료자들이 내담자의 행동에 관심을 두고 있었다는 것은 말할 필요는 없지만, 이들은 변화의 직접적인 표적이 되는 특정한 개인 행동에 초점을 두었을 뿐 복합적인 행동 패턴과 그것이 불러일으키는 피드백이 어떻게 내적 요소와 행동 요소가 서로 영속시키고 재현시키는 순환과정의 원인이 되는가에 대해서는 초점을 두지 않았다.)

정신분석과 행동주의 전통의 강점을 끌어내기 위한 내 시도에서,[7] 이 두 패러다임을 통합시키는 핵심 요소는 악순환에 주의를 기울이는 것이었다. 이 악순환은 겉으로 드러난 행동과 더 '내적인' 심리 현상, 가령 생각, 느낌 그리고 동기와 같은 현상 사이를 연결하고 있다. 이러한 피드백 고리는 성격의 기본 구조를 특징짓기도 하고(P. L. Wachtel, 1977a, 1994), 내담자 문제의 핵심에서 일어나고 있는 과정을 특징짓기도 한다(P. L. Wachtel, 1987, 1993, 1997, 2008). 다양한 내담자 행동과 경험을 면밀히 관찰하고 주의를 기울이면 내적인 과정과 외적인 과정이 반복해서 서로 재생시키는 경향이 있다는 것을 빈번히 발견하게 된다. 개인별 내적 상태와 심리 구조가 타인에게서 특정한 반응을 불러일으키도록 하는 행동을 하게 하고, 이 반응은 되돌아와서 본인에게 영향을 주어 이전과 같거나 유사한 내적 상태 또는 심리 구조가 되도록 한다. 반복 패턴을 만들어 내는 사람 편에서 보면 이 과정에는 그 '행동' 자체뿐만 아니라 정서적인 분위기도 있는데, 이러한 행동과 정서적인 분위기가 이 패턴을 지속하도록 하는 데 있어 아주 중요한 요소가 되는 경우가 많다.

예를 들어, 화를 내거나 다른 의견을 표현하면 부모가 냉랭한 표정으로 말이 없어지거나 비하하는 말을 듣게 된다는 것을 어렸을 때 알게 된 사람을 생

7) 곧 명확해지겠지만, 내 상담이 발전함에 따라 가족치료 접근과 경험적 치료 접근의 방법과 관점도 포함시키는 것을 목표로 하였다. 이렇게 폭넓게 강조하는 것은 이 책 후반부에 제시한 사례에서 명확히 드러날 것이다.

각해 보자. 이 사람은 그런 상황에서 안전을 위해 그런 감정을 느끼거나 표현하는 것을 억압하게 되는데, 화를 내거나 다른 의견을 표명하는 것이 적합할 때도 억압하게 된다. 또 이 사람은 눈에 띄게 수동적으로 관계를 맺는 양상을 보이거나 분노나 다른 사람에 대한 실망 표현을 정신분석가들이 반동형성이라고 부르는 방식으로 보이기 시작할 수 있다. 이로 인해 이 사람은 삶에 흔히 있는 도전과 요구를 효과적으로 다룰 수 있음에도 그러지 못하게 된다. 이 사람은 지나치게 친절하고, 남에게 협조를 잘하며, 발 벗고 나서서 돕는 사람이 될 수 있으나,[8] 이로 인해 자신의 욕구는 경시할 수 있다. 이 사람은 다른 사람의 신경을 건드리지 않는 데 너무 필사적으로 노력하기 때문에 그가 이루고 있는 좋은 관계는 자신의 욕구를 계속해서 무시하거나 불이익을 감수한 결과라고 볼 수 있다.

역설적인 것은, 이러한 감정을 의식할 수도 있고 그렇지 않을 수도 있지만 그런 방식으로 살게 되면 필연적으로 질투와 억울함이 생기게 된다. 다시 그런 감정이 일어나면 불안이 일어나게 되고, 그런 패턴에 갇혀 있는 사람은 아주 신속히 분노 감정을 또다시 억압하면서 화가 나지 않은 것처럼 행동한다. 그러나 결과는 무시받고 부당한 대우를 받는 상황이 되고 이로 인해 더 수용하기 어려운 분노가 일어나는데, 이렇게 되면 자동적으로 '수용'받을 수 있는 감정과 행동을 과장해서 하게 된다. 정신분석가들이 종종 강조하는 것처럼 이 패턴은 어린 시절에서 시작되었을 수도 있지만, 이 패턴이 유지되는 것은 초기 근원 때문이 아니라 이 패턴이 일으키는 결과가 매일 새로운 연료를 공급하고 있기 때문일 수 있다. 내담자 주변의 사람들은 내담자를 무시할 의도

---

8) 나는 여기서 지나친 것을 강조한다. 왜냐하면 친절하다거나 협력을 한다거나 다른 사람들을 돕는다는 것이 그 자체로는 나쁜 것도 아니며, 그런 특성으로 인해서 친절하거나 협력적인 사람이 자신이 받아야 할 몫을 놓치는 것도 아니기 때문이다. 의견충돌이나 더 요구하는 것이 두려워 과도하게 하지만 않는다면 협력하는 것과 다른 사람을 배려하는 것은 종종 사랑받고 존경받는 사람에게 오는 풍부한 삶의 보상을 얻게 한다.

가 없어도 내담자의 실제 소망이 위장되어 있기 때문에 어쩔 수 없이 그런 행동에 빠져들게 되고 '공범자'가 된다(P. L. Wachtel, 1991).

이와 비슷하게, 자신의 욕구나 의존을 표현하게 되면 무시나 멸시를 받을 가능성이 있다고 어린 시절에 학습한 사람은 겉으로 보기에 아주 독립적인 사람으로 성장할 수 있는데, 이로 인해 다른 사람에게 요청하는 일도 거의 없고 이 때문에 필연적으로 스스로 책임을 과도하게 지게 된다. 이런 식으로 살게 되면 고립감을 자주 느끼게 되고 살아가면서 안락함을 유지하기 위해 필요한 지지와 공감적 이해를 받지 못하게 된다. 결과적으로 그러한 생활 패턴은 보살핌에 대한 금지되어 있는 소망이나 말한 적 없는 안심시켜 주기를 바라는 소망을 불러일으킬 수 있다. 하지만 이 영역에서 내담자의 불안과 갈등이 있고 고통스럽고 수치스러운 실망감에서 자신을 보호하고자 하는 욕구가 있다는 점을 감안해 보면, 이 소망이 어떻게 표현되든 내담자가 표현하는 소망은 너무도 애매하고 모호해서 쉽게 무시되거나 다른 사람의 주목을 받지 못하게 된다. 이렇게 되면 다른 사람들은 도움이 되지도 않고 반응도 없다고 생각하기 때문에 다른 사람에게 의지할 수 없다거나 도움을 청할 수 없다는 자신의 느낌을 '확증'하게 되는 것이다. 그 결과, 그러한 감정을 자각하고 표현하기 어렵다는 느낌은 유지되고, 이와 마찬가지로 자신의 소망을 깊이 감추거나 간접적이고 모호하게 표현하는 경향성도 유지된다. 따라서 여기서도 그 패턴은 패턴 자체가 가져오는 결과로 반복되고 계속 유지되며 다른 사람들은 공범자로 그 패턴에 합류하게 된다. 그리고 매우 양가적이면서 지나치게 미묘하게 도움을 청하는 신호에 대해 다른 사람들이 보이는 반응이나 그러한 도움을 받을 수 없다는 생각에서 암암리에 드러나는 분노나 심통에 대한 다른 사람들의 반응으로 문제 상황은 계속 유지되고, 이는 결국 내담자가 두려워했던 것을 확증하게 된다.

상담에 적용하기 위해 그러한 패턴과 패턴의 의미를 생각할 때 중요한 것은, 내가 말하는 패턴의 순환성이라는 의미는 처방을 하기 위해 시작되는 지점이 정해져 있지 않다는 것을 이해하는 것이다. '처음 시작하는' 사람이 누구이고 거기에 '반응하는 사람'은 누구인가 하는 문제는 어디서 그 이야기를 시작하는가 하는 문제로 가족치료자들이 '구두점'이라는 용어하에 논의했던 것과 같은 것이다. 이와 유사하게, 사람은 내적 상태가 아닌 행동, 또는 상황적 맥락으로 이야기를 쉽게 시작할 수 있다. 요점은 (특히 일단 패턴이 완전히 자리 잡게 되면) 각 요소는 다음 요소를 불러오고 그럼으로써 패턴의 다음 요소가 첫 번째 요소를 다시 불러올 수 있는 환경을 만들어 내는 것이다. 여러 이론 모형 간에 이루어지는 논쟁의 대부분은 대개 각 이론이 각자 순서의 다른 부분에 초점을 두고 있다거나 순서가 시작되는 시작점을 다르게 보고 있다는 것으로 귀결된다(E. F. Wachtel & P. L. Wachtel, 1986; P. L. Wachtel, 1973b, 1977a, 1994).

패턴 변화와 치료적 의미

이러한 패턴 가운데 어떤 것도 변하지 않는 것은 없다는 것을 분명히 하는 것 또한 중요하다. 만약 패턴이 변하지 않는다면 상담을 시도하는 것은 의미가 없을 것이다. 우선, 패턴은 확률적이기도 하고 매번 같은 법이 없다. 두 번 다시 같은 강에 발을 담글 수 없다는 헤라클레이토스(Heraclitus)의 주장은 행동과 경험의 흐름에 더욱 완벽하게 적용된다. 내가 여기서 논의하고 있는 상호작용하는 순서는 설리번(Sullivan, 1953)의 적절한 문구인 "사소한 차이의 봉투"(p. 104)[9]를 사용하는 것이다. 이 말은 형태와 결과가 상당히 유사하기 때문에 의미 있는 패턴은 관찰을 아주 잘하는 사람이면 식별을 할 수 있는데, 자각을 하지 않으면 각자가 상대방의 행동에 반응하게 하는 지각과정은 발생

9) 역자 주: 사소한 차이가 나는 것은 같은 것으로 본다는 의미이다. Sullivan, H. S. (1953). *The interpersonal theory of psychiatry*. New York: Norton.

하는 각 패턴을 '비슷한 것'으로 받아들일 가능성이 있다는 것이다. 그러나 패턴은 매번 달라서 늘 조금 다른 결과가 있을 가능성이 있고 그렇기 때문에 이전의 패턴을 대신해서 새로운 패턴이 시작될 수 있는 것이다.

이러한 패턴에서 변화 가능성이 있는 것은 이 패턴이 맥락에 따라 반응하고 또 역동적으로 상호작용한다는 사실이다. 사람들을 상담으로 오게 하는 패턴의 힘은 패턴의 영속성이 만연해 있다는 것이다. 즉, 내담자는 다양한 사람에게서 유사한(그러면서 문제를 일으키는) 반응을 일으키는데, 이 반응은 내담자로 하여금 유사한 반응을 하게 하고 이 반응은 다시 또 다른 사람에게 유사한 반응을 일으키는 식으로 무한 반복된다. 그러나 사람들의 삶에서 가장 일반적이고 만연한 패턴이라도 모든 사람을 상대로 나타나는 경우는 거의 없다. 동일한 행동이나 정서 신호라도 사람에 따라 다른 반응을 일으킨다(예를 들면, 많은 사람이 적대적이고 힘겹다고 생각하는 상호작용 방식도 적어도 몇 명의 사람에게는 재미있고 활기찬 농담처럼 느껴질 수 있다). 하루, 한 주, 또는 한 달 동안 우리가 마주치는 사람, 역할, 관계의 범위가 매우 넓어서 필연적으로 대부분의 사람에게 패턴을 확증해 주는 반응을 일으키는 바로 그 행동에 몇몇 사람은 아주 다르게 반응하는 것이다.

그러한 비전형적인 반응은 적어도 '이따금씩' 이상은 일어나기 때문에 몇 가지 일이 발생할 수 있다. 아마 가장 흔한 것은 패턴이 더 구분된다는 것이다. 어떤 맥락에서는 나타나는데 또 어떤 맥락에서는 나타나지 않는다. 정신병리학의 논의에서 거의 관심을 받지 못하지만 이러한 사실이 의미하는 바는 '심하게 병이 든' 내담자라고 하더라도 때로는 '정상'으로 보이거나 '건강해' 보일 수 있다는 것이다. 24시간 내내 비참하거나 화가 나 있거나 의기소침해 있거나 망상이 있는 사람은 극히 적다.[10] 사람들은 그들이 항상 힘들기 때문

10) 이러한 가변성이 분명하지 않거나 미미하다면 이것은 생물학적인 소인이 있는 장애를 다루고 있을 가능성이 높고, 따라서 부가적으로 약물치료를 고려해야 한다.

이 아니라, 오히려 대부분의 사람보다 혹은 그들이 원하는 것보다 더 힘들기 때문에 상담자에게 찾아온다(내담자 자신은 그렇게 표현하지 않는다 해도 그렇다). 더욱이 내담자가 괜찮다고 느끼는 시기와 환경이 이론적인 것에 불과하다거나 어쩌다 그런 것이 아니라는 점을 명확하게 하는 것이 중요하다. 더 정확히 말하면, 내담자가 괜찮다고 느끼는 경우와 환경은 전체 상담 과정에서 중요한 부분으로 치료적 변화를 위해 필수적인 토대가 된다. 이처럼 보다 건강하거나 보다 적응적인 행동방식이라는 낱알이 없다면, 성공적인 상담은 극히 어려운 것이다(P. L. Wachtel, 1993, 특히 7장 참조).

내담자의 똑같은 행동에 대해 사람마다 다르게 반응한다는 사실이 시사하는 두 번째 중요한 점은 예상했던 반응이 일어나지 않으면 시간이 지나면서 전체적으로 내담자의 패턴을 약화시킬 수 있다는 것이다. 이러한 논리를 바탕으로 교정적 정서 경험(Alexander & French, 1946), 새로운 관계 경험(Frank, 1999), 새로운 대상 경험(Loewald, 1960), 만남의 순간(D. N. Stern et al., 1998), 내담자의 시험을 통과하는 것(Weiss & Sampson, 1986), 상담관계의 단절을 회복시키는 것(Safran & Muran, 2000), 그리고 믿을 수 있고 자애로운 부모와 같은 인물과의 실제 관계(Fairbairn, 1958, p. 377)와 같은 개념과 전략이 나오는 것이다. 내담자가 가지고 있는 신념이나 기대가 타당하지 않다는 것을 입증하는 경험을 상담자와 거듭하게 되면 이러한 신념이나 기대의 강도는 줄어들게 되고 신념이나 기대와 연관되어 있는 행동이나 정서 경험을 할 가능성도 줄어들게 된다.

물론 다른 사람들이 우리에게 반응하는 방식에 따라 그런 차이가 나타난다는 것을 의미하는 것은 아니다. 내가 강조하고 있는 것은 실생활에서 일어나고 있는 일들에 대해 우리가 어떻게 행동하고 경험하는가이다. 하지만 내가 이렇게 강조하는 것도 내담자의 주관적 경험과 심리적 구조에 대해 상담자가 관심을 가지는 것이 중요한 역할을 한다는 이론의 맥락에서 그렇게 하고 있다는 것을 이해하는 것이 중요하다. 요점은 '내적인 역동'과 '외적인 사건'

이 실제로 떨어져 있는 영역이 아니라 더 큰 순환적인 패턴의 부분으로서 각 영역이 중요하며 서로 의존되어 있다는 것이다. 이 패턴에 개입하려고 할 때는 마주친 사건(즉, 외적인 사건)에 의미를 부여하는 역동적인 조직화 과정(즉, 내적인 역동)을 성급하게 처리하지 않는 것이 중요하다(P. L. Wachtel, 1980, 2008). 우리는 우리 자신의 성향, 기대, 지각적 편향 등에 영향받지 않는 '객관적인' 방식으로 외적인 사건에 반응하지 않는다. 결국 상담 과정의 상당 부분은 내담자의 삶에서 일어나고 있는 일에 대해 내담자가 이해하고 경험하고 반응하는 방식을 대체할 수 있는 대안을 찾을 수 있도록 하는 것이다.

상담실 밖 내담자 삶의 중요성

다른 관점에서 보면, 내담자가 상담실 밖 사람들과 하는 경험을 상담자가 다루지 않는다면, 내담자가 상담자와 한 새로운 경험들은 영향이 제한될 수 있음을 이해하는 것 또한 중요하다(P. L. Wachtel, 2008, 특히 4장과 12장 참조). 내가 앞에서 언급했듯이, 내담자의 삶에서 나타나는 패턴은 언제 어디서나 나타나는 것이 아니라 때에 따라 달라서 맥락이나 사람에 따라 나타나는 정도가 다르게 된다. 상담관계가 상담 외에 내담자에게 중요한 관계나 경험과 어떻게 관련이 되어 있는지는 배제한 채 상담관계에만 주의를 기울이는 상담자들은 내담자가 호전되고 있다고 잘못 생각할 수도 있다. 왜냐하면 상담자와 내담자 관계는 호전되고 있기 때문이다. 하지만 본질적으로 내담자는 상담실에서는 참된 자기와 진정한 느낌을 표현하는 것이 안전하다는 것을 알게 되지만, 일상생활에서는 여전히 어렵다고 느낄 수 있다(어쩌면 심지어 이러한 차이가 있다는 것을 의식하지 못하면서도 그럴 수 있다).

상담자가 더 공감적인 사람이라는 말은 아니다. 상담자의 공감 수준도 사생활에서는 일반적인 사람들과 마찬가지로 다양하다. 그러나 상담자는 두 가지 중요한 자질이 있는데, 이 자질로 인해서 상담자는 내담자가 일반적으로 만나는 사람들과 다르게 내담자에게 반응할 수 있게 된다. 첫 번째 자질은 훈련에서 습득한 기술로, 이러한 기술에는 관찰하는 것과 내담자 문제에 어떻게 촉진적으로 반응해야 하는지 아는 것 등이 있다. 두 번째 자질은 상담자가 내담자의 삶에 들어가 있을 수도 있고 들어가 있지 않을 수도 있다는 것이다. 이 말은 상담자는 내담자에게 마음을 쓰고 있고 내담자의 복지에 일정 부분 정서적인 책임이 있기는 하지만, 일상생활에서 우리가 기대하게 되는 욕구나 내담자의 지인들이 합당하게 기대하는 욕구를 내담자가 충족시켜 줄 것이라고 생각하지는 않는다는 것이다.

물론 우리는 실행이라 불리는 것에 때때로 발목이 잡히기도 한다. 분명히 이러한 상호 실행을 훈습하는 것은 상담 과정의 핵심 특징이다(예: Bass, 2003; Frank, 2002; Safran & Muran, 2000; D. B. Stern, 2003; P. L. Wachtel, 2008 참조). 그러나 공범 역할을 하는 정도가 내담자가 만나는 일반 사람들보다 매우 덜하기를 바라는 것이다. 친한 친구나 내담자에게 신경을 쓰는 사람이라도 상담 이외의 일반적인 관계에서는 이들이 갇혀 있는 패턴을 거리를 두고 되돌아보기는 어려울 것이며, 이러한 까닭에 무의식중에 패턴이 지속될 가능성이 상당히 많다.[11] 이런 이유로 상담 관계에 상당한 치료 노력을 기울이는 상담자라도 상담실 밖의 내담자 삶을 면밀하게 계속해서 다루는 것이 매우 중요하다. 내담자가 상담실에서 이룬 변화를 일상적인 관계까지 확대하도록 돕고, 일반 사람들에게서 악순환 반응을 일으키는 내담자 행동을 수정하며, 이런 순환을 깨도록 해서 자신에 대해 느끼는 느낌이 이 순환에 어떻게 영향받았는지 알도록 하는 것이 바로 효율적이고 포괄적인 상담 접근의 핵심 특징인 것이다.

내담자의 삶을 특징짓는 순환 패턴에는 부정적인 결과를 낳는 패턴만 있

11) 물론 이것은 사적인 관계 대상자가 상담자라도 그렇다.

는 것이 아니라는 사실 또한 중요하다. 효과적으로 변화를 촉진하기 위해서는 내담자의 삶에서 긍정적인 순환을 이해하고 **긍정적인** 순환을 다루는 것 또한 필요하다. 삶에서 느끼는 만족스러움, 친밀함, 조화로운 관계를 이루게 하는 패턴 또한 순환고리가 특징인데, 이 순환고리에서는 악순환과 마찬가지로 각 개인의 내적인 상태가 어떤 결과를 초래하고 이 결과는 다시 내적 상태를 유지하게 함으로써 또다시 유사한 결과를 초래한다. 내가 다른 저서에서 강조한 바와 같이(특히 P. L. Wachtel, 1993, 2008 참조), 그리고 이 책에 제시한 사례에 드러나듯이 병리 자체만 다루기보다 내담자의 강점에 주의를 기울이고 이 강점을 쌓아 가는 것이 상담이 잘되는 데 아주 중요한 열쇠가 된다. 좋은 관계는 저절로 유지되지 않는다. 좋은 관계가 유지되는 것은 좋은 관계를 유지하는 데 필요한 반응을 다른 사람에게서 이끌어 낼 때이고 이끌어 내기 때문인 것이다. 이렇게 말하는 것은 비슷한 말을 반복해서 하는 게 아니라 좋은 관계의 역동에 대해 말하고 있는 것이다.

체계, 이야기, 맥락에서 사람 이해하기

내가 정신분석과 행동주의 치료에 초점을 둔 통합 시도를 처음 한 지 얼마 되지 않아(P. L. Wachtel, 1977b), 성격 발달과 역동을 개념화하는 내 방식이 대부분 가족치료자들 그리고 다른 체계 접근 사상가들(E. F. Wachtel & P. L. Wachtel, 1986)의 이론적 관점과 딱 들어맞는다는 것을 알게 되었다. 들어맞는 것 가운데 상당 부분은 악순환 그리고 반복되는 피드백 순환고리를 공통으로 강조하는 것인데, 이는 순환적 정신역동 모형과 대부분의 체계 모형의 특징이다(E. F. Wachtel & P. L. Wachtel, 1986; P. L. Wachtel, 1997 참조). 이는 제3장과 제4장에 제시된 루이스 상담사례에서 특히 잘 드러난다. 상담은 루이스와 남편의 상호작용, 또는 루이스와 시댁의 상호작용이 루이스의 문제를 계속 유지시키는 피드백 고리를 어떻게 만들어 내는가에 초점을 두고 있다. 루이스의 상담사례를 살펴보다 보면, 루이스의 개별 역동(그녀의 아동기부터 현재까지 계속되는 주요 경험과 주제의 흔적을 포함하여)에 대한 관심, 결혼생활에 나타나는 부부 역동 그리고 루이스와 시댁 식구 간의 역동에 대한 관심이 동시에 사례에 반영되어 있다는 것이 잘 드러날 것이다. 이렇게 상담시간에는 개인 상담을 통해 부부와 가족 문제를 다루고, 또 부부 역동과 가족 체계를 검토하면서 개인 문제를 다룬다.

순환적 정신역동 관점과 가족 체계 관점이 보이는 또 다른 접합점은 가족치료자들과 체계 접근 사상가들(예: Angus & McLeod, 2003; Molnar & de Shazer, 1987; E. F. Wachtel, 2001; Watzlawick, Weakland, & Fisch, 1974; White & Epston, 1990), 그리고 순환적 정신역동 접근이 대안으로서 미래지향적인 이야기[12]를 사용한다는 것이다. 이와 관련하여 내가 이 책에 서술한 접근을 발표했던 수년간의 워크숍에서 상당수의 참가자는 밀턴 에릭슨(예: Erickson, 1982; Erickson & Lankton, 1987)의 접근에서 나온 몇 가지 접근법과 내 접근법이 유사하다고 하였는데, 밀턴 에릭슨의 접근법은 이야기 재진술 혹은 **해결중심**(solution-focused) 접근으로 불려 온 것에도 뿌리를 두고 있다(예: McNeilly, 2000; Miller, Hubble, & Duncan, 1996; O'Hanlon & Weiner-Davis, 1989; Zeig, 1985).

이야기 재진술에 대해 이렇게 관심을 둔다는 것이 시사하는 것은 내담자 자신을 다르게 이해하도록 돕고자 하는 노력이 정신분석을 오랫동안 지배했던 '통찰'의 초기 개념에서 진화해 온 또 다른 방식이라는 것이다. 심지어 정신분석 내에서도, 분석 작업에서 이루어 낸 통찰은 묻혀 있는 고고학 유물을

12) 다른 저서(P. L. Wachtel, 2008)에서 나는 가능성 있는 이야기와 같은 내담자 삶에 대한 대안적인 이야기를 논의한 바 있는데, 이는 **설명**이라는 이야기와 대조된다. 이 설명은 보다 전형적인 '해석'을 말한다.

발굴하는 과정과 유사한 단순한 '발견'이 아니라는 인식을 하고 있다. 더 정확히 말하면, 통찰은 새롭게 구성하거나 이야기를 쓰는 것인데, 향후 내담자가 느끼고 사는 방식이 더 의미가 있도록 자기 자신과 자신의 삶에 대해 이해한 것을 조직화하게 되는 것을 말한다(예: Hoffman, 1998; Schafer, 1992; Spence, 1982, 1983; P. L. Wachtel, 2008 참조). 상담이 잘되면 내담자는 자기의 이야기를 재진술할 수 있게 되는데, 이는 곧 자신의 이야기에 새로운 틀과 교훈을 부여할 수 있게 된다는 의미이다. 그래서 통찰을 통해 이전에는 절망과 장애의 원천이 되고 자신과 자신의 삶에 대한 의미를 퇴색시키거나 암울하게 했던 사건과 경험에 새로운 다른 의미를 부여할 수 있게 되는 것이다. 이런 면에서 보면, 인지치료 그리고 인지행동치료의 목표가 내담자로 하여금 자기 자신과 자신의 삶을 다르게 보도록 돕는 것이라는 점에서 이들 상담 접근과 이 책에서 설명하는 접근법이 수렴된다. 그러나 이 책에서 설명하는 접근법이 하는 방식은 이성주의 전통의 인지치료에서 하는 교훈적이고 객관적인 방식이 아니라 앞에서 논의한 구성주의 접근과 수용지향 접근법의 정신으로 하는 것이다.

경험적 차원

또 다른 관점에서, 여기에 설명한 접근 방식은 **경험적** 접근으로 일컬어지는 다양한 접근 방식과 상당 부분 겹친다(예: Fosha, 2000; Fosha & Yeung, 2006; Greenberg, 2002; Johnson, 2004; McCullough, 2003; Pos, Greenberg, & Elliott, 2008). 물론 초기부터 통찰지향 접근법들은 단순히 '지적 통찰'이 아니라 '정서적 통찰'을 촉진하는 것을 목표로 했다. 하지만 이런 생각은 종종 임상 실제보다는 임상 실제가 아닌 영역에서 더 받아들여졌다. 내담자 문제의 숨겨진 근원을 '발견'하는 것을 강조하는 것(이러한 경향의 기원과 결과에 대한 논의는 P. L. Wachtel, 2008, 2장과 6장 참조)은 말의 과대평가로 이어져 내담자에게 현재 문제를 왜 겪고 있는지 '설명'하는 경향으로 나타났고(Aron, 1996 참조), 숨겨진 근원을 넘어서기 위해 숨겨진 근원을 **경험**하고 검토할 필요성에 대해서는 제대로 인식하지 않게 되었다(이와 관련해서는 앞에서 불안 극복에서 노출이 하는 역할과 경험 **수용**의 중요성에 대해서 한 논의 참조). 앞에서 논의한 '감정 받아들이기'의 중요성은 내담자는 금지된 것을 충분히 **경험**해야 함을 시사하는 것이다. 여기서 다시 말하지만, 금지된 것을 충분히 정서적으로 경험해야 한다는 생각은 어떤 의미로는 정신분석의 초기 근본적인 신조로 되돌아가는 것을 나타내지만, 이는 또한 정신분석 이외의 이론에서 종종 더 추앙하는 이상적인 상태를 나타낸다. 경험적 상담이라는 이름 아래 묶이는 현대 상담 이론들은 이런 생각을 진지하게 받아들이고 있으며, 이 접근법들이 그 자체가 감정중심 또는 정서초점이라고 하는 것은 우연의 일치가 아니다.

문화의 중요성

정신분석 관점, 인지행동 관점, 경험적 관점, 체계적 관점에서 말하는 방식대로 치료적 과업을 하는 것과 더불어 이 책의 접근법은 인간 삶의 역사적 차원, 문화적 차원, 경제적 차원의 영향을 다루는 것을 강조한다(이 점과 관련하여 P. L. Wachtel, 1983, 1999, 2003 참조). 상담자들은 우리 경험과 삶에 미치는 후자의 영향을 상담자의 일상생활에서 매우 중요한 것으로 인식하고 있다. 우리 모두는 이것을 '알고' 있고, 친구, 동료, 지인, 사랑하는 사람과 하는 일상 대화는 이것을 증명하고 나타내고 있다. 그러나 임상 실제에서는 이러한 삶의 중대한 차원이 마치 '다른 어떤 것'인 양 괄호 안에 묶여서는 상담 작업의 초점에서 벗어나 있다. 그러나 그러한 차원은 '다른 어떤 것'이 아니다. 그것들은 내담자가 자신의 삶을 경험하고 구성하는 방식 그리고 내담자가 반응하게 되는 스트레스나 좋은 기회의 중요한 일부인 것이다. 심지어 상담자라는 역할, 즉 상담을 직업으로 보는 바로 그 생각도 역사적인 특정 시점의 특정 문화 맥락을 반영하는 것이다. 프랭크(Frank, 1973)가 잘 입증했듯이, 대부분의 인류의 역사에서 상담자가 하는 기능은 사제와 무당이 담당했으며, 오늘날 상담자가 하는 특정 업무는 특정 사회가 그 업무에 부여하는 허가와 의미가 스며들어 있는 것이다.

성격과 상담 과정에 대해 생각해 볼 때 사회문화적 그리고 사회역사적 역동은 심리적 역동이나 경험과 동떨어져 있거나 외부에 있는 것이 아니라 심리적 역동이나 경험의 일부이자 부분이다. 현대 사회가 경제적 성장을 강조하는 이면에 있는 광대한 문화적 · 역사적 역동을 설명할 때 나는 내담자를 설명하는 악순환 분석을 사용해 왔는데, 현대 사회가 경제적 성장을 강조하는 것은 인간적인 경험의 관점에서 보면 복합적인 역설 및 모순과 관련이 있다(P. L. Wachtel, 1983, 2003). 그리고 이와 유사하게 인종 관계 영역에서 나타나는 심각한 역설을 언급하는 데도 똑같이 악순환 분석을 사용한다(P. L. Wachtel, 1999).

내담자의 선택이나 경험에 영향을 미치는 내담자가 속한 문화의 가치나 가정은 이 책의 핵심을 이루는 사례 전반에 드러날 것이다. 멜리사에게 이런 점은 상담 초반부에 자신의 문제를 직업 선택 갈등으로 제시하는 것에서 잘 드러난다. 직업과 진로 선택에 대한 멜리사의 갈등은 의료 서비스와 은퇴 연금제도가 다르게 되어 있는 사회에서는 다른 양상을 띠게 된다. 사실상 이러한 갈등에 영향을 미치는 심한 불확실성이 무엇이든 간에 직업 이외의 영역에서 다 함께 나타날 가능성이 높다. 루이스의 경우, 그녀가 다루고 있는 문제들은 스웨덴에서 성장한 경험과 현재 미국에서 생활하는 경험을 조화시키기 위한 그녀의 노력을 강하게 반영하고 있다. 루이스는 자신이 스웨덴 사람인가 아니면 미국 사람인가 하는 문제와도 씨름하면서 두 사회에서 삶을 특징짓는 매우 현실적인 차이와도 씨름하고 있다. 결국 이러한 문화 차이는 루이스가 자란 친정과 시댁 사이의 유사점과 차이점으로 나타나기도 하고 대비되기도 한다. 우리의 삶과 같이 이 사례에서 더 자세히 보면 볼수록 '내면'과 '외면' 또는 '개인'과 '사회'의 차이는 더 자의적인 것처럼 보인다. 뫼비우스의 띠처럼 '외면'과 마주하지 않고서 '내면'을 탐색해 갈 수 없고, 다시 '내면'으로 되돌아오지 않고서 '외면'을 따라 멀리 갈 수는 없는 것이다. '내면'과 '외면'은 언어의 본질 때문에 어쩔 수 없이 구분하는 것이지만, 우리가 이해해야 할 가장 중요한 핵심은 이 둘이 서로 얽혀 있으면서 서로 같이 만들어 낸다는 것이다.

상담 문화

상담 문화 그 자체에 관심을 두지 않으면서 상담 실제에서 문화에 대해 논의하는 것은 불완전한 것이다. 우리 분야의 현재 특징은 각각의 상담 이론과 실제를 지지하는 사람들을 편을 가르고 있다는 것이다. 이러한 이론 간 차이를 아주 심각하게 생각하는 데 익숙해져 있다. 이러한 차이는 **철학적**인 것이고, **이론적**인 것이며, **경험적**인 것이다. 하지만 더 자세히 들여다보면, 이러한 차이는 민족을 구분하는 것과 아주 비슷해 보인다. 많은 점에서 그것들은 이성적으로 평가하는 판단의 문제라기보다는 내가 **속한** 집단이 어떤 집단이며 나는 그 집단에 어떻게 동일시하고 있는가 하는 정체성과 동일시의 문제인 것이다. 고정관념 형성, '우리-그들' 사고방식, 자기 집단의 언어 형태에 대한 강한 감정적 선호는 민족 동질성의 특징이자 민족 간 경쟁 또는 불신의 특징이다. 또한 이런 것들은 각 이론의 상담자들이 다른 이론의 상담자들을 보는 관점이기도 하다. 통합상담자로서 나의 목적 가운데 하나는 자신의 이론에서 사용하는 특정 방식이나 언어에 함몰되어 이들이 못 보고 있는 각 이론의 개념이나 임상 실제에서 나타나는 수렴되는 지점을 알려 주며 이러한 고정관념을 타파하는 것이다. 그간의 경험을 통해 우리 분야의 주요 이론의 상담자들과 가까이 만나고 교류할 수는 있었으나, 이러한 고정관념을 극복하기가 얼마나 힘든지 뼈저리게 느꼈다.

이 장에서 나는 각 이론에서 중첩되는 것들을 여러 방식으로 보여 주려고 하였다. 다음 장에서는 사례에서 내가 한 것을 가능한 한 충분히 독자들이 이해할 수 있도록 하기 위해 **관계적** 관점이라고 불리게 된 것에 기초한 내 생각과 임상 작업의 양상을 더 자세하게 논의한다. 내 목적은 최근 정신분석 사조의 현저한 변화를 알리는 것인데, 이 변화는 정신분석학계에 속하지 않은 사람들은 잘 알지 못하는 것이다. 웨스텐(Westen, 1998)이 언급했듯이, 정신분석이 아닌 상담자들에게(그리고 일단의 정신분석가들에게도) 정신분석은 자아와 이드, 오이디푸스 콤플렉스와 남근 상징, 삶의 본능과 죽음의 본능에 관한 것으로 인식되고 있다. 이러한 개념들은 100년이 다 되었거나 그 이상 된 것들인데 다른 이론의 상담자들이 가지고 있는 고정관념에 쉽게 들어맞으며, 과학이나 상식과는 거리가 먼 열정적인 마음의 산물이라는 정신분석 이미지를 강화시킨다. 하지만 웨스텐이 지적했듯이, 오늘날 "대부분의 정신역동 이론가와 상담자는 정서적으로 친해지기 어렵거나 일종의 잘못된 사람과 반복해서 친밀하게 되는 문제와 같은 대인관계 패턴이 있는 사람들을 돕는 데 상당한 시간을 쓰고 있다."(p. 333) 더욱이 웨스텐이 또 증명했듯이, 현대 정신분석 사조의 많은 핵심 개념은 인지심리학, 사회심리학, 실험적 성격 연구, 인지 및 정서 신경과학의 관점에서 실시한 실증 연구의 상당한 지지를 받고 있다.

정신분석이 아닌 다른 '정체성'을 가진 독자들을 위해, 독자들이 들어가려고 하는 다음 장의 익숙하지 않은 영역에 대해 알려 주고자 한다. 내 목적은 정신분석적 개념과 실제가 사례에 나타난 통합적인 관점에 어떻게 기여하는지 명확하게 밝히고 많은 독자가 익숙하지 않을 정신분석의 몇 가지 새로운 사고방식을 설명하는 것이다. 나는 정신분석 배경의 독자가 아닌 경우 독자가 내담자의 경험세계에 다가갈 때와 같은 호기심 어린 열린 마음으로 이 익숙하지 않은 영역에 들어가 보기를 권한다. 나는 다른 저서(예: P. L. Wachtel, 2010a)에서 다양한 현대 상담 접근을 설명하는 개념에 대해 증명한다는 것의 본질, 그리고 '증거 기반' 또는 '실증적으로 지지하는' 상담에 대한 논의를 특징짓는 복합성과 혼돈에 대해 자세히 설명하였다. 하지만 이 지점에서 내 목적은 독자가 더 주관적인 방식의 탐구를 즐겨 보도록 초대하는 것인데, 이러한 주관적인 탐구는 상담실 내의 상담자와 내담자 모두의 경험에도 근간을 두고 있고, 치료적 상호작용을 구성하는 복잡한 주고받는 대화 속의 질서와 상호 이해를 달성하려는 노력에도 근간을 두고 있다.

제2장

두 사람 관점: 상담 이론과 실제에서 시사점

흔히 말하는 것처럼 백지장도 맞들면 낫다. 상담을 이해하고 실행하는 데 있어서 한 명보다는 두 명이 있는 게 더 낫다는 것이 이 책의 핵심 전제이다. 이 책의 핵심인 상담 축어록을 제시하고 논평하는 목적은 내담자에게 순간순간 무슨 일이 일어나고 있는지 그리고 오래된 심리특성과 경향성에 무슨 일이 일어나고 있는지를 독자가 알 수 있도록 하는 것과 아울러 내게 들었던 생각도 독자가 알 수 있도록 하는 데 있다. 후자의 관점에는 개입과 치료 전략에 대한 내 생각뿐만 아니라 내담자와 함께 있으면서 내담자의 영향으로 내가 느끼게 되는 감정도 들어가 있다. 따라서 나는 내담자의 '생각 안으로' 들어가 내담자의 경험과 역동에 대해 내가 느낀 것을 독자와 나누려고 노력하면서 이와 함께 상담이 진행되고 내가 경험한 것을 독자에게 제시하고자 한다.

상담하는 동안 내가 생각하고 있는 것을 언급하는 것이 독자에게 내 '접근법'이나 '이론 경향'을 알려 주는 한 방법이다. 즉, 상담이 진행되면서 상담에서 일어나고 있는 일에 대해 내가 어떻게 생각하는지 그리고 상담에서 일어나고 있는 일이 내담자에 대해 내가 이해하고 있는 것에 어떻게 영향을 미치고 있는지 알려 주며 무슨 말을 할지 또는 하지 않을지 등에 대해 내가 어떻게 결정하는지 알려 준다. 이것은 사실상 모든 상담 관련 책에서 제시하는 것과 많이 일치한다. 이는 사실상 상담자가 무엇을 '해야 하는지'에 대해 묘사하는 것이다(이 책에서는 상담하는 동안 매 순간 무엇을 해야 하는가에 대한 생각을 기술하고는 있지만, 이것은 전형적으로 제시하는 그런 방식이 아니다). 하지만 '상담에 두 명이 존재'하는 것을 강조하는 내 목적은 이것을 넘어서는 것이다. 이는 또한 내담자를 이해하기 위한 가장 가치 있는 방법 중 하나는 내담자와의 상호작용에서 **자신**의 경험에 주의를 기울이는 것이라는 나의 신념을 반영하고 있다. 어떤 사람과 **함께 있을** 때 드는 느낌은 그 사람이 어떤 사람인지 이해하는 데 있어 매우 강력한 도구 가운데 하나이다. 이는 그 사람의 행동과 경험을 형성하는 그 사람이 의식하지 못하는 역동을 이해하는 데 있어서도 매우 강력한 도구인 것이다.

물론 상담자의 주관적인 느낌이 내담자를 이해하기 위한 지침으로 흠이 절대 없는 것은 아니다. 예민하게 관찰하도록 훈련을 더 많이 받고 더 전문적인 위치에 가더라도 상담자들은 개인의 다소 특이한 경험을 그 사람이 어떤지 제대로 아는 것과 혼동할 위험이 전혀 없지는 않다(이 책 1장 참조). 하지만 이와 동시에 인간관계에 있는 미묘함과 문제를 해결하는 데 우리 자신의 주관적 경험을 사용할 수 없다면, 인간관계의 문제를 해결하는 데는 한계가 있다는 것을 인정하는 것 또한 중요하다. 주관성은 다른 사람을 이해하는 데 있어서 심한 결점이 있으면서도 필수불가결한 것이다.

두 사람 관점: 발전과 한계

따라서 지금까지 해 온 논의는 대체로 이 책이 **두 사람** 관점(예: Aron, 1990; Ghent, 1989; P. L. Watchel, 2008)이라고 불리게 된 시각에서 쓰였다는 것이다. 이 용어를 현대에 사용하게 된 것은 정신분석 역사에서 정신분석 사고를 특징지었던 '한 사람 관점'과 초기의 중요한 선구자들(예: Balint, 1950; Rickman, 1957; Sullivan, 1953)이 언급하였고 이후 20년 동안 발전해 온 '새로운 사고방식'을 구분 짓는 데서 비롯되었다. 한 사람 관점은 상담자의 연구 영역이 상담실에 함께 앉아 있는 내담자이고, 상담자가 목격하는 현상을 발생시키는 데 상담자 역할이 최소로 되어야 한다는 임상적 관점이자 인식론적 입장인 것이다. 이와는 반대로 두 사람 관점에서는 상담실에서 일어나는 사건은 두 사람 간의 상호작용에서 필연적으로 나오게 되는 결과물로 보는데, 상담자 편에서 보면 상담자가 무엇을 보는가, 즉 주의를 기울이는 대상과 그 대상을 해석하는 방식에 어쩔 수 없는 편향과 선별을 하게 되고 상담자와 내담자의 행동과 경험을 형성하는 대인관계 장, 즉 관계 장에 적극적으로 참여하게 된다는 것이다. 두 사람 관점에서 경험은 항상 **함께 형성되는** 것이다(함께 형성된다는 용어는 두 사람 관점의 문헌에서 중요한 용어이다). 어떤 누구도 '환자' 혹은 '내담자'를 그 사람이 속한 상황을 배제하고 그 사람만의 분리된 현상으로 관찰할 수는 없는 것이다. 상담자는 필연적으로 내담자와의 관계 속에서 그리고 그 관계의 맥락 속에서 내담자를 관찰하게 된다. 이 말이 다른 사람을 제대로 알거나 이해하지 못한다는 것을 의미하는 것이 아니라(이 주제에 대한 논의와 이것이 어떻게 오해되는지에 대해서는 P. L. Wachtel, 2008 참조), 이러한 이해와 한계의 본질에 대한 우리의 개념을 다듬어 준다는 사실을 이해하는 것이 중요하다.

두 사람 관점에서 비판하는 것은 내가 볼 때 매우 중대한 발전이다. 나는 이 관점의 중요한 전제를 전적으로 지지하는 입장에서 글을 쓰고 있지만 이 시점에서 몇 가지 설명을 하는 것이 필요하겠다. 첫째, 이 장의 후반부에서 자세히 설명하겠지만, 두 사람 관점은 이 책에 제시된 상담사례의 중요한 토대가 되고 있는 정신분석 사고에서 패러다임이 크게 변화되는 것 중의 하나이다. 큰 패러다임의 변화는 관계이론이라는 이름으로 진행되고 있으며 두 사람 관점이 관계이론의 중요한 부분이기는 하지만, 관계이론에는 상당히 더 많은 것이 있다(관계적 관점의 더 풍부한 개관과 그것의 특징 및 함의는 P. L. Wachtel, 2008 참조). 현재 미국에서 관계적 관점이 정신분석의 주된 형태라고 해도 무리는 없으며 다른 나라에서도 영향력이 빠르게 커지고 있기는 하지만 정신분석학계 외의 많은 상담자에게는 여전히 상대적으로 낯설다. 이 장의 후반부에서 나는 새로운 방식의 정신분석적 사조에 나타나는 여러 특징에 대해 다루고 있는데, 이렇게 하는 이유는 이 특징들이 이 책에 제시한 상담사례와 관련이 있기도 하고 인지행동적 관점, 체계적 관점, 경험적 관점에서 파생된 방법이나 관점을 정신분석 사고와 통합시키는 것과 관련이 있기도 하기 때문이다(관계적 관점에 대한 더 자세한 개관은 Aron, 1996; Bromberg, 1998a; Hoffman, 1998; Mitchell, 1988, 1993, 1997; D. B. Stern, 1997; Stolorow, 1997a, 1997b; P. L. Wachtel, 2008 참조).

하지만 지금까지 나는 협소한 개념의 두 사람 관점을 고찰하면서 진행하고 있는데, 이는 협소한 개념의 두 사람 관점이 어쩌면 더 큰 관계 패러다임[1)]의 가장 중요한 요소, 즉 특징이 되는 요소일 수도 있기 때문이기도 하고 이 책과 같은 종류의 책과 관련이 있기 때문이기도 하다. 이 책의 범위에는 이 책의 핵심을 이루는 사례에서 내 자신의 생각과 경험이 나와 내담자 사이에 일어난 일을 조성하는 데 어떻게 기여했는지를 포함하고 있다. 관계정신분석

1) 이 장 후반부에서 논의하는 바와 같이 **관계적**이라는 말은 어떤 의미에서 모든 관계주의 사상가들이 공유하고 있는 개념과 관점을 아우르는 용어는 아니다.

의 문헌에는 두 사람 관점에 대해서 적어도 세 개의 다른 차원, 즉 두 사람 관점이 적용되는 세 가지 다른 영역이 존재해 왔다.[2] 관계 관점의 문헌에서 첫 번째이면서 가장 널리 사용되고 있는 차원은 **인식론적인** 차원이다. 관계 관점의 저자들이 관찰은 늘 상담자와 내담자가 모두 있는 관계망 내에서 하는 관찰이라는 사실을 고려하지 않고 '내담자'의 성격을 보고하거나 개념화하는 데 있어 나타나는 문제를 강조할 때 초점을 두는 차원이다. 한 사람 관점과 두 사람 관점이 상당히 다른 전제와 사고방식을 제시한다고 보는 두 번째 차원은 성격역동 그리고 성격발달과 관련이 있다. 이 장의 후반부에서 논의하듯이 두 사람 관점의 인식론적 입장을 지지하는 것이 전적으로 가능하고 또 일반적이기는 하지만, 그럼에도 불구하고 성격역동의 본질에 대한 실질적인 공식화에서는 근본적으로 한 사람 관점의 전제인 것이 입증되고 있다. 마지막으로, 상담 기법에 대해서 한 사람 관점과 두 사람 관점 접근의 차이를 구분할 수 있다. 이 차원에는 치료 개입에 대한 가정, 통찰, 자율성, 중립성, 익명성 및 자기개방의 역할에 대한 생각, 그리고 치료관계와 치료관계가 내담자 문제에 미치는 잠재적인 영향에 대한 개념화 등이 있다. 이 세 가지 차원에서 두 사람 관점보다는 **맥락적** 관점이라고 하는 것이 더 유용하고 정확하다고 생각한다. 하지만 **두 사람 이론**(two-person theory)과 **두 사람 관점**(two-person perspective)이 관계정신분석 문헌에 널리 사용되고 있기 때문에 맥락적 관점뿐만 아니라 두 사람 관점에서도 이 주제를 논의한다.

한 사람 이론과 두 사람 이론을 구분하는 데 아직도 설명이 추가로 필요한 것은 이전의 사고방식을 한 사람 관점이라고 기술하는 것이 두 사람 관점에서만 그렇다는 것이다. 즉, 어떤 '한 사람 관점'의 사상가도 자신을 한 사람 관점의 사상가라고 하는 사람은 거의 없다. 한 사람 관점에 대해 기술한 것은

---

2) 스페차노(Spezzano, 1996)도 약간 다른 식으로 한 사람 이론과 두 사람 이론의 세 가지 개념의 의미를 구분하고 있다.

두 사람 관점의 렌즈를 통해서 기술한 것이며, 거의 예외 없이 한 사람 관점에 대한 비판으로 기술하고 있다(P. L. Wachtel, 2008). 이 말이 한 사람 관점에 대한 비판이 근거가 없다는 말은 아니다. 하지만 이 비판이 한 사람 관점의 사상가들이 지지하는 설명이 아니기 때문에 더 생각할 필요가 있다는 것을 시사하는 것임을 강조하고자 한다.

인지행동, 인본주의, 체계 접근에 나타나는 한 사람 관점과 두 사람 관점

내가 소개하고 싶은 두 사람 관점의 의미와 함의에 대해 마지막으로 분명하게 하고자 하는 것은 경고라기보다는 확장에 무게를 두고 있다. 한 사람 관점과 두 사람 관점에 대한 초기 논의는 정신분석 문헌에서 생겼지만, 이들이 언급하고 있는 구분은 핵심에 정신분석적인 구분이 있는 것이 아니라 상담 분야의 모든 주요 접근 지지자에게 적용할 수 있는 것이다. 예를 들어, 제1장에서 인지치료의 합리주의와 구성주의의 논의에서도 은연중에 나타나듯이 정신분석처럼 인지치료와 인지행동치료에도 한 사람 관점과 두 사람 관점이 있다. 즉, 이 인지치료와 인지행동치료 영역에도 자신을 객관적인 관찰자로 보고서 일어나고 있는 일을 '지적한다'는 의미에서 자신이 관찰하고 참여하는 현상 밖에 서 있는 치료자들이 있다. 또 이와는 달리 또 다른 치료자들은 자신을 인지행동치료자라고 보지만 함께 만들어 가는 경험에 진솔한 참여자로 본다.

로저스(Rogers) 학파와 같은 인본주의 치료자에 대해서도 똑같이 말할 수 있는데, 이들이 하는 관찰도 '내담자'를 관찰하는 자세로 할 수도 있고 내담자와 치료자의 상호관련성을 충분히 인식하는 자세로 할 수도 있다. 그리고 내담자 자체를 관찰하는 자세보다는 상담자-내담자 관계 내에 있는 내담자를 관찰하는 자세로 할 수도 있다. 로저스 학파와 다른 인본주의 치료자들의 기본 전제에는 중요한 관찰 도구로서 상담자의 **공감**(empathy)이 있는데, 이 접근이 내담자 경험의 비합리적인 면을 비판하기보다는 내담자 경험을 긍정하기 때문에 인본주의 접근에 한 사람 관점과 두 사람 관점이 있다는 것을 간과하기 쉽다. 그러나 더 자세히 살펴보면, 공감은 **특정** 상담자가 내담자 경험에 대해 자신이 하는 특정 해석에 도달하는 수단(그리고 렌즈)이 아니라 내담자의 경험을 바로 이해하는 준객관적인 도구(정확한 공감)로 보고 있다.

이와 비슷하게, 무조건적인 긍정적 존중이라는 개념도 어떤 면에서는 상담자 자신이 실제로는 상호작용하고 있는 장의 일부분이 아니라 판단하지 않는 부드러운 중립적인 관찰자라는 무언의 가정을 반영하는 것일 수 있다(그래서 이 개념에는 내담자가 필연적으로 가지고 오게 되는 치료실 밖의 **복잡하고 갈등이 되는** 감정의 범주는 나타나지 않는다). 이와 동시에, 다른 많은 로저스 학파 치료자는 상당히 다른 일련의 가정으로 상담을 하는데, 이들의 가정은 모든 이론의 두 사람 관점 사상가들이 강조한 **참여하는** 자세를 이해하는 데 뿌리를 두고 있다. 이러한 점에서 볼 때, 예를 들어 상담자가 제삼자의 관점으로 또는 '합리적인' 관점으로 내담자의 경험을 비판하는 반응을 하기보다는 내담자의 경험을 인정하려고 노력하더라도 내담자에 대한 치료자의 정서 반응이 '듣기 좋은' 것이든 그렇지 않든 간에 내담자의 경험에 대한 중요한 단서를 제공한다는 것을 인식하고 있으며, 심지어 강조하고 있다. 또한 상담자가 공감적으로 응대하고 있는 내담자의 경험은 단지 내담자의 '유기체적인' 반응이 아니라 특정 상담자와 특정 내담자가 특정하게 상호작용하는 방식으로 하게 되는 **상담자와 내담자의 경험**에 대한 반응이라고 인식하고 있다. 즉, 그 경험은 함께 구성된다는 것이다.[3]

3) 함께 구성된다는 말은 내담자가 이미 형성된 특성과 성향으로 들어간다는 것을 의미하는 것이 아니다. 내가 이 책 전반에서 강조하고 있는 점을 미리 이야기하자면, 이 말은 특성과 성향 그 자체가 맥락적이라는 것이다.

사실상 한 명 이상과 상호작용하고 체계라는 말을 자주 언급하는 집단치료자나 가족치료자들조차도 가족이나 집단에서 자신이 '관찰한' 것에 자신의 존재와 상호작용 방식이 미치는 영향을 고려하지 않는다면 인식론적 관점에서 볼 때 '한 사람' 관점과 거의 차이 없이 상담시간 그리고 상담시간에 일어나는 일에 접근하는 것이 된다. 예를 들어 보자. 나는 비온(예: Bion, 1961)의 관점에서 실시된 집단 관계 워크숍에 종종 참석했다. 비온은 두 사람 관점의 이론가들이 종종 언급하는 사상가이다. 나는 여기서 '한 사람' 이상 관점을 본 일이 없다. 이 워크숍에서 헤아리기 어렵고 전지전능한 관찰자가 집단에게 집단의 원초적이고 심지어는 '정신병적인' 가정에 대해서 알려 주고 있었다. 이와 동시에 다른 많은 집단치료자와 가족치료자들은 상담실에서 일어나고 있는 일, 심지어 그 일이 집단원 간 또는 가족 구성원 간 일어난 것이라고 하더라도 집단원이나 가족 구성원들이 상담실에서 발생한 관계적 장이라는 특정한 체계의 한 부분이며 따라서 치료자가 관찰하고 있는 바로 그 현상의 중요한 부분이라는 관점에서 상담실에서 일어난 일을 이해한다. 이런 의미에서 치료자들이 여러 명과 상담을 하고 있지만 한 사람–두 사람 관점에서 보면 이들은 '두 사람' 관점의 사상가들인 것이다. 여기서 쟁점은 사람의 수가 아니다. 쟁점은 엄격한 관찰자 지위를 요구하는가이다.

한 사람–두 사람 관점 구분의 한계: 맥락적 관점으로

이러한 고찰에서 드러나는 것은 두 사람 관점이 한편으로는 인식론적 지위에 있는 우리 공식화를 이해하는 데 있어 진일보한 면이 있기는 하지만, 또 다른 면으로 보면 '두 사람'이라는 용어는 그 진보를 정확하게 표현하는 가장 적합한 용어는 아니다. 이 용어는 제한적일 수도 있고 혼동을 일으킬 수도 있다. 내가 생각하기에 진보의 극히 중요한 통찰은 맥락적 관점을 제시하는 새로운 관점을 언급함으로써 더 잘 표현된다. 이 관점에서는 사람에 대한 이해를 특정 맥락에서 그 사람이 어떻게 존재하는지에 대한 이해로 보는데, 여러 맥락에 걸쳐 내담자가 어떻게 유사한 성향을 보이는지와 함께 맥락에 따라 어떻게 다른지에 대해서도 다루고 있다. 이러한 관점은 정신분석 문헌 그리고 실험 사회심리학과 성격 연구 문헌에서 점차 명백해지고 있다(예: Andersen & Chen, 2002; Andersen, Saribay, & Kooij, 2008; Andersen, Thorpe, & Kooij, 2007; Mischel & Shoda, 1998; Orange, Atwood, & Stolorow, 1997; Rhodewalt, 2008; Shoda, Cervone, & Downey, 2007; Stolorow & Atwood, 1992; Stolorow, Atwood, & Orange, 1999; E. F. Wachtel & P. L. Wachtel, 1986; P. L. Wachtel, 1995).

이 장의 뒷부분에서 자세히 설명하겠지만, 그러한 이해는 개인의 성격에 핵심적인 부분이나 일관성이 없다는 것을 의미하는 것은 아니다. 더 정확히 말하면 우리가 이 상황에서 저 상황으로 혹은 이 관계 맥락에서 저 관계 맥락으로 옮겨 갈 때 '우리 자신'으로 존재하는 방식에서도 단순히 우리 자신이 아니라 늘 우리 주변에서 일어나고 있는 것과 관련된 '우리 자신'이라는 사실을 의미한다. 이러한 이해를 표현하기 위해 두 사람 관점을 언급하는 것은 상담시간에 일어나는 것과 상담에서 달성한 이해의 본질을 다시 생각하는 가운데 적어도 임상 영역에서 일어난 관점 변화의 근원을 찾는 중에 나타난 산물인 것이다. 이러한 맥락에서 상담시간에 일어나고 있는 것은 대부분 두 사람에 대한 것으로 보이고, 두 사람 관점이 보이고 있는 발전은 '상담실 내의 상대방' 그리고 일어나고 있는 것과 관찰되는 것이 관련되어 있음을 강조하고 있는 것이다.

내가 이 책의 핵심을 이루는 상담에 대해 두 사람 관점을 반영하고 논의를 하는 것은 이러한 의미이다. 내 목표는 독자에게 내담자의 지속적인 성격 특성이 무엇인지 또는 내담자 문제를 일으키는 역동이나 인과관계 망의 본질이 무엇인지 전달하려는 것이 아니다. 그리고 단순히 상담의 다양한 시점에서 내담자가 생각하거나 느끼는 것이 무엇인지 언급하려는 것도 아니다. 이와 더불어 이러한 내담자의 경험과 역동을 그때 내게 드는 생각이나 느낌 그리고 서로 상호작용하고 있는 맥락에 두는 것이다. 하지만 이러한 생각을 언급하기 위한 두 사람이라는 용어는 내 생각을 안내하고 있는 더 큰 관점을 충분히 포착하지 못하며, 어떤 점에서는 잘못 표현하고 있다. 어쨌든 이 용어가 통용된다는 것은 상담에서 상담실에 두 사람이 있기 때문인 것이다. 하지만 이러한 상담시간 내에도, 예를 들면 멜리사가 미국의 건강보험체계에 맞닥뜨리게 되는 것은 물론이고 루이스가 남편, 가족 그리고 자신이 자란 스웨덴과 지금 살고 있는 미국의 문화적 차이와 상호작용하는 것에도 내가 관심을 가지고 있다는 것이 명확해질 것이다. 상담시간에는 두 사람이 있지만, 그러한 상황에서도 다른 많은 사람과 맥락은 우리가 논의하고 이해하려고 하는 것의 일부인 것이다.

성격역동에 대한 한 사람 관점, 두 사람 관점, 맥락적 관점: 대상관계와 애착이론 관점

내가 논의하고 있는 관점의 변화를 맥락적 관점으로 보는 이점과 이 관점의 변화를 한 사람 또는 두 사람 관점으로 구분하는 한계는 두 번째 영역, 즉 성격역동과 성격발달 영역에서 더욱 뚜렷하다. 하지만 여기서 이제까지 풍부하고 가치 있는 문헌을 생성한 개념인 한 사람 관점과 두 사람 관점을 쓰레기 더미에 내버려 두지 말고, 기존의 이론화와 더 풍요로운 맥락적 관점의 중간역으로 이용하는 것이 유용하다. 사실상 한 사람 관점 그리고 두 사람 관점이라는 용어를 유지하는 한 가지 이점은 이 용어가 활용하는 데 한계가 있음에도 불구하고 그 한계의 결과로서 내가 하고자 하는 것을 밝히는 데 도움이 되기 때문이다. 내가 하고자 하는 것은 어떤 면에서는 두 사람 관점인 이론가들이 인식론의 영역에서 실질적인 성격이론의 영역으로 옮겨 갈 때 '오래된 패러다임'으로 계속 사고하는 그 방식을 말한다. 내가 다른 곳에서 자세히 논의했듯이(P. L. Wachtel, 2008), 많은 '두 사람' 이론가는 관찰을 하는 관계 맥락과는 별도로 내담자와 내담자 역동을 관찰할 수 있다고 가정한 이전 분석가를 비판함에도 불구하고 성격역동에 대한 이들의 설명에는 본질적으로 '한 사람' 사고방식이 나타난다. 즉, 이들은 사람의 동기, 사고, 자기표상과 타인표상을 어떤 순간 그 사람이 작용하고 있는 정서적 맥락 그리고 관계적 맥락과 연결하여 설명하는 것이 아니라 '내면화된' 대상의 '내면세계', 즉 일상 경험에 영향을 미치지만 일상 경험은 거의 영향을 주지 않는 **환상** 세계를 묘사하고 있는 것이다.

이러한 사고방식은 대상관계 전통의 사상가들이 쓴 저서에 명확하게 나타나고 있는데, 이들은 멜라니 클라인(Melanie Klein)의 선례(예: Klein, 1952, 1957, 1961, 1984)를 따라 '내면화된 대상'을 변하는 성격과 분리되어 있고 시간이 지나도 멈춰 있어서 '유아적' '원초적' 또는 '태곳적' 상태로 남아 있는 심리적 형태로 개념화하고 있다. 이러한 공식화의 한 사람 관점 특성은 대상관계 사상가들에게 주요 관심인 그 환상의 내용이 관계에 대한 것이라는 사실 때문에 희석되었다. 사람들과 **실제** 관계 그리고 **하고 있는** 관계보다는 **상상의** 관계, 즉 '환상'의 관계 그리고 **유아기부터** 있는 상상 또는 환상의 관계에 초점을 얼마나 두고 있는가는 거의 주목하지 않고 있다(Modell, 1984 참조). 페어베언(Fairbairn, 1952)부터 위니컷(Winnicott, 1965, 1971, 1975), 컨버그(Kernberg, 1976) 그리고 다른 대상관계 이론가들에 이르기까지 대상관계 사고방식은 한편으로는 오래된 한 사람 관점, 즉 '단항의' 사고방식이면서(Mitchell, 1988), 다른 한편으로는 성격이 다른 사람과의 경험으로 그 사고방식이 어떻게 형성되는지에 대해 더 새롭게 이해할 수 있는 것이기도 하다.

대상관계 사고방식이 한 사람 관점의 중요한 요소를 얼마나 가지고 있는가는 보울비(Bowlby)의 애착이론(예: Bowlby, 1969, 1973, 1980)과 비교하면 더 잘 이해할 수 있다. 보울비의 애착이론은 거의 같은 시기에 영국 정신분석의 같은 모체에서 나왔다. 어떤 면에서 혹자는 보울비의 내면화된 작동 모형의 개념은 대상관계의 '내면화된 대상'의 개념과 같은 개념이라고 볼 수 있다. 하지만 영국 정신분석학계의 동시대인들 대부분이 한 생각과는 반대로 보울비는 내면화된 작동 모형을 발달과는 분리되고 새로운 경험이 영향을 주지 않는 고착된 유아적 또는 원초적 구조로 이해한 것이 아니라 일생 동안 계속되는 애착 대상과 지속적인 경험과 관계에서 발전하는 인지-정서 도식으로 보았다. 보울비는 내적 작동 모형을 지속적이며 변화하기 어려운 것으로 보았지만, 이는 내적 작동 모형이 환상에 근거하여 실제 경험에 근접하기 어렵기 때문이 아니라 두 가지 중요한 이유 때문에 지속된다고 보았다. 이 두 가지는 우리가 정신병리를 이해하고 상담을 하는 데 중요한 의미가 있다.

첫째, 내적 작동 모형은 **안전감을 느끼고자** 하는 개인의 노력, 그리고 다양한 양육 경험이 일으킬 수 있는 개인이 지각한 **위험**에 뿌리를 두고 있다. 그 결과, 내적 작동 모형은 불안이 유발하는 정신 기능의 다른 양상에서와 마찬가지로 잠재적인 경직성과 변화에 대한 저항을 반영하고 있는 것이다. 식욕의 즐거움이나 자극 또는 식욕의 만족을 위해 새로운 기회를 찾는 위험은 안전을 지켜 준다고 경험한 행동 패턴을 바꾸는 것보다 위험이 훨씬 적다.[4] 둘째, 내적 작동 모형에는 결과가 있다. 내적 작동 모형은 아동으로 하여금 처음에 내면화된 기대를 발생시켰던 것과 같은 종류의 행동을 양육자에게서(그리고 이후에는 다른 사람에게서) 일으키게끔 행동하게 한다. 이 점에서 내적 작동 모형은 제1장에서 논의한 악순환과 선순환의 또 하나의 예였다. 안정 애착 패턴으로 발달된 아동들은 안전하다는 느낌을 느끼는 데 필요한 바로 그 반응을 다른 사람에게서 일으킬 가능성이 많다. 여러 불안정 애착 중 한 가지

4) 불안으로 발생한 심리 경향성이 유독 독단적으로 될 수 있는지에 대한 추가 설명은 아주 평가절하되었지만 매우 가치 있는 호나이(Horney)가 한 공헌(예: Horney, 1939) 참조.

로 발달한 아동은 불안정 애착이 담고 있는 요구 그리고 그런 요구가 일으키는 행동의 결과로서 다른 사람에게서 불안정감이라는 패턴을 유지시키는 행동과 정서 단서에 대면할 가능성이 크다(애착의 역동을 상호 쌍방 조절의 반복되고 순환되는 과정으로 설명하는 것은 P. L. Wachtel, 2008, 2010b 참조).

따라서 보울비의 개념화는 초기 경험이 지속되는 흔적을 어떻게 남기는지, 그리고 경험을 해석하고 의미를 부여하는 데 있어 심리 조직이 어떻게 중요한 역할을 하는지에 주의를 기울였지만, 실제 대인관계에 대한 개인의 반응이라는 관점에서 이러한 현상에 대해 자신이 이해한 바를 제시하였다. 사실상 어머니와 유아 사이에서 실제로 일어나고 있는 일의 영향력에 대해 보울비가 '두 사람'을 강조한 것은 클라인 학파와 대상관계 이론가들이 개인의 지각과 기대의 원천으로서 그 사람의 '환상'에 대해 강조한 것과 너무도 달라서 영국정신분석학회(British Psychoanalytic Establishment)는 보울비를 철저히 거부하고 기피하였다. 보울비와 애착이론이 현재 매우 존중받으면서 여러 방면에서 정신분석 관심의 중심에 있다는 사실은 영국뿐만 아니라 세계적으로 정신분석 변화의 가장 강력한 신호인 것이다(예: Cortina & Marrone, 2001; Fonagy, 2001; A. N. Schore, 2003; Wallin, 2007). 하지만 보울비의 이론을 거부하게 했던 개념의 편견이 대상관계 사고방식의 토대에 얼마나 남아 있는지는 충분히 검토되지 않았다. 어떤 면에서 보울비의 이론은 이 이론을 그것과는 양립할 수 없는 다른 이론들과 함께 배치함으로써 '엉성한' 방식으로 수용되어 왔다고 말할 수 있겠다. 이 이론들이 모두 양립 가능한지 검토해야 할 것이 많다. 이는 이 이론들이 '관계'에 관한 관심을 공유하고 있어서 논리정연한 것으로 보이나 때로는 관계를 다른 방식으로 보기 때문인데, 겉으로 보기에 사고방식이 수렴되어 보이는 것이 더 깊은, 또 어떤 면에서는 더 중요한 근본적 관점의 차이를 가리기 때문이다(P. L. Wachtel, 2008, 2010b).

양육실과 상담실: 두 사람 이론의 한정된 맥락

완전한 두 사람 관점 또는 맥락적 관점의 중요한 임상적 의미를 보다 명확하게 하기 위해서는 인식론적 영역에서 한 사람 관점을 강하게 비판하는 영향력 있는 많은 저자 가운데에도 한 사람 사고가 어떻게 검증되지 않고 의식되지도 않은 채 지속되는지 명확하게 밝히는 것이 유용하다. 이 주제를 따라하면서, 두 사람 또는 맥락적 사고방식이 일반적으로 어디에 적용되는지 그리고 어디에 **적용되지 않는지** 묻는 것이 분명한 이해를 돕는다. 이 절에서 자세히 설명하는 것처럼, 이 질문에 대한 답은 두 사람 관점에서 하는 사고방식은 두 맥락, 즉 내담자와 상담자의 관계 그리고 어머니와 유아의 관계에서 아주 명확하다는 것과 개인이 계속해서 발달하고 일생 동안 새로운 사건에 대응하는 삶의 다양한 측면을 논의하는 과정에 두 사람 관점의 사고방식이 놀랍게도 빠져 있다는 것이다(비교: Eccles, 2004; Erikson, 1950, 1980; Mancini, 2009). 하지만 두 사람 사고방식이 문헌에 빠져 있다는 사실이 모호해진 것은 어머니-유아 상호작용과 관련하여 두 사람 사고방식의 영향력이 증대하면서 두 사람 사고방식이 실제보다 더 널리 퍼진 것처럼 보였기 때문이다. 이런 의미에서 이 한 가지 치료 외적인 맥락에 두 사람 사고방식이 존재한다는 것은 대상관계, 더 일반적으로는 관계 사상가들에게 성격역동에 대한 사고를 하는 일반 틀이 두 사람 사고방식이라는 잘못된 인상을 미묘하게 만들어 냈던 것이다.

예를 들어, 마로다(Maroda, 1999)는 "성격 형성에 중요한 **초기 어머니-아동 상호작용에 중점을 두는** 두 사람 심리학이 장악하면서 정신분석은 스스로를 다시 정의하려고 노력하고 있다."(p. 2)라는 말을 통해 관계적 관점에서 상담에 대한 의미 있는 논의의 장을 열었다. 여기서 두 사람 심리학과 초기 어머니-아동 상호작용이 거의 우연하게 일치됨에 주목하기 바란다.[5] 마찬가지로, 미첼(Mitchell, 1995)은 영국의 후기 클라인 학파 계열의 대상관계 이론에서 매우 중요한 특징은 "환경에 중요성을 두는 것으로 유아와 양육자 사이에서는 상호작용에 매우 중요성을 부여하고 있고, 상호작용의 중요성은…… 분석가와 피분석가 사이에도 두고 있다."(p. 78)라고 언급하고 있다. 많은 대상관계 이론가가 상호작용적인 두 사람 관점을 적용하는 영역이 바로 이 두 영역이다. 하지만 마로다와 마찬가지로 미첼의 견해에서도 그 사람의 삶의 다른 영역, 즉 어머니—유아 또는 상담자—내담자 관계 밖에서 발생하는 수천 가지의 상호작용에 대해서는 언급하지 않았다. 조금 더 자란 아동이 친구나 교사와 하는 상호작용에서 또는 상사, 부하 직원 및 직장 동료부터 친구, 이웃, 주차 안내원 또는 자녀의 선생님까지 모든 사람과 하는 성인의 상호작용에서 보면, 삶은 상호적으로 구성되는 경험으로 가득 차 있다(이를 보다 만족스럽게 다시 공식화하자면, 맥락에 따라 반응하고 쌍방이 구성하는 경험으로 가득 차 있다고 하겠다). 그럼에도 불구하고 대상관계 문헌에서는 이러한 경험에 대해 말하는 바가 거의 없으며, 일한 경험을 제1장에서 논의한 양방향 순환과정의 산물이 아닌 지속되는 '내부' 대상관계가 반영된 것에 불과하다고 보고 있다.

이러한 생략에 대해 나는 다른 저서에서 다음과 같이 논의한 바 있다.

> 유아기와 분석 사이의 텅 빈 영역은 일종의 '배제된 중간'이 되는데, 겉으로 보기에는 관계와 '환경'을 강조하는 이론이 다루고 있는 것으로 보이지만 이 영역은 사실상 거의 무시되었다. 즉, 일상생활의 경험을 관계이론가들이 논의하고 다루지만, 분석 상황이나 유아기 시기처럼 쌍방이 함께 구성하고 있고 서로가 원인이 된다는 사실에 관심을 두는 맥락으로 보지 않고 주로 '내부'에 있는 것을 드러내거나 표현하기 위한 맥락으로만 보는 경우가 많다. …… 어머니—유아 관계와 내

5) 많은 관계정신분석 저자와 마찬가지로 마로다(1999) 또한 자신의 저서 모든 곳에서 상담자와 내담자의 두 사람 속성에 대해 강조하였다.

> 담자와 분석가의 관계는 쌍방 영향과 경험의 쌍방 구성이라는 양방향 과정으로 대상관계 이론에서 철저히 탐색했지만 양방향 과정이 모든 삶의 특징을 묘사하는 방식에 대해서는 다소 철저하지 못하게 탐색하는 경향이 있다. 내면화, 발달 수준, 발달지체와 같은 개념은 내면으로 주의를 돌리게 했는데, 맥락과 거의 관계없는 각 개인의 속성으로 암묵적으로 취급되는 경향성에 주의를 기울였던 것이다(P. L. Wachtel, 2008, pp. 56-57).

마로다와 미첼의 인용문을 인용하면서, 나는 이들의 주장이 하찮은 것으로 취급되지 않도록 하기 위해 애를 썼다. 두 사람 모두 뛰어난 관계 사상가이고 (미첼은 사실상 관계 관점의 가장 중요한 창설자로 볼 수도 있다), 두 사람의 전반적인 공헌과 관점을 내가 매우 존경하고 있으며, 그들의 임상적인 입장과 이론적인 입장은 많은 면에서 겹친다. 마로다와 미첼의 의도는 일상생활에서 두 사람 사고의 역할을 고려하는 것을 배제하는 것이 분명히 아니었다. 사실 미첼(1988)의 정신분석 저서에서 '아기의 은유'와 '발달 기울기(developmental tilt)'에 대한 비판적인 논의는 내가 이 장과 이전 장에서 지적한 것과 상당히 겹친다. 다른 사람들의 저서를 인용할 수도 있었으나 이 두 사람의 글을 인용한 내 의도는 상담 상호작용이나 어머니와 유아 간 상호작용을 논의하고 있는 대상관계와 관계정신분석 문헌에 널리 나타나고 있는 두 사람 관점이 일상생활까지도 아우르고 있는 보다 철저한 두 사람 관점과 얼마나 쉽게 혼동될 수 있는지 보여 주고자 하는 것이었다.

상담실 안에서 한 사람 사고부터 두 사람 사고까지: 머튼 길의 공헌

두 사람 관점이 상담자-내담자 상호작용과 어머니-유아 상호작용 영역에 대체로 한정되어 있었으며, 내담자의 일상생활에 대한 논의에는 두 사람 관점이 대개 빠져 있다는 사실은 이 두 영역에서 두 사람 관점이 발전하고 적용된 것을 면밀히 살펴보면 더 명확할 수 있다. 내가 논의했던 바에 함축되어 있듯이 성격역동의 본질에 대한 두 사람 관점이 가장 넓게 적용된 영역은 상담시간이다. 한 사람 관점에 있는 인식론적 문제들이 처음으로 분명하게 설명되었던 것이 바로 상담시간이었다. 그러나 다른 많은 관계 사상가는 다른 영역에서는 인정하지 않았지만 상담시간 내에서는 행동과 개인적 경험을 형성하는 **원인이 되는 역동**(causal dynamics)이 사실상 두 사람이라는 것을 인정했다는 사실에 주목하는 것이 중요하다. 즉, 내담자의 경험이 내담자가 상담시간에 가져온 '내적인' 역동의 단순한 함수가 아니라는 사실이 분명해졌고, 사실상 인식론적 관점과 떼어 놓을 수가 없다. 상담시간에 갖게 되는 내담자의 경험은 **실제로 일어나고 있는 것에 대한 반응**으로 이해되는데, 이는 내담자의 경험이 내담자의 역동과 심리적 조직 과정의 무의식적 특성에 대한 유용한 지표라도 그렇다(예: Aron, 1996; Gill, 1982; Hoffman, 1998; P. L. Wachtel, 2008).

정신분석 형태가 상담시간에 발생하는 사건을 한 사람 관점에서 두 사람 관점으로 이해하는 방식으로 바뀌기 시작하는 것과 같이 이러한 관점이 발전하는 방식은 머튼 길(Merton Gill)의 저서에 명료하게 설명되어 있다. 길은 수년간 정신분석 사상의 프로이트 학파, 즉 자아심리학 분파의 선두 사상가 가운데 한 사람이었으나, 이후에 길이 옹호했던 바로 그 관점을 비판하는 두 사람 관점으로 정신분석을 바꾸는 주도적인 인물 가운데 한 사람이 되었다. 자기 자신의 사고방식에서의 변화로 두 관점의 핵심 가정과 정신분석 사고가 시간에 따라 발전한 방식이 특히 잘 포착되고 있다. 1954년에 길은 되돌아보면 한 사람 관점이라고 할 수 있는, 가장 영향력 있고 명쾌한 표현을 서술했다.

> 가장 명확한 전이 징후는 분석가의 행동이 일관적일 때 반복되어 나타나는 것들이다. 이런 환경에서 변하는 전이 징후는 **외부 상황, 즉 대인관계에서 몇 가지 변**

화된 요인으로 원인을 돌릴 수 없고 피분석가 자신이 책임을 받아들여야 하는 것이다(Gill, 1954, p. 781).

이와는 반대로 수십 년 후에 길은 이 같은 입장에 대해 가장 날카로운 비판을 했다. 이 비판 가운데 일부는 상담 기법에 관한 것이었다. 이러한 관점에서, 이후 길의 저서에서 주요한 요점 가운데 하나는 내담자의 경험이 상담에서 실제로 일어나는 것과 관계가 있다는 사실을 인정한다고 해서 상담 과정이나 상담 과정에서 내담자가 경험하는 방식에 내담자가 어떤 역할을 하는지 이해하는 데 방해가 되지는 않는다는 것이다. 사실상 길이 주장하는 것은 그렇게 인정하는 것이 내담자를 더 존중하는 것이기도 하고 상담실에서 일어나고 있는 복합적인 상호주체적 과정을 더 정확하게 설명하는 것이기도 하지만 내담자의 상호작용 경험을 발생시키는데, 내담자 자신의 무의식적인 가정과 조직화 과정이 어떤 공헌을 하는지 탐색하도록 하는 것을 더 수월하게 한다는 것이다. 이는 실제로 그런데, 그 이유는 내담자의 경험을 완전히 부정하고 오로지 과거에서 비롯된 왜곡으로 간주하는 대신에, 두 사람 관점은 내담자의 경험을 상담실에서 실제로 일어나는 것에 대한 반응임과 동시에 내담자에게 깊이 잠재되어 있는 가정을 반영하는 것으로 보기 때문이다. 내담자에게 깊이 잠재되어 있는 발달적 근원과 잠재적으로 어떻게 문제가 될 수 있는지는 여전히 탐색해야 할 중요한 것으로 남아 있는 것이다.

길은 다음과 같이 말한다.

분석은 대인관계 맥락에서 발생하기 때문에 비상호적인 것은 없다. 침묵도 또한 당연히 하나의 행동이다. …… 침묵을 중립적인 의도로 했겠지만, 침묵 또한 잔인한 비인간적 행위부터 다정한 배려 사이의 어떤 것으로 실감 나게 경험할 수도 있다. 이러한 태도들 중 어떤 것도 반드시 왜곡이라고 말할 수는 없다(Gill, 1984, p. 168).

그런 다음, 길은 상담에서 일어난 일에 대한 상담자의 역할을 인정하는 것이 탐색 과정에 도움이 되는가 또는 방해가 되는가 하는 문제와 내담자의 경험이 묵살되거나 그 경험을 오로지 과거에서 비롯된 전이 반응으로만 보지 않는 환경의 변화에 대해 명확하게 언급하면서 계속 이야기한다.

> 분위기의 변화는 내담자가 잘못된 것이고 잘못 인식하고 있다는 것에서 내담자 관점을 가장 먼저 고려하는 것으로 바뀐 것이다. 다시 말해서, 내담자의 이성적인 판단 능력을 폄하하는 것이 아니라 존중한다는 것이다. 내담자가 자신의 경험에 스스로 어떤 역할을 했는지 기꺼이 탐색하려고 하는 것은 그런 분위기, 즉 내담자의 관점이 인정된 후인 것이다. 이 입장은 물론 내담자 관점의 합리성을 인정한다는 것은 자신의 경험이 분석가의 현재 행동으로 완전히 설명된다고 믿고 있는 내담자의 믿음을 확증시켜 주는 것이라고 주장하는 입장과는 대조되는 것이다(Gill, 1984, p. 173).

길 자신이 1954년 논문에서 한 주장에 대한 명백한 도전에서, 우리는 상담을 통해 이룩된 지식의 인식론적 지위가 두 사람 관점으로 바뀐 것은 상담 기법과 성격역동 모두에 대한 이해가 변화된 것임을 여기서 알 수 있다. 길은 처음에 한 사람 관점의 저명한 주창자로서, 그다음에는 그러한 관점에 도전하는 선도자로서, 이 새로운 관점의 광범위한 의미를 묘사하고 설명했다. 개인은 행동과 경험의 원인이 내면에 있기는 하지만 개인을 더 이상 독자적인 체계로 보지 않고 세상에서 살아가고 세상에서 일어나는 사건에 반응하는, 즉 실제 사건에 반응하는 사람으로 보았다. 길(1979)이 영향력 있는 다른 논문에서 말했듯이 말이다. 그러나 동시에 '실제로' 일어난 것은 신이 하는 것과 같은 '객관적인' 이해가 아니라 **우리가 사건을 경험하는 대로** 그 사건에 반응하는 것이기 때문에 내담자의 경험 또한 내담자가 세상을 이해하는 정서 도식, 동기 도식, 지각 도식을 반영하는 것이다.

더욱이 발생하는 사건과 사건을 이해하고 사건에 반응하는 도식의 관계는 양방향적인 것이다. 개개인에게 이러한 도식은 개인의 독특한 발달력을 반영한다. 우리 각자는 다소 다른 성장 경험을 가지고 있으며, 따라서 우리의 심리 구조와 내면세계의 내용은 그 나름의 독특한 특성이 있다. 그러나 이와 동시에 연속되는 경험은 우리의 개인 도식과 대인관계 도식을 형성하지만 이 도식이 발전해 가면서 연속적인 경험을 형성한다. 즉, 사건들이 심리적 의미를 띠는 것은 도식을 통해서이며, 다른 사람에게서 특정 반응을 일으키는 행동이 형성되는 것도 도식을 통해서이다. 서로 다른 삶의 경험에 따라 우리의 정서 도식, 행동 도식, 동기 도식은 다를 것이다. 그러나 서로 다른 정서 도식, 행동 도식, 동기 도식에 따라 우리 삶의 경험도 다를 것이다. 우리는 다르게 행동할 것이고, 다르게 지각할 것이며, 다른 사람에게서 다른 행동을 불러일으킬 것이다. 두 원천인 우리 행동과 경험은 매우 뒤얽혀 있다. 길이 말했듯이, 제1장에서 설명한 순환적 정신역동 관점과 매우 유사한 사례 공식화에서 길은 다음과 같이 말했다.[6]

> 개인은 자신의 정신내적 패턴이 지시하는 대로 세상을 보기도 하지만, 자신이 세상을 실제 평가하는 대로 보기도 한다. 게다가 두 종류의 결정 요인은 서로 영향을 준다. 정신내적 패턴은 패턴에 맞는 외부 세계의 일면에 선택적 주의를 기울이게도 하지만 그 개인이 마주하게 되는 반응이 자신의 관점을 확증시킬 가능성을 높이게끔 행동하기도 한다. 이렇게 외부에서 확증되는 것은 패턴을 유지시키는 데 필요한 것이다. **정신분석 이론이 종종 간과하는 것이 마지막의 통찰인데, 정신분석 이론에서는 정신내적 패턴이 외부 세계와는 상관없이 내부 압력이 정신내**

6) 사적인 대화에서 길은 내 첫 번째 책『정신분석과 행동치료(Psychoanalysis and Behavior Therapy)』(P. L. Wachtel, 1977b), 특히 피아제의 도식, 조절, 동화 개념으로 전이 개념을 밝힌 토론에 대해 읽은 것(P. L. Wachtel, 1980)이 자신이 두 사람 관점으로 관점을 바꾸게 된 이유였다고 하였다. 그리고 마찬가지로 길의 재공식화는 이 주제에 대해 내 생각을 형성하는 데 도움을 주었다.

적 패턴을 유지시킨다고 가정하고 있는 것이다(Gill, 1982, p. 92).

길이 관찰하고 재공식화한 것은 정신분석 상담시간에 일어나고 있는 현상에 대한 관계적 관점에 아주 많이 포함되어 왔다. 그러나 관계적 관점은 상담 상황에만 적용 가능한 것이 아니라는 사실에 주목하는 것이 중요하다. 이론상 관계적 관점은 사람들이 삶의 모든 분야에서 어떻게 기능하는지에 대해 더 적절하고 포괄적인 설명을 하는 것이다. 하지만 앞에서 내가 언급했던 것처럼 상담실 밖에서의 내담자의 일상 경험을 논의할 때는 상당수의 관계정신분석 문헌에 이러한 관점이 아주 명확하게 나타나 있지는 않다. 그 사람의 도식을 처음으로 형성한 역동은 생애 초기에 발달하기 때문에 사실상 서로 영향을 주고받는 것으로 자주 설명한다. 하지만 그 사람이 유아기를 벗어나면(한 가지 예외는 상담시간에 하는 행동과 경험이다) 사람들이 서로에게 주는 상호영향이 성격의 일관성에 핵심적으로 기여하는 순환적 피드백 고리를 창조하는 인과관계 결합의 한 부분으로 보기보다는 그 사람의 '내적인' 구조를 '표현하는' 것으로 논의하고 있는 것이다(비교: P. L. Wachtel, 1994, 2008).

두 사람 이론화의 두 번째 고립된 영역으로서 양육실

앞에서 언급했듯이, 상담실과 더불어 관계정신분석 문헌에서 두 사람 사고가 널리 나타나고 있는 두 번째 영역의 존재는 그 사람의 생활 나머지 부분에 대한 논의에서 두 사람 사고가 빠져 있다는 사실을 모호하게 하는 데 기여했다. 성격이 생애 초기에 어머니와 유아 사이의 양방향적 교류에 의해 형성되는 방식은 한동안 관계이론가들의 주요 관심사였는데, 이것은 관계적 이론화의 결정적인 특징 가운데 하나이다(이 장 앞부분의 Maroda, 1999의 인용문 참조). 이러한 관심의 범위에는 애착 과정, 유아와 어머니 사이의 상호작용 리듬[7]을 만드는 쌍방의 단서, 그리고 유아와 양육자 사이의 양방향적으로 상호

구축된 경험의 다양한 양상에 대한 연구가 있다(예: Beebe & Lachmann, 2002, 2003; Cohen & Tronick, 1988; Jaffe, Beebe, Feldstein, Crown, & Jasnow, 2001; D. N. Stern, 1985; Tronick, 1989). 이 분야에서는 상호작용에 대한 양 당사자가 서로의 행동과 경험을 형성하는 양상, 그리고 상대방, 좀 더 넓게는 경험이 펼쳐지고 있는 계속 변하는 맥락에 대한 각자의 반응성을 매우 강조한다. 아기조차도 매우 식별 가능한 성격과 개인적인 성향이 있기 때문에 양 당사자의 영속적이고 종종 매우 구조화되어 있는 성격을 여기서 감안하기는 하지만, 발생하는 일을 이해하는 데 있어서는 각 당사자 한 사람만의 '내적인' 또는 '내면화된' 특성만으로는 충분히 설명할 수 없다는 것을 이해해야 한다. 더 정확히 말하면, 이 모형은 상당히 철저한 두 사람 모형이며, 치료적 상호작용의 모형과 마찬가지로 한편으로는 사람의 자질과 지속적인 성격 및 성향을 강조하는 입장 그리고 다른 한편으로는 그러한 특성이 나타나고 형성되고 유지되거나 변화되는 맥락의 지속적인 영향력을 강조하는 입장 사이의 명백한 긴장을 해소하는 것이다.[8]

그러나 유아기와 상담 두 영역에 대해 논의하는 것과는 대조적으로, 양육실과 상담실 사이의 방대한 생활영역에 대해서 논의하고 있는 관계정신분석 문헌을 보면 두 사람 관점은 훨씬 덜 반영되어 있다. 이 문헌에서 보면 더 전통적인 정신분석 어휘이면서 '스스로 발현하는' 내적인 상태와 세력이라는 개념 목록이 훨씬 더 보편적이다. 나이가 든 후에 겪게 되는 내담자의 문제는 유아기 혹은 초기 아동기에 발생한 이미 내면화된 심리 구조를 반영하는 것으로 본다. 즉, 내담자가 치료를 받으러 오게 한 일상적인 경험이나 내담자의 독특한 성격을 구성하는 지속적인 특성의 본질을 다룰 때 함께 구축하

7) 분명히 유아기와 초기 아동기에 대한 이 연구는 어머니보다는 양육자와 관련이 있으나, 많은 연구는 어머니에 초점을 두고 있다.

8) 이러한 상호작용 과정에 대한 증거와 더 광범위한 위미에 대해서는 P. L. Wachtel(1973, 1977a, 1980, 1994), Wachtel, Kruk, & McKinney(2005) 참조.

는 것이나 제1장에서 논의한 바와 같이 사람들이 내담자의 행동, 경험 및 상호작용의 지배적인 패턴에 대한 공범자가 되는 방식에 대해서는 거의 주의를 기울이지 않는다.

두 사람 이론의 두 가지 '기준점'인 양육실과 상담실 사이에는 내가 앞에서 언급한 '배제된 중간 영역(excluded middle)'이 있는데, 이 영역은 본질적으로 여전히 한 사람 사고가 지배하고 있다. 일상생활에서 내담자의 성격 패턴이나 해결하고자 상담으로 가져오는 문제의 원인에 대한 설명을 할 때, 문제가 '내면'에 깊이 파묻혀 있다고 하는 불충분하게 검토된 가정이 종종 남아 있다. 미첼(1998)이 대상관계 사상에 널리 퍼져 있는 발달 정지 모형(developmental arrest model)을 비판하면서 설명한 바와 같이, 아동의 초기 경험은 두 사람 관계이면서 상호작용하는 것으로 종종 다루지만, 어떤 시점에서 정서적 성숙은 '정지된' 것처럼 보이고, 일단 그렇게 되면 인생 초기 단계를 두 사람 관계로 이해했던 것이 그때부터 '대체로 단항적인' 것으로 되어 버린다. 미첼이 언급하듯이 광범위한 정신분석 사상가들이 공유하고 있는 단항개념(monadic conception)에서 "유아기적 욕구는 동결되고 정지된다. 성격 가운데 가장 깊고 가장 중요한 심리적으로 구석진 곳은 격리되고 대인관계의 새로운 요소로부터 영향을 받지 않게 되는 것이다. …… 상호작용을 통해 확립된 관계 양상은 변함이 없으며 이것이 이후 모든 경험을 형성하는 내재된 힘인 것이다." (p. 131)

이러한 개념화에 대한 대안을 설명하면서 미첼(1988)은 성격역동에 대한 보다 철저한 두 사람 개념, 즉 더 적합하게는 맥락 개념이 어떤 것인지에 대한 훌륭한 예를 제시한다. 이 책에 제시된 상담사례를 설명하는 순환적인 정신역동적 관점과 공통점이 많은 이 설명에서, 미첼은 종종 관계적 사고방식의 기저를 이루는 몇 가지 중요한 가정에 대해 은연중에 비판을 하고 있다.

> 나는 대인관계의 상호작용이 내적인 대상관계 또는 '표상'이라는 단순히 심리

적인 것에 기초를 두고 있는 세계가 '발현'된 것에 불과하다고 생각하지 않으며 개인의 주관적인 경험이 실제 대인관계의 상호작용을 단순히 기록하는 것에 불과하다고도 생각하지 않는다. 심리적인 현실을 바라보는 가장 유용한 방식은 정신내적 영역과 대인관계 영역을 모두 포괄하는 관계 매트릭스 내에서 작동하는 것으로 보는 것이다(p. 9).

맥락 안의 행동과 경험: 정신분석과 행동주의 관점의 접목

지금 나는 두 사람 관점(또는 내가 제안한 바와 같이 더 바람직하게는 맥락 관점)이 어떻게 성격과 성격역동에 대한 이해를 더 차별화되게 할 수 있는지 그리고 상담 과정에서 정신분석 상담자들이 관찰한 내용과 인지행동 상담자와 체계적 접근 상담자들이 관찰한 내용을 조화시키는 목표에 어떻게 기여하는지 고찰해 보고 싶다.[9] 각 접근의 장점을 일관성 있게 묶는 데 있어 중요한 점은 정신분석 전통에서 주의를 기울이고 있는 내담자 내면세계의 복잡성이 상황맥락이나 체계맥락의 영향을 무시하지 않도록 하는 것이 필요하다는 것을 인식하는 것인데, 상황맥락이나 체계맥락의 영향은 인지행동 전통과 체계 전통의 상담자와 연구자들이 충분히 증명해 온 것이다. 내면세계는 **맥락적인** 내면세계로 가장 잘 이해된다. 즉, 우리 경험과 행동을 형성하고 방향을 제시하는 지각 경향성, 동기 경향성, 정서 경향성은 우리 주변에서 일어나는 사건과 완전히 봉쇄되어 있는 것이 아니라 그 특성상 주변 사건에 반응하는 것인데, 이는 이러한 경향성이 때때로 정신분석 렌즈를 통과하는 것처럼 보

9) 다음 절에서 나는 이렇게 이해하는 것이 병리화를 어떻게 피하게 하여 상담할 때 내담자의 문제뿐만 아니라 강점에도 토대를 둘 수 있게 하는지에 대해 고찰하고자 한다.

이기 때문이다. 정신분석 관찰에서 생겨난 관찰에 대한 이러한 대안적인 관점은 최근 빠르게 힘을 얻고 있는데, 이는 내면세계가 봉쇄되어 있다고 보는 것이 아니라 맥락적이고 반응적이라고 보는 정신분석 저자들이 구형의 정신분석 이론과 실제에 중대한 도전을 하기 때문이다. 정신분석적 사조의 새로운 형태는 정신분석적 사조와 상담 과정에 대한 더 넓은 접근과 연구를 통합하는 것을 지칭하는 것은 물론 너무도 오랫동안 정신분석적 사조를 지배했고 본질과 종종 혼동되었던 병 중심적이고 너무도 내적인 것을 강조하는 것을 넘어서는 성격 개념을 지칭하기도 하는 것이다(P. L. Wachtel, 1997, 2008 참조).

이러한 새로운 정신분석 접근의 선조들은 수십 년 전에 이미 한 형태의 정신분석 사고에 대해 설명했는데, 이들이 설명한 정신분석 사고에는 개인 주변의 사건에 대한 그 사람의 반응성(그리고 맥락에 따라 그 사람의 행동과 경험이 달라진다는 것)은 정신분석 관점 자체에 포함되어 있었다. 설리번의 대인관계 이론(예: Sullivan, 1947, 1953)은 우리가 몸담고 있는 대인관계 또는 관계 영역에 대해 우리가 반응하는 것에 뿌리박고 있는 정신분석 관점의 가장 완전한 예이다. 대인관계 정신분석은 무의식적 동기, 충동 또는 환상을 무시하지 않았다(이들은 종종 무의식적 동기, 충동 또는 환상을 무시한다고 오해를 받기는 했다). 하지만 이들은 정신내적 현상을 맥락에 두었으며, 개인은 그 사람이 상호작용하고 있는 사람들과의 관계에서 그 사람을 이해할 때 가장 잘 이해할 수 있다고 하는 태도를 강조했다. 이러한 상호작용은 상대방과 관련하여 구체적으로 행동하는 각자가 함께 참여함으로써 형성되기도 하고 과거 경험과 독특하게 구성된 과거 경험의 의미에 바탕을 두고서 상대방과 자신을 지각하는 데 영향을 미치고 있는 '정형화(personification)'에 의해서도 형성된다(Sullivan, 1953).

유감스럽게도, 정신내적인 것을 다른 사람과 하는 일상적인 교류와는 완전히 떨어진 일종의 잃어버린 대륙과 같이 보는 정신분석계에 대인관계 또는 맥락을 강조하는 입장을 소개하고자 하는 전투에서 설리번은 미사여구가 심하다는 말을 듣게 되었다. 이런 성향의 일부로서 설리번은 "독특한 개성이라는 망상"이라는 말을 했는데(Sullivan, 1950), 이는 대인관계 관점을 희화화하는 것이 식은 죽 먹기만큼이나 쉽다는 표현이다. 그래서 대인관계 맥락마다 행동과 경험이 상당히 바뀔 수 있다는 사실에 주목하면서도 지속되는 패턴이 어떻게 보일 수 있는지에 대해 대인관계 관점을 강조하기는 하지만, 정신분석의 주류에서는 대인관계 관점이 대부분의 정신분석가가 강하게 매달리고 있는 정신 내부에 대한 연구의 대안이 되는 것으로, 심지어는 반대되는 것으로 보았던 것이다. 그 결과, 대인관계 관점은 오랫동안 정신분석학계에서 매우 무시당했다.

이처럼 대인관계 관점에 대해 무시한 것은 정신분석 사상가들이 폭넓게 공유했던 편견과 오해를 반영한다. 그리고 이는 정신분석 사상가들이 널리 공유했던 것이며, 그 당시 문제가 되었던 주류 정신분석 사고의 수많은 특징을 유지하는 데 기여했던 것이다. 특히 우리 삶의 다양한 관계 맥락에 우리가 반응한다는 대인관계주의자들의 중대한 관찰을 포함시키지 않음으로써 일상 경험과는 매우 봉쇄되어 있는 내적 세계라는 개념을 유지시켰다. 이것은 내담자가 분석가는 제외하고 다른 사람과 하는 일상의 상호작용을 검토하는 것을 상대적으로 '피상적인' 활동으로 보는 데 기여했는데(Boston Change Process Study Group, 2007; P. L. Wachtel, 2003 참조), 이는 다시 일상의 상호작용이 얼마나 중요한지 증명해 줄 수 있었던 바로 그 관찰을 하지 못하게 했던 것이다.

보다 최근에는 대인관계 관점이 더 넓은 **관계** 관점 가운데 하나의 중요한 요소로 더 큰 영향을 끼치게 되었다. 미첼(1998; Greenberg & Mitchell, 1983)에서 시작하여 스턴(D. B. Stern, 1997)과 브럼버그(Bromberg, 1998a)와 같이 관계정신분석 문헌에 기여한 사람들을 포함하는데, 관계 운동의 수많은 주도적 인물은 대인관계를 기반으로 탐구를 시작하면서 더 이상 정신분석의 주류 관점에서만 저술활동을 하지 않음으로써 정신분석 영역의 다른 관점과 대화하고 동화하였으며, 이를 통해 대인관계 관점을 확장시켰다. 이 책에 제시된 상담을 설명하고 있는 순환적 정신역동 관점도 또한 원래 대인관계 이론에 대체로 기초를 두고 있다가 후에 더 넓은 관계적 통합의 부분이 된 관점이 확장된 것이다(비교: Wachtel, 1997b, 2008). 그러나 순환적 정신역동 이론은 대인관계 관점을 정신분석 영역 내의 다른 이론적 관점과도 통합시키고 인지행동 접근, 체계 접근, 경험 접근에서 유래된 이론, 상담 방식과도 통합시킴으로써 이론적인 동화와 조절의 과정을 더욱 확장시키고 있다.

정신분석에서 맥락적 사고의 또 다른 초기 근원은 에릭슨(예: Erikson, 1950)이 제공했는데, 정신분석계에서 에릭슨의 정치적인 정체성은 설리번과는 사뭇 다르지만 그의 견해는 많은 점에서 똑같이 무시되었다. 그러나 에릭슨에 대한 무시는 '정중했고' 거의 눈에 띄지 않았다. 대인관계 이론은 대체로 주류 분석가에게 '다른 것'으로 취급을 받았고 거의 드러나게 반대에 부딪히고 거부되었던 반면, 에릭슨의 이론적인 관점은 매우 존중받았지만 문헌에 소개한 이후 약 수십 년 동안 정신분석 사고의 실제 발전에서는 거의 무시되었다. 정신분석 사조의 자아심리학 형태가 우세했던 것과 관련하여, 프로이트(Freud)를 개인적으로 알고 있고 프로이트의 딸인 안나 프로이트(Anna Freud)에게서 분석받았던 에릭슨은 맥락적 사고를 정신분석적 주류에 소개하는 데 아주 잘 자리 잡은 사람으로 보일 것이다. 에릭슨이 설리번, 호나이(예: 1937, 1939, 1945, 1950) 혹은 프롬(Fromm; 예: 1941, 1956)만큼 성격을 형성하는 데 문화의 강력한 역할에 주의를 기울였지만, 설리번, 호나이 또는 프롬에게 붙었던 '문화주의자'라는 꼬리표가 달리지 않았고 정신분석 주류로부터 무의식적 본능 욕동의 강력한 역할에 관련하여 프로이트가 '어렵게 얻은' 통찰을 무시한 것으로 쫓겨나지도 않았다. 오히려 에릭슨은 욕동 자체에 대한 변경된 관점을 제시함으로써 정신분석적 통찰의 맥락화에 접근했다. 즉, 자신의 수정된 이론을 프로이트 학파의 근본 구조에 있어 미미한 혁신에 불과한 것으로 제시하였고 프로이트 학파의 표준 단계에서 벗어나지 않고서 자신의 성격에 대한 설명을 조직화했던 것이다(Erikson, 1950). 이처럼 효과적으로 가려진 제시 방식은 에릭슨이 수정한 진정으로 급진적인 특성이었다. 설리번에 못지않게 에릭슨은 **맥락화된** 정신분석을 제시했는데, 에릭슨은 개인의 성격, 행동 또는 경험은 개인 차원의 맥락이나 문화 차원의 맥락이거나 상관없이 성격, 행동, 또는 경험이 나타나는 맥락을 언급하지 않고서는 충분히 설명할 수 없으며, 따라서 다양한 맥락과 관련된 행동과 경험의 **가변성**(variability)을 분명하게 강조하였다.

사실 에릭슨이 가장 자주 인용하는 개념인 정체성은 바로 그 가변성을 강조하는 개념이다. 많은 독자에게 정체성이란 성격의 **일관성**(coherence)을 강조하는 개념이었고, 상황마다 우리가 같다는 것을 느끼는 방식이었으며, 우리 자신에 대한 독특한 시각인 '나'라는 느낌을 우리 경험의 모든 면에 가까스로 주입하는 방식이었다. 그리고 어떤 의미에서 이것은 사실이다. 정체성이라는 개념은 일관성에 관한 것이다. 하지만 이 정체성은 **구축된** 일관성, 즉 **많은 가변성이 있음에도** 일관된다는 느낌이다. 정체성은 중요한데, 우리가 언제나 똑같기 때문이 아니다. 만일 우리가 항상 똑같다면, 우리는 우리의 정체성에 대해 거의 생각하지 않을 것이고, 에릭슨도 그 개념에 관심을 갖지 않았을 것이다. 우리는 맥락마다 너무도 다를 수 있기 때문에 우리 자신에게 '나는 누구인가?'라는 질문을 할 필요가 있다.[10]

사실상 상당히 가변적인 것에서 같다는 주관적인 느낌을 구축하려는 경향성뿐만 아니라 맥락에 따른 행동과 경험의 가변성에 유사하게 주목하는 것은 미쉘(Mischel)이 한 저서(1968)에서 강조했는데, 이 저서의 내용은 대부분의

10) 나는 여기서 '나는 누구인가?' 또는 그에 대한 대답이 반드시 의식적이라는 것을 나타내고자 하는 것이 아니다. 결국 정신분석학자인 에릭슨은 개인의 주관적인 경험을 강하게 형성하지만 의식 밖에서 진행되는 과정에 대체로 관심이 있었다.

관점에서 에릭슨이 보는 시각 그리고 감성과 거의 다르지 않았다. 사회학습 이론의 관점에서 글을 쓰고 정신분석의 대안으로 행동치료의 치료 방법을 옹호하였으나, 미쉘의 주장은 에릭슨이 그랬던 것처럼 자신의 삶에서 가장 의미 있는 활동과 노력을 하면서 자신에게 매우 중요한 사회 상황이나 문화 상황 속에서 살고 있는 사람들을 관찰한 데 근거를 둔 것이 아니라 주로 실험실 연구를 통한 관찰, 그리고 삶의 경험 자체를 대표할 수 있는 행동보다는 그 경험과 유사한 행동에 초점을 둔 관찰에 근거를 두었다(P. L. Wachtel, 1973b, 1977a 참조).

미쉘의 저서(1968)는 매우 영향력이 있었고, 정신분석 사상가들이나 캘리포니아 성격검사(California Psychological Inventory: CPI)나 미네소타 다면적 인성검사(Minnesota Multiphasic Personality Inventory: MMPI)와 같은 척도에 토대를 두고 연구했던 특질 이론가들이 공통으로 가정했던 것보다 성격이 상황에 따른 가변성이 크다는 강력한 실증 사례를 제시하였다. 나는 그의 주장을 중요하다고 느꼈고 실제로 그의 주장에 흥미를 느꼈으나, 또한 회의적인 시각에서 그 주장을 바라보았다. 이렇게 회의적인 시각에서 보는 것은 그 주장이 정신분석 사고의 본질과 그 증거가 되는 토대의 본질을 편향되고 호도하는 것으로 보았기 때문이다(P. L. Wachtel, 1973b). 그러나 내가 미쉘의 주장을 더 연구해 가면서 그가 제시한 수많은 증거와 정신분석 비판(critique)에 충격을 받기 시작했는데, 미쉘이 제시한 증거와 비판은 나 자신의 생각과 수렴되었다. 정신역동적 관점에 대한 미쉘의 발표가 문제가 될 정도로 과격하고, 적어도 초기 발표에서 상황의 역할에 대한 그의 설명이 지나치게 편파적이라고 보았지만(Bowers, 1973; Magnusson & Endler, 1977; P. L. Wachtel, 1973a, 1973b 참조), 그럼에도 불구하고 나는 그의 책에 정곡을 찌르고 자극을 주는 것이 많다고 본다. 특히 미쉘이 맥락에 따라 우리의 행동과 경험이 달라지는 방식에 주의를 기울일 것을 강조하는 가운데 그는 수년간 내가 선호한 특정 정신분석 사상을 포함해서 내 이론적 관점을 조용하게 형성한 현상과 경험에 내가 더 주의를 기울이도록 했다. 중요한 점은 미첼의 사회학습 접근법에 대면하게 된 것이 **정신분석** 사고에 대한 내 생각을 명확하게 하였고, 내 정신분석 관점과 미첼의 저서에서 강하게 주의를 끌었던 도전적인 대안 관점을 어떻게 조화시킬지 생각해 보는 흥미를 불러일으켰다는 것이다. 두 가지 관점 모두에서 드러난 것은 이 책에서 제시한 임상 작업의 근간을 이루는 순환적 정신역동 관점이다.

처음에 내 통합적인 노력은 대인관계의 전통과 에릭슨의 업적으로 대표되는 맥락을 강조하는 자아심리학에 주로 기반을 두었다. 정신분석 관점의 핵심에 있는 관찰과 행동 접근과 체계 접근의 중심에 있는 관찰을 동시에 통합하기 위해 내 이론 관점을 더 확장시키는 과정에서, 제1장에서 언급한 바와 같이 악순환의 관점에서 이해하는 것이 통합하려는 시도에 있어서 핵심이라는 사실을 발견했다. 여기서 나는 카렌 호나이(예: Karen Horney, 1939, 1945)의 발상에서 많은 영감을 얻었는데, 과소평가된 호나이의 연구는 과거와 현재 사이를 이어 주고 있는 자기영속적인 순환에 사람들이 어떻게 걸리는지 아주 잘 설명하고 있다. 내가 통합적인 재공식화를 시작했을 때 명확하게 이름 붙여진 관계정신분석 관점이 없었기 때문에 나는 내 통합이론을 관계 관점의 예로 생각하지는 않았다. 정신분석에서 명확하게 관계 관점이라는 개념화를 시작하는 데 가장 영향력이 있는 것으로 보이는 두 권의 책인 그린버그(Greenberg)와 미첼의 『정신분석이론에서 대상관계(Object Relations in Psychoanalytic Theory)』(1983)와 미첼의 『정신분석에서 관계 개념(Relational Concepts in Psychoanalysis)』(1988)은 정신분석에 대한 미첼의 성격 묘사를 내가 처음으로 비판한 이후(P. L. Wachtel, 1973a) 그리고 정신분석 관점과 행동 관점을 통합하는 데 처음으로 총력을 기울인 이후(P. L. Wachtel, 1977b) 나타났는데, 이 두 책은 본질적으로 순환 정신역동 관점이 시작되는 것을 알렸다.

처음에 정신분석적 사조에서 관계정신분석 움직임이 나타난 후에도, 정신분석적인 이론화를 하고 다른 이론적 관점과 통합을 시도했던 내 접근은 관계 관점이 발달해 간 것과는 별도로 발전하였다. 그러나 관계 관점이 점차 내 주의를 끌었을 때 나는 나와 관계적인 전통의 저자들이 여러 면에서 유사한 토대 위에 이론적인 공식화를 하는 방식에 충격을 받았다. 나 자신이 관계정신분석 문헌을 탐독하면서 사실상 '관계정신분석 이론'은 겹치기도 하면서 또 어떤 면에서는 같지 않은 다양한 이론을 아우르는 포괄적인 용어로 가장 잘 이해될 수 있다는 것이 명백해졌다. 이 시점에서 그리고 복잡한 일련의 상호작용 관점에서 나오는 풍부한 새로운 아이디어에 대한 관심으로 나는 나 자신의 순환적 정신역동 이론을 관계 관점에서 차츰 보기 시작하였고, 순환 정신역동 이론이 다른 관계이론과 핵심 가정을 공유하는 방식과 순환 정신역동 이론이 다른 관계이론에서 갈라져 나온 방식 모두에 관심을 가지기 시작했다 (P. L. Wachtel, 2008). 여러 정신분석 관점의 통합에 초점을 두고 있는 관계주의 운동과 상담 과정에 대한 현대의 다양한 관점에 초점을 두고 있는 상담 통합운동의 일부라는 복합적인 경험에서 이 책에 제시된 내용을 인도하는 이론 관점이 나타났다. 이 시점에서 이 관점을 순환적 정신역동 상담 또는 통합적 관계 상담이라고 부르는 것이 적절한데, 이 둘은 본질적으로 같다.

다중 자기상태와 정신분석, 인지행동, 체계적 및 경험적 치료에서 수용의 강조

이제 나는 두 사람 관점 혹은 맥락적 관점이 제공하는 더욱 분화된 성격역동에 대한 이해가 상담 과정에 대한 이해와 상담효과에 기여하는 두 번째 방식에 대해 논의하고자 한다. 맥락적 관점에서 나온 이해는 상담 분야에서 주요 이론적 접근법들의 통합을 촉진하는 방향을 제공할 뿐 아니라, 상담자가 내담자의 때로는 숨겨진 혹은 간과된 강점을 분명히 볼 수 있도록 하며, 이러한 강점에 변화의 촉진을 기반하도록 한다.

맥락적 관점의 이런 의미를 탐색할 때 각기 다른 이론들에서 비슷하게 이해했음에도 이해한 바가 다른 용어, 그리고 각 이론이 강조하는 다른 현상과 방법론적 선호로 인해서 명료하지 않았다는 것을 인식하는 것이 유용하다. 관계정신분석 문헌을 읽어 보고 관계이론에 관한 책을 쓰고 있을 때(P. L Wachtel, 2008) 나는 많은 관계이론 이론가가 해리 개념을 강조하고 있던 것에 깊은 인상을 받았다(예: Bromberg, 1996, 2003; Davies, 1996; Howell, 2006; D. B. Stern, 2003, 2004). 해리 개념은 정신분석에서 설리번 학파를 제외하고는 오랜 세월 동안 정신분석 이론가들에 의해 버려진 개념이었다(Berman, 1981; Dimen, 2004; Loewenstein & Ross, 1992). 해리를 강조하면서(대개 억압의 개념을 완전히 거부하지는 않지만 억압을 정신분석 관점의 핵심 역할에서는 없애는 방식으로 해리를 강조하였다; 이 책의 제1장 참조) 이 이론가들은 성격 구조의 정신분석적 개념화를 새롭게 구성하였다. 정신분석 모형은 어떤 현상은 '표면적인' 것이고 다른 현상은 더 '심층적인' 것이라고 하며, 이전에는 성격 구조를 주로 수직적인 이미지로 특징지어 왔다(Boston Change Process Study Group, 2007; P. L. Wachtel, 2003, 2008). 해리에 더 큰 역할을 부여하는 것에서 생긴 모형은 꽤 다른 일련의 이미지와 가정을 환기시켰으며, 또한 이런 가정에서 생겨났다. 표면과 심층의 수직적으로 조직화된 '고고학적' 모형과 달리, 해리 모형은 경험이 다양한 방식과 조직으로 되어 있다고 말한다. 각 경험은 경우에 따라 우세해질 수 있다. 이는 곧 대인관계에서 나타나는 행동을 발생시킨다는 것이며, 순수한 자기의 표현으로서 경험되는데, 이는 각 경험이 '표면'에 있다고 말할 수 있다. 그리고 각 경험은 다른 경우나 다른 맥락에서는 이전에 가라앉아 있었거나 잠복되었던 것이 나타남으로 인해서 해리되거나, 의식 밖으로 밀려나거나, 감추어질 수 있다.[11]

11) 아펠바움(Apfelbaum, 2005) 참조. 아펠바움은 성향과 심리적 조직을 방어하거나 성향과 심리적 조직으로부터 방어하는 유동성에 대해서 약간 다른 관점에서 서술하였다.

더 극단적인 형태(완전히 진행된 해리성 정체성 장애가 일어나지 않더라도)에서 해리는 바로 전에 나타난 자신의 일면조차 '내가 아닌 존재'로 부정하거나 인식하지 못하게 되는 것이다. 그러나 대개 그런 변화는 기분, 초점, 자기감각, 그리고 우리 모두에게 익숙한 무엇이 적절한지에 대한 감각의 변화에 해당한다. 해리 과정과 현상은 우리의 경험 혹은 세계에서 존재하는 방식의 어떤 측면이 적어도 일시적으로 접촉 불가능하게 되는 것인데, 이런 해리 과정과 현상은 사회심리학자들과 사회학습 이론가들에게 더 익숙한, 그들이 강조했던 과정이나 현상과 중요한 면에서 공통된다. 후자의 관점에서 나온 연구는 다른 사회적 및 대인관계적 맥락의 단서와 요구가 우리의 개인적 성향(유전적이고 기질적인 변인, 그리고 사전 경험과 우리가 거기에 부여한 해석과 의미 양쪽 모두에 근거한)을 통해서 나타나므로 우리의 행동과 경험이 하나의 맥락에서 다른 맥락으로 변하는 방식을 강조한다. 에릭슨이 정체성에 대해 논의하기는 했지만 때로 이런 변화들은 유연하고 확장적인(그러나 동시에 비교적 안정적인) 자기에 대한 감각 내에 포함될 수 있다. 그리고 다른 때에는 이런 다른 존재 방식, 감정, 행동 사이의 모순과 양립불가능성은 견디기 고통스러워지고, 어떤 심리상태가 나타나면 다른 심리상태를 의식적으로 거의 접촉할 수 없는 것으로 만들어 버린다.

억압 모형에서는 자기경험과 자기조직의 어떤 측면이 (설사 그것들이 의식 없이 우리가 맞닥뜨리는 생활환경에 대한 우리의 반응에 계속 영향을 준다고 해도) 영원히 주관적으로 의식에 받아들여질 수 없으며 의식에 접근할 수 없는 것이 된다.[12] 이와는 대조적으로, 해리 관점에서 하는 개념화는 임상적으로 관

12) 억압이라는 개념에는 억압이 변화 가능하다는 것, 즉 어떤 순간에는 접근 가능하다가 또 다른 순간에는 접근 불가능하다는 것은 없음을 언급해야 하겠다(Freud, 1915/1959). 하지만 방향이나 구조는 안정적이다. 즉, 방어적인 노력의 정도나 강도는 다양하지만, '수직적인' 또는 고고학적인 구조는 남아 있다. 무엇이 표면에 있고 무엇이 묻혀 있는가, 무엇이 억압하는 기관이고 무엇이 억압되는가 하는 것은 해리 개념에서 보는 것처럼 뒤바뀌지는 않는다.

찰한 사실에 더 가까울 뿐만 아니라 사회학습이론의 전제와 사회심리학, 현대 인지정서과학(Bargh, 2006; Cacioppo & Berntson, 1992; Cacioppo, Berntson, Sheridan, & McClintock, 2000; Hassin, Uleman, & Bargh, 2005)의 연구결과와도 양립 가능하다. 억압 개념의 옹호자이자(억압이야말로 정신분석의 '초석'이라고 했던 그의 말을 떠올려 보기 바란다), 고고학 모형(여러 층의 방어 아래에 영원히 묻힌 내용이라고 보는 관점)의 위대한 옹호자였던 프로이트조차도 다음과 같이 말했다.

> 인상, 장면 혹은 경험을 잊는 것은 거의 항상 그것들 자체를 차단해 버린다[그의 논문집 초판에서 내가 처음 그 구절을 읽었을 때 해리라고 번역됨]. 내담자는 이러한 '잊힌' 것에 대해 말할 때 꼭 이런 말을 덧붙인다. "사실 나는 항상 그걸 알고 있었어요. 단지 그것에 대해 생각해 본 적이 없었을 뿐이에요." 내담자는 종종 '잊힌' 것이라고 부를 수 있을 만큼 머리에 들어오는 것들이 충분치 않다는 사실에 실망을 표현한다. 내담자는 그 일이 일어난 이후로 그것을 생각한 적이 없는 것이다(Freud, 1914/1957, p. 148).

관계정신분석 문헌에서 해리 현상은 다양한 자기상태(self-state)에 관한 묘사로 자주 논의된다. 다양한 자기상태란 다양한 마음의 상태와 경험의 조직인데, 이것은 대부분 각각 해리되어 서로 번갈아 가면서 나타난다(예: Bromberg, 1998a; Burton, 2005; Davies, 1996, 1998; Harris, 1996; Pizer, 1996; Slavin, 1996; D. B. Stern, 2003). 이 이론적 언어는 사회학습이론이나 가족체계이론의 언어와 근본적으로 다른 것처럼 보이기는 하지만, 실은 이러한 다른 개념화를 다루기 위해 고안된 현상들 중에서 중요한 공통점이 있다. 그러나 이러한 잠재적인 공통점이 인식되게 하기 위해서는(그리고 다양한 자기상태 개념화의 잠재성을 완전히 실현하기 위해서는) 하나의 자기상태에서 또 다른 자기상태로 변하는 것을 맥락적으로 이해해야 한다. 즉, 그것은 단지 '내부'에서

'자발적'으로 변화되는 것이 아니라 변화된 상황에 대해 반응하는 것으로 이해해야 한다.

그러나 이러한 상황은 보통 '외부' 사건 또는 변수라고 묘사되는 것에 제한되는 것이 아님을 명확하게 하는 것이 중요하다. '상황'을 언급할 때, 나는 내담자의 현재 정서적 상태와 의식적 · 무의식적 생각이나 인식까지 포함시킨다. 이 모든 것은 다른 심리적 구도로 변화하는 데 기여하는 맥락의 일부이며, 이런 심리적 구도의 변화는 다시 어떤 생각과 지각과 정서가 전경으로 나오는가에 영향을 준다. 게다가 내가 이 책 전체에 걸쳐 강조하고 있는 순환적이고 반복적인 인과적 구조에서 '상황'은 또한 전반적인 관계 및 개인적인 맥락 면에서 매우 중요하게 이해되어야 한다. 즉, 개인의 행동과 주관적 경험, 그리고 그런 행동과 그것이 동반하는 정서가 타인에게 불러일으키는 반응 사이를 계속 왔다 갔다 하면서 나온 산물로 이해되어야 한다.

이렇게 '상황'을 확장된 의미로 이해하는 것을 염두에 두면서 자기상태의 변화를 '일어나고 있는 것'에 대한 반응으로 이해를 한다면, 자기상태가 번갈아 나타나는 것에 대해 더 세련되고 차별화된 이해를 할 수 있고, 자의적으로가 아닌 의미 있게 그것들에 접근할 수 있다. 즉, 내담자는 단지 **변화하는** 자기상태 혹은 **다중** 자기상태를 나타내고 있는 것이 아니라 **의미 있는** 자기상태, 즉 내담자의 삶에서 사건과 경험에 반응하는 심리 조직의 상태를 나타내는 것이다. 그러므로 이것은 정신병리의 지표가 아니라 일상생활에 계속적으로 변화하는 경험에 대한 내담자의 적응 방식을 나타내는 것이다. 내담자의 다양한 심리 조직의 상태가 의미 있고 반응적이라는 사실을 강조한다면, 내가 제1장에서 효과적인 상담의 중요한 요소로 논의한 수용의 태도가 촉진될 것이 명백하다.

이러한 방식으로 본다면, 다중 자기상태의 개념은 상담 실제에서 억압이나 '깊이'와 같은 고고학적으로 조직화된 개념과 매우 다른 의미를 갖는 관점을 도입하게 된다. 성격의 깊은 곳에 숨겨진 핵심이야말로 더 근본 혹은 '진짜'라는 생각, 그리고 의식적 경험과 드러난 행동은 피상적이며 더 진실한 경향을 숨기거나 방어하고 있는 것이라는 생각을 대신해서 다중 자기상태의 개념은 상당히 다른 구조를 제안한다. 우리 경험과 동기 그리고 정서 경향성 가운데 어떤 것은 더 지속적으로 수용할 수 없고 의식으로 정교화되는 것이 거부되는 것으로 여긴다는 것은 틀림없이 사실이다. 우리는 보통 다른 사람에게(그리고 우리 자신에게) 드러내는 얼굴들이 있으며, 계속해서 숨기고 있어서 재배치하는 데 도움이 필요한 다른 얼굴도 있다. 그러나 이러한 차원에 너무 잡혀서 무엇이 수용 가능하고 의식에 접근 가능한지, 그리고 기분, 사회적 맥락, 최근 들어 **자기상태**라고 언급한 것에 의해 비교적 달라지지 않는다는 것을 간과(오랫동안 정신분석 이론가들이 그랬던 것처럼)하지 않는 것이 중요하다. 성격은 많은 측면, 즉 실제 세계에서의 자기와 타인 그리고 행동에 대한 경험의 많은 잠재적인 방법으로 구성된다. 그리고 대부분의 시간 동안 접근할 수 없고 '내가 아닌 존재'로 여기는 자기의 일면들조차 때로는 일시적이라도 매우 직접적으로 표현되고 경험된다. 내담자가 이전에는 자기의 경험에서 피해 온 자신의 일면에 대해 인정하고 표현할 수 있도록 할 때, 우리는 거짓된 허울에 의해 숨겨져 온 '참' 자기를 찾아내는 것이 아니라 내담자의 **다른 차원**을 위한 자리를 마련하고 있는 것인데, 여기서 다른 차원은 내담자 경험의 한 면이고, 내담자가 오랫동안 익숙했고 나는 누구인가라는 의식의 핵심을 형성하는 그런 면들만큼 중요하다.

확실히 갈등이나 해리가 특히 강할 때는 어느 한 면의 출현이 다른 면을 인식하는 것을 모호하게 하거나 약화시키거나 막는 데 능동적으로 작용할 수 있다. 달리 말하면, 내담자의 행동과 경험을 형성하는 정서-인지-동기 과정의 어떤 특징은 인식에 쉽게 접근할 수 있지만, 같은 순간에 작동하는 다른 특징(뇌를 병렬처리가 특징인 기관으로 이해하는 현대 관점을 생각해 볼 것)은 오직 미미하게 의식에 접근하거나 전혀 접근할 수 없다는 점에서 볼 때, **언제든지** 경험에는 '표면'과 '깊이'가 있을 수 있는 것이다. 게다가 의식적 표현의 이러한 차이의 일부가 뇌 기능의 '구조적' 특징의 결과임에도 불구하고, 그중 일부는 보통 **방어 과정**(defensive processes)이라고 불리는 것의 산물이기도 하다. 어떤 성향의 각성 또는 그 각성을 인식함으로써 생긴 불안은 때로는 임박한 일련의 행동과 정서적 반응이 추가적으로 정교화되는 것을 지연시키고, 때로는 그럼에도 불구하고 행동이 표현되면 이 행동의 근원을 의식적으로 인식하는 것을 지연시키는 억제 과정을 시작한다(우리가 자신이 그러고 있다고 의식적으로 인정하지 않으면서 사랑하는 사람을 향해 공격적으로 행동할 때와 마찬가지이다). 상담 과정에서 내담자가 소외된 경험을 위한 자리를 만들고, 그런 경험의 일면(특정한 자기상태의 조직의 일부로서 단지 그 순간에 소외된 경험이든, 또는 만성적이고 만연적으로 수용될 수 없다고 여기고 의식 또는 진화하는 자기 감각에 접근할 수 없도록 만드는 경험이든 간에)을 알아차리고 통합할 수 있도록 돕는 것은 좋은 상담 작업의 주요한 특징이다. 그러나 나타날 수 있는 성격의 다양한 출현(의식에 쉽게 그리고 규칙적으로 접근 가능하든, 또는 의식에 접근하기 위해 많은 상담 개입이 필요하든 간에) 각각은 '현실'이고 중요하다. 내가 여기서 정교화하고 있는 관점에서는 내담자의 한 부분은 '참 자기'로서 성수를 바르면서 다른 부분을 '거짓 자기'로 폄하하지 않는다.

관계정신분석 저자들 사이에서 미첼(1993)은 특히 이 점을 분명히 하고 있다. 그가 말했듯이, "자기에 관해서 무엇이 진실이고 무엇이 거짓인지 결정하는 것은 힘든 일이다."(p. 133) 미첼은 거짓 자기와 참 자기 같은 개념이 근거하고 있는 관찰을 거부하지 않는다. 더 정확히 말하면, 그는 그 관찰을 개념화하는 방식이 종종 사용되는 구체화하는 방법을 초월해 진정성 또는 진정하지 않은 것의 현상학적 경험으로 초점을 전환하려고 시도한다. 그러나 그는 진정성을 언급하면서 "우리 경험을 어떤 암묵적인 기준, 즉 '나'란 무엇인가에 대한 선입견과 비교해서 평가하지" 않도록 주의를 준다. 오히려 그는 다음과 같이 주장한다.

> 진정성이라는 느낌은 항상 하나의 해석이며, 그리고 해석으로서 그것은 항상 특정 시간에 다른 가능한 자기해석에 상대적이다. …… 어떤 한 형태의 자기 맥락에서 진정성 있는 것처럼 보이는 것도 다른 형태의 자기에 비해서는 상당이 진정성이 없을 수 있다(p. 131).

게다가 그는 "사람이 성장하고 새로운 가능성과 완전히 동일시되면서 이전의 경험에서는 진정성이 없는 것처럼 보이는 행동도 시간이 지나면서 진정성이 있을 때가 있다."(p. 131)라고 하였다. 나는 상담에서 내담자들이 종종 자신의 새로운 면(이 새로운 면이 더 건강하고 심지어는 바라던 행동이나 사고방식이라고 하더라도)이 나타나는 것을 "사실 그건 내가 아니야." 또는 "진짜 내가 아니야."와 같이 경험한다는 것을 알았다. 그러한 경우 나는 때때로 이렇게 말한다. "그렇다면 좀 더 완전한 당신 자신이 되려면 조금 더 '나처럼 되지' 말아야 하겠네요."

이러한 모든 고려사항이 가리키는 것은 **수용**(acceptance), 즉 내담자를 진실하고 이해받을 만하다고 간주하는 것이 특징인 접근 방식이다. 이러한 점에서, 내가 관계정신분석의 이론 틀 내에서 기술했던 발전은 특히 리네한(Linehan)과 헤이즈(Hayes)와 같은 저자들로 대표되는 인지행동치료의 영역에서 발전하고 있는 강조점들과 수렴된다(예: Hayes, Luoma, Bond, Masuda, & Lillis, 2006; Hayes, Strosahl, & Wilson, 1999; Linehan, 1993; Linehan & Dexter-Mazza, 2008; Swales & Heard, 2009). 그것은 또한 문제의 이야기 재서술과 상담 작업에 대한 '해결 중심' 작업을 강조하는 체계적 상담자들의 작업과 수렴된다. 상담할 때, 나는 종종 내담자에게 다음과 같이 다양하게 말하는 것이 유용하다는 것을 발견하였다. "당신에게는 존중받지 못하거나 인정받지 못한 **또 다른 면**이 있습니다[혹은 "당신이 두려워하거나 무시하면서 보도록 배운 것이 있습니다." "당신이 거부하거나 몰아내야 할 필요가 있다고 느껴 왔던 것이 있습니다."]. 그러나 그 부분은 당신이 편하게 자신을 볼 수 있는 부분만큼이나 중요합니다."

실제 상담 작업에 접근하는 이러한 방식은 특히 루이스와 함께 이 책의 제3장에 제시된 첫 번째 상담에서 분명하다. 그것은 내가 다른 곳(P. L. Wachtel, 1993, 2008)에서 강조했던 실제 상담 대화에서 **진짜로**와 **또한**이라는 단어의 의미 구별과 관련이 있다. 내담자에게 전달하는 암묵적인(그리고 사실상 가끔은 명시적이기도 한) 메시지가 내담자가 '진짜로' 느끼고 있는 것을 지적하는 것일 때, 이 의미는 그 순간 느끼거나 경험하는 것 또는 오랫동안 자신에 대해 생각했던 방식이 틀렸음을 입증하는 것 가운데 하나이다. 이와는 반대로 우리 반응을 내담자들이 '또한' 느낄 수 있는 것(예: 비록 내담자가 어떤 외부의 대상에 대해서만 이야기하더라도 그가 '진짜로'는 전이감정을 말하고 있다고 제시하기보다는 "아마도 당신은 그 감정을 또한 나에게 느끼고 있네요."라고 말하는 것)이라고 한다면, 우리는 그 상황에 무언가를 **추가하는** 것이다. 우리는 내담자가 이미 겪었거나 스스로에 대해 이해하고 있는 방식이 틀렸음을 입증하는 것이 아니다. 우리는 내담자가 인정하고 있는 것보다 무언가가 더 있을 수 있음을, 스스로에 대한 새로운 측면이 과거에는 두렵게 했지만 안전하고 질 높게 동화될 수 있다는 것을 전하는 것이다. 마찬가지로 우리는 어머니를 향한 내담자의 사랑하는 감정은 방어이고 '실제로'는 분노한다고 전달하기보다는, 다음과 같이 말할 수 있다. "나는 당신이 어머니께 큰 사랑과 감사를 느낀다고 들었어요. 하지만 나는 당신이 (또한) 어머니가 하신 어떤 것들에 대해서는 화가 난 것 같은 느낌도 들었어요."

따라서 우리는 맥락에 따른 행동과 경험의 가변성에 대한 관심이 정신분석적 개념화와 관찰, 특히 최근에 형성된 다중 자기상태 관점과 인지행동 및 체계적 사상가들의 관찰과 강조한 것들(1968년 미쉘의 초기 도전적인 분석을 포함하는데, 그의 분석은 좀 더 폭넓은 통합적 상담 모형을 개발하고자 하는 내 관심을 처음 촉발시켰다) 간의 연결만은 아니라는 것을 볼 수도 있다. 이는 내담자의 강점을 찾고 집중하며 그가 좀 더 충만하게 느끼고 포괄적으로 이해할 수 있도록 하는 데 중요한 기초가 된다. 두 사람 관점 또는 맥락적 관점은 우리의 관심을 끄는데, 어떤 경험 또는 심리적 경향성은 어떤 상황에서 나타나기 쉽고 다른 사람에게는 나타나지 않으며 다른 상황에서는 다른 방식으로 나타나기도 한다. 그 사람이 누구라는 진실한 표현 못지않게 다른 성격과 경향성도 다른 맥락에서는 전경으로 나타나기 쉽다. 이런 관점에서 내담자의 강점은 그의 장애물만큼이나 관심을 끄는 것이고, 치료적 노력의 근거에 핵심이 될 수 있는 것이다. 내담자의 강점은 맥락에 따라 경험과 행동의 다양성 내에서 매우 확연하게 나타난다. 즉, 처음 상담자의 주의를 끌었던 성격 문제와 호소 문제에서 균형을 잡아 주는 것은 이러한 문제가 항상 나타나는 것은 아니라는 사실이다. 심지어 소위 말하는 II축 성격장애들(DSM-IV의 II축에 해당)에서도 II축 장애 진단을 정당화해 주는 특징과 패턴들도 사실 내담자 삶의 모든 순간에 나타나는 것은 아니다. 많은 경우 내담자는 진단이 시사하는 것과는 아주 다른 행동을 할 수도 있고 또 진단이 시사하는 것과는 다르게 세상을 경험할 수도 있는데, 이러한 다른 행동이 내담자 성격 조직의 '실제(즉, 병리적)' 특성을 가리는 것이 아니라 내담자의 중요한 자료라고 본다면 내담자의 성격을 균형 있게 볼 가능성이 더 크고, 또 제1장에서 논의한 바와 같이 성격에 늘 존재했던 강점을 기반으로 상담을 할 가능성이 더 커질 것이다.

내가 정신분석과 인지행동 접근 모두에서 최근에 발전해 온 것으로 강조해 왔던 수용과 변화 간 변증법에 대해 강조했던 것과 일맥상통하게(예: Bromberg, 1998b; Hayes, Follette, & Linehan, 2004), 이 책에서 자세히 설명하고 있는 이론 및 상담 접근의 핵심 특징은 시종일관 내담자의 경험과 성격을 존중하고, 내담자의 강점에 대한 초점을 잃지 않고 내담자의 고통과 역기능에 대해 공감적이고 통찰력 있게 내담자의 문제에 직면하라는 것이다. 이 책 전체에 걸친 논의는 내담자를 자기 삶의 저자, 즉 이전 경험에 비추어 의미 있고 이해할 만한 선택을 할 수 있는 사람으로, 설사 그 선택이 내담자 문제의 근원이라고 하더라도 내담자를 자기 삶의 저자로 바라보고 보여 주면서도,

상담자들이 종종 '장애'나 '진단'을 강조하는 관점에서 이야기하고 싶어 하는 유혹에 빠지는 문제를 어떻게 충분히, 그러면서도 깊게 다룰 수 있는지 설명하는 것이다. 다음 장에 제시한 축어록은 이러한 내담자를 지지하는 관점을 설명하는 기회를 제공한다. 그리고 (유감스럽게도 필연적으로) 이 축어록은 상담자들이 종종 이런 이상에서 미끄러지고 충족시키지 못하는 것을 보여 주기도 한다.

제2부

사례

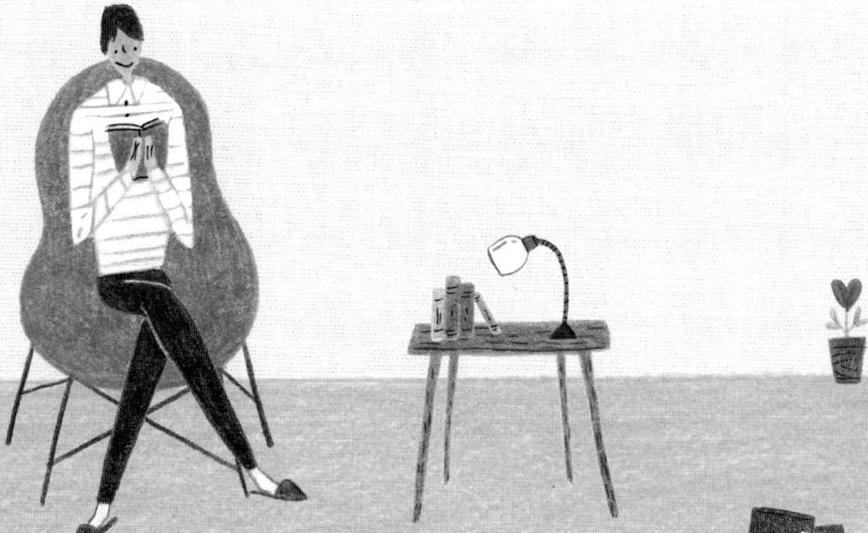

제3장

사례 1: 루이스와의 첫 번째 상담

내가 서문에서 언급했듯이, 이 책에 제시한 상담은 다소 특이한 환경에서 진행되었다. 나는 〈심리치료 접근(Systems of Psychotherapy)〉이라는 미국심리학회 상담 비디오 시리즈 가운데 하나를 녹화하기 위해 시카고에 초대받았다. 그래서 이 상담은 내 상담실에서 진행되지 않고 거버너스 주립대학교의 TV 스튜디오에서 진행되었다. 나는 전에 한 번 TV 스튜디오에서 시연 상담을 해 본 적이 있기 때문에(Psychological & Educational Films, 1989), 약간의 불안은 불가피하다는 사실을 알고 있었다. 교육과 연구를 위해 대중에게 판매할 목적으로 상담을 녹화할 때는 '익명의' 시청자가 상담에서 내가 무엇을 했는지 그리고 얼마나 잘했는지에 대해 시청자 나름대로 판단하리라는 것은 표면으로 드러나지는 않지만 알고 있는 사실이다.

물론 어떤 의미로는 책이나 논문을 쓸 때도 비슷한 상황에 직면한다. 책은 독자와 평론가가 평가한다. 그런데 긍정적이든 부정적이든, 통찰을 주는 것이든 오해나 사상의 편견을 반영하는 것이든 간에 저자는 평론가의 견해에 영향을 받을 수밖에 없다. 그러나 적어도 책이나 논문은 지자가 '제대로 되었다'고 느껴질 때까지 원고를 여러 번 검토할 수는 있다. 판단은 통제할 수 없지만, 최소한 평가되는 결과물은 통제할 수 있는 것이다.

이와는 대조적으로, 상담을 녹화하는 경우에는 두 사람 가운데 한 사람이 무언가를 말하는 순간과 그 순간 두 사람이 만들어 내는 독특성을 통제할 수가 없어서 결국에는 예측할 수 없는 경험이 시작된다. 테이프는 돌아가고 있고, 할리우드 영화 제작과는 달리 상담은 '컷'을 외칠 수도 없고 행동을 멈추게 하고서 다시 하라고 할 수도 없다. 상담 녹화는 실시간으로 자연스레 일어나는 것에 달려 있는 것이다.

상담자와 내담자가 서로 상호작용하는 방식이 자연스럽게 전개될 때는 '잘된' 상담에도 난관이나 교착상태 그리고 착오와 '실수'가 있게 된다. 실수가 없는 상담은 실현 불가능한 환상일 뿐만 아니라 설사 그렇게 된다고 하더라도 치료적으로 가치 있는 과정이 아닐 수 있다. 상담 과정에서 성장을 촉진하는 상당 부분은 교착상태나 공감 단절 또는 치료동맹의 '파열'이 발생하지만, 이러한 파열에 대해 상담자가 민감하게 반응하여 파열이 봉합되고 대화가 이어지는 것이라고 많은 이론가와 연구자가 지적하고 있다(예: Kohut, 1984; Ruiz-Cordell & Safran, 2007; Safran & Muran, 2000; Safran, Muran, & Proskurov, 2009). 이러한 문제가 발생하는 데는 상담자에게 어떤 특별한 기술이 필요한 것은 아니다. 교착상태, 공감 단절, 혹은 파열은 자연스럽게 발생한다. 그것들은 생각지도 못하게 발생하는데, 상담자의 의도와는 다른 것이다. 그러나 이런 문제를 해결하는 과정, 즉 회복과 훈습은 훌륭한 상담자와 그렇지 못한 상담자를 구분해 주는 전문성과 인간 자질이 요구된다. 우리의 과업은 어쩔 수 없이 실수했을 때 치료적으로 촉진될 수 있게 반응하는 것이지, 실수를 피하는 것이 아니다. 어떤 경우에도 실수를 피할 수는 없다. 파열과 회복이 지금은 널리 이해되고 있지만, 전국의 동료들이 볼 상담을 녹화하는 것은 그래도 긴장되는 상황이다. 파열은 그것이 발생한 같은 상담시간에 늘 회복되는 것은 아니기 때문에 시청자는 상담자가 그 파열을 해결하는 것은 보지 못하고 상담자가 한 실수만 보게 될 가능성이 있다. 그 결과, 그러한 맥락에서 상담자는 무의식적이기는 하지만 실수하는 것을 피하기 위해 보통 하는 것보다 더 열심히 상담을 하는 경향이 생길 수 있는데, 이는 거의 불가피하다. 이렇게 실수하는 것을 피함으로 인해 상담에서 바람직하지는 않은 기법 보수주의가 나타난다. 이 상담은 이러한 독특한 맥락에서 진행되었기 때문에, 축어록을 읽을 때는 이러한 가능성을 유념하는 것이 중요하다.

이 상담이 진행된 특정 상황으로 인해 또 인위적일 수 있는 것은 이 상담이 '내가 하는 것'을 보여 줄 수 있는 기회였기 때문에 첫 상담에서 내가 평소 하는 것보다 더 빨리 진행했을 가능성이 있다. 이것은 상담 중에 의식적으로 했던 것은 아니다. 나는 내담자 속도를 따라가고 있다는 느낌이었는데 내담자가 편안해하는 것 이상으로 빠르게 진행하지는 않았다고 느꼈다. 하지만 대학원 상담 기법 시간에 학생들과 상담에 대해 토론할 때 이 비디오를 보여 주었는데, 학생들은 단회 상담(그것도 첫 상담에서) 동안 많은 개입이 있었다는 것에 놀라워했다. 그리고 그 후에 녹화된 상담을 보면서 내가 너무 빨리 진행했다거나 너무 많이 개입했다고 생각되지는 않았지만(나는 정신역동적인 이해와 적극적 개입을 병행하는 통합적인 틀로 상담한다), 이 단회 상담의 기승전결이 어떤 면에서 일반 상담의 기승전결과 매우 유사하다는 것에 놀랐다. 이 상담시간에 많은 것이 일어났다. 그런데 교육 비디오라는 사실로 인해 '실력 보여주기', 즉 내가 상담하는 방식을 보여 주려고 노력하고 이로 인해 초기 상담에서 보통 내가 하는 것보다 상담시간에 더 많은 것을 넣으려고 했던 건 아닌지 모르겠다. 내가 이것을 평가할 수는 없다. 왜냐하면 나는 이것이 나와 내담자 간에 상호작용하는 역동에 대한 자연스러운 반응이라고 주관적으로 느꼈기 때문이다. 전체 상담을 읽을 독자를 위해 이는 하나의 가능성으로 언급해 두고자 한다.

다른 면에서 보면, 이런 생각들은 흥미로운 질문을 제기하는데, 즉 내가 보통 하는 상담에서는 실제로 **아주 적게** 개입하는 경향이 있는가 하는 것이다. 이는 아마도 내 상담 방식을 모두 보여 주기 위해 상담에서 중요한 일이 일어날 정도로 내가 무의식적으로 다소 적극적이었기 때문일 것이다. 보통 상담할 때는 다른 상담자들도 그렇겠지만 나도 개입하기보다는 '듣는' 경향이 있고, 다소 느긋하게 하고 내담자가 끌어가도록 하는 경향이 있다. 한편으로는 이 책에 수록된 상담처럼 상담할 때 문제점도 있을 수 있다. 내가 서문을 쓰고 있던 바로 그날, 한 내담자가 내게 내가 뭔가를 하려고 너무 열심히 노력한다고 하면서 자신이 말하는 것이 안전하다고 느낄 수 있을 때까지 잠시 동안은 아무것도 하지 않고 함께 머물렀으면 좋겠다고 말했다. 나는 이 책에 수록된 상담의 내담자인 루이스(Louise)나 멜리사(Melissa)와 오랫동안 '아무것도 하지 않은 채'로 있지 않았다. 이러한 특정 상황에서 적극적으로 하게 된 것은 시청하려는 사람이나 독자를 위해 흥미로운 상담을 해야 하는 목적을 위해서나 이 두 명의 내담자를 위해서나 다행스러웠다. 이들은 장기 치료를 받으러 오는 사람들보다는 다른 경험을 하러 왔기 때문이다.

어쨌든 이 상담을 독특하게 하는 특징이 무엇이든 간에, 이 상담은 그럼에도 불구하고 연출된 것이 아니라 '실제' 상담이었다. 상담자 훈련에 이용하는 시연상담에서는 전문 배우가 기본 대본을 바탕으로 내담자를 '만들어 낸다'. 이러한 교육자료도 가치가 있지만, 그렇게 하는 상담과 이 책에 수록된 상담을 구분하는 것은 중요하다고 본다. 모든 면에서 이들은 실제 내담자들이었다. 루이스와 멜리사는 **연기하지** 않았다. 이들은 그들 자신이었다. 이들의 반응은 진실하고 자발적이었을 뿐만 아니라 이들 자신의 반응이었다. 게다가 루이스와 멜리사는 모두 도움을 청하고 있었다. 이들은 과정을 '보여 주고 있는' 것이 아니라 자신을 위해 뭔가를 얻기 위해 상담에 참여하고 있었다. 이 두 내담자는 삶의 문제로 힘들어하고 있었고, 이 문제를 해결하는 데 어려움이 많아서 상담자에게 말하면 도움을 받을 수 있을 것이라고 생각했다.

확실히 이 상담에 참가하는 '참가자 역할'은 대부분의 상담과 달랐다. 먼저, 방에는 카메라가 있다. 이 '치료적 제3자'[1]는 어떤 면에서 보면 상담자와 내담자 경험을 어떻게 변화시키는지를 쉽게 평가할 수 없다. 앞에서 언급했듯이, 카메라의 존재와 비디오가 학생과 동료들에게 보일 것이라는 사실이 내가 진행했던 방식에 분명히 영향을 미친 면이 있었다. 이 영향은 상담에서는 의식하지 못했고 나중에 내가 비디오를 보면서 알게 되었다. 실제로 상담을 진행했을 때는 카메라의 존재가 놀라울 정도로 빠르게 의식에서 후퇴하는 것 같았다. 상담이 시작되면서 카메라를 의식했지만 내 상담실에서 그런 것처럼 내 관심은 빠르게 그리고 꽤 완전하게 내 앞에 앉아 있는 사람에게 옮겨 갔다. 내 관심의 초점은 루이스와 멜리사였지, 카메라가 아니었다. 루이스와 멜리사에게 비슷한 일이 얼마나 일어났는가 하는 것은 독자가 스스로 판단할 일이다.[2] 내가 받은 인상은 (놀라울 정도로) 내담자들이 카메라의 존재를 대체로 무시하면서 카메라가 없는 것처럼 진행하는 느낌이었다. 이러한 사실은 이들이 상담에서 무언가를 원했고, 자신을 위해 무언가를 얻으려고 상담에 참여했으며, 그 목표에 초점을 두고 있었다는 사실로 인해 더 그랬을 것이다.

물론 '전형적인' 상담과 다른 중요한 출발점은 이 상담이 단회 상담의 치료적 만남이 목표였다는 것이다. 추후 상담이 있을 것이라는 기대는 할 수 없었다.[3] 목표는 이 단회 상담의 제약 속에서 우리가 할 수 있는 상담 목표를 달성하는

1) 나는 여기서 관계정신분석 문헌에서 최근에 점차 많이 사용하고 있는 용어를 다소 느슨하고 비유적으로 사용하고 있다(예: Aron, 2006; Benjamin, 2004; Ogden, 1994, 2004). 내가 여기서 이들의 개념화를 언급하는 용어를 의도적으로 사용하고 있지만, 치료적 제3자의 논의에서 완전히 이론적인 기구를 작동시키고자 하는 의도는 없다.

2) 여기서 비디오를 본 독자들은 이 점에 대해 더 잘 판단할 수 있을 것이다.

3) 제4장에서 논의하는 바와 같이 사실상 나는 루이스와 기대하지 못했던 두 번째 상담을 했는데, 이는 제4장에 수록되어 있다.

것이었다. 내담자와 상담자 사이의 단회 상담은 그렇게 특이한 것은 아니지만, 상담이라기보다는 보통 자문으로 이해된다. 자문의 목표는 보통 내담자와 내담자의 문제를 평가하고 의뢰를 하거나 교착 상태에 빠진 사람과 함께 진행되고 있는 상담에 대해 어떤 관점을 얻도록 돕는 것이다. 나는 이 두 가지에 모두 경험이 있고 이 두 가지가 다르다는 것을 증명할 수 있다.[4] 이 상담에서 내 목표는 본질적으로 평가 그 자체가 아니다(물론 신중한 평가는 상담 초기뿐만 아니라 상담의 모든 단계에서 하는 것이기는 하다). 특정한 상황에 의해 제약된 상황에서 나의 목표는 가능한 한 많은 상담을 하는 것이었다. 즉, 나의 목표는 가능한 한 내담자가 자신의 문제 중 일부를 실제로 해결하도록 돕는 것이고, 보통 상담했던 것처럼 상담 과정에 참여하는 것이었다.

이 장과 다음 장을 보면 내 논평이 축어록 사이사이에 있는데, 이를 통해 상담하는 동안 일어나는 일을 시간 순서에 따라 설명하고자 한다. 내담자에 대해 내가 받은 인상과 내담자에 대해 이해하게 된 점뿐만 아니라 특정한 개입을 한 이유와 하지 않은 이유에 대한 내 생각도 전하고자 한다. 이것들은 상담의 특정 순간의 맥락에서 제공되므로 독자는 내가 여러 가지 시점에서 어떻게 생각하고 있는지, 상담 중에 내 이해가 어떻게 진전되고 변화하는지를 볼 수 있다. 이것은 회고적인 이해, 즉 전체 상담을 되돌아보면서 이해한 바를 제공하는 전형적인 사례 제시 방식과는 대조된다. 각 제시 방식에는 나름 장점이 있다. 후자의 경우에는 상담자가 사용할 수 있는 모든 자료를 토대로 보다 '세련되고' 포괄적인 설명을 하게 된다. 내가 여기서 제시하는 방식은

4) 루이스와의 상담을 읽으면서, 독자들은 루이스가 상담을 받으며 우울증 약 복용을 늘렸다고 말하는 것을 볼 것이다. 루이스는 상담을 받고 약을 처방받을 정도로 자신이 다루고 있는 문제로 상당히 고통을 받고 있는 것이다. 어떤 의미에서 이는 상담을 내가 방금 말한 의미에서 '자문'처럼 느끼게 했다. 하지만 루이스가 언급하기 전까지는 현재 상담을 받고 있다는 것을 몰랐다. 비디오 녹화의 규칙은 내담자들이 상담실에 오는 것처럼 나도 루이스에 대해서 모른 채 상담을 시작해야 한다는 것이었다. 그리고 앞에서 언급한 바대로 나는 자문이 아닌 상담으로 접근했다(다시 말하면, 단회 만남이라는 한계에서 내가 할 수 있는 정도로 말이다).

이와는 다른 것으로 이 책의 특별한 목적을 반영하고 있다. 내 목표는 특정 순간 내가 생각하고 느낀 것과 시간이 지남에 따라 변하는 내 인식을 독자가 볼 수 있게 하는 것인데, 이러한 내 생각이나 인식은 내담자와 함께 있음으로 인한 것일 수도 있고, 상담에서 발생하는 새로운 사건과 상담에서 새로이 드러난 것에 대한 응답일 수도 있으며, 내가 사전에 가지고 있던 생각을 바탕으로 내가 말하거나 행동한 것의 결과일 수도 있다. 즉, 시간이 지남에 따라 상담이 전체적으로 어떻게 진행되는지, 내가 생각한 것과 경험한 것 그리고 내담자가 나와 한 경험과 내담자와 나 사이에서 진행된 것과 관련하여 내담자가 어떻게 진전되는지를 독자가 볼 수 있도록 하는 것이다.

그러나 어떤 독자들은 내가 말하는 것을 고찰하기 전에 상담이 어떻게 진행되었는지 본인 나름대로 보고 싶어 할 수도 있다. 이런 방식을 촉진하기 위해서 논평이 시작되는 단락은 단락 위쪽에 구분선을 넣어 두었고, 논평은 그 아래 일반 문단으로 배치하였다. 들여쓰기가 된 대화에 주목하면서 페이지를 읽어 내려가면, 상담에 대한 자신만의 인상을 형성한 후에 다시 내 의견으로 돌아가는 것은 쉬운 일이다.

사례

내담자: 안녕하세요.

상담자: 안녕하세요, 루이스 씨.

내담자: 안녕하세요.

상담자: 그럼, 당신이 오늘 여기에 어떻게 오게 됐는지 말씀해 주시겠어요?

내담자: 무엇보다, 전 시댁 식구들과 문제가 있어요. 그리고 저희 아버지께서 지난여름에 말기 암으로 시한부 선고를 받고 암으로 돌아가셨어요. 아버지는 6개월 전인 5월 7일에 돌아가셨어요. 그리고 저는

시댁 식구들과의 문제들이 정점에 이르기 직전이라는 생각이 들어요. 그것이 오늘 제가 여기에 온 이유예요.

루이스가 한 첫 마디는 여러 가지로 흥미롭다. 먼저, 루이스의 말은 루이스가 압도되어 있을 수 있다는 느낌이 들게 하였다. 단지 두 문장에서 루이스는 시댁과의 문제뿐만 아니라(이것은 이 상담시간의 중심 주제가 될 것이다) 아버지의 죽음까지 언급하였다. 따라서 루이스를 괴롭히고 있는 '이중고'의 느낌이 있었다. 친정아버지의 죽음을 둘러싼 사건들이 시댁과의 문제를 고조시켰다는 것이 상담이 진행됨에 따라 분명해지지만, 시댁과의 문제는 친정아버지의 죽음보다 앞서 있었고 이미 중요한 일이었다. 따라서 아버지와 사별했다는 것과 함께 시댁과의 문제는 루이스가 다루어야 할 **두 번째** 주제였다.

이러한 사실은 상담자가 루이스의 '방어를 해석'하거나 '어려운 사실(힘든 진실)' 또는 '**깊고 어두운** 진실'에 대해 목소리를 내는 것이 아니라 지지적으로 그리고 루이스를 존중하면서 부드럽게 상담할 것을 알려 주고 있는 것이다. 내가 제1부에서 소개했던 이러한 고려사항들은 특히 중요한데, 여기서 우리는 내가 앞에서 경고했던 그런 종류의 임상가가 될 수 있는 '유혹' 두 가지와 맞닥뜨리기 때문이다. 첫째, 루이스가 처음 말한 부분에서 단서가 되고 바로 명확해진 바와 같이 루이스는 '외재화'하는 것으로 보일 수도 있는데, 이는 자신이 아닌 시댁 식구들을 문제로 삼고 있다는 점에서 그렇다. 여기서 이 점은 그다지 명확하지는 않은데, 이는 루이스가 '내가' 애쓰고 있고 '시댁과 관련해 내가 가지고 있는 문제'라고 말하기 때문이다. 나중에 명확해지겠지만 루이스가 시댁과의 문제를 해결할 수 없도록 하는 것은 이 문제들이 루이스에게는 자신에게 **일어나는** 것처럼, 즉 통제할 수 없는 것처럼 느껴지기 때문이다. 스치듯이 지나간 생각이기는 한데, 이 상담의 목적 가운데 하나는 루이스가 시댁에 대해 할 말은 할 수 있다는 느낌을 느끼도록 하는 것, 즉 루이스가 시댁 식구들과 상호작용하고 자신의 감정과 관점을 시댁 식구들에게 더 자유로이 표현할 수 있도록 돕는 것이다. 그리고 이것은 시댁 식구들과 함께 형성해 온 패턴에서 자신이 어떤 역할을 했는지 알 수 있게 하고 시댁 식구들에 대해 자신이 어떻게 느끼고 있는지, 그리고 이것이 자신의 개인사 어디에서 비롯되었는지, 또 자신이 이용할 수 있는 대안이 무엇인지를 면밀히 살펴볼 수 있도록 할 것이다. 물론 이러한 대안들은 루이스 자신의 모습, 성격, 가치관, 자기감과 일치해야만 한다.

달리 말하면, 요구되는 것은 보통 **외재화**(externalizing)라고 불리는 것에 민감하게 주의를 기울여야 하지만, 비난한다거나 비판한다거나 또는 문제로 보는 방식이 아니어야 한다는 것이다. 루이스가 외재화하지만 그럴 만한 이유가 있다고 보는 것이다. 루이스는 다른 어떤 방법으로도 시댁 식구와의 갈등을 다룰 수 없다는 무력감을 느꼈다. 루이스는 외재화하는 방식으로 시댁 식구와의 경험을 해석해 왔는데, 이는 자신이 깊이 느낀 불만을 희생시키지 않는 그 방법을 몰랐기 때문이다. 따라서 상담 목적은 루이스가 대안들을 경험해 보면서 가능성들을 보도록 하는 것이고, 자신에게 역량이 있으며 그래도 된다는 느낌을 느끼게 하는 것이다. 루이스가 외재화해서는 이런 상황이 될 수가 없다. 상담자는 루이스가 외재화하지 않도록 시도하면서, 외재화하지 않을 때 더 강한 힘과 더 많은 선택을 할 수 있다는 느낌을 느끼도록 하는 방안을 찾아야 하는 것이다.

이와 관련하여 고찰해야 할 사항은 루이스가 대처하는 방식의 두 번째 특징을 어떻게 다루는가에 대해 생각해 보면 명확한데, 이는 전통적으로 '강박적 방어'로 묘사된다. 여기서 루이스가 아버지의 정확한 사망일을 말하는 것이 대단히 주목할 만한 것으로 보이지 않을 수도 있고 단순히 아버지 사망으로 인한 고통이 얼마나 큰지 알려 주는 신호(실제로 인과관계의 한 부분으로서, 아버지의 사망은 확실히 신호가 되었다)가 될 수도 있다. 그 날짜는 루이스의 기억에 사라지지 않을 어두운 기념일로 각인된 것 같았다. 그러나 얼마 안 있어서 루이스가 정확한 날짜와 같이 세부사항에 집중하는 데 많은 시간을 소요하게 될 것이 명확해질 터인데, 이러한 사실은 자신을 혼돈스럽게 하기에 충분하다.[5] 강박적 방어의 개념은 세부사항에 초점을 맞춤으로써 갈등이 되고 있는 감정이나 성향과 관련되어 있고 또 이 감정과 성향을 설명할 수 있는 더 급하고 정서적으로 중요한 경험에 주의를 기울이지 못하게 되는 것을 말한다.[6]

하지만 여기서 또다시 말하면, 임상가는 그러한 개념이 가리키는 그런 종류의 관찰에 주의를 기울여야 하지만, 나는 내담자의 경험을 다룰 때 진단이나 병리적으로 보지 않는 것이 가장 좋다고 생각한다. 루이스는 분명히 스트레스와 상처를 받았고, 혼란스러워하고 있다. 루이스가 이러한 스트레스, 상처 그리고 혼란에 대처하는 방법 중 일부가 어떻게 해서 이런 것을 자신도 모르게 계속하게 되는지 이해하는 것은 잘된 상담의 핵심인 것이다. 그러나 이러한 이해의 핵심은 **내담자의 눈을 통해서** 되어야 한다는 것인데, 대처 방식이 문제를 계속되게 하는 역설적 상황에도 주의를 기울여야 하고, 단시간 내에 이러한 역설적 상황을 내담자가 **이해할 수 있도록** 하는 방식에도 주의를 기울여야 하는 것이다. 내담자가 잘못되었다고 하는 것은 치료적이지 않은 것이다.

그래서 루이스가 강박적 방어를 사용하고 있다고 공식화(꽤 객관적이고 잠재적으로 비판적인 공식화)하는 것과, 루이스가 해결할 수 없는 고통스러운 스트레스에 당면할 때 '그 문제의 팩트'를 물고 늘어짐으로써 스트레스를 극복하려고 애쓰고 있으며 때로 이러한 노력이 역설적이고 예상치 못한 결과가

5) 되돌아보면 루이스에게 혼돈을 일으키고 맨 처음 다소 다른 명암을 준 것은 바로 날짜(이는 독자들에게 곧 명확해질 것이다)를 자세히 말하고 초점을 두는 것이다. 아버지의 사망 날짜를 언급하는 것은 그 자체로 의미하는 바가 많지 않다. 많은 사람이 추모일은 기록해 두거나 기억을 해 두어서 이것만으로는 강박적 방어 양상으로 보기 어렵다.

6) 강박 성향을 띠는 복합적이고 매우 가치 있는 추가 내용은 샤피로(Shapiro, 1965)를 참조하라. 여기서는 선형적인 충동-방어 모형보다는 세계를 경험하고 다루는 개인 성향에 따른 결과에 주의를 기울인다.

된다고 말하는 것 사이에는 어조에서 매우 중요한 차이가 있는 것이다. 이러한 구분은 내담자에게 표면적으로 말하는 내용뿐만 아니라 내담자 문제에 대해 어떻게 생각하고 있는지에 있어서도 유효한데, 상담자의 생각은 상담자가 진행하는 방식과 상담자와 내담자 상호작용의 정서적 어조에도 영향을 미치기 때문이다.

상담자: 네, 네. 문제가 무엇인지 조금 말씀해 주시겠어요?

내담자: 이건 아주 긴 이야기예요. 그럼 가장 중요한 것들을 말씀드리죠. 제가 느낀 건, 아버지가 추수감사절 직전에 돌아가셨고, 그때 저는 가야 했다는 거예요. 제가 살았던, 제가 태어나고 자랐던 곳인 부모님이 살고 계시는 스웨덴으로 말이죠. 그래서 저는 추수감사절에 아버지 추도식을 지내러 가야 했어요. 하지만 그러기 전에 제 남편이 시어머니에게 전화를 했어요. 남편 이름은 켄이에요. 켄은 시어머니에게 전화해서 루이스의 아버지가 돌아가셨다고 말씀드렸어요. 그들은 모두 제 아버지가 편찮으시다는 것을 알았지만, 저는 그때 그들에게 어떤 도움도 받지 못했다고 느꼈어요. 그리고 남편은 시어머니에게 장인이 돌아가셨다고 전화드렸어요. 그러니 시어머니가 시댁 식구에게 전화를 걸어 알리는 사람이었던 거죠. 시댁은 시누이 두 명과 시동생 한 명이 있어요. 큰시누이는 시어머니가 전화를 걸어서 알았는데, 그다음 날 전화해서는 "내가 할 수 있는 거라곤 네게 사과하는 거, 그러니까 아버지가 돌아가신 것에 유감을 표현하는 것뿐이야."라고 말했어요.

상담자: 음음.

내담자: 작은시누이는 저와 사이가 좋지 않은데 전화해서는, 아버지가 돌아가신 건 월요일인데, 수요일에 전화했어요. 그러고는 말했어요. "전화 못 해서 미안해요. 전화할 시간이 없었네요."

상담자: 음음.

내담자: 그리고 그때 시누이가…….

상담자: 중요한 일이 아니라 사소한 일인 것처럼…….

루이스의 이야기를 방해할 위험이 있었지만, 공감과 결속의 말을 끼워 넣는 것이 중요해 보였다. 루이스는 자기에게서 일어난 지극히 중요한 일이 어떻게 경시되었는지 말하고 있는 것이다. 나는 외상 경험을 반복하게 하고 싶지 않았다. 말하자면 또 다른 소홀한 행동을 함으로써 말이다. 이 부분에 대한 반응을 할 때 나는 시댁 식구들이 그녀의 친정아버지의 죽음을 사소한 것으로 보았다거나 사소하게 취급했다고 판단을 하고 있지 않았다. 루이스와 시댁 식구 사이에서 실제로 일어나는 세부사항은 여전히 탐색해야 할 것으로 남아 있다. 그러나 나는 루이스가 그것을 어떻게 경험했는지에 대해 내가 이해한 바를 강조하고 싶었다. 그렇게 하는 동안 나는 루이스의 경험을 인정해 주면서 루이스의 눈을 통해 사건을 보는 것에 관심이 있음을 알릴 뿐만 아니라 그 경험을 루이스가 **정확히 표현**할 수 있도록 환경을 조성하기 위해 노력하였다.

어떤 상담자들은 이런 식으로 반응하는 것을 주저할 것이다. 이들은 이런 식으로 공감과 지지를 표현하는 것이 내담자가 상담자를 향한 분노, 화, 또는 다른 부정적인 감정에 다가갈 가능성을 방해한다고 생각한다. 다시 말해서, 상담자가 '좋은 대상'으로 신을 보호함으로써 내담자 경험의 일부를 방해할 수 있다는 것이다(비교: Brenner, 1979; P. L. Wachtel, 2008). 상담시간 동안 여기서도 그렇고 다른 곳에서도 내가 내담자의 편에서 이해하기 위해 각별히 노력하고 있는 것은 사실이다. 그러나 나는 그런 행동들이 상담자에게 화를 내지 못하게 한다고 생각하지는 않는다(때로는 그렇게 되기를 바라기도 했다!). 시간이 지나면서 내담자가 상담자에게 느끼게 되는 것은 어떤 것이건 느끼게 된다. 그런 감정을 불러일으키기 위해 인위적으로 공감이나 세심함을 없앨 필요는 없다. 내담자가 여기저기 더듬더듬 찾도록 그냥 놔두는 것은 상담자가 할 일이 아니다. 상담자가 상처나 분노 또는 지지받지 못한 느낌을 탐색하기 위해서 내담자가 그러한 것을 느끼도록 하는 것은 상담자의 일이 아니다. 이게 아니라 상담자가 한 일(또는 하지 않은 일)에 대한 반응으로 내담자가 상처를 입어 화를 내는 때가 언제인지 계속 주의를 기울여야 하고, 이런 경험을 탐색할 수 있는 안전한 공간을 마련해야 하는 것이다. 인간의 어쩔 수 없는 결점을 감안해 보면 실수를 만회할 기회는 많다. 내담자가 상담자의 실수에 불평을 할 수 있도록 하기 위해 **일부러** 실수할 필요는 없다. 그렇게 하는 것은 오히려 조작적인 것으로 보인다.

내담자: 맞아요. 그렇게 느꼈어요. 시누이는 "그리고 언니 아버지 일은 너무 안됐어요."라고 말하기 시작했어요. 그때가 오후 3시쯤이었고 시누이는 "제가 더 일찍 전화했어야 했는데, 제가 너무 바빴어요."라고 말하네요. 그리고 저기, 그게 저만 그런 건지는 모르겠지만 저는 정말로 상처받았어요. 그리고 시동생, 그러니까 남편의 동생과 그 아내, 이들한테서는 아무 전화도 받지 못했어요.

상담자: 음음.

여기서도 그렇고 앞으로 많은 곳에서도 '음음(Uh huh)'이라는 단어는 축어록에서 상호작용하는 느낌을 완전히 전달하지는 못한다. 많은 경우, 대부분 나는 루이스에게 어떤 것도 '말하지' 않았다. 루이스는 기본적으로 자신의 말을 이어 나갔고, 나는 내가 말을 듣고 있고 루이스가 계속 말하라는 의미로 저음의 '음음' 반응을 하였으며, 이것만큼이나 눈을 맞추면서 고개를 끄덕였다. 그런 의미에서 이 축어록은 실제보다 상담자-내담자 반응이 번갈아 나오는 것처럼 보일 수 있다. 축어록의 대부분에서 내담자가 두 개의 분리된 반응을 한 것처럼 보이는 것은 내 반응이 중간중간 나오기 때문이지, 사실은 내담자의 연속적인 반응이다. 중간에 있는 내 반응은 내가 지속적으로 관심을 두고 있다는 것을 보여 주는 것일 뿐이다.

내담자: 그리고 그들이 바로 알지 못했다는 것을 나중에 알게 됐어요. 그들은 1주일 후에 알았어요. 하지만 안 다음에도, 저는 여전히 카드나 전화, 어떤 것도 받지 못했어요. 그리고 저는 괜찮다고 생각해 보려고 했어요. 예, 저는 유치해지고 싶지 않았어요. 하지만 그와 동시에 아빠가 방금 돌아가신 것 같았는데 그들은 그걸 알아주지 않고 있었던 거죠. 그리고 그게 정말 상처가 됐어요. 그러나 그때 생각으로는 그걸 그냥 그대로 놔두려고 했어요. 스웨덴으로 가려고 했고요. 엄마를 보살피려고요. 그리고 다른 것들도. 그리고 저는 스웨덴에서 돌아왔는데 엄마를 모시고 왔어요. 엄마에게 저와 함께 가자고 얘기했어요. 엄마는 저와 함께 11월 30일에 와서 12월 25일까지 계셨어요. 저희는 크리스마스 이브를 기념할 수 있었어요. 이게 엄마가 25일이나 26일에 떠나신 이유예요. 이건 중요하지는 않죠.[7] 그때가 11월 23일이었는데 아빠가 돌아가신 지 6주 후였죠. 남편의 누나가 이름이 데니스인데, 시어머니와 집으로 와서는 참견을 하기로 작정했나 봐요. 저에게 제가 얼마나 끔찍한 사람인지 말하면서 제가 잘못한 것을 죄다 말하는 거예요. 그러고는 그게 사실이라고 글로도 쓴 거예요. 그러니까 시어머니를 보지도 않았고 말

7) 여기에 내가 이전에 강박적이라고 언급했던 성향의 또 다른 그리고 명확한 예가 있다. 루이스는 날짜에 상당히 사로잡혀서 자신의 이야기를 제대로 못하고 있고, 중요한 내용에서 벗어나고 있으며, 자신의 관점에서 '중요하지 않다'는 느낌을 느끼고 있다.

도 하지 않았어요. 시댁 식구를 안 본 지도 5개월 반이 됐어요. 잘 모르겠어요, 어떻게 해야 할지. 어떻게 다시 화해할 수 있을지 모르겠어요.

여기에 루이스의 목표 중 하나를 암시하는 중요한 말이 있다. 상담이 진행되면서 루이스가 시댁 식구들과 다시 연결되는 것에 대해 상당히 양가적인 모습을 보인다는 것이 독자에게도 명백해지겠지만, 루이스가 화해하고 싶어 하는 것 또한 명백하다. 물론 루이스에게 더 정당하게 느껴지고, 시댁 식구들이 그들의 요구보다는 그녀의 경험을 인정하는 조건하에서이다. 루이스가 다시 화해하려고 하는 이유는 그렇게 하지 않으면 남편과의 관계에 좋지 않을 것이라는 우려와 관련이 있다. 하지만 루이스가 (양가적으로) 시댁 식구에게 바라는 것이 그 자체로 모순적인 욕구라는 것이 이후에 명확해질 것이다.

이러한 관찰과 관점의 중요성은 '루이스의 편에 서는 것'에 요구되는 것이 루이스의 입장을 **단순히** 지지하거나 긍정하는 것이 아니며, 시댁 식구에게 자기주장을 더 하도록 돕는 단순한 노력이 아니라는 것이다. 필요한 것은 좀 더 **체계적으로** 이해하는 것이다. 이러한 이해에는 남편과 시댁 식구의 관점을 이해하는 것, 이들의 눈을 통해 상황을 보는 것, 그리고 이렇게 함으로써 확장된 맥락에서 자신의 경험과 욕구 그리고 관심사를 이해하는 것이 중요한데, 이는 루이스의 관심사 자체를 위해서도 중요하다. 종종 보면, 행동주의 관점을 강조하여 내담자가 주장을 더 하도록 훈련을 시키거나 역동적 관점이나 인간중심 또는 경험적 관점을 강조하여 내담자의 세계로 들어가 내담자의 눈으로 상황을 보게 되면 초점이 편향되어 내담자를 영웅으로 만들고 다른 사람들은 악당으로 만들 수 있다. 내담자가 자기주장을 잘하게 되고 자신의 관심사나 관점이 정당하다고 생각할 수 있는 것이나 내담자의 세계로 들어가 상황을 내담자의 눈을 통해 보는 것은 분명히 가치 있는 일이고 치료 과정의 중요한 부분이다. 하지만 내담자가 다른 사람의 경험이나 이런 경험이 자신의 문제와 어떻게 얽혀 있는지 체계적으로 이해하지 않는다면, 이런 노력은 비생산적인 결과를 초래할 수 있다.

상담자: 음음.

내담자: 왜냐하면 저는 너무 침범당하고 상처받았다고 느꼈고, 그래요. 저는 상담받고 있다고 말했어요. 저는 상담자에게 "거리를 뛰어다니면서 '아빠가 돌아가셨어요. 아무도 신경 써 주지 않아요.'라고 소리를 지르는 것 같아요."라고 말했어요. 그래서 너무 어려워요.

상담자: 알겠어요. 시댁 식구와 루이스 씨의 관계가 어땠는지 조금 더 이해할 수 있게 해 주세요. 결혼한 지 얼마나 됐나요?

내가 이 부분을 따로 떼어 읽어 보니 루이스의 고통이나 분노를 무시하는 것으로 쉽게 오해할 수 있을 것 같다는 느낌이 든다. 예를 들면, "알겠어요." 라는 말은 어조가 없이 산문체로 되어 있다. 이러한 단어들은 루이스의 경험을 거의 인정하지 않거나 마지못해 인정하는 것처럼 보일 수 있는데, 마치 과거 경험 관련 정보를 모으기 위해 주제를 바꾸기 위한 발판으로 사용한 것처럼 보일 수 있겠다. 상담 비디오에서는 더 명확하기는 하지만, 이 단어들은 '이해했어요'와 유사하게 공감적으로 인정하고 긍정하는 어조로 표현되었다. 여기에 작은시누이가 '아주 중요한 일이 아니라 사소한 일인 것처럼' 자신이 전화할 시간이 없었다고 말한 것에 대해 루이스가 내게 말했을 때, 그에 대한 응답으로 내가 지적한 것을 기억해 보기 바란다. 나는 여기서 비언어적인 정서 단서를 통해 내가 공감을 하고 있고 자신 편이라는 것을 루이스가 인식했다고 느낀다. 정서 단서는 상호작용할 때 말로 표현되지 않으며, 축어록에서는 명확하게 나타나지 않는다. 상담하는 동안 나는 루이스의 고통과 생각에 대해 이해하고 있다는 것을 계속해서 전하겠지만, 루이스를 돕기 위해 그녀가 아직 생각하지 못하고 있거나 경험하지 못한 또 다른 관점에 접근할 필요가 있어서 일련의 질문을 하려고 하는데, 이 질문들은 그러한 관점과 이해에 도달하게 하는 데 도움이 될 것이다.

내담자: 7월이면 결혼한 지 4년이 돼요. 제 생각에는, 예, 그리고 결혼은 처음부터 불편했어요. 왜냐하면 제가 자란 가정이, 저는 외동이거든요. 우리 가족은 명절에 함께 보내지 않아요. 친정은 많은 시간을 함께 보내지는 않았지만, 언제나 서로를 위해요. 친정 식구들은 서로가 필요하면, 늘 서로를 위해 달려갈 거라는 걸 알아요. 반면에, 시댁 식구는 그런 가족이에요. 그러니까 그들은 명절에 모이는 가족이에요. 생일이든 뭐든 상관없이. 그리고 그들은 집단주의 성향의 가족이에요. 반면에 저는 개인주의적인 가족, 즉 개인주의 성향의 가족에서 자랐죠. 그리고 그건 커다란 갈등이에요. 시댁 식구들은 그걸 존중해 주지 않거든요. 때때로 내가 할 수 없는, 그러니까 제가 2년 전에 부활절에 시댁에 가지 않았다는 것이 문제가 됐어요.

내가 여기에 대해 언급하지는 않았지만, 집단주의 성향의 가족과 개인주의 성향의 가족에 대해 루이스가 언급한 것은 곧바로 내 주의를 끌었고, 루이스의 문제를 이해하는 데 그리고 루이스를 가장 잘 도울 수 있는 방법을 이해하는 데 정보를 주었다. 상담 이론의 전문 용어로 루이스가 언급한 내용은 분리의 예시이거나 분리를 반영하고 있다고 할 수도 있을 것이다. 이론적 용어가 무엇이든지 간에, 이론적 용어는 조정이 더 어렵게끔 사물을 정의하고 설명하고 과장한다.

상담이 진행되면서 친정이 다소 문제가 있는 '집단주의 성향의 가족'인 면이 있다는 것이 분명해지는데, 이는 루이스의 욕구와 상충되는 요구와 '해야 할 것'을 불러일으킨다는 점에서 그렇다. 또한 루이스의 가족 분위기에서 개인주의라는 측면이 다소 뒤섞인 축복이라는 것 또한 명확해지는데, 이는 이러한 측면으로 인해 식구들이 고립될 수 있고 공감이나 서로 필요로 할 여지가 없을 수 있다는 점에서 그렇다.[8] 이러한 결과로 상담이 진행되면서 나타나게 되는 것은 루이스가 시댁 식구의 어떤 면에 대한 **갈망**(longing)인데, 루이스는 이 갈망을 위협으로 느껴서 거부하고 부인하게 되는 것이다. 루이스가 시댁 식구에 대한 긍정적인 감정을 위협으로 느끼고 이로 인해 긍정적인 감정을 거부하면서 부인하게 된 것이 시댁 식구에게 다가가는 것을 어렵게 한 요인이라고 상담하면서 생각하게 되었다. 이러한 점을 상담이 끝나 갈 쯤 상담에 도입하게 된 것은 루이스가 자신의 갈망을 인정하고 받아들일 수 있게 되면서 시댁 식구를 더 3차원적으로 볼 수 있었기 때문이었다(그리고 자신의 욕구나 생각을 무시하지 않으면서 그렇게 하는 것이다).[9]

상담자: 음음.

내담자: 2년 전이었어요. 저는 집에서 봐야 하는 시험이 있어서 갈 수 없다고 설명했는데도. 그리고 제 남편에게, 그러니까 시댁 식구들이 남편에게 말했어요. "그래, 루이스는 한 시간만이라도 올 수 있었을

8) 독자들이 사례를 읽어 가다 보면 "저희 식구는 필요하면 서로 달려가요."라는 표현이 애처롭게, 심지어는 충격적으로 전혀 그렇지 않다는 것이 드러날 것이다.

9) **개인주의**(individualist)와 **집단주의**(collectivist)라는 용어는 상당히 감정적인 것을 지적으로 표현하는 방식이어서 앞에서 논한 강박적 방어와 일치한다는 것을 언급할 가치가 있다. 이 용어들은 즉각적인 경험이 아닌 대학 교육과정에서 나온 것이다. 하지만 이것을 언급하면서 우리 임상 언어가 인정받지 못할 정도로 폄하되고 있다는 것도 알아 두는 것이 중요하다(P. L. Wachtel, 1993, 2008; Wile, 1984). 대학에서 배운 것을 포함하여 루이스의 지적 능력을 삶의 경험을 다루고 더 잘 이해하는 데 사용할 수 있는 것은 결국 단순히 '강박적'인 것은 아니다. 루이스가 집단주의와 개인주의를 묘사하는 것이 전형적인 것과는 반대라는 것에 주목하는 것도 흥미롭다. 즉, 그녀는 스칸디나비아 사회가 보통 미국 사회보다는 집단주의 성향이 강하다고 생각하고 있다.

텐데." 그래요. 이런 작은 사소한 것들은 항상 부풀려져요. 왜냐하면 시댁 식구들은 내가 교육받는 것을 진지하게 받아들이지 않기 때문이에요. 시댁 식구들은 7학년인 시댁 조카들과 저를 비교해요. 그래서 식구들은 제가 하는 일을 이해하지 않죠. 제가 하는 일을 이해하려고 하지도 않아요.

다시 한번 말하지만, 여기서 루이스는 이해받지 못하거나 인정받지 못하는 깊은 감정을 전달하고 있는데, 상담 후반부에 보게 될 세상에 대한 경험은 루이스가 가정에서 한 경험과 놀랍도록 유사하다. 하지만 여기서 이 차원을 다루지 않고 이 상황에서 남편의 역할에 대해 물어본다. 이 시점에서 나는 여전히 전체적인 상황을 정리하려고 노력 중이다. 나는 루이스가 남편을 호의적인 협력자로서 어느 정도까지 의지할 수 있는지 평가하기를 원하고 있다. 즉, 루이스의 경험에서 일반적으로 묵살되고 오해받는다는 느낌이 남편에게는 없는가 하는 것이다. 나는 그러기를 바라고 있다. 왜냐하면 모든 경우에 그렇듯이, 내담자도 그렇고 상담도 그렇고 모두 협력자를 필요로 하기 때문이다. 그러나 나는 또한 상황이 어떤지도 평가하고 싶어 한다. 왜냐하면 어떻게 진행되는가는 남편이 루이스의 눈을 통해 상황을 보는 능력이 있는가에 일부 달려 있기 때문이다.

상담자: 음음. 그러면 여기서 남편은 어느 위치에 있나요? 그의 입장은 무엇인가요?

내담자: 글쎄요……. 저는 그에게 미안한 마음이 있어요. 남편은 전반적으로 상처를 받았어요. 그리고 그는 최선을 다하려고 노력하고 있고, 제 편이 되려고 노력해요. 남편은, 저기, 남편은 여전히 시어머니를 놓아주고 싶어 하지 않아요.

상담자: 음음.

내담자: 하지만 저는 이 모든 것에서 시어머니가 결백한 것은 아니라고 남편에게 얘기하려고 하는 거죠. 그리고 남편은 여러 번 저를 속이고서 시어머니에게 얘기했어요. 제가 "그게 당신을 위해서 좋지 않아."라고 얘기했을 때도요. "그렇게 하시는 게 어머니라는 건 알아. 하지만 그게 나에게 상처가 될 때 어머니에게 가서 얘기할 수는 없는 거잖아. 내가 당신에게 우리끼리 하는 얘기라고 한 걸 말이야."

나는 여기서 루이스가 남편이 자신을 속였다고 이야기했을 때 그녀가 의미하는 바가 무엇인지 궁금하다. 그러나 그것에 대해 바로 물어보지는 않고 계속 듣는다. 내가 몇 군데서 언급했듯이, 상담이 전개되는 것은 계속해서 가지가 뻗어 가는 과정으로서 많은 경우 보고서도 당분간 무시하기도 한다. 모든 반응(그리고 자세나 목소리 톤)은 다양한 의미를 내포하고 있으며, 대화의 흐름은 상담자와 내담자가 이해하는 바에 따라 결정된다. 어떤 다른 의미가 있는 반응이나 잠정적으로 중요한 반응이라 하더라도 잠시 묵혀 둔다. 나중을 위해 들은 것을 머릿속에 저장해 두어야 한다. 이렇게 주고받은 직후 루이스가 의미하는 것은 명확해졌다. 그녀를 옹호하고, 그녀 편에 서서, 그녀를 대신해 개입한 남편의 행동 또한 상당히 다르게 보일 수 있다는 것도 분명할 것이다. 그러나 이 또한 루이스가 경험한 대로 이해해야 하는데, 이는 상담이 진행되면서 명확해질 것이다.

상담자: 음음.

내담자: 그래서 우리 관계는 고통스러웠고, 많이 싸웠어요. 그리고 제가 시댁 식구에 대해 남편과 얘기하려고 할 때, 그는 "음, 말하고자 하는 요지가 뭐야? 그거에 대해서는 아무도 하고 싶어 하지 않아."라고

> 말해요. 그래서 저는 "그건 중요하지 않아. 누군가는 무언가를 해야 하기 때문에 그래."라고 말해요. 제가 말하길, 그러니까 "우리가 아이를 갖게 된다면(우리는 아이를 가질 계획이 있어요), 그, 그, 그럼 어떻게 할 거야?"라고 하지요. 저는 단지, 뭔가를 바꿀 수 있는 사람은 저와 남편뿐이에요. 저희가 시댁 식구에게 연락해야 하지만, 저는 그들에게 너무 상처를 받아서 이디서부터 시작해야 할지 모르겠어요. 다른 사람과 문제가 생겼을 때, 저는 문제를 다루지 않고 도망가요.

여기서 나는 루이스에 대해 생각할 때 '나는 이런 사람입니다.'라고 자기묘사를 하는 것이 중요하다고 생각한다. 이렇게 자기묘사를 하는 것을 들었을 때 그것이 어느 시점에서는 작업해야 할 제한적인 자기인식임을 알려 주고 있다. 해결해야 할 과제는 루이스가 묘사하고 있는 특징을 이해하고 있으며 또 가치 있게 여긴다는 것을 전달해야 하지만 이와 함께 루이스의 **또 다른** 면을 찾는 데도 관심이 있다는 것을 전달해야 한다는 것이다. 루이스는 **종종** 갈등에서 도망갈 수 있는데, 분명히 이는 중요하며 부인하거나 가볍게 다루지 말아야 한다. 그러나 루이스가 언제 도망가지 않는지, 즉 언제 자신이 느끼는 것을 견디면서 표현하는지 관심을 가져야 한다. 제1부에서 언급했듯이, 이러한 대안적인 존재 방식은 치료적 노력에서 중요한 구성요소인데, 내담자 문제의 상당 부분은 종종 자신이 때에 따라 다르다는 것을 알아차리지 못하는 데서 파생된다.

방금 든 생각인데, 이런 경우 내가 주제를 선택한다면, 나는 "루이스 씨는 **보통** 자신이 도망가는 사람이라고 말했어요. 그러면 그 문제에 머물러서 다룰 때는 언제인가요?"라고 했을 것이다. 나는 또한 루이스가 스스로 그 문제를 어떻게 다루는지 물어볼 수도 있을 것이다. 여기에는 루이스가 할 말을 할 때 긴장을 푸는 게 아니라 긴장을 더 하면서 하는 것은 아닌지 검토하는 것과 루이스가 '작용을 하는' 자기 내부의 목소리를 찾도록 돕는 것인데, 이는 외부의 관점이나 상담자의 관점에서 작용하는 것이 아니라 자기 자신의 기준에서 작용하는 것을 말한다. 또한 나는 루이스에게 무엇 때문에 그 상황에 머무르면서 그 상황을 다루는 것이 힘든지 물어보았을 것이다. 이 말은 루이스가 '도망치는' 사람이 아니라, 적어도 어떤 이유가 있어서 도망가는 사람이라는 것이다. 상담자가 해야 할 일 가운데 중요한 부분은 그 이유를 이해하는 것인데, 이는 실패라고 단순히 해석하는 것이 아니라 도망가는 것을 이해하도록 돕는 것이다. 이어지는 내 반응에서 내가 하고 있는 것이 어느 정도는 은연중에 루이스의 경험을 이해하는 반응인 것이다. 나는 루이스가 자신을 '도망치는' 사람으로 기술하는 것을 따라가면서 루이스를 (반대 관점이 아닌 다른 관점에서, 그리고 부분적으로는 탐색적인 관점에서) 상처받아 왔고 피해 당사자라고 느끼고 있으면서도 관계 회복의 짐을 부당하게 지고 있는 사람으로 기술하고 있다.

상담자: 네. 네. 그래서 시댁 식구들이 루이스 씨에게 상처를 줬고, 이 때문에 관계를 회복하는 데 부담이 되는군요. 특히 루이스 씨가 피해를 입은 당사자로 느껴지니까요, 맞나요?

내담자: 네.

상담자: 루이스 씨와 남편이 그 문제에 대해서 이야기할 때, 내 말은, 루이스 씨는 그것에 대해서 충분히 말할 수 있나요? 아니면 그 주제가 루이스 씨와 남편 간에 뭐랄까, 금기시되는 주제인가요?

내담자: 그건 확실히 뜨거운 쟁점이 돼요. 보통 그 주제는 결국 소리 지르면서 끝나게 돼요. 제가 그에게 소리 지르거나, 남편이 저 혹은 어떤 것에 소리 질러요.

상담자: 음음.

내담자: 소리 지르는 건 매우 좌절스러워요. 왜냐면 저는 남편에게 계속 얘기를 해요. 제가 말하는 거는, 저는 그저, 저는 해 보려고, 제 말은 저는 시어머니께 전화해서 시도해 보려고 했어요. 저는 일주일 전에 전화드렸어요. 하루 뒤에, 저기, 시어머니는 저에게 다시 전화하지 않았고 저는 남편에게 "어머니가 다시 전화하지 않으셨어. 어머니는 왜 다시 전화하지 않으실까?"라고 말했어요. 시어머니는, 그러니까 시댁 식구들은 모두 저에게 제가 다가가야 하고, 제가 이 상황을 바로잡아야 하고 사과해야 한다고 말하고 있기 때문이에요. 제가 알지 못하는 거에 대해서요. 그래서 저는 일주일 전에 시어머니께 전화드렸는데, 시어머니는 여전히 전화가 없으셨어요. 그래서 남편이 하루 지나서 어머니께 전화를 했고 "왜 집사람에게 전화를 안 했어요?"라고 말했어요. 저는 남편에게 "왜 그랬어? 나는 어머니가 나에게 다시 전화하실 기회를 주고 싶었어."라고 말했죠. 왜냐하면 시어머니는 제가 직접 당신에게 말씀드리기를 원하고 있다고 말씀하시기 때문이에요. 그리고 시어머니는 저에게 아침 7시에 전화를 하셨어요. 저는 아침형 인간이 아니기 때문에 보통 7시에 일어나 있지 않아요. 하지만 저는 이유가 있어서 일어나 있었어요.

"제가 알지 못하는 거에 대해서요."는 "시댁 식구들은 제가 사과하기를 바라지만, 저는 사과할 것이 없어요."와 동등하게 루이스가 수사적인 표현을 한 것이다. 하지만 상담자가 그것을 인지하고 실제 질문으로 다루는 것은 유용할 수 있다. 즉, 루이스는 시댁 식구들에게 상처를 준 자신의 행동에 대해서는 실제로 모르고 있는 것이다. 관계 단절을 성공적으로 치유하기 위해서는 **알아야** 하는 것이다. 이것은 단순히 응하는 것, 즉 시댁 식구는 옳고 자신은 틀리다는 데 단순히 동의하는 것과는 분명히 다른 문제이다. 하지만 루이스는 자신이 시댁 식구에게 상처 준 것을 이해해야 한다. 왜냐하면 이해하지 않고서는 갈라진 틈을 회복시킬 수 없기 때문이다. 심사숙고해 본 후 사고하는 것이 어떤 면에서 적절하다고 느껴지면 회복하는 과정에서 사과할 수는 있으나 여기에는 자신을 적절하고 효과적으로 방어할 수 있는 능력도 있어야 하는 것이다. 법제도에서 피고인은 효과적인 방어를 위해 자신의 혐의가 무엇인지 완전하고 명확하게 통보받아야 하는 것과 마찬가지로 일상의 대인관계에서도 자신이 어떤 문제가 있는 것인지 모른다면, 할 말을 하는 것, 즉 자신의 관점을 드러내는 것은 어렵다.

따라서 여기에 또 다른 예가 있는데, 이 예를 보면 내담자를 돕기 위해서는 내담자의 '내적' 경험뿐만 아니라 내담자와 다른 사람 사이에서 실제로 일어나고 있는 일을 이해해야 하고 다른 사람의 관점도 이해해야 하는 것이다. 상담자들은 자주 자신의 과업을 다른 사람의 관점과 반대가 되는 '내담자 관점'을 이해하는 것으로 정의한다. 내담자 관점을 이해하는 것은 분명히 중요한 가치가 있으며, 이 책의 여러 곳에서 나도 강조한 것이다. 우리 대부분의 내담자들이 적어도 특정 상황이나 관계에서 찾고 있고, 또 보통 박탈감을 느낀 경험 중 하나는 그들의 관점을 이해받고 인정받는 경험이다. 이것을 할 수 있다는 것은 아마도 상담자의 가장 중요한 과업일 것이다. 하지만 이와 동시에 내담자가 그들의 삶에서 뒤죽박죽되고, 내담자가 상담에 오게 되는 핵심 원인으로는 다른 사람을 오해하는 것도 있다. 우리 모두는 삶에서 그런 오해를 상당히 많이 한다. 이는 '미약한' 인간 존재의 한 부분인 것이다.

나는 실제로 "제가 알지 못하는 것에 대해서요."라는 반응에 대해서는 다루지 않는다. 내가 이미 언급했듯이, 늘 너무도 많은 선택지가 있어서 모든 선택지를 다룰 수는 없다. 하지만 나는 논평의 일부로 독자들의 주의를 환기시키고 싶다. 상담시간 자체만 보면 상담이 진행되면서 루이스의 행동이 자신이 생각하는 것보다 시댁 식구를 어떻게 더 화나게 하고 있는가에 내가 상당한 주의를 기울이고 있다는 것이 명확해질 것이다. 상담 기법 중 일부는 내담자가 자신의 문제 패턴에 대해 '비난'받는다는 느낌이 없이 시댁 식구를 화나게 하는 자신의 행동에 주의를 기울이도록 하는 것인데, 나는 그것이 이 상담에 나타나 있기를 바라고 있다. 여기서 내가 제1장에서 설명했던 대로, 악순환 관점을 유지하는 것이 도움이 된다. 이러한 관점은 당사자 누구도 의도하지 않은 패턴에 당사자가 **모두** 갇혀 있는 것으로 볼 수 있게 해 준다. 물론 그렇다고 해서 상담자가 해로운 의도나 나쁜 행동을 하는 사람을 자동적으로 용서한다는 것은 아니다. 때때로 내담자가 필요로 하는 것은 제대로 대우받지 못한 것에 대해 우리가 인정해 주고 수긍하는 것이며, 거짓으로 '공정하고 균형 잡힌' 접근을 하는 것은 도움이 되지 않는다.

이 시점에서 언급해야 할 또 다른 눈에 띄는 중요한 사실은 남편이 어머니에게 전화한 것에 대해 루이스가 짜증이 났다는 것이다. 나는 남편이 자신을 무너뜨리고 있고 속이고 있는 것으로 경험하고 있는 부분에 대해 먼저 이야기를 나눈 후 루이스가 짜증이 난 것에 대해 언급한다.

상담자: 음음.

내담자: 그리고 어머니는 "음, 전화로 얘기하고 싶지는 않구나."라고 말씀하셨어요. 메시지를 남기셨어요. "전화로 얘기하고 싶지는 않구나. 그러니까 내가 가는 길에 잠깐 들르마."라고 하셨어요. 저는 몹시 화가 났어요. '왜 들르려고 하시지?'라고 생각했어요. 저는 어머니를 직접 만나고 싶지 않아요. 저는 전화로 얘기하고 싶었어요. 그리고 그때가 남편이 어머니에게 전화했다는 것을 알았던 때였어요. 그리고 이것은 저에게 매우 좌절감을 주었어요. 왜냐면 제가 시도하려고 했던 모든 것을 남편이 무너뜨리고 있는 것처럼 느껴졌기 때문이에요.

루이스는 시어머니와 전화로 이야기를 나누기 원했는데, 이는 전화로 이야기하는 것이 더 통제 가능하고 제한되어 있다는 느낌이 들었기 때문이다. 만나서 이야기하겠다고 그리고 잠깐 들르겠다고 시어머니가 계속 이야기하는 것에서 루이스는 **침해받는** 느낌이 들었는데, 이 느낌이 루이스가 항상 느끼는 것이다. (루이스의 압도당하는 느낌과 관련된 상담 앞부분의 대화를 참고하기 바란다.) 상담 후반부에는 루이스가 살아오는 동안 여러 번 느꼈던 압도당하는 느낌을 증폭시킨 상당히 놀라운 내용이 있을 것이다.

상담자: 음음. 그럼, 남편이 그걸 시어머니에게 말하는 것이 뭐 때문에 당신을 대변하거나 편드는 것이 아니라 시어머니와의 관계를 악화시키고 있다고 느끼게 했을까요? 이것이 그렇게 느껴야 했다고 말하는 게 아니에요. 저는 단지…….

나는 여기서 남편이 시어머니에게 이러쿵저러쿵 말하는 것에 대한 루이스의 불편함을 다루고 있는데, 사람에 따라서는 이런 경우 남편이 자신의 지원자이자 방어자로 느껴질 수도 있다. 한편으로는, 시댁 식구들이 루이스가 자신들에게 다가오기를 바란다는 이야기에 루이스가 한 주 동안 전화를 했음에도 아무런 응답이 없었다는 데 대해 그녀가 화가 나고 당혹스러웠던 것은 이해할 만한 반면, 다른 한편으로는 이 문제에 대해 방어막이 되는 것처럼 보인 남편에 대해서도 화가 났던 것과의 모순점을 쉽게 볼 수 있을 것이다. 이러한 문제를 다루는 올바른 방법을 찾는 것은 중요한데, 내 생각에 상담자들이 하게 되는 가장 큰 실수 중 하나가 내담자들에게 '모순점'을 지적하면서 내담자가 얼마나 비논리적이고, 일관성이 없으며, 방어적인지 등을 보여 주려고 하는 것이기 때문이다. 이것은 논쟁이나 '체포' 게임에서는 매우 효과적일지도 모르겠지만 상담 맥락에서는 분명히 해롭다.

나는 루이스가 비난받고 있다고 생각하지 않도록 하기 위해 조금 지나치게 노력했을 수도 있다. 그러다 보니 루이스는 내게 다소 지나치게 친절을 베푼 것으로 보이는데, "아, 아뇨. 저는 선생님이 말씀하고 있는 걸 이해해요."라고 하면서 내가 묻고 있는 이유에 대해 설명하는 것을 방해하면서까지 말이다.

내담자: 아, 아뇨. 저는 이해해요. 저는 선생님이 말씀하고 있는 걸 이해해요. 그렇게 느껴지는 건 이전에 제가 그에게 내가 상처를 받았거나 화가 났다고 말했을 때 남편이 그 말을 시어머니에게 전달해 왔기 때문이에요. 그리고 시어머니는 그걸 다른 사람들한테 퍼뜨렸고, 그다음 이것은 완전히 왜곡되어 퍼졌고, 제 뜻과는 다르게 되어 버렸어요.

상담자: 음음.

내담자: 그리고 그들은 남편에게 뭐라 한 적은 없으면서 저보고만 뭐라 했어요. 그리고 그들은 기본적으로, 제가 남편의 남동생의 아내인 제 동서한테 들었는데요, 동서가 나서서 저한테 남편이 저를 만나고 난 이후로 나빠졌다고 말했어요. 그리고 남편이 말하는 것은 모두, 그가 변했기 때문에, 그들은 남편의 이런 변화를 제 잘못 때문인 것으로 보고 있어요.

상담자: 어, 네. 그리고 여태까지 가족에 대해서 설명했던 걸로 보면…… 대부분…… 저는, 그들이 나빠졌다고 말하는 것은 남편이 본가 일에 관심이 덜하다. 즉, 루이스 씨에게는 신경을 많이 쓰면서 본가에는 신경을 별로 쓰지 않는다는 것이 아닐까 하는 생각이 드네요. 그게, 그게, 어떤가요?

나는 여기서 그 문제를 재구성하고 재진술하려고 하고 있는데, 원래 루이스에게 있었던 좋음-나쁨의 판단 틀을 넘어서서 재구성하고 재진술하려고 하는 것이며, 이는 시댁 식구들이 무엇에 화가 났는지 루이스가 좀 더 구체적으로 볼 수 있도록 도우려고 하는 것이다. 이 과정에서 나는 어떻게 보면 가족이 상실, 즉 남편이 가족보다는 내담자에게 더 가까워졌다는 데 대해 반응하고 있다는 것을 내담자가 볼 수 있도록 노력하고 있는 것이다. 이는 시댁 식구와 관련하여 공감과 화해(루이스가 상담 목표라고 말했던 것 중 하나)를 향한 길을 열어 주기도 하고, 이 문제를 남편이 루이스에게 매우 헌신적이라는 점에서 그녀가 '이겼다'는 것으로 보게도 한다.

내담자: 맞아요. 왜냐면 시댁 식구들은 경계가 없기 때문이에요. 그들은 서로 존중하지 않아요. 그들은, 만약, 저기, 시누이를 좋아하지 않아요. 큰시누이는 늘 말하죠. 저기, "나는 아이가 둘 있고 너는 자식이 없어. 그리고 너는 해야 할 게 아무것도 없고. 너는 어떻게 생각하니?" 그런 식으로. 그리고 제가 시누이에게 "저는 학교에 다니고 과제가 있어요. 저는 할 일이 있어요."라고 말해요. 이건 '어떤 일이든'과 같은 거예요. 그리고 시누이는 저기, 자신이 인형을 조종하는 사람이라고 생각해요. 그리고 다른 시댁 식구들도 시누이를 따라가요. (이 시점에서 루이스의 목소리는 괴로워하는 느낌이다.) 그리고 저는 처음, 처음으로 남편이 좌지우지되지 않았어요. 왜냐하면 시누이는 남편에게 엄마처럼 느껴지니까요. 시아버지가 남편이 스무 살 때 돌아가셨기 때문에요. 그래서 그건 오래전 일이지요. 그리고 그때 이후로 시누이는 또 다른 엄마의 역할을 떠맡았어요. 그리고 시누이는 시어머니를 통제해요. 그리고 시누이는, 저기, 제가 할 말을 하기 시작하면서 "저와 남편은 한 가족이에요. 우리는 우리 경계가 있어요. 제가 갈 수 없다고 하면 그런 거예요. 너무 개인적으로 받아들이지 말고 저를 존중해 주세요."라고 말한다는 사실에 격분해요.

루이스는 여기서 더 흥분하고 있다. 루이스의 목소리에는 괴로워하는 어조가 있으며, 그리고 '저기'가 상담의 다른 부분보다 더 많다. 루이스는 시댁 식구들과의 불화에서 상처를 받은 곳을 건드리는 무언가를 이야기하고 있다.

여기서 또 주목할 것은 개인주의 성향 가족과 집단주의 성향 가족에 대해 앞에서 내가 언급한 부분을 루이스가 "시댁 식구들은 경계가 없어요."라고 두루뭉술하게 이야기한 부분이다. 여기서 내가 말하고자 하는 것은 루이스가 '틀렸다'는 것이 아니다. 루이스가 이야기 끄트머리에 "그냥 저를 존중해 주세요."라고 할 때, 루이스는 단순히 시댁 식구들에게 원하는 것을 말하는 것이 아니라 상담자에게도 중요한 요구사항을 전달하고 있는 것이다. 하지만 내가 주목하기 바라는 것은 자신이 원하는 것을 너무 두루뭉술하게 인식하고 있어서 상담 초반에 루이스가 말했던 자신에게 중요한 화해나 가까워지는 것으로 가는 길을 찾는 것이 불가능하다는 점이다. 사실 적절한 경계의 부재는 친정의 심각한 문제로서, 이 문제가 성장기에 자신이 민감해했던 문제였지만 지금은 시댁의 문제로만 보고 있다는 것이 상담 후반부에 명백해질 것이다. 내담자가 분리(splitting)에서 벗어나도록 돕는 것이 이 상담의 목표 가운데 하나이다.

상담자: 음음. 음음. 자, 그건 다룰 필요가 있는 문제들 가운데 하나인 것 같네요. 예를 들어, 부활절에 참석하는 문제라든가…….

내담자: 음음.

상담자: 거기서 뭐랄까, 루이스 씨가 가지 못하게 된 어떤 일이 생긴 거고, 그걸 존중받고 싶었지요.

내담자: 음음.

상담자: 하지만 루이스 씨 역시 원하는 거는 그리고 루이스 씨가…… 그들 간 갈등의 근원은 실제로…… 그들을 두 가족으로 불러 봅시다. 당신과 남편을 그리고 시댁식구들이요.

내담자: 네. 그거 좋은 방법이에요.

상담자: …… 가족 간 갈등의 근원은 루이스 씨가 가족에 대해 시댁 식구와는 다른 관점을 가지고 있다는 거지요.

내담자: 음음.

상담자: 그리고 이상적으로는 두 가족이 이 부분에 대해 이야기해 보고, 뭐랄까, 함께 살 수 있는 방법을 찾는 거지요. …… 지금은 두 가족이 단절 직전 상태이거나 상태였던 것 같고, 루이스 씨가 경험한 대로, 뭐랄까, 요구가 주기적으로 퍼부어졌던 것 같네요.

내담자: 음음.

상담자: 그리고 루이스 씨는 그들에게 응하거나 이리저리 빠져나오거나 둘 중 하나는 할 수 있었어요. 하지만 '내가 누구이고 어떤지에 대해 말하고 싶어요.'라는 말을 할 기회조차 없었지요.

내담자: 맞아요. 맞아요.

이 대화에서 나는 루이스가 시댁이 문제가 있는 것으로 경험하는 이유를 설명하면서 이 문제를 어떻게 다룰 수 있는지 암묵적으로 본보기를 보여 주려고 하고 있다. 이 문제가 한편으로는 루이스 자신의 직접적인 경험에 뿌리를 두고 있고, 다른 한편으로는 자신이 지각한 것이 진실하고 타당하다는 주장을 하면서도 시댁 역시 타당한 관점을 가지고 있다는 점을 받아들이면서 시댁에 다가가는 것을 목표로 이렇게 하는 것이다.

같은 맥락에서 '루이스 씨는 다른 관점을 가지고 있다.'라고 이전에 언급한 것은 옳고 그름 또는 선과 악으로 보는 관점에서 다른 점 중 하나라는 관점으로 이동하려는 시도이다. 루이스가 시댁 식구의 관점도 일면 타당한 면이 있고 틀린 것이 아니라 다른 것이라고 볼 수 없으면, 그녀의 목표인 시댁 식구와 화해하는 것은 달성할 수 없다.

상담자: 그게 사실 쉬운 일은 아니죠. 알고 있어요. 하지만 그럼에도 불구하고, 루이스 씨가 시댁 식구에게 말하기 어렵게 하는 것이 있다고 한다면 뭐 떠오르는 게 있나요?

여기서 내 목표는 비난하지 않으면서 질문을 해 나가고 내가 소개하고 있는 관점을 계속 제시하는 것이다(제1장 참조). 내가 암묵적으로 제안하고 있는 방식대로 루이스가 시댁 식구에게 다가가지 않는 것에 대해 **그녀 자신에게 잘못이 있다고** 느끼지 않는 것이 중요하다. 이것은 어려운 일이다. 하지만 **무엇이 루이스에게 특히 힘든지** 그리고 이 문제를 효율적으로 다루기 위해 처리할 필요가 있는 문제와 갈등이 무엇인지 물어보는 것은 유용하다.

달리 말하면, 목표는 앞서 내 해설에서 언급한 외재화나 분리를 다루는 것, 즉 자신의 잘못이라고 느끼지 않으면서 자신과 시댁 사이에서 일어나는 문제에 자신이 어떤 역할을 하고 있는지 검토하는 데 루이스가 관심을 갖게 하는 것이다. 나는 상담 분위기가 대체로 내가 자신의 편이라는 느낌을 루이스가 느끼도록 했다고 생각한다.

내담자: 저는 매우 고집이 세요. 그리고 저는 갈등을 좋아하지 않아요. 저는 어떻게 갈등을 다루어야 하는지 몰라요.

상담자: 음음.

내담자: 저는 갈등을 다루는 것을 배우려고 노력하고 있고요, 할 말을 하려고 노력하고 있어요. 제가 생각하기에 가장 어렵게 만드는 것은 아빠가 돌아가시고 난 후에, 저는 엄마와 약간 문제가 있었는데, 엄마는 확실히 비통해하셨고 저도 비통했고, 저기, 엄마나 저는 같이 어려움을 겪었어요. 그리고 시댁 식구들이 집에 왔을 때, 저희를 너무 놀라게 했어요. 그들은 친정엄마가 거기에 계셨다는 것을 몰랐

어요. 친정엄마는 다른 방에 계셨어요. 그리고 시누이는 무엇보다도, 제가 그걸 말하려니 비참한데, 집으로 들이닥쳐서는 저를 극도로 무섭게 했어요. (감정이 실려서 말하는데, 어린아이 같은 목소리로 말한다.) 이 일이 있고 나서 저는 너무 충격을 받아, 제 말은, 차를 찾고 있었는데, 저는 너무 예민해서, 제 말은, 시누이가 왔을 때 제 마음 상태가 너무 안 좋아서 이것도 원인이 된, 제 말은 저는 항우울제를 복용하고 있는데, 복용량을 늘려야 했어요. 그리고 제 생각에는, 그건, 시누이는, 저는 시누이에게 너무 상처를 받아서 시누이와 아무것도 하고 싶지 않아요. 저는 시누이가 무서워요. 신체적으로 저를 무섭게 하지 않지만, 시누이는 저를 너무 괴롭혀요. 시누이를 보면 어렸을 때 상처를 준 사람들이 생각나요. 그리고 어린 시절의 일들이 떠올라요.

여기에 주목할 만한 것들이 몇 가지 있다. 우선, "제가 그걸 말하려니 비참한데"라는 표현을 다루는 것이 좋을 것이다. 이 말을 할 때는 구슬픈 어조였는데, 이 말은 일어난 일에 대해 상담에서 꺼내려고 할 때 느끼는 참담함을 표현하는 것이다. 루이스가 비참한 것이 아니라 사실은 정직하고 용감했다는 것을 전달하는 약간의 격려 또는 피드백이 여기서 유용했을지도 모르겠다.

어떤 면에서 다음의 내 반응, 즉 어린 시절의 집단괴롭힘에 대해 묻는 것은 같은 정서 상태를 다른 방식으로 다루는 것이다. 루이스가 상담 동안 느끼고 있던 '비참한' 느낌은 루이스가 명확하게 그랬다고 했듯이 특히 언어적 괴롭힘의 희생자로서 느끼는 느낌과 아주 유사한데, 이런 느낌은 적절한 응수를 하지 못할 때 희생자로 하여금 '비참한' 느낌을 갖게 한다.

그런데 우리는 루이스가 자연스럽게 회상하는 가운데 집단괴롭힘과 "어린 시절의 일들"로 연결시킨다는 것이 앞에서 내가 한 질문, 즉 시댁 식구가 하고 있는 것들을 루이스가 **특히 다루기 어려운** 것은 무엇 때문인가 하는 앞서 한 질문의 결과일 수 있다는 사실을 주목할 수 있겠다. 이 질문을 한 직후, 루이스는 처음으로 친정어머니와 어떤 문제가 있다는 것을 언급한다. 그러고는 잠시 후, 루이스는 집단괴롭힘을 당했던 어린 시절의 경험들을 회상하면서 이 경험들이 자신에게 불편함을 일으킨다고 말한다. 종종 우리가 내담자에게 치료적 효과가 있는 것으로 말하는 것은 간접적으로만 드러난다. 시댁 식구를 다루는 데 **특히 어려운 점**이 무엇인가 하는 질문에 루이스는 직접적으로 '답'하지 않았는데, 이는 이 반응이 현재 어머니와의 문제를 처음으로 언급한 것(이때까지 어머니의 '좋은' 면만 언급했다) 또는 집단괴롭힘을 당한 경험을 생각하면서 어린 시절을 '떠올린' 것과 관련이 있다는 것을 루이스가 의식하지 못한 것 같다. 하지만 이러한 새로운 연합이 자극이 되어 루이스의 신경망에서 내 반응이 일부 반향을 일으킨 것으로 보인다. 효과적인 상담에서 상담자는 이런 식으로 땅에 씨앗을 뿌리고는 땅에서 올라오는 것에 주의를 기울인다. 나는 내 질문이 루이스의 마음을 열게 하리라는 것은 몰랐다. 사실 질문의 의도는 구체적인 경험과 그 결과인 심리 경향성에 주의를 돌리는 것이었다. 대부분 상담과 마찬가지로, 이것은 우연한 것으로 보일 수 있으나, 사실 생각과 임상 경험의 산물이었다. 우리는 우리가 하는 반응 또는 질문의 어떤 부분이 마음을 열게 하는 것인지 정확히 모를 수 있으나, 수년간의 임상 경험에서 특정 종류의 반응이나 질문 그리고 특정한 말하는 방식(P. L. Wachtel, 1993)이 상담 경험이 없는 사람들이 생각하는 것보다 더 강하고 효과적일 수 있다는 것을 알고 있다.

루이스가 "큰시누이가 저를 겁먹게 해요."라고 말할 때 그녀가 누구를 나타내는지가 약간 모호하다. 이 단락의 어떤 지점에서 루이스는 '그들이' 시어머니의 집에 왔다고 하고 나중에는 '그녀'가 나를 겁먹게 하고 '그녀'가 괴롭히는 사람이라고 한다. 이것과 관련하여 '그녀'는 그녀의 시어머니 또는 큰시누이를 언급하는 것일 수도 있다. 어떤 면에서 보면, 큰시누이는 시댁 식구

중 루이스에게 더 공격적이고 무서운 사람으로 보인다. 그러나 다른 면에서 보면, 루이스가 언급하고 있는 것은 시어머니와의 관계이다. 우리는 상담이 끝날 쯤, 시어머니에 대한 전체적인 그림과 시어머니에 대한 루이스의 감정이 나타나는 것을 볼 것이다. 좀 더 여러 면을 볼 수 있다는 것은 상담의 성과 가운데 하나이다. 이 시점에서 루이스의 경험에서 촉발된 것은 시어머니에 대한 매우 단순화된 일차원적인 관점이 아니라 매우 아이 같은 경험인데, 이는 루이스가 실제로 자발적이고 명확하게 인정하는 것이다.

마지막으로, 시댁 식구들이 불쑥 들어와서 자신을 겁먹게 했다는 상당히 극적인 설명은 부수적인 배경 항목으로 격하되는데, 이는 사실 여러 측면에서 중요한 것으로 드러날 또 다른 요소였다. 루이스는 자신이 친정어머니와 '문제가 약간 있다'고 하면서 자신들은 '같이 어려움을 겪었다'고 말한다. 상담이 진행되면서 명확해지지만, 루이스가 시댁 식구들과 보이는 어려움의 일부는 친정어머니와 겪고 있는 극도의 갈등과 관련이 있다고 생각하는 타당한 근거가 있는데, 어머니와의 갈등은 루이스가 시댁의 잘못된 면에 초점을 둠으로써 보지 않게 된다. 훌륭하고 요구가 많지 않으면서도 서로를 위하는 친정과 '집단주의적이고' 침범하며 비공감적인 시댁이라는 흑백논리로 분리하는 것은 시댁과 가까워지는 데 어려움을 겪게 되는 하나의 원인이다. 이 단회 상담에도 루이스가 친정어머니에 대한 고통스러운 느낌과 피하고 있는 시어머니에 대한 따뜻한 느낌, 그리고 친정보다는 시댁에 더 분명하게 있으면서 가용한 것들에 대한 갈망을 접촉할 수 있도록 돕는 데 약간의 진전이 있었다. 정서적으로 공간을 두는 것은 아직 직면할 준비가 충분히 되지 않은 어머니에 대한 감정에서 자신을 보호해 주는 데 필요했지만, 그 대가는 시댁 식구와 갖고 있는 문제를 가속화시키는 것이었는데, 이 시댁 식구와의 문제는 남편과의 관계를 위협하고 있었고, 내담자가 친정에서는 충족되지 않았던 바람을 충족시키지 못하게 하고 있었다.

상담자: 어려서 집단괴롭힘을 당했던 경험에 대해 조금 이야기해 주세요.

내담자: 그건 더 정서적인 괴롭힘이었어요. 그들은 저를, 여자애들이 특히 저를 싫어한다고 했고 저를 놀리면서 이용해 먹었어요. 저는 너무 순진했고 사람을 너무 잘 믿었거든요. 그래서 친구가 그렇게 많지 않았어요. 저는, 저는 그게 질투심의 일부라고 생각해요. 제가 엄마와 아주 친했지만, 그 애들은 자기네 엄마와 사이가 좋지 않았거든요. 그리고 우리 아빠…… 아빠와 저는 여행을 많이 했어요. …… 그리고 자라는 동안 너무너무너무 힘들었어요. 왜냐하면 누가 언제 저를 배신할지 모른다고 생각했으니까요.

독자는 전체 상담을 읽은 후 루이스의 친정에 대해 말한 부분으로 다시 돌아오기 위해 여기에 표시를 하고 싶을 수도 있다. 여기서는 친정엄마와 관계가 너무 좋고 친밀해서 다른 아이들이 질투를 했다고 루이스가 묘사한 것에 주목하기 바란다. 또한 여기서 아버지에 대한 언급을 주목하기 바란다. 문장의 일부("그리고 우리 아빠")만 말하고 이후에는 덧붙여지는 말이 없고 모호하게 끝난다. 돌이켜 생각해 보면, 이런 표현은 일부만 있는 구조로 볼 때 스트레스나 갈등을 가리킨다고 볼 수도 있겠다. 하지만 지금까지 루이스가 말한 맥락에서 들어 보면, 그 구절은 처음에는 다른 아이들이 루이스를 질투하는 것에 대해 그녀가 설명하는 것으로 보인다. 처음에는 "그리고 아이들이 저와 아빠 관계 또한 질투했어요."와 같이 진행될 것으로 기대하는 문장이 시작되는 것으로 들린다. 하지만 문장 일부만 있어서, 다른 문장이 시작되는 것일 수도 있다. 즉, 다음 구절인 "아빠와 저는 여행을 많이 했어요."와 관련되어 있을 수도 있다. 이렇게 보면 아버지에 관한 불완전한 문장은 친정의 여행이 연상되어 연결된 것으로 보인다. 이 연결은 상담 후반부에 많은 의미가 있으나, 이 시점에서는 이해하기 어렵다.[10)]

대체로 이 맥락에서 친정아버지나 여행과 관련된 미완성되고 정교하지 못한 반응들은 루이스가 자신의 가족에 대한 인상을 다른 아이들은 질투했을 수 있는 '평범한' 가정으로 전달하고자 하는 것으로 보인다. 내포된 의미는 온전한 가족, 즉 아버지가 있고 함께 여행하는 가족의 모습인 것이다. 하지만 가족의 전체적인 모습은 다소 다르다는 것을 보게 된다.

또한 "그리고 우리 아빠"와 "아빠와 저는 여행을 많이 했어요."로 시작하는 문장이 "자라는 동안 너무너무너무 힘들었어요. 왜냐하면 누가 언제 저를 배신할지 모른다고 생각했으니까요."라고 끝나는 것에 주목하기 바란다. 처음에 루이스가 내게 이야기하는 맥락에서 설명을 들어 보면, 배신하는 것은 부모님이 아니라 집단괴롭힘을 한 아이들을 말하는 것처럼 보인다. 상담이 진행되면서 이 구절이 "그리고 우리 아빠"와 "아빠와 저는 여행을 많이 했어요."라는 구절과 갖는 연결관계가 다른 의미를 보임에 따라, 문장 나머지 부분의 의미가 집단괴롭힘을 한 아이들에 대한 것인지는 그다지 분명해 보이지 않는다. (온화하고 서로 생각해 주는 가족 분위기에 대한 불안정한 느낌을 보호하려는 루이스의 경향성, 그리고 이렇게 '정화하는' 노력으로 치러야 하는 대가에 대해 앞의 해설에서 언급한 내용을 염두에 두기 바란다.)

상담하는 동안에는 이런 의미에 대해 알아차리지는 못했다. 비디오나 축어록을 보는 장점 중 하나는 상담에서 다르게 발생한 것들을 상담자보다도 더 잘 볼 수 있다는 점이다.

상담자: 음음.

10) 스웨덴에서 멀리 떠나서 했던 가족 여행이 다소 무거운 주제였고 여기에 친정아버지가 다소 충격적으로 연상되어 떠올랐다는 사실이 상담 후반부에 루이스가 14세 때 파리에서 있었던 일에 대해 이야기할 때 명확하게 드러날 것이다. 이런 내용이 이 시점에서는 드러나지 않고 있는데, 여행에 대해 이야기하는 것이 친정아버지에 대해 말할 때처럼 부러운 뭔가를 언급하는 것처럼 보인다.

내담자: 저는 사람을 믿을 수 없다고 항상 생각했어요. 그리고 제가 10대 후반 또는 20대 초반이 되어서야 비로소 믿을 수 있는 정말로 좋은 친구들을 사귀게 되었어요. 하지만 저는 아직까지도 사람들이 나에게 등을 돌릴 수 있다고 생각해요.

상담자: 음음. 음음. 그럼, 더 많은 친구를 사귈 수 있고 더 편안하게 느끼는 것이 가능하다고 생각하고 있는 건가요? 그게 뭐랄까, 바라는 기고 가능하다고 보는 건가요?

내담자: 저는 가능한 한 많은 친구를 사귀고 싶었어요. 하지만 지금 저는 정말로 좋은 친구들이 몇 명 있어요. 저는 이 친구들이 있어서 좋아요.

상담자: 음음. 음음.

내담자: 그래서 저는 지금 있고 싶지 않은 곳에 있는 느낌이에요. 저는 친구가 더 있기를 바라지 않아요.

상담자: 음음. 음음.

내담자: 그리고 제가 친구가 더 많다고 해서 더 나은 사람이 될 것 같지는 않아요.

상담자: 그래요. 루이스 씨는, 루이스 씨가 바라던 것을 이루었어요.

내담자: 네, 지금. 그래요!

비디오를 보면 이 시점에서 루이스가 환한 미소를 짓고 있다. 환한 미소를 지었다는 점에서 이 순간은 치료적으로 중요한데, 정서적 수준에서 보면 보통 자신을 보는 방식과는 **다른** 자기에 대한 느낌을 촉발했고, 이는 자신에 대해 새롭게 느낄 수 있는 가능성이 있다는 점에서 이 순간은 치료적으로 매우 중요하다. 이러한 결과는 병리에 주의를 기울이는 것만큼이나 발달의 긍정적인 면과 내담자와 삶의 긍정적인 면에 주의를 기울이는 것이 가치 있다는 것을 보여 주는 한 예이다.

여기서 말하는 치료적인 순간은 할리우드 영화에서 보는 것처럼 삶을 송두리째 바꾸는 사건이 되지는 않는다. 치료적인 순간은 조금씩 누적되는 것이어서, 한 번만 일어나는 것이 아니라 여러 번 일어난다. 그렇기는 하지만 한 번 일어날 때마다 각 순간이 중요하다. 여기서 이루어지고 있는 상담 경험은 보스턴 변화과정 연구 집단(Boston Change Process Study Group; Lyons-Ruth, 1998; D. N. Stern, 2004; D. N. Stern et al., 1998)이 설명하는 '만남의 순간'과 다르기는 하지만, 주로 통찰로 변화가 일어나기보다는 내담자의 내적 과정에 변화를 일으키는 정서 경험으로 변화가 일어난다는 이들의 개념과는 공통점이 있다.

상담자: 그래요.

이는 루이스의 정서 상태와 자기긍정을 지지하는 명확하면서도 자발적으로 하는 공명 반응이다.

내담자: 그래요.

상담자: 그래요. 내가 그 말을 했을 때 놀란 것처럼 보였는데, 혹시 내가 잘못 본 건가요?

내담자: 제가 이루었다고 선생님이 말씀하셨을 때요?

상담자: 네.

내담자: 네. 저는 그것에 대해 생각해 본 적이 없어서, 네. 네. 저는 그걸 이루었다는 데 대해 놀랐다고 생각해요.

상담자: 음음.

내담자: 왜냐하면 저는, 하지만 저는 그게 사라질까 봐 너무 두려워요. 제가 아니…… 제가 이루었다는 것을 인정하면 이룬 게 사라질까 봐 두

려워요.

상담자: 음음. 음음. 음음.

루이스는 여기서 자신이 변화를 인정한다면 이 변화가 사라지지 않을까 하는 두려움을 표현했다. 하지만 대부분의 경우 실제로는 정반대이다. 변화가 지속되지 못하게 막는 것은 변화를 인정하지 않는 것이다.

이런 맥락에서 나는 다른 저서(P. L. Wachtel, 1993)에서 중요한데도 충분히 평가받지 못하고 있는 텐저의 저서(Tenzer, 1984)에 주목하였는데, 텐저는 내담자가 일어나고 있는 변화에 주목하는 것이 매우 중요함을 강조하였다. 텐저는 정신분석적 사고와 피아제(Piaget) 학파 연구를 모두 인용하면서 이러한 변화가 나타나지 않는다면 실제적이고 중요한 변화는 빠르게 사라질 수 있다고 주장했는데, 이는 설득력이 있다. 또한 텐저는 인간 인지의 근본적인 특징, 특히 이전 기대와 맞지 않는 것은 무시하는 경향성이 이러한 변화에 주목하는 것을 어떻게 경감시킬 수 있는지에 대해서도 설명하였다. 이에 따라 나는 "내담자가 변화를 인식할 수 있도록 상담자 편에서 노력하지 않으면, 내담자는 일어난 변화를 자신의 이전 구조와 도식에 동화시키려는 경향이 있어서 그 변화는 오래가지 못한다."라고 주장하였다(P. L. Wachtel, 1993, p. 257).

최근에 나는 이 과정을 **내담자가 통찰했다는 것을 통찰할** 필요가 있다는 관점에서 이 과정에 대해 생각해 보았다. 그렇지 않으면, 그러한 통찰에서 나온 **행동의 영향력**, 즉 다르게 행동하고 다르게 사는 방식은 사그라들게 된다. 이렇게 되면 통찰은 정서적이거나 행동적인 변화를 일으키지 못하는, 지적으로만 아는 것에 불과하게 된다.

이와 관련하여, 내 말에 루이스가 놀란 것처럼 보였다고 한 내 반응의 의도는 루이스가 내 반응에 만족했고, 내 반응으로 인해 루이스가 기쁨의 미소를 지었으며, 자신이 생각하는 것보다 관계를 맺고 유지할 수 있는 능력이 본인에게 있음을 의미한다는 것을 알도록 하기 위한 것이었다.

내담자: 그래서 저는 우정을 소중히 하고 또 제가…… 하지만 한쪽…… 한쪽에서는 여전히 걱정하고 있어요.

상담자: 무엇이 우정을 깨지기 쉽게 할까요? 무엇이, 루이스 씨가 이 친구들을 잃은 상상을 하면 무엇이 떠오르나요?

나는 여기서 루이스의 **불안**에 초점을 맞추고 있는데, 이는 내담자의 불안에 대해 주의를 기울이는 것이 좋은 상담의 중요한 특성이라는 제1장에서 논의한 관점을 반영하고 있다. 나는 이것을 루이스가 걱정하는 반응에서 단서를 얻었지만, 루이스가 느끼는 것보다 불안을 더 진중하게 받아들이거나 적어도 다른 방식으로 다루어야겠다는 느낌이 들었다. 나는 단지 루이스가 걱정하고 있다는 것에 주목하고 있는 것은 아니다. 나는 그 걱정이 무엇에 대한 걱정인지 루이스가 탐색하도록 하는 것인데, 지적인 방식, 즉 언어적인 '대답'을 하게 되는 '질문'을 하는 방식이 되지 않도록 하고 있는 것이다. 더 정확히 말한다면, 나는 불안과 관련해서 연상되는 것을 다루고 있는 것이다. 이러한 질문 방식은 정서적인 요소를 포함할 가능성이 더 많다.

이 경우에는 그 질문이 특별하게 성과가 있다거나 의미 있는 결과를 내지는 못했다. 그러나 그럼에도 불구하고 이러한 질문 방식은 대체로 루이스가 불안을 극복하자면 반드시 직면해야 하는 경험과 단서에 내담자가 접촉하도록 할 수 있는 탐색 방법이라고 생각한다.

내담자: 그건 제가 일회용이라는 생각이 떠올라요. 저는 느낀 게, 저는 늘 느낀 게 사람들이 더 나은 친구를 얻을 때까지만 저와 친구로 있었다는 거예요.

상담자: 음음. 음음.

내담자: 그리고 제가 느낀 건, 그러니까 그런 생각이 떠오르는 것 같네요. 그게 바로 내가 깨지기 쉽다고 느끼는 이유예요. 다른 사람들이 더 좋아하는 사람을 찾을 것이 두렵기 때문이에요. 이게 현실이 아니라는 건 알아요.

상담자: 음음. 음음.

내담자: 그래요.

상담자: 왜냐하면 그들은 정말로 믿을 수 있는 좋은 친구들이기 때문이지요.

내담자: 예. 좋은 친구들이에요. …… 그리고 그게 실제 그렇다고 알고 있지만 제가 느끼는 불안감 어딘가는 이게 제가 상담받고 있는 건데 하지만 잘 모르겠어요. 그게, 그게 너무 뿌리박혀 있어서 그게 없어질지 잘 모르겠어요.

상담자: 음음. 그게 친구들과 있을 때도 나타나던가요? 친구들이 실제로 거부하거나 그런 게 아닌데도 지나치게 뭔가에 예민하거나 말하는 거에 예민한 적이 있나요?

여기서 많은 상담자가 하는 것처럼 루이스는 불안의 원인을 완전히 내적인 것, 즉 자신에게 '깊게 뿌리박힌' 것으로 보고 있다. 나는 또 하나의 가능성을 제기하고 있는데, 이는 다른 사람들이 루이스에게 하는 행동에 대해 그녀가 느끼는 것 중 최소한 일부는 단순히 '그녀가 어떻게 하고 있는가'라거나 그 문제에 대해 '그들이 어떻게 하고 있는가'가 아니라 그녀가 그들과 상호작용하는 방식의 결과라는 것이다. 즉, 나는 넌지시 **악순환**의 가능성에 대해 묻고 있는 것이다. 그러한 악순환에서 루이스는 불안으로 인해 그들이 특정 반응을 하게끔 그들과 행동하게 되는데, 이러한 반응은 불안을 지속시키고 같은 사건과 감정을 반복시킨다. 만약 그렇다면, 그래서 루이스가 이러한 사실을 이해하게 되어 뭔가를 할 수 있다면 악순환은 끊을 수 있다.

대부분의 상담과 마찬가지로, 여기서도 상담자에게 해결해야 할 문제 가운데 하나는 비난받는다는 느낌 없이 내담자 행동의 역할을 끌어들이는 것이다(이 주제에 관해서는 P. L. Wachtel, 1993, 2008; Wile, 1984 참조). 그 어조는 그 과정에서 내담자가 자신의 역할을 빼놓고 있다고 지적하는 것이 아니다. 이렇게 지적하면 내담자가 잘못했다는 느낌과 의미가 될 수 있다. 더 정확히 말하자면, 목적 대부분은 내담자가 그 반대, 즉 자신의 '잘못'이 아니라는 사실을 볼 수 있도록 하는 것이다. 왜냐면 이는 내담자가 갇혀 있는 악순환의 결과이며 내담자가 극복하려고 하는 바로 그 감정의 어쩔 수 없는 결과이기 때문이다. 동시에 루이스가 그들에게 어떻게 반응하는지 물어보는 것은 루이스가 그 악순환을 끊을 때 도움이 될 수 있는 조종관을 제공하는 것이다.

물론 이 질문은 하나의 질문이라는 것을 염두에 두는 것 또한 중요하다. 즉, 이 질문은 의문을 제기하는 것이지 누가 답을 가지고 있다는 것은 아니다. 예를 들면, (바로 다음에 나오는) 내 질문에 대한 루이스의 대답에서 자신의 행동이 악순환을 지속시키는 역할을 한다는 가설과 일치하는 징후가 있는데, 이는 자신이 지나치게 예민했고 친구들이 이러한 사실을 기억했던 것으로 보인다고 루이스가 언급한다는 점에서 그렇다. 하지만 약에 대한 반응으로 루이스의 행동이 변했을 수 있다는 징후 또한 있기는 하지만, 그 느낌은 최소한 어느 정도 지속되는 것으로 보인다. 반면, 사실 내담자가 친구들을 대하는 변화된 행동은 내담자와 친구들이 갇혀 있던 순환고리를 끊는 것을 도왔으며, 그들 모두가 지금은 그 패턴에서 자신들을 분리할 수 있고, 되돌아볼 수 있으며, 이에 따라 패턴을 바꾸도록 도울 수 있다는 징후 또한 있다(Wallin, 2007 참조).

내담자: 약을 복용하기 전에요. 약은 항우울제와 항불안제였어요. 도움을 받기 전에요. 그래요, 저는 아주아주 예민했어요. 아주 작은 것에도요. 그러니까 '재들이 하는 말이 무슨 뜻이지? 아니면 재네는 나한

테 더 이상 말을 하고 싶지 않은 건가?' 하고요. 이 문제를 해결하려고 많이 애썼어요. 지금은 실제로 제게 말을 해 주는 친구들이 있어요. "아, 내가 바라는 건, 그러니까, 네가 뭔가 말했을 때 내가 웃었잖아. 네가 오해하지 않았으면 해." 제가 생각하지도 않은 거예요. 저는 "아, 그래. 글쎄, 난 그건 생각하지 않았어."라고요. 그래서……

상담자: 그래서 그들은 뭐랄까, 당신이 그렇게 상처를 받을 수도 있다고 생각한 거군요.

내담자: 예. 저는 걔네가 알고 있다고 생각해요. 제 말은, 그게 제가 말한 이유예요. 걔네는 정말로 좋은 친구들이에요. 제가 매우 예민하다는 걸 알기 때문이에요. 그래서 걔네는 사실 그걸 이해하고 있어서 제게 와서는 저기, "괜찮기 바라."라고 말하는 거예요.

상담자: 그래요. 그래요.

내담자: 그래서…….

상담자: 그래요.

내담자: 그리고 그건 제게 의미가 있어요.

상담자: 음음, 그래요. 그런 게 친구들이 루이스 씨를 정말로 신경 쓰고 있다는 것을 보여 주는 거니까요.

내담자: 네.

상담자: 그래요.

내담자: 왜냐하면 심지어 친구들이 생각하기에는 내가 약간, 저기, 친구들은 여전히, 저기, 친구들은, 친구들은 나에게 마음을 써요.

상담자: 그래요, 내 말은 예민하다는 것이 전쟁 범죄는 아니라는 겁니다.

내담자: 네. 하지만 그렇죠. 누군가 저를 그렇게 부르면 보통 저는 그렇지 않은 척, 예민하지 않은 척해요. 왜냐하면 그 말이 사용될 때는 남편과 시댁 식구들이 아주 부정적인 의미로 예민하다고 하기 때문이에요.

상담자: 그래요. 그래요.

내담자: 그래서…….

상담자: 그래요.

내담자: ……그건 항상 부정적인 의미로 쓰였어요.

상담자: 그래요. 그래요. 그리고 당신은 남편과의 관계에서 얼마나 안정감을 느끼나요?

여기서 나는 루이스의 삶에서 서로 관련이 있는 문제 가운데 또 다른 맥락으로 주의를 돌리고 있다. 왜 지금 이 시점에서 이 반응을 했는지 되돌아보면 어느 정도 주제를 바꾸고 있는 것으로 보이는데, 이 순간에 다루고 있는 주제를 어느 방향으로 또는 어떻게 다룰 건지 더 멀리 내다보지 않고 있기 때문이다. 이 문제에 대한 더 추가적인 중요한 개입은 시간이 지나면 하게 될 거라고 생각은 하지만, 종종 그런 것처럼 우물물은 잠시 동안 말라 있게 되는 것이다.

어떤 상담자들은 마르는 것은 내 우물뿐이고 가만히 기다리면 루이스가 설사 겉으로 보기에 관련 없는 '연상'으로 떠오르더라도 그 주제와 내용상 그리고 감정적으로 연관되어 있는 더 많은 것을 떠올렸을 거라고 말할 수도 있겠다. 이 특정 사례에서 이 말은 사실일 수도 있겠다는 생각이 든다. 이 상담이 많은 사람이 볼 수 있도록 녹화되고 있다는 사실로 인해 어느 정도는 상담의 방향이 미묘하게 형성되었다. 그러다 보니 내가 보통 상담할 때보다 '뭔가를 더 해야' 하고 '흥미로운 것이 일어나야' 할 필요성을 더 느꼈던 것 같다. 예를 들어 보자면, 조용히 기다리는 것 외에도 이런 욕구는 "예민하다는 것이 루이스 씨에게 어떤 의미인지 좀 더 말해 주세요." "루이스 씨가 예민한 것에 대해 사람들이 어떻게 비난하는지 좀 더 말해 주세요." "지나치게 예민하다는 것에 대해 어떻게 걱정했는지 좀 더 듣고 싶어요." 등과 같은 말로 촉발되었을 수도 있다. 그 주제로 좀 더 들어가는 많은 방법이 있다. 간혹 우리는 너무 빨리 '주제를 바꾼다.' 또 이따금씩은 주제를 빨리 바꾸지 않아 충분한 지점을 지나 계속 집요하게 지속한다. 그러다 보면 일시적으로라도 간혹 우물은 정말정말 말라 버린다.

아무튼 루이스와 남편의 관계에 대해 묻기 위해 주제를 바꾼 것이 결코 단순히 '실수'가 아니라는 것을 명확하게 하는 것이 중요하겠다. 이 주제는 분명히 그 자체로 중요한 것으로 어느 시점에서는 다룰 필요가 있는 것이다. 더욱이 내 질문이 실질적으로 내 '연상'인 경우가 있는데, 이 연상은 나의 정서적인 공명으로서 아직은 정교화되지 않은 생각, 느낌, 방안에 근거를 두고 있다 [이는 스턴(D. B. Stern, 1997)이 "표현되지 않은 경험"이라고 언급한 것이다]. 분명히 루이스와 남편의 관계는 그 자체로 중요하기도 하고 나와 내담자가 이야기하고 있던 주제의 다른 형태이며, 그 주제로 들어가는 또 다른 길이기도 하다. 앞에서 나와 루이스는 가까운 관계에 대한 루이스의 경험과 그녀가 가치 있고 이해받았다고 느끼거나 잊히고 '일회용'이라고 느꼈던 때에 대해 이야기하였다.

내담자: 저는 안전하다는 느낌이 들어요. 하지만 저는, 저는 걱정돼요. 왜냐하면 저는 남편이 뭐라고 하건 간에 저기, 저는, 친정 없이도 할 수 있어요. 남편의 말과 행동이 일치하지 않아요. 그리고 저는 남편의 삶에서 가족이 없다면 행복하지 않을 거라는 걸 알아요.

여기서 '주제를 바꾼 것'이 유용한 것으로 드러난 것 같다. 이것은 루이스가 시댁 식구들에게 주장을 잘하게 되는 것보다 이들과 관계를 개선하는 작업을 하는 것이 왜 중요한지에 대해 또 하나의 관점을 제시하고 있다. 이 두 가지는 양립 불가능하거나 모순되지는 않는다. 관계를 개선시키는 데 있어서는 루이스의 욕구 또한 중요하게 생각해 주고 있다는 것도 확신할 수 있어야 하는 것이다. 그렇지 않으면 분노는 시댁 식구에게서 주관적으로 느끼는 영문 모를 적대감을 일부 설명하는 겉으로 드러나지 않는 이면의 요소로서 늘 존재하게 된다. 제1장에서 논의한 것처럼, 악순환은 인간 경험과 인간관계에 만연해 있으며, 이러한 악순환을 이루는 이 과정은 양 당사자가 모두 잘 모르는 경우가 많다. 가족상담자들이 자주 지적하는 바와 같이, 사람들 간에 존재하는 외견상 다루기 힘들어 보이는 어려운 문제는 각자가 '마침표'를 어떻게 찍는가에 달려 있다. 각 당사자는 상대방의 행동에 '반응'하고 있다고 느끼기 쉬운데, 그 결과 패턴은 계속해서 반복된다. **상담 후반부에 루이스의 결혼에 대한 아주 '놀라운 사실'을 볼 때 이 점을 염두에 두는 것이 매우 중요하다.**

상담자: 음음. 음음. 음음. 남편이 자신의 삶에서 가족이 없어야 남편과 단단히 연결되어 있다는 느낌이 든다는 건가요?

여기서 내가 본질적으로 탐색하고 있는 것은 루이스의 갈등으로, 루이스의 갈등은 남편이 자신의 인생에서 자기 가족이 없다면 행복하지 않을 거라고 말하고 있기는 하지만, 어떤 면에서는 남편이 자신을 사랑한다면 가족보다는 자신을 선택할 거라고 느끼고 있다는 것이다. 달리 말해서, 내가 궁금해하고 있는 것은 루이스가 갈등하는 것이 시댁과 화해를 촉진하는 것인지 또는 남편을 시댁에서 떼어 놓으려고 하는 것인지, 그리고 그러한 갈등이 시댁과 화해를 할 수 있는 방안을 찾는 것을 더 어렵게 하는 것인지이다. 이것이 사실이라면, 루이스가 그 갈등을 더 잘 해결할 수 있게 의식적인 수준에서 작업할 수 있도록 사전 작업으로 이 주제를 꺼내려고 시도하고 있다.

내담자: (한참 망설이고 입술을 깨문다.) 음, 저는 남편과 견고하게 연결되어 있다고 느끼고 있어요. 하지만 남편이 자신의 가족과 완전히 단절한다면 저를 원망할 것이 두려워요. 한마디로 요약하자면 그거예

요. 저는 남편이 저를 탓하게 될까 봐 두려워요. 남편이 지금은 절 탓하지 않고 있고 또 저는 남편을 믿고 있으니까요. 하지만 제가 남편 입장이라면, 저는 남편을 탓할 거예요. 그리고 정말 남편이 저를 쳐다보면서 "아, 그래. 나는 당신을 위해 내 가족과 단절했어."라고 말하는 것을 원치 않아요. 남편은 절대 그렇게 하지는 않을 거예요. 그리고 제가 말을 해야 한다면, 답을 해야 한다면 저는 하지 말라고 할 거예요. 남편은 그렇게 하지 않을 테니까요. 그러나 저는 그냥, 저는 남편이 아주 소중한 가족을, 특히 시어머니를 저 때문에 잃는 것을 원치 않아요. 그리고 이게 그렇게 힘든 것을 제가 고치려고 그토록 노력하는 이유예요.

어떤 의미에서 보면, 이 시점에서 루이스는 자신과의 결속의 의미로 남편이 스스로 시댁 식구와 관계를 끊기를 바라는 자신의 소망에 대해 내가 암묵적으로 언급한 것을 피하고 있다. 그러나 남편이 그렇게 할지도 모르겠다는 루이스의 '두려움'은 남편이 시댁 식구와 지속적으로 연락을 하고 싶음에도 불구하고 루이스를 만족시키기 위해 시댁 식구와 단절할지도 모른다는 직감을 의미한다. (이 모든 것에서 복잡하게 만드는 요인은 나에게도 역시 떠오르는 것인데, 남편이 서로 얽매여 있고 또 요구가 많은 가족에 대해 갈등이 있어서 어쩌면 가족과 얽매여 있는 것을 다루는 과제를 루이스에게 무의식적으로 떠넘긴 것일 수도 있다.)

상담자: 그럼, 루이스 씨와 함께하기 위해서 남편이 가족을 잃을 가능성이 있나요? 실제 그런가요? 다시 말해, 남편이 가족과 루이스 씨 둘 다와 있을 수 있는 방법이 없다고 느끼는가 하는 거예요.

내담자: 네. 제 말은, 제가 "가서 당신 가족과 함께하면 어떨까? 난 내가 해야 할 일을 해야 하는데."라고 말할 때가 많았어요. 그러니까 어떤

이유로든, 학교, 저는 가고 싶지 않았어요. 별로 기분이 좋지 않았죠. 어떤 경우이든. 시댁에 가기 전에 저희는 늘 싸웠어요. 언제나. 크게 싸웠죠. 좋을 때도 있었지만, 저는 싸운 것만 생각나요. 그리고 제 생각으로는 시댁 식구가, 제 말은 남편이 부활절 같은 때 혼자 간 적이 몇 번 안 됐는데, 시댁 식구들은 남편을 못살게 굴고 남편에게, 그러니까 "루이스가 1시간 정도는 와 있을 수 있었을 텐데."라고 말하면서 남편을 비참하게 만들어요.

루이스가 남편에게 시댁 식구들을 보러 가라고 권유하기는 하지만, 계속해서 긴장을 유발하는 상황에서 남편이 시댁 식구를 보러 가도록 자신이 상황을 조장하고 있다는 사실은 이해하지 못하고 있다. 루이스가 상담시간 동안 설명한 것을 보면, 시댁에 남편과 대부분 같이 가고 할 일이 있을 때도 갔지만 긴장은 있었을 거라는 것이다. 즉, 시댁 식구들은 '오는 것을 세면서' 루이스가 거의 의례적으로 남편과 오기를 기대하는 그런 가족이라는 것이다. 하지만 그녀가 어떻게 남편이 느끼는 긴장에 원인을 제공하고 있는지 이해하도록 도움을 받을 수 있다면, 루이스는 '시댁 식구들이 남편을 비참하게 만든' 이유를 더 잘 이해할 수 있을 것이고, 그녀와 남편 그리고 둘 간의 관계를 위해 도움이 되는 해결책을 더 잘 찾을 수 있을 것이다(이 해결책에는 자기 자신의 독립성, 그리고 자기 자신의 욕구와 관심을 추구할 권리를 강하게 그리고 남편의 지원으로 전달하는 것이 포함되는 것은 분명하다).

상담자: 음음. 음음. 음음.

내담자: 또 시댁 식구들은 저희 편의를 봐주지 않아요. 제가 늘 양보하려고 하기 때문에요.

상담자: 자, 크리스마스 직전에 그들이 집에 별안간 나타나서는 루이스 씨

를 질책하기 시작했고, 시댁 식구들이 뭐라고⋯⋯ 그리고 친정어머니가 계시는 동안이었고, 루이스 씨와 친정어머니 둘 다 아버지가 돌아가셔서 비통해하고 있었다는 거지요.

내담자: 네.

상담자: ⋯⋯그건 그러니까 분명히 힘들고 고통스러운 시간이지요. 시댁 식구들이 뭘 했나요? 뭐라고 말했나요? 불만이 뭐였나요? 뭐 때문에 시댁 식구들이 그때 그렇게 행동하게 됐나요?

여기서 나는 앞서 한 해설에서 언급했던 주제를 탐색하는 길을 찾고 있다. 즉, 나는 루이스가 자신의 행동과 입장이 시댁 식구들에게 어떻게 보이고 느껴지는지 정말 잘 이해하지 못하고 있다고 생각하여 이를 루이스가 더 잘 이해할 수 있도록 돕고 싶은 것이다. 하지만 여기 있는 일련의 질문이 루이스에게는 내가 시댁 식구들의 편에 서 있는 것처럼 느껴질 수 있는데, 제1장에서 소개했던 용어로 말하자면 '비난하는' 것처럼 보일 수도 있다. 그래서 나는 루이스가 현상을 보는 방식을 강하게 인정하면서 같은 편에 서는 식으로 이 질문을 하는 것이다. 루이스가 설명하는 것처럼, 친정아버지가 돌아가신 직후에 보인 시댁 식구들의 행동은 무신경하고 부적절한 것으로 보인다. 하지만 나는 루이스의 호기심을 사로잡아서 루이스가 직면하고 있는 어려움의 원인이 될 수 있는 자신의 행동 패턴의 영향에 대해 생각해 보도록 할 수 있는 방안을 찾으려고 하고 있다.

나는 "무엇이 그들에게 그런 식으로 행동하게 할까요?"(비디오에서는 분명하지만, "도대체 무엇이 그때 그들에게 그런 식으로 행동하게 할까요?"라는 어조이다) 라고 수사적인 의문문으로 말하고 있는데, 이 질문은 루이스를 공감하면서 시댁 식구들이 그렇게 해서는 안 되었다는 것을 명확히 나타내고 있다. 하지만 이와 동시에 나는 이 질문을 진짜 질문으로 생각해 보도록 루이스를 자극하려고 하고 있다. 즉, 루이스가 이것을 어떻게 느껴졌을지에 대해 내 나름대로 공감적 이해를 함으로써 시댁 식구들이 왜 그런 식으로 반응했을지 생각해 보는 것이 안전하다는 느낌을 갖게 하고 싶었다. 그리고 이 중요한 질문을 비난받는다고 느끼지 않고 자신의 '잘못'이라고 생각하지 않으면서 자신의 행동이 시댁 식구들에게 어떻게 느껴졌을지 이해하는 것이 이들이 루이스에게 반응하는 방식을 더 많이 통제할 수 있는 것이라는 느낌을 갖게 하는 틀로 삼고 싶었다. 이 예시는 내담자가 위협적이거나 비난받는 것으로 느낄 수 있는 문제에 대한 질문을 어떻게 내담자 편에 서서 내담자의 관점을 인정하고 긍정하는 방식으로 하는가를 보여 주고 있다.

내담자: 왜 그랬는지 저도 알고 싶어요. 제 생각으로는 큰시누이인 데니스 자신이 시어머니라고 생각하고 있는데, 큰시누이는 상황을 개선시키고 싶어 했어요. 그게, 큰시누이가 "아, 네가 내 전화 메시지에 남겨 놓는 것이 싫다면 내게 전화해서 알려 주지 그랬어?"라고 말했으니까요. 큰시누이에게 전화해서 그걸 말하는 건 그렇게 쉬운 일이 아니에요. 왜냐면 저는 제가 그렇게 느끼고 있는지 확실하지 않았고, 큰시누이가 전화 메시지에다 "전화할 시간이 없었어."라고 하는 건 적절하지 않다는 생각이 들어요. 그리고 저는 정말, 저는……

상담자: 그러면 그건 당신의 남편에게서 시누이가 들었던 건가요?

내담자: 네. 아마 남편은, 그러니까 시어머니에게 소리를 지르고 있었어요. 남편은 그러니까 가족이 자신을 실망시켰고 저도 실망시켰다고 느꼈거든요.

상담자: 음음.

내담자: 그리고 남편은 저를 위해 그리고 자신을 위해 마음을 다치면서 그렇게 했던 거지요. 시댁 식구가 매일 저녁 식사를 가져다줄 거라고 기대한다고 말하는 게 아니에요. 저는 그저 우리 아빠가 돌아가신

걸 인정해 주기를 바랐어요. "아, 루이스 아버지가 돌아가셨어? 그래, 알겠어."가 아니라요. 제 생각에는 큰시누이가 원했던 건, 약간 비뚤어진 큰시누이의 목표는 모든 걸 다 드러내 놓고 이야기하자는 것이었어요. 하지만 그렇게 행동하지는 않았죠. 다시 말하자면, 큰시누이가 하고 있던 건 "자, 우리는 너희 결혼식에 초대받지 못했어."라고 말하면서 저를 공격하는 거였이요. 결혼할 때 저희는 저와 남편만 식을 치르기로 했었거든요. 저희는 인디애나에 있었고, 저희 나름의 이유가 있었어요. 그게 다예요. 다시 말해, 누가 뭐라 생각하건 신경 쓰지 않아요. 저희 결혼식이고, 저희 삶이고, 이게 제가 원하는 결혼식인 거예요. 그래서 유감인 거죠.

나는 이 시점에서 시댁 식구들이 결혼식에 초대되지 않은 것을 알고 다소 놀랐다. 이런 사실은 시댁 식구들이 루이스를 별로 따스하게 대하지 않거나 반갑게 대하지 않는 이유에 대한 중요한 시각을 명확히 제공한다. 그리고 "그들이 그런 식으로 행동하도록 하는 것은 무엇 때문일까요?"라는 내 질문에 대한 **직접적인** 대답은 아니었지만, 바로 이 시점에서 매우 중요한 정보의 일부가 떠올랐다는 사실은 무의식적이라고 하더라도 시댁 식구들의 행동이 일부는 자신의 행동에 대한 반응이라는 사실에 대해 루이스가 생각해 보도록 이 반응이 자극했다는 것을 시사한다. 물론 이 시점에서 루이스의 설명은 깊은 생각 끝에 나온 것은 아니지만 이후 탐색을 위한 주제를 꺼낸 것이다.

루이스가 친정아버지의 죽음에 대해 시댁 식구들이 반응한 방식에 대해 상처받았다는 사실을 여기서 이야기하고 있다는 것을 주목하는 것 또한 중요하다. 우리는 또한 루이스가 시댁 식구들에 대해 화가 나거나, 시댁 식구들이 잘못했다는 확신을 강하게 표현하는 것만큼이나 "시댁 식구가 매일 저녁 식사를 가져다줄 거라고 기대한다고 말하는 게 아니에요."라고 말하고 싶어 한다는 것을 주목하는 것도 중요하다. 이 반응은 루이스 편에서 보면 내적인 갈등을 시사하는데, 한편으로는 자신이 너무 많은 것을 요구하고 있다는 인식과 다른 한편으로는 그 당시 보살핌을 받고 싶은 자신의 욕구를 시댁 식구들이 감지하여 곤경을 당한 때에 저녁 식사를 가져올 만큼 충분히 돌볼 것이라는 비밀스럽게 간직한 환상을 방어하고자 하는 익숙한 욕구를 시사하는 것이다.

상담자: 그때 이미 시댁 식구들이 침해한다는 느낌을 받고 있었나요? 그렇게 침해받는다는 느낌이 있었는데 그 일이 벌어진 건가요?

나는 여기서 첫 시도를 하고 있다. 다시 말하자면, 비난하지 않으면서 시댁 식구들을 결혼식에 초대하지 않기로 한 결정의 근원을 검토하고자 하는 것이다. 루이스가 이미 침해당했다고 느꼈는지 물어봄으로써, 나는 그 결정이 루이스에게 이미 존재했던 상처를 반영하거나 시댁 식구들의 침범이나 탈취에서 자신을 보호하고자 하는 욕구를 반영하고 있을 수 있다는 것을 암묵적으로 인정하고 있다. 내가 또 여기서 생각하고 있는 것과 시간을 들여 무안하지 않게 탐색하고자 하는 것은 루이스나 시댁 식구들이 각자 상대방의 행동에 반응하면서 상대방이 상처받게끔 행동하는 악순환의 초기 단계이다.[11]

내담자: 아, 제가 느낀 건, 선생님 말씀은 처음부터냐는 건가요? 아니면……

상담자: 루이스 씨가……

내담자: ……결혼식?

11) 나는 이와 유사한 악순환 패턴을 인종과 종족 갈등의 역설적 구조에서 논의해 왔는데, 인종과 종족 갈등에서 보면 각 당사자는 상처를 받거나 분노를 느끼면서도 상대방이 똑같은 행동을 하게끔 이런 감정에 반응한다(P. L. Wachtel, 1999).

상담자: ……시댁 식구들을 초대하지 않고 결혼식을 하기로 결정했을 때요.

내담자: 음, 저는 사실 제가 결혼할 거라고 생각해 본 적이 없어요. 그런데 남편을 만나서 아주 좋았고 그래서 결혼할 수 있었어요.

상담자: 음음.

내담자: 하지만 제가 원한 건, 제가 원한 건 결혼, 즉 네, 그 방식대로 하는 결혼식이었어요. 저는 결혼식에 남편과 저만 있기 바랐어요. 저는 큰 행사를 바라지 않았어요. 그건 제가 생각했던 게 아니에요. 결혼식에는 남편과 저만 있기를 바랐고, 시댁 식구들은 결혼식 이후에 초대하기 바랐어요. 그리고 친정엄마는 스웨덴에 계셨고, 그리고 친정아빠는 그때 이미 편찮으셨는데, 그래서 부모님은 오시지 못했어요. 친정엄마가 결혼식에 올 수 없다면, 어떤 누구도 결혼식에 오지 않았으면 했어요.

상담자: 음음.

내담자: 이것이 첫 번째 이유고요. 그러고 나서 제가 깨달은 건, 저와 남편만 결혼식에 있어서 너무 행복했다는 거예요. 그리고 친정엄마는 그걸 존중해 줬어요. 엄마는 "그래, 갈 수 있으면 했는데. 하지만 그게 네 선택이라면."이라고 하셨어요. 예를 들자면, 아빠가 돌아가셨을 때 혼자 있고 싶어 하시는 것과 같은 거죠. 그리고 저는 엄마가 그러시는 거를 존중해 드렸어요. 저는 "아니, 거기 갈게."라고 말하지 않을 거예요. 그래서 아니, 시댁 식구들이 그때 심하게 침범한다고 느끼지는 않았어요. 하지만 시댁 식구에게 말하기는 겁났죠. 시댁 식구들이 화를 낼 거라는 거를 알았으니까요. 그리고 저는 그들이 이해해 주지 않을 걸 알았어요. 그리고 제가 큰시누이에게 설명하려고 했을 때도, 저기, 큰시누이가 결혼식 얘기를 꺼냈을 때 저는 "이게 제가 원했던 결혼식이에요. 각자 원하는 결혼식이 있잖아요. 어떤 사람은 호화로운 결혼식을 원하고 또 어떤 사람들은 그런

결혼식을 원하지 않지요."라고 말했어요. 그리고 큰시누이는 "그래, 네 의견을 말할 권리가 있지."라고 해서 저는…….

나는 여기서 조금 후에 다시 살펴보기 위해 친정아버지가 돌아가실 때 친정어머니가 오지 말라고 했던 경험을 기억해 두었다. 나는 루이스가 그냥 괜찮았을 것 같지 않았고 복잡한 심경이었을 것 같았으나, 기억만 해 두고 나중에 어떻게 되는지 살펴보기로 하였다. 나에게는 이것이 루이스가 그토록 경계하고 시댁 식구에게 상처받았던 감정을 친정어머니가 무감각하게 대했던 예로 보였다. 너무나 소중하지만, 상처받기 쉽고 모순적인 친정어머니 상은 시댁 식구에게서 받은 아주 유사한 무시에 초점을 둠으로써 보호해 왔으나, 이로 인해 루이스는 친정어머니도 이런 식으로 대했다는 것을 인정하거나 자각할 필요 없이 무시받은 것에 대해 화를 표현할 수 있었다.

친정아버지가 돌아가셨을 때 보인 친정어머니의 행동에 대한 설명을 들어 보면, 친정어머니의 행동은 시댁 식구에 대한 루이스의 행동에 무의식적으로 본이 되었을 수 있음을 시사하고 있다. 친정어머니가 정서적으로 의미 있는 친정아버지의 임종에 루이스를 배제한 것은 루이스가 정서적으로 의미 있는 아들의 결혼식에 시댁 식구들을 배제한 것과 주목할 만한 유사점이 있다. 비록 이 특정 사건은 루이스와 남편의 결혼식 **이후**에 일어났지만, 상담이 계속 진행되면서 친정어머니가 루이스의 욕구와 약한 부분에 대해 민감하지 않은 것이 처음이 아니라는 많은 징후가 있다. 따라서 루이스가 시댁 식구들에게 보인 행동의 일부는 공격자 동일시라는 용어로 안나 프로이트(Anna Freud, 1936)가 논의한 것과 비슷하게 친정어머니의 행동에 대한 무의식적 동일시를 반영한다고 생각하는 이유가 있는 것이다. 친정어머니의 행동에 동일시하고 이와 같은 방식으로 시댁 식구들을 무의식적으로 대하면서 현재 문제와 고통의 원천을 만들고 있기 때문에, 이 문제는 어떤 시점에서 다루는 것이 중요하다.

나는 또한 여기서 루이스가 시댁 식구들이 자신들의 선택에 화를 낼 거라는 것을 알았다는 사실, 즉 시댁 식구들을 욕보이려는 의도는 아니었지만 시댁 식구들이 화를 낼 가능성이 있음에도 자신들만의 결혼식을 하기로 결정했다는 사실을 주목했고 다음 내 반응에서 다루기로 결정했다. 다음에 이어지는 내 질문에서 이것에 대해 묻는다. 하지만 이 부분을 질문할 때, 내담자가 상담자의 반응에 대해 비난받는 것으로 느끼지 않는다고 하더라도 상담자가 섬세하게 그 문제에 접근해야 한다는 것은 잘 알고 있었다. 결과적으로, 나는 루이스에게 무엇이 그토록 중요해서 시댁 식구들을 화나게 할 위험을 감수하면서까지 자신들만의 결혼식을 올리게 되었는가 하는 면에서 질문하였다. 즉, 나는 이 문제를 단순히 사고가 삐뚤어져 있다거나, 적대감에서라거나, 어리석은 행동 때문이라고 보지는 않았다. 내가 전달하고 있는 것은 루이스에게 이해가 되면서도, 어떤 의미가 있고 또 이해받고 존중받아야 할 중요한 관심사에 토대를 둔 어떤 방식이 있었다는 것이었는데, 이때가 우리가 이 방식이 문제가 되는 결과를 초래했는지, 그리고 루이스를 덜 고통스럽게 하고 문제를 덜 일으킬 수 있는 다른 결정을 할 방법이 있는지 검토하기 시작할 바로 그 순간이었다.

상담자: 음음. 무슨, 무슨 일이 일어났는지 제가 이해할 수 있게 도와주세요. 그 일이 루이스 씨에게 매우 중요했던 일이었던 것처럼 들리거든요. 제 말은 루이스 씨는 그로 인해 시댁 식구들과 문제가 생길 것이라는 것을 이미 어느 정도는 예상할 수 있었을 것 같거든요.

내담자: 음음.

상담자: 그러나 그건 루이스 씨에게 매우 중요했습니다.

내담자: 음음.

상담자: 그렇게 중요하게 된 건 뭐에 관한 것이었나요?

내담자: 제가 결혼한 방식이요?

상담자: 네.

내담자: 솔직하게 얘기하면, 그 당시에 저는 그것이 상당히 큰일이 될 줄 몰랐어요. 솔직히 저는 시댁 식구들이 그 정도로 화를 낼 거라고 생각하지는 못했어요. 저는 시댁 식구들이 화를 낼 줄은 알았지만 그게 "너는 못된 사람."이라는 반응일 줄은 생각하지 못했어요. 저는 결혼이 아주 큰일이라고 생각해요. 그래서 모든 사람은, 그러니까 자신이 원하는 결혼식을 할 권리가 있다고 생각해요. 저는 다른 사람들을 행복하게 하려고 결혼하는 게 아니에요. 그런 게 아니에요. 제가 행복하려고 결혼하는 거예요. 저는 시댁 식구들이 오도록 하는 계획을 하고 있었어요. 제 말은 시댁 식구와 친정 부모님을 모시고 식을 별도로 치르려고 계획하고 있었어요. 그래서 제가 설명을 한 다음에도 시댁 식구들이 이해하지 못하리라고는 생각도, 생각도 못했어요.

어떤 의미에서, 루이스는 이 부분에서 깜짝 놀랐다고 하고 있다. 이것이 루이스가 해결해야 할 문제의 일부라는 것이다. 가끔씩 루이스는 자신의 행동이 다른 사람들에게 미치는 영향에 대해 평가하거나 예상할 수 없는 것처럼 보인다. 그 결과, 루이스는 마음이 상하거나 시달리거나 혼란스러워하였다.

부분적으로, 마음이 상했다는 것은 어느 정도 부인 혹은 해리를 반영한다. 루이스는 직전에 "저희 나름의 이유가 있었어요. 그게 다예요. 다시 말해, 누가 뭐라 생각하건 신경 쓰지 않아요."라고 말했고, "저는 그들이 이해해 주지 않을 걸 알았어요."라고 말했다. 하지만 루이스는 "시댁 식구들이 이해하지 못하리라고는 생각도 못했어요."라는 경험과 "시댁 식구들이 그 정도로 화를 낼 거라고 생각하지는 못했어요."라는 경험이 있다. 내가 보기에 루이스에게 일어나는 일 가운데 일부는 자신이 시댁 식구들에게 얼마나 화가 났는지 인정하는 것이 얼마나 용인되는 것인가에 대해 여전히 갈등이 있고, 그래서 언제 자신이 자극하는지 아는 것을 힘들어하고 있는 것으로 보인다. 나는 이 모든 것을 이후에 언급하려고 주의를 기울였으나 이 시점에서 직접 탐색하지는 않고 지금까지 진행된 상담의 흐름과 내용 내에서 탐색을 확장하기로 했다.

상담자: 음음. 음음. 루이스 씨에게 특별한 시간이어서, 그 시간이 너무도 의미 있는 시간이어서 루이스 씨를 위한 시간이기를 바란 거지, 다른 사람들을 행복하게 하기 위한 시간이기를 바란 것은 아니라는 거지요.

내담자: 음음.

상담자: 그건 뭐랄까. …… 이건 나를 위한 거지, 다른 사람을 행복하게 하기 위해 하는 것이 아니라는 태도를 취할 수 있다는 것이 중요한데, 이 말은 이 일 전에 다른 사람들을 행복하게 하려는 경향이 있었다는 것처럼 들리네요. 루이스 씨를…….

이 반응은 분명히 루이스가 한 결정의 의미와 영향을 더 **탐색**하기 위해, 즉 그것에 대해 **질문**을 하기 위해 고안된 반응이다. 하지만 이 반응 또한 루이스를 **지지**하는 식으로 제시하였는데, 이는 자신의 입장을 밝히는 것이 자신에게 중요하게 보인다는 관점에서 말함으로써 말이다.

내담자: 아, 저는 다른 사람 비위를 맞추려고 무진장 애를 써요.

상담자: 그 부분에 대해 말씀해 보세요.

내담자: 저는 굉장히 타인의 비위를 맞추는 사람이에요. 저는 평생 다른 사람들을 행복하게 해 주려 노력한 것 외에는 한 게 없어요.

상담자: 음음.

내담자: 그리고 마침내 저는 한계치가 있어야 한다고, 그래야 한다고 결심하게 되었어요. 저는 여전히 사람들을 기쁘게 해 주는 것을 좋아하지만, 제 자신이 아프면서까지 다른 이들을 행복하게 해 줄 수는 없다는 것을 깨닫게 되었어요. 그게 제가 하던 것들이에요. 시댁 식구들과. 말하자면 저는, 그러니까, 제가 말한 것처럼 저희가 시댁에 가기 전에는 싸웠고, 그래서 저는 가고 싶지 않았어요. 저는 압박을 심하게 받았고 강요받고 괴롭힘당했다고 생각해요. 마치 제가 어린 시절로 다시 돌아간 것처럼 느껴졌죠. (아주 서글픈 목소리로) 친구가, 그러니까 누군가가 저에게 점프하라고 하면 얼마나 높이 뛰느냐고 말해요. 저는 제 의견을 내세운 적이 없었어요.

이것은 루이스가 왜 시댁 식구들을 결혼식에 초대하지 않기로 했는지에 대해 치료적으로 유효한 관점을 제시해 주는, 아주 가슴 아픈 말이다. 이는 루이스에게도 좋지 않은 결과를 초래하고 남편과의 관계에도 좋지 않은 결과를 초래한 선택으로 남아 있으나, 이러한 탐색의 산물은 그녀가 왜 그렇게 했는지 이해할 수 있도록 도와준다. 이러한 관점에서 이야기를 듣는 것은 내가 처음 시댁 식구들을 결혼식에 초대하지 않았다는 것을 처음 들었을 때 깜짝 놀란 이후로 루이스를 좀 더 공감하는 데 도움이 되었다.

내담자: 그건 그렇고, 저는 싫다고 얘기해 본 적이 없어요. 그리고 저는 마침내, 저기, 시작한 거 같아요. 남편이 참 많이 도와주었어요. 남편은 진정으로 제가 제 말을 할 수 있도록 가르쳐 주었어요. 그리고 제 생각에, 저기, 시댁 식구에게 내 자신의 의견을 말하는 연습을 할 수 있는 무대에 있었던 거고 후회하고 싶지 않았어요. 왜냐하면, 그러니까 저와 친정엄마는 그것에 대해 많이 얘기했거든요. 그리고 엄

마가 저기, 저에게 진정으로 의미가 많은 것들, 저기, 인생은 너무 짧다고. 네가 원하는 것들을 하는 데 확신을 가지라고 말씀하셨죠.

이 구절에서 다수의 '저기'는 루이스에게 특히 갈등이 가득한 주제 한가운데에 있다는 것을 시사한다.

상담자: 음음. 음음. 친정어머니는 정말 루이스 씨와 루이스 씨가 하고 싶어하는 것을 매우 지지하고 있었던 것처럼 들리네요.

내담자: 네.

상담자: 다른 아이들에게 괴롭힘당한 경험이 어떤 식으로든 가족 내에서도 있었나요? 루이스 씨는 부모님에게도 비위를 맞추는 사람이었나요?

루이스가 상대적으로 길게 말한 말미에 고통스러운 정서 경험과 상충되는 성향과 태도로 힘들어하는 징후에 대해 언급하면서 친정어머니를 자신이 묘사해 오던 패턴의 예외라고 표현한다. 여기서 친정어머니는 루이스 편에 서 있고, 다른 사람에게 비위 맞추지 않도록 루이스를 지지하고 돕는 것으로 표현된다. 아마도 루이스가 이전에 '개인주의 성향' 친정과 '집단주의 성향' 시댁이라고 뚜렷하게 구분 짓는 것을 보고, 여기서 나는 친정과의 갈등이 시댁을 보는 방식에 숨겨져 있지 않은가 궁금했다. 그런데 이 주제를 이야기하기 위해 '분리'에 대한 해석이 필요하지 않다는 사실에 주목하기 바란다. 단지 "루이스 씨는 부모님에게도 비위를 맞추는 사람이었나요?"라는 질문만 필요한 것이다.

물론 의식적이든 그렇지 않든 루이스가 '분리'하는 성향 또는 '못된' 시댁과 좋은 친정으로 구분하는 성향이 있다는 것을 기억한다면 그런 질문을 할 가능성은 높다. 상담내용을 더 읽다 보면, 독자들은 루이스와 친정어머니가 너무 가까워서 다른 아이들이 질투했다고 한 부분을 되짚어 보고 싶을 수도 있다. 이 시점에서 나는 시댁 식구들과 일종의 화해하는 길, 그리고 특히 내가 목적으로 삼았듯이 루이스가 시댁의 요구에 전적으로 따라가는 것이 아니라 쌍방의 욕구와 경험을 고려한 진정한 재구성에 뿌리를 둔 화해는 '분리', 즉 시댁과 친정을 방어적인 이분법적 시각으로 보는 것을 덜 하는 것에 달려 있다고 느끼기 시작했다.

분명해지겠지만, 이러한 일련의 질문은 루이스가 지금까지 말했던 친정의 모습과는 다른, 사실상 아주 다른 친정의 모습을 보여 주는 중요한 자료를 꺼내게 하였다.

내담자: 바로 그래요. 예.

상담자: 조금 더 말씀해 주세요. 그리고 그건 어떻게 그렇게 되었는지.

내담자: 제가 8세 때 아버지가 뇌졸중으로 쓰러지셨어요. 그때 아버지는 48세였어요. 아주 젊었지요. 그때부터 뇌졸중 때문에 쭉 말하거나 읽거나 쓰는 것이 거의 불가능했어요. 그래서 저는 8세부터 그다지 아빠와 실제로 친하지 않았어요. 아빠라기보다는 형제 같았어요. 그리고 어머니의 관심을 받기 위해 우리는 때때로 싸웠고, 어머니는 항상 제가 느끼기에, 그러니까 아빠 편이었고, 저는 그저 아이에 불과했죠. 네. 그리고 저는 엄마를 원했던 것 같아요.

나는 여기서 일련의 질문이 아주 극적인 전환이 될 것이라고는 생각도 못했다(곧 더 극적인 전개로 이어지게 된다). 루이스는 친정아버지의 뇌졸중에 대해서나 아버지의 뇌졸중이 가족에게 어떤 의미가 있고 자신의 삶에 어떤 영향이 있었는지에 대해서(곧 말하기는 하지만) 어떤 언급도 없었다. 하지만 이 시점에서 이러한 내용이 드러나게 된 것은 상담자가 무의식적으로든 암묵적으로든 자신이 느낀 것을 수용하는 것이 얼마나 중요한가를 나타내 준다고 생각한다. 이 부분에서 나는 루이스가 인정하거나 생각하기 힘들어하는 갈등과 스트레스가 친정에 있었다고 직감하고 거기에 따라가고 있다. 루이스가 자기 방식대로 하는 것을 친정어머니가 지지해 주었다고 한 루이스의 말로 다시 돌아가 친정에서도 비위를 맞추는 사람이었는지 물어보았을 때, 내가 한 반응은 다소 주제가 바뀐 부분에서 뭔가 의미 있는 것이 있다는 직감에 따른 것이었다. 내 일련의 질문은 '논리'의 줄기를 따르는 것이 아니고, 직관에 따른 것이다(비교: Polanyi, 1958, 1967). 이 시점에서 그 주제와 관련하여 어느 정도 불합리한 추론인 이런 질문을 하지 않았다면, 뇌졸중과 그 여파에 대한 내용은 이 상담시간에 나오지 않았을 것이다. 어떤 '매뉴얼'도 예상하지 못한 새로운 자료에 대해 상담자가 자신의 느낌을 통해 들어가는 길을 제시할 가능성은 거의 없는 것이다.

루이스가 말한 내용을 다루면서 구체적인 내용뿐만 아니라 어조에 주목하는 것 또한 중요한데, 이는 비디오에 나오는 것만큼 축어록에는 나타나지 않을 수도 있다. "나는 그저 아이에 불과했죠." 또는 "엄마를 원했던 것 같아요."라는 루이스의 말은 매우 애처로웠다. 루이스는 여전히 느끼고 있고 현재 관계에 영향을 미치고 있는 감정과 욕구를 표현하고 있는 것으로 생각되는데, 여기에는 시댁과의 관계도 포함되어 있다. 루이스는 아직 성장할 준비가 되어 있지 않아서 다른 사람에게 영향을 미치는 자신의 선택과 행동에 대해 생각은 하지 못하고 있으며 친정어머니에게 받지 못한 보살핌을 받고 싶어 하는 것이다.

상담 후반부에 탐색하듯이 시댁과의 문제는 친정 식구들(루이스가 처음 묘사했던 친정 식구들)보다 시댁 식구들이 공감을 잘하지 못하고 요구가 많으며 거부하기 때문만은 아니다. 시댁과의 문제는 자신이 친정 식구에게 얻지 못했던 것을 시댁 식구가 줄 수 있을지도 모른다고 루이스가 느낀 데서도 기인

한다. 시댁 식구와 함께하고 싶고 보살핌을 받고 싶은 루이스의 바람은 갈등이 되는 소망으로서 루이스가 안간힘을 쓰고 있는 것이면서도 어떤 면에서는 시댁에 대한 불만을 전면에 내세움으로써 방어하고 있는 것이기도 하다. 하지만 상담 방향이 점차 명확해지듯이, 이 바람은 루이스가 가족 내에서 겪은 경험의 산물이어서 이런 이유로 이 바람들은 쉽게 멈출 수가 없는 것이다.

상담자: 아버지가 뇌졸중으로 쓰러지신 건 무서운 일이었겠네요.

내담자: 무서웠어요. 하지만 그와 동시에 엄마가, 엄마는 일상생활을 정상화하는 걸 잘한다고 말해야겠네요. 전 그렇지 않았어요. 음, 그러니까 제 말은, 엄마가 아주 잘, 진짜 잘한 것 같아요. 제 말은 저는 늘 병원에 있었죠. 아, 그러니까 저는 아빠가 다시 걸을 수 있도록 도왔죠. 그러니까, 그래서 저는 아주아주 열심히 했어요. 무서웠지만, 엄마는 여전히, 가령 제가 14세 때 엄마는, 그때 저는 정말 무서웠어요. 절대 잊지 못할 거예요. 우리는 그때 프랑스에 살고 있었어요. 엄마는 신경쇠약이 있었어요. 엄마는 그냥 저를 떠났고, 스웨덴으로 갔어요.

다소 겁이 나게 하는 이야기가 어떻게 펼쳐지는지 주목하기 바란다. 처음에 나는 "무서운 일이었겠네요."라고 반응하는데, 루이스는 처음에 대부분 거부하면서 엄마가 일상생활을 정상화하는 것을 정말 잘했다고 강조하였다. 루이스의 처음 몇 문장의 요지는 그 두려움을 부인하거나 축소하는 것이었다. 그러고 나서 루이스가 그 두려움을 견디고 일상생활을 정상화하는 것을 친정어머니가 얼마나 잘 도와주었는지 설명하는 것처럼 보이는 가운데, "무서웠지만……"으로 말을 시작한다. (이 말은 이어지는 말이 '…… 엄마는 내가 그것을 극복할 수 있도록 최선을 다했어요.'와 같은 내용이 될 것이라고 기대하도록 한다.) 하지만 그 문장은 그 자체로 의미가 있는 것으로 보인다. 말하자면, 중간 지점에서 방향이 바뀌고 이후 문장이 펼쳐지면서 루이스를 모성 붕괴와 유기에 대한 끔찍한 이야기로 거침없이 몰고 갔다는 점에서 말이다.

상담자: 음음.

내담자: 그리고 저는 엄마가 어디로 갔는지, 어디에 있는지 몰랐고, 무엇을 하고 있는지 몰랐어요. 엄마는 한 2주 정도인가 사라졌어요. 엄마는 아빠하고 저를 거기에 두고 떠나 버렸어요. 그러니까 하루는, 아빠에게 코피가 나기 시작했고 멈추지 않았어요. 그런데 저는 프랑스어를 못했어요. 저는 영어를 하는 사람을 찾으려고 했어요. 그리고 마침내 저는 아빠를 병원에 데리고 갔어요. 하지만, 저기, 그래서 엄마는 제가 알아서 잘할 수 있을 거라고 저를 믿은 거지만 그건 허울뿐인 거지요. 어떻게 생각하세요? (아이 같은 그리고 애처로운 태도로 말한다.)

상담자: 네. 맞아요……. (부분적으로 말이 겹친다.)

내담자: 저는 아이예요.

상담자: 그렇죠. 맞아요……. (부분적으로 말이 겹친다.)

내담자: 나를 그렇게 내버려 두지 마요…….

상담자: 네. (부분적으로 말이 겹친다.)

내담자: ……돌보도록……

상담자: 그래요. (부분적으로 말이 겹친다.)

내담자: ……아빠를……

상담자: 그래요.

내담자: 하지만 저는 절대 아무 말도 안 했어요.

상담자: 음음.

내담자: 저는 제가 얼마나 화가 났는지 엄마한테 절대 말하지 않았어요.

상담자: 음음. 음음.

내담자: 저는 그냥 아빠를 돌봤어요.

루이스를 버리고 간 친정어머니의 전체 이야기는 계속 이어졌다. 계속되는 이야기 중간중간에 루이스가 하는 '음음' '그렇죠'와 같은 반응은 단지 정서적인 공명이거나 지지적인 제3자 역할이었다.

상담자: 엄마에게 뭐라고 말하고 싶었나요?

나는 여기에서 루이스가 떠오르는 대로 자신의 감정과 욕구를 표현하도록 하는 길을 열게끔 도와주려고 하고 있다. 말하자면, 나는 엄마에 대한 이전의 감정과 욕구를 가리키고 있는 것이기는 하지만, 이것은 루이스가 나중에 사용할 수 있는 반응을 구축해서 "당신은 지금 나를 제대로 대하고 있지 않다." 또는 "나는 당신에게 필요한 게 있다." 등과 같은 말을 누구에게나 할 수 있도록 돕는 과정이다. 이것이 행동 시연의 한 형태라고 할 수도 있다.

내담자: 무섭다고요.

상담자: 음음.

내담자: 엄마는 절대 그렇게 하지는 않았다고 생각하지만, 저기 제가 죄책감이 들게 했어요. 그때 죄의식에 사로잡힌 기분이었어요. 저기, "음, 네 아빠는 뇌졸중이 왔어. 아빠가 겪고 있는 것에 대해 생각해 봐." 저는 그렇게 했죠. 매일 아빠가 겪고 있는 것에 대해 생각했어요. 저기, 아빠는 할 수, 더 이상 말을 할 수 없었어요. 더 이상 읽을 수도 없었고, 쓸 수도 없었어요. 제 말은, 저는 그걸 알고 있었다는 거

예요. 하지만 전 어린아이에 불과했지요. 지난 몇 년간 남편과 저는 서로가 정직하게 사실을 말하기 시작했어요. 감추지 않고요.

상담자: 음음. 음음. 그래서 남편은, 당신이 방금 나에게 말한 것에 대해 많이 알고 있었겠네요.

이 시점에 내가 도입했던 여러 질문에 대해 루이스가 긍정적으로 그리고 적절하게 반응하기는 했지만, 돌이켜 보면 이 가족 내에서 어린아이로서 어땠는지, 그리고 루이스가 아버지와 함께 있는 것이나 어머니의 비난과 가족이 겪고 있는 일들 앞에서 어머니가 자신의 욕구를 알아주지 않았던 경험들이 루이스에게 어땠는지 마음에서 우러나 이야기하고 있는데 내가 너무 일찍 다른 주제로 넘어간 것 같다. 이 시점에서 내가 잡은 상담 방향은 그 나름의 치료적 가치가 있으며 루이스에게 매우 유용한 것으로 드러났다. 하지만 그때 우리가 직접 다루었던 경험에 대해 여전히 많은 감정이 있었다. 돌이켜 생각해 보면, 어떤 주제로 옮기기 전에 조금 더 그 감정에 머물렀을 것이다.

내담자: 대부분은요. 그래요.

상담자: 그래서 루이스 씨가 결혼식에 대해서, 말하자면 이것이 일생 처음이라고 느끼겠네요. 다른 사람을 신경 쓰지 않는다거나 "나도 내 자리가 있어."라고 말할 수 있다거나 하는.

내담자: 음음.

상담자: 그리고 남편은 그걸 존중해서 루이스 씨에게 협조했지요. 시댁 식구들은 남편이 이렇게 존중해 줘서 루이스 씨가 결정하게 된 부분이 있다는 걸 이해하고 있나요?

전에는 몰랐던 어린 시절 겪었던 외상과 루이스의 기질에 있는 두드러진 '비위 맞추는' 역할에 대해 듣고 나서 나는 부모와 같은 인물의 요구에 굴복하지 않는 것이 루이스에게 왜 그렇게 중요했는지 이해가 되기 시작하였다. "나도 내 자리가 있어."라고 루이스를 대신해 큰 소리로 말하는 것은 루이스가 자신이 느끼는 것을 말로 표현할 수 있도록 돕는 것인데, 이로써 자기이해를 촉진하고 시댁 식구들에게 더 효과적으로 자신을 표현할 수 있는 역량을 촉진하게 되는 것이다. 이렇게 내담자의 경험을 말로 표현하는 것, 즉 내담자가 말하는 것을 더 강하게 또는 더 명료하게 상담자가 말로 표현하는 것은 상담자로서 우리가 하는 가장 유용한 것 중의 하나이다. 한편으로는 내담자가 이해받고 있고 지지받고 있다는 느낌을 느끼게 하면서 동시에 암묵적으로 내담자가 자신을 약간 다른 방식으로 표현하는 본보기가 되는 것인데, 이는 내담자가 다른 사람의 말이나 생각을 따라 하고 있다는 느낌 없이 받아들여 사용할 수 있는 것이다. 루이스가 말한 것을 단순히 재진술하기 때문에 그녀의 말처럼 느껴질 수 있지만, 루이스가 전혀 사용하지 않은 말로 했어도 마찬가지이다. 이것은 내가 상담의 귀인 차원이라고 하는 것으로 다른 저서(P. L. Wachtel, 1993)에서 상세하게 다룬 바 있다. 그러므로 이런 반응의 의도는 최소한 두 가지로서 루이스가 자기 자신의 동기와 경험을 더 잘 이해하는 것과 일어난 일에 대해 시댁 식구들과 소통할 수 있는 방법을 찾도록 도와주는 것이다.[12)]

첫 번째 목표와 관련하여, 루이스가 어떤 면에서 보면 자기 식대로 하고 싶은 자신의 바람을 아주 강하게 말할 수 있는 것처럼 보일지 모르겠으나("저는 제 생각을 당당하게 말한 적이 없어요." "저는 다른 사람들을 기쁘게 하기 위해 결혼하지는 않을 거예요. 제가 행복해지기 위해 결혼할 거예요." "그것뿐이에요. 저는 다

12) 내가 한 반응에 대해 이야기하면서 남편이 루이스의 욕구와 감정을 '존중'한다는 사실을 강조하면서 남편과의 관계를 강화하려고도 노력하고 있다.

른 사람들이 어떻게 생각하든 상관이 없어요. 이건 우리 결혼식이고, 이건 우리 삶이에요."), 다른 측면에서 보면, 루이스는 이 점에 대해 너무 갈등을 겪었고 확신이 없었기 때문에 자기결정권을 확실하게 주장하는 것이 아니라 방어적으로 주장하는 것으로 보였다. 내가 느낀 것은 루이스가 사실상 자신의 욕구와 경험에 그다지 호의적이거나 편안해하지 않았으며 여전히 자신의 욕구와 경험을 무시하면서 '다른 사람의 비위를 맞추는' 그녀의 경향성으로 힘들어한다는 것이었다. 루이스가 했던 말("나도 내 자리가 있어.")을 재진술할 때, 내가 목표로 한 것은 루이스가 자신의 경험을 공감적으로 고찰해 볼 수 있도록 밀어 주고 도와주는 것과 시댁 식구들과 더 소통할 수 있도록 일종의 모델링을 제공하는 것이었다.

두 번째 목표는 루이스가 자신을 더 잘 표현하고 시부모님에게 자신의 생각을 더 잘 표현하도록 도와주는 것이었으나, 그녀 자신이 왜 그런 선택을 했는지 명확하게 이해하고 표현한다면 루이스는 어떤 시점에서는 좀 더 효과적으로 이 문제에 대해 이야기하거나 적어도 그것에 대해 말하는 것을 꺼리지 않고 터놓고 말할 수 있을 것으로 보인다. 이것이 루이스에게 자신의 성장 경험으로 인해 그런 결정을 내리게 되었다는 것을 시댁 식구들이 이해하고 있는지 물어본 이유이다. 나는 루이스가 이 주제에 대해 터놓고 이야기할 수 있는 방안을 찾고, 시댁 식구들이 그녀를 보고 있는 방식인 자신들을 제대로 대우하지 않는 사람으로서가 아니라 시댁 식구에게 보다 3차원적으로 자기 생각을 표현할 수 있도록 암묵적으로 격려하고 있는 것이다.

이 말은 시댁 식구에게 사과하는 것, 즉 시댁 식구들에게 어떻게 느껴졌을지 생각해 보는 것이 치유 과정의 일부가 아니라는 말은 아니다. 하지만 내 생각에 루이스는 그런 행동을 하게 된 욕구와 감정의 **정당성**에 대한 확실한 느낌이 없이는 사과를 할 수 있거나 사과를 해야 한다는 느낌은 없을 것이다. 더욱이 사과의 **효과**라고 할 수 있는 것은 루이스가 시댁 식구들에게 자신의 행동을 이해시켜 자신이 선택한 것이 어떤 **의미**인지 전달할 수 있는가, 즉 시댁 식구들에게 그들의 감정을 완전히 무시하는 사람의 적개심이 표현된 것이 아님을 전달할 수 있는가에도 일부 달려 있을 것이다.

여기에 내담자가 다른 사람의 반응을 예상할 수 있도록 상담자가 자신의 주관적인 경험을 어떻게 이용할 수 있는가를 보여 주는 예가 있는데, 이 또한 언급해야 하겠다. 즉, 루이스가 시댁 식구들을 결혼식에 초대하지 않았다는 것을 들었을 때 내 첫 반응은 놀라움이거나 어쩌면 충격일 수도 있고 부분적으로만 그랬다면 좋겠지만, '아, 그게 시댁 식구들이 루이스에게 그렇게 적대적인 이유구나. 이제야 더 이해가 된다. 시댁 식구들이 괴물이거나 과도하게 요구하는 게 아니라 부당하게 모욕을 당한 것에 대해 화를 내는 거네.'라고 느꼈다는 것을 고백해야 하겠다. 친정아버지의 뇌졸중과 친정어머니가 루이스를 파리에 남겨 두었다는 사실은 내게 친정어머니가 한 일에 대한 다른 관점을 제시해 주었다. 루이스 자신은 결혼에 대한 자신의 결정을 이해하는 다른 방식에 대해서 충분히 표현하지는 않았지만 나는 루이스를 대신해서 내가 한 반응으로 그 다른 방식을 표현한 것이다. 그렇게 하면서 나는 또한 루이스가 일어난 일에 대해 자신이 이해한 것을 표현할 수 있도록 하여 시댁 식구들과 효과적으로 소통할 수 있도록 돕기도 하는 것이다.

어린아이로서 자신이 견뎌야 했던 다소 극단적인 상황이나 사건들 그리고 이러한 다소 엄청난 상황에서 친정어머니가 루이스를 제대로 보호해 주지 않았다는 루이스의 설명은 그녀가 자신의 부정적인 감정을 왜 그토록 배타적으로 시댁 식구에게 향하도록 했어야 했는지 이해할 수 있게 해 준다. 루이스의 분리, 즉 루이스가 친정과 시댁 사이를 뚜렷하게 양분하는 선은 그녀의 인생에서 아주 중요한 시기에 친정어머니가 자신을 제대로 돌보지 않은 것을 인식해야 하는 고통에서 친정어머니의 상을 보호해 주는 역할을 했다. 드러나려는 조짐이 보이는 분노, 유기, 고립감은 엄청난 것이었고, 루이스가 어떤 일이 일어났는지 명확하게 안다면 친정어머니와 그나마 맺고 있던 관계를 잃을 것이라는 두려움은 견딜 수 없는 것이었다(비교: Fairbairn, 1958). 시댁 식구들과 이런 감정을 느낌으로써, 루이스는 이들의 강력하고 긴박한 압박에 대해 표현을 할 수 있었고 그러면서 만약 수문이 열린다면 너무도 약해서 멜라니 클라인(Melanie Klein, 1952)의 용어로 한다면 '깨질' 수 있는 '순수한' 친정어머니 상을 보호했던 것이다.

내담자: 아니요. 시댁 식구들은 제가 그들을 배제한 걸로 보고 있어요. 제가 어떻게 그렇게 할 수 있으며 남편은 어떻게 거기에 찬성할 수 있겠어요. 제가 설명하려고 했을 때도 마찬가지였어요. 듣고 싶어 하지 않았어요. 왜냐하면 시댁 식구들은, 시댁 식구들은, 제 말은 그들은 서로 거절하는 말을 하지 않아요. 제가 말씀드렸듯이 시댁은 경계가 없어요. 서로가 서로를 마음대로 하고 아무도 그걸 뭐라 하는 사람이 없어요.

여기서 루이스는 내가 의도한 메시지를 받아들이지 않는 모습을 보인다. 자신이 시댁 식구들을 어떻게 이해시킬 수 있을지에 대한 단서로서가 아니라 단순한 사실적 질문으로 받아들여 '아니요'라고 답하고 있다.

내 질문에 대해 이렇게 응답한 것은 내가 다르게 표현했어야 했다는 것을 나타내는 것일까? 그렇지 않다고 생각한다. 내가 "시댁 식구들은 이해하고 있나요?"라고 표현한 것은 그렇게 표현하는 것이 내가 루이스 편에 서 있다는 내 태도를 유지하거나 심지어는 강화하기 때문이다. 이것은 일반적으로 내담자에 관하여 가능할 때마다 취해야 하는 태도인 것이다(즉, 거짓되거나 중요한 현실을 왜곡하지 않고서 말이다).[13] 하지만 이것이 루이스에게 특히 중요

13) 내가 '가능할 때마다'라고 말한 이유는 그러한 자세를 취하는 것이 설사 진지하지 않다고 하더라도 도움이 되지 않는다는 점을 명확히 하는 것이 중요하기 때문이다. 그러나 다른 저서에서 상세

한데, 더구나 이 시점에서 특히 중요한 것은 자신의 삶에서 매우 중요한 외상 경험에 대해 내게 이야기하고 있었고 이 외상이 루이스의 욕구와 경험을 고려해 주는 부모와 같은 인물의 부재가 특징이었다는 점 때문이다. 암묵적 메시지(즉, 루이스가 어떻게 더 효과적이고 호의적으로 시부모님에게 자신을 표현할지와 관련된 제안)는 처음 말할 때 어떤 결과가 있는 것은 아니었으나 그럼에도 불구하고 전달되었다고 생각한다. 내가 이것을 끝까지 했고 이런 암묵적 메시지를 '포착'하기 시작한다는 것이 상담이 진행되면서 명확해질 것이다.

상담자: 음음. 음음.

내담자: 그래서 제가 제 자신이 되려고 하고 제 말을 하려고 할 때 그건 마치 "너 지금 뭐하고 있니? 무슨 짓을 하고 있다고 생각하니?"와 같은 거예요.

상담자: 음음. 그래서 시댁 식구들에게 설명하려고 했군요.

내담자: 네. 그리고 시누이가 집에 왔을 때 시누이에게 설명하려고 했죠. 큰시누이는, 큰시누이는, 있잖아요, 큰시누이는 제가 말했을 때 부활절에 대해서 사과했어요. 큰시누이는 "음, 있잖아, 나는 네가 식사하는 데 한 시간이면 되었을 거라고 생각해."라고 말하는 거고, 저는 "시험을 보는 동안에도 먹고 있었어요. 죄송해요. 저는 2년이 지나 여기 앉아 이걸 언니에게 이야기해야 한다고는 생각하지 않아요."라고 말하는 거죠. 하지만 저는 그렇게 했어요.

하게 논의했듯이(특히 Wachtel, 1993, 2008 참조), 우리가 내담자에게 하는 '딱딱한' 또는 '어두운' 반응들을 반드시 '자료가 뒷받침하는 것은 아니다.' 즉, 상담자의 반응은 내담자가 전달하는 것에 반응하여 할 수 있는 몇 가지 '진실된' 또는 '정확한' 반응 가운데 하나에 불과한 것이다. 하지만 만일 여러 개의 다른 반응이 '진실된' 것이라고 하더라도 그 모두가 똑같이 **치료적**인 것은 아니다. 훌륭한 상담자의 재능 가운데 상당 부분은 자신이 하거나 선택하는 공식화가 경험하는 사실에 적합할 뿐만 아니라 순수하게 치료에 도움이 되고 자유롭게 해 주는 방향으로 가리키는 것이라는 사고방식을 계속 계발해 나가는 것이다.

상담자: 저기, 이상한 건 어떤 면에서 시댁 식구들의 살아온 방식이 루이스 씨가 살아온 방식이라는 거예요.

누가 보아도 알 수 있듯이, 여기서 중요한 개입이 시작된다.

내담자: 아, 네.

상담자: 어때요?

내담자: 네.

상담자: 제 말이 무슨 뜻인지 아시겠어요?

내담자: 그거에 대해 생각해 본 적이 없어요. 그건 정말 좋은 표현이네요. 제가 시댁 식구를 좀 더 공감하는 데 도움이 되네요. 예리하시네요.

상담자: 네. 둘의 삶이 같은 방식에……

내담자: 네. (말이 겹친다. 루이스는 내가 말하는 것을 계속 수긍하면서 반응한다.)

상담자: ……걸려 있는 거 같네요. '내가 정말 뭘 하고 싶어 하는 걸까?'라고 생각할 시간도 없었네요.

루이스가 내가 한 말에 동의를 했지만, 사실 나는 아직도 이 시점에서 루이스가 동의하고 있는 것이 무엇인지 확실하지가 않다. 즉, 루이스는 내가 첫 마디("루이스 씨가 살아온 방식")부터 해 온 것을 이해한 것처럼 보인다. 하지만 나는 내가 의도한 대로 루이스가 그 구절을 이해했는지 확실히 하고 싶어서 그녀가 이미 동의한 것처럼 보였지만 그 구절을 간결하게 더 설명하였다. 내가 이렇게 계속하는 것은 그것에 대해 더 생각해 보고 경험하기를 바라기 때문이지, 단순히 동의하기를 바라기 때문이 아님은 분명해질 것이다. 상담자의 목표는 '올바른 상태'가 되는 것이 아니라 자극적이고 적극적인 과정을 유지하여 내담자들이 자신들이 갇혀 온 패턴을 다시 작업할 수 있도록 하는 것이다.

내담자: 음음.

상담자: 그게 내가 할 일인가요?

내담자: 음음.

상담자: 내가 어떻게……

내담자: 맞아요.

상담자: 네.

내담자: 늘 넌 해야 해. 넌 해야 해. 넌 해야 해.

상담자: 맞아요, 네.

내담자: 가족, 가족, 가족.

상담자: 네, 맞아요.

내담자: 그리고 남편과 결혼했을 때 그 가족과 결혼한 것과 같지요.

상담자: 맞아요.

내담자: 그건 저에게 너무 생소한 거지요. 저에게는 너무 생소한……

상담자: 그건 매우 생소할 거고, 동시에 당신에게 아주 중요한 거죠.

이 모든 절차는 하나의 핵심 개입을 구성한다. 그 개입이 매우 중요했다는 사실이 드러났다는 것을 고려할 때, 이 개입을 할 때 내 목적은 개입을 한 이후까지 그렇게 명확하지 않았다는 점을 언급해야겠다. 몇 페이지 전에 내가 논했던 직관에 대한 신뢰와 개방성의 또 다른 예가 여기 있다. 내 반응은 부분적으로는 논리에 맞지 않는 추론이었는데, 이 반응은 루이스가 이야기하고 있던 주제와는 논리와 꼭 맞는 것은 아니었으며, '내게 떠오른 이상한 것'으로 내가 도입한 것이었다. 다시 한번 말하자면, 이 예는 '매뉴얼'의 한계를 드러내는 것으로 생각되는데, 매뉴얼은 각 상담 단계가 명료하게 진행될 수 있다는 것을 가정하는 프로그램적인 접근을 기초로 한다. 하지만 폴라니(Polanyi, 1958, 1967)가 강조한 대로, 보통 우리의 가장 중요한 진보는 폴라니가 **암묵 지식**으로 불렀던 것에 주의를 기울이는 것에서 비롯되는데, 암묵 지식이란 우리가 파악하기 시작은 했지만 아직은 의식적으로 분명히 표현하지는 못하는 것을 말한다.

여기서 루이스가 "그건 저에게 너무 생소한 거지요."라고 말하는 것은 방어가 되살아나서 작동하고 있는 것인데, 루이스는 자신이 그렇게 열렬히 동의했던 내용의 의미를 피하려고 하는 것이다. 내 앞 반응에 루이스는 "그건 정말 좋은 표현이네요."라고 응답했는데, 내 반응의 요지는 그 방식이 루이스에게 그렇게 생소하지 않다는 것이었다.

루이스의 방어적인 이분법적 시각이 다시 발생하는 데 대해서 나는 '방어 해석'을 하지 않았다. 나는 루이스에게 자신이 방어를 하고 있다거나, 일관성이 없다거나, 그녀가 조금 전에 인정했던 것으로 되돌아가고 있다고 말하지 않는다. 또한 그건 생소한 것이 아니라고 하면서 루이스의 반응을 반박도 하지 않는다. 대신 나는 그것이 "생소했고 동시에 매우 중요했다"고 말한다. 이 반응으로 인해 루이스가 내가 생각하는 반응을 하지 않더라도 이 반응은 내가 그 순간에 루이스의 경험을 수용하고 지지할 수 있도록 해 준다. 이는 제2장에서 논의했던 내담자가 '실제로(really)' 느끼고 있는 것은 무엇인가와 내담자가 '또한(also)' 느끼고 있는 것은 무엇인가의 구분을 보여 주는 또 다른 예이다. '실제로'라는 말은 적대적인 것이어서 내담자가 지각하고 있는 것이 틀렸다는 것, 즉 자신의 실제 감정을 느끼고 있지 않다는 것을 전달한다. '또한'이라는 말은 내가 제2장에서 언급했던 것처럼, 지금까지 당신이 경험한 것보다 '당신에게 뭔가 더 많이' 있다는 것을 전달한다. 이 말은 개방적이면서도 다정하지만 똑같이 뭔가 빠진 경험이 있다는 것을 가리키며 빠진 경험을 위한 자리를 마련하려고 한다.

'매우 생소하지만 아주 중요했다'는 반응은 자기이해에 문제를 제기하는 것이 아니라 루이스가 말하고 있던 경험과 공명하는 다정하면서도 도움이 되는 반응으로 느낀 것이 분명하다. 어쩌면 이런 이유로 이 반응이 루이스의 자기이해를 바꾸는 데 기여했는지도 모르겠다. 어쨌든 이 반응은 루이스에게 전달되었고, 전통적인 방어 해석이 전달하는 것과는 다르게 그녀에게 받아들여졌다. 그리고 잠시 후 루이스가 "제가 생각하기에…… 선생님이 그게 저에게 매우 생소하지만 늘 중요했다고 말씀하셨을 때……."라고 말하는 것은 흥미롭다. 이와 같이 루이스는 자발적으로 내가 한 반응을 하는데, 이는 이 반응이 루이스에게 반향을 불러일으키고 있고, 납득이 되고 있으며, 자신의 경험을 명확하게 드러내고 있음을 나타낸다. 루이스는 이 반응에 대한 생각을 계속하고 있다. 이 반응은 단순히 접수만 되고 보류되는 것이 아니라 내 생각에 내가 강조하고 있는 '둘 다-그리고'라는 구조 때문에 자기검토와 경험 재구성 과정을 계속하게 하는 그런 반응인 것이다. 루이스가 두 번째 상담시간에 여전히 다시 이러한 반응으로 되돌아가는 것은 제4장에서 또 나타날 것이다.

내담자: 맞아요. 네.

상담자: 제 말 알겠어요?

내담자: 네, 제가 거기에 꽉 걸려 있기 때문이에요.

상담자: 네, 네. 그리고 어떤 면에서는 성장하는 동안 줄곧 그랬어요.

내담자: 음음.

상담자: 제 말은 루이스 씨가 어떻게 할 수 없었다는 거예요. 어렸을 때 아이들과 있었던 문제가 외부와 접촉을 하지 않은 것 때문이든, 상처받은 가족에 대한 의무 때문이든……

내담자: 네. (매우 수긍하는 투로 내가 말하는 중간에 의도 없이 말했다.)

상담자: ……때문인지 궁금하네요.

내담자: 제가 생각하기엔, 왜냐하면 선생님이, 선생님이 그게 저에게 너무 생소하다고 말씀하셨지만 그건 늘 중요한 거였어요. 저는 절대, 선생님 말씀이 맞아요. 왜냐면 저는 늘, 늘 가족에 충실하라고 들어왔고, 누구에게도 제 문제를 얘기하지 않았어요. 지금은 모두에게 말하고 있는 것 같아요. 그러니까 수업이나 일터에서도 저는 늘 이야기를 나누고 항상 열려 있어요. 왜냐면 그건, 그까짓 것 엿이나 먹으라 그래, 저는 모두에게 말할 거예요. 왜냐면 제가 개방해서는 안 되는 제 삶을 말씀해 주셨으니까요.

상담자: 네, 맞아요. 그래서 루이스 씨는 거기서……

내담자: 그래서, 와! (격한 감정)

상담자: ……벗어났죠.

내담자: 네, 제가 그랬어요. (매우 신이 난 웃음)

여기서 그리고 조금 전에 시작되어 잠시 계속되는 동안 루이스는 자신이 탐색하고 있다는 생각에 매우 흥분했다.

상담자: 그리고 그것들은 함정, 그토록 오랫동안 루이스 씨가 갇혀 있던 함정을 나타내는 것 같네요.

내담자: 네.

상담자: 뭐랄까, 그것들이 매우 익숙한 것 같네요.

내담자: 와, 저는 그것에 대해서 그런 식으로 생각해 본 적이 없어요. 제가 왜 그런지 쉽게 이해가 되네요. 완전히 이해가 되네요. 그게 제가 노력해 왔던 거기 때문이에요. 하지만 아마도, 그건 그들이 늘, 같은 건지는 잘 모르겠어요. 하지만 제가 늘 듣기로는, 저기, 문제는 다루지 않으면 늘 되돌아온다는 거예요. 그리고 제 생각으로는 그

걸 다룬 적이 없어요. 그게 불행하게도 다루어야 할 시댁과의 문제를 갖게 된 이유죠. 하지만 만약, 네. 제가 직면해야 한다면, 모르겠어요. …… 다시, 어떻게든 되겠지.

상담자: 네. 음. 방법에 대해서 함께 생각해 봅시다. 어떻게, 어떻게 다가가고 싶은가요? 시댁 식구에게 뭐라고 말하고 싶은가요? 만약 루이스 씨에게, 만약 루이스 씨에게 그들이 들을 수 있는 작은 방이 있다면, 그것이 쉽지 않고, 또 그걸 가정할 수는 없지만요, 그렇다고 한다면 시댁 식구에게 뭐라고 말하고 싶나요?

여기서 나는 정신분석 전통에 강하게 뿌리박고 있는 많은 상담자가 편하게 느끼지 않거나 가치 있다고 생각하지는 않을 것을 하고 있다. 나는 루이스가 "잘 모르겠어요."라고 한 말을 진지하게 받아들이고 있고, 우연히 그리고 간접적으로 아마도 거의 얼버무리며 "어떻게 되겠지."라고 하는 말도 **진지하게 받아들이고** 있다. 확실히 루이스는 어떻게 할지에 대해 도움을 직접적으로 **청하고** 있지 않은데, 이럴 때 내가 도움을 주는 것이 어떤 상담자들에게는 주제넘는 것을 의미할 수도 있다. 하지만 내 생각에 나를 포함해서 어떤 누구라도 자신에게 **도움을 주려고 하거나 도울 수 있다**는 생각이 들지 않기 때문에 루이스는 거의 대부분 도움을 청하지 않는다. 실제로 도움을 요청하지 않는 확실한 체념이 있어서 내 반응의 의도는 그 체념에 반대로 작용하고자 하는 것이었다. 또한 루이스가 다른 사람에게서 도움을 받을 수 있고 그럴 자격이 있다는 것을 전달하려는 것이었다. 사람들은 복잡한 감정적 문제에는 도움이 필요하다는 것, 즉 혼자서 모든 것을 해결해야만 하는 것은 아님을 확인하는 것이다.

내 선택의 근거는 '어떻게'가 종종 '왜'만큼이나 중요하다는 확신에서 나온 것이다. 즉, 성공적인 상담은 보통 통찰의 문제, 즉 **왜** 사람들이 자신의 삶을 제약하는 패턴에 갇히는가에 대한 이해를 얻는 것만의 문제가 아닌 것이다. 여기에는 보통 이런 패턴에 대해 무언가를 하는 것도 포함된다(P. L. Wachtel, 1997 참조). 많은 상담자는 만약 내담자가 자신의 동기를 충분히 '이해'하거나 자기 문제의 뿌리를 통찰한다면, 현재 상황에 대해 무엇을 해야 할지, 그리고 어떻게 가장 효과적으로 할지는 거의 자동적으로 따라온다고 생각하고 있다. 이 관점에서는 관목을 일단 치우면 나머지는 쉽다는 것이다.

내 경험에서 보면 이것은 꼭 사실이라고 할 수는 없다. 복잡한 감정과 관계 경험을 효과적으로 다루려면 상당한 기술이 필요하다. 대부분의 사람은 이 기술을 긴 시행착오 과정을 거쳐 습득하는데, 수백만 번까지는 아니더라도 수천 번의 상호작용을 하면서 실제 상호작용 상황에서 '들어 먹히는' 방식으로 분노, 사랑 혹은 욕구를 어떻게 표현하는지 배운다. 지나치게 화내지 않는 방법, 지나치게 애정에 굶주리거나 넘치지 않는 방법을 배워야 하고, 묵살당하거나 실패할 때 감정을 효과적으로 표현하거나 전달되지 못하게 지나치게 철수하지 않는 방법을 배워야 한다. 또한 발달 시기 동안 '유능한' 2세에서 '유능한' 4세가 되는 방법도 배워야 한다. 발달 시기 동안 3세에는 효과가 있고 적절한 것이 6세에는 문제행동인 것과 같은 식이다. 어떤 특정 정서군을 방어하거나 회피하는 것을 일찍 배우면 이 모든 것은 제한되거나 방해받는데, 그 결과 대인관계에서 감정을 표현하는 기술을 기를 수 있는 기회가 부족하게 되어 그 감정은 진정으로 위험하게 되는 것이다. 즉, 우리가 실제 상호작용에서 작용하는 식으로 감정을 표현하는 방법을 모를 때, 설사 타협을 했다고 하더라도 그 감정을 표현하는 것은 우리가 가까스로 유지해 오던 안전감과 만족감을 방해한다.

달리 말하면, 루이스의 '이건 단지 방법의 문제이다.'에 대한 내 반응은 앞에서 내가 언급했던 통합운동에 참여하고 헌신했던 경험이 반영된 반응이다. 나는 정신분석 전통, 특히 관계정신분석 관점에 뿌리를 둔 방식으로 상담하고 있지만, 행동주의 전통의 통찰과 방법으로도 상담하고 있다. 행동주의 전통에서는 내담자가 새로운 행동을 습득하도록, 즉 상담 과정에서 이룬 새로운 이해를 실제 행동으로 해 보는 것이 중요하다는 것을 지적하고 있으며, 치료적 변화의 중요한 부분인 '어떻게'라는 질문과 행동의 명백한 변화를 직접 다루는 상담 방법, 그리고 이러한 상담 방법과 조화가 되는 철학이 있다.

내담자: 음, 우선 제게 다시 전화해 주기 바랐어요. (웃음)

상담자: 좋아요. 그건…….

내담자: 저는 단지 시댁 식구들이 저를 존중해 주기 바라요.

상담자: 음음.

내담자: 해야 할 일을 시키는 것 외에도 시댁 식구들이 저에게 말하는 것도 하라고 해요. 왜냐면 시댁 식구들은 제가 말하는 대로 한다고 말해요. 하지만 있잖아요, 그들은 제가 말하는 대로 하지 않아요.

상담자: 음음.

내담자: 제가 실수를 하거나 제가 상처 주는 말을 하면, 있잖아요, 당장 저에게 말해 버리죠. 2년간 기다려 말하지 않고.

상담자: 음음. 음음. 네.

내담자: 제가 시댁 식구와 시간을 보내고 싶지 않다는 게 아니란 걸 이해해 주세요. 난 단지 솔직히, 있잖아요, 전…… 아이도 있고 직업도 있고 또 학교도 가야 하는 여성을, 전 절대로 그렇게 할 수 없기 때문에 존경해요. 그리고 저는 아이가 있으면 어떤지 잘 모르지만, 제가 아이가 없다고 해서 바쁜 걸 모른다고 얘기는 하지 마세요. 왜냐하면 저는, 제 말은 어떤 사람이 "아이를 갖게 될 때까지 기다려 봐. 그러면 알게 될 거야."라고 말할 때 그 말이 싫어요.

상담자: 그렇죠. 음음.

내담자: 그래서 가장 중요한 것이 존중입니다. 그리고 노력. 그리고 제가 노력하고 설명할 때 제 말을 들어 주세요.

상담자: 음음. 음음. 제가 한 가지 궁금한 점은…… 제가, 제가 분명히 이해하고 있는 거, 그리고 루이스 씨가 설명한 거, 그리고 이해가 되는 건, 시댁 식구들이 끌어들이는 방식이 있고 루이스 씨는 저항하고 싶은데 그게 갈등을 일으킨다는 거지요. 왜냐면 시댁 식구들은 루이스 씨를 끌어들이고 싶고, 루이스 씨는 경계를 유지하고 싶고요. 하지만 전 또 궁금한 것이 이 문제의 다른 면이 있지 않나. 루이스 씨는 핵가족에서 자랐고 외동이었으며 어떤 면에서 아버지가 완전히 계신 건 아니어서 가족은 더 작았지요. 그래서 이렇게 자주 모이는 대가족에 대해 뭔가 있지 않나. 어떤 면에서 보면 끌리기도 하고 매력이 있기도 하고.

여기서 나는 **갈등** 문제를 꺼내고 있다. 나는 시댁에 루이스가 저항하고 싶어 하는 끌어당기는 힘이 있다는 것은 전적으로 인정하고 있다(그래서 루이스는 내가 자신의 경험을 부인하거나 자신의 경험이 어떠했나를 이해하지 못한다고 느끼지는 않는다). 하지만 갈등 문제를 다른 것, 즉 루이스가 시댁의 어떤 면에 **끌릴 수도 있다는 점을 덧붙이기** 위한 근거로 사용한다(그리고 암묵적으로, 어떤 부분에서는 루이스가 자신의 **욕구**를 두려워하고 있는데, 이는 자신이 자라면서 싸워야 했던 의무라는 덫으로 자신의 욕구가 끌어들일 수도 있기 때문에 위험하다고 느낄 수 있는 것이다. 이러한 의무는 결국 시댁이 루이스에게 요구하는 한 부분인 것이다).

이런 과정이 진행되면서, 루이스가 처음 문제를 제시했을 때는 완전히 이질적이고 못 받아들일 것 같았던 생각들을 놀랍도록 잘 받아들인다는 것이 명확해진다. 이는 갈등의 관점에서, 그리고 내담자가 '실제로' 느끼고 있는 것이 자신이 생각하던 것과는 아주 다르다고 설득하기보다 내담자가 무엇을 '또한' 느끼고 있는가라는 관점에서 의견을 제시하는 것이 임상적으로 가치가 있다는 것을 알려 주는 또 하나의 예라고 생각한다.

내담자: 그렇죠.

상담자: 하지만 어쩌면 약간은…… 뭐랄까, 끌리기는 한데 위협적인 느낌이 드는.

내담자: 음음.

상담자: 그러니까 시댁에 루이스 씨가 좋아하고 원하는 게 있어서 당신이 거기에 휘말리게 되는 게 아닌가.

여기서 나는 조금 앞에서 말한 의미를 상세하게 설명하고 있는데, 이는 내가 여러 번 앞에서 말했기 때문에 루이스가 동의할 때 루이스는 내가 의도했던 의미에 사실상 반응하고 있다는 것을 확실하게 해 주고 있다. 또한 내가 가리키고 있는 것을 더 **명료화하고** 있는데, 이는 방금 내가 말한 요점을 더욱 상세히 설명하는 것이다. 상담자 훈련에서는 공통적으로 짧게 말하는 것, 즉 지나치게 많이 말하지 않는 것을 강조한다. 하지만 상담자가 알아낸 것을 내담자가 실제로 이해하고 있다는 것을 보증하기 위해 아리송하게 말하지 않는 것도 중요하다.

비디오에 보면, 내가 이런 것들을 말하는 동안 루이스의 얼굴에 기쁨과 황홀한 표정이 나타난다는 점을 주목하는 것 또한 가치가 있다. 이는 마치 내가 완전히 새로우면서도 친숙한 어떤 것, 즉 숨겨져 있다가 처음으로 드러난 것을 말하는 것 같다.

내담자: 네, 맞는 말이에요. 왜냐하면 저는 항상 대가족을 원했기 때문이에요. 저는 그러니까 아이 둘이나 셋을 원했어요. 그게 대가족인지 모르겠지만.

상담자: 음음. 음음.

내담자: 저는 항상, 가족 하면, 시댁과 같은 대가족이 항상 끌렸어요.

상담자: 음음.

내담자: 하지만 그게 오고 싶을 때 아무 때나 오고, 저기, 경계를 무시한다는 그런 의미는 아니었어요.

나는 여기서 루이스가 갈등의 다른(원래는 더 분명한) 측면을 수긍하는 것을 보게 되어 기뻤는데, 루이스는 자신의 경계가 짓밟히지 않기를 바라는 경험을 지지한다. 이것은 루이스가 단순히 순응하지 않고 있다는 것만 의미하는 것이 아니라 자신이 이전에 느꼈던 것을 내가 한 말로 **대체하는** 것이 아니라 **통합하고** 있다는 것을 의미하는 것이다. 그리고 내가 이 대화 직후에 더 상세히 말하는 바와 같이 시댁 식구에게 마음을 열고 자신의 경계와 특권을 주장하는 것이 바로 진실하게 시댁 식구들과 함께하는 실행 가능한 새로운 방식을 제공하는 것이 되는 것이다.

상담자: 그렇죠.

내담자: 예. 선생님 말씀이 맞아요.

상담자: 네. 네. 그래서 실제로는 시댁 식구를 어떻게 멀리할 것인가가 아니라 존중받으면서 시댁 식구와 어떻게 **가까워질** 것인가 하는 거죠. 존중받는다는 것만은 아니죠. 그건 너무 추상적이니까요. 이렇게 말할 수 있어요. "제가 원하는 게 있어요. 저는 다른 사람들을 돌보기만 하면서 의무로 사는 삶을 원하지 않아요."라고.

내담자: 음음.

상담자: 네.

내담자: 네, 왜냐하면, 제 말은 제가, 저와 시댁 식구가 아주 다르다는 것을

알고 있어요. 그것뿐만 아니라 제 말은, 제가 요리하는 것도 상관없고, 집에서 그러니까 파티를 열어도 상관없어요.

상담자: 음음.

내담자: 그리고 저기, 저는 대신에 저와 시댁 식구가, 뭐랄까, 타협을 할 수 있으면 좋겠어요. 그러니까 차라리 시댁 식구에게 돈을 주어서 제가 시댁 식구를 위해서 요리를 해야만 하는 그런 게 아니었으면 좋겠어요. 그리고 저는 집이 너무 작은 거 같아요. 그래서 저희는 더 큰 집으로 이사 가려고 해요. 그래서 이런 거죠. 저는 시댁 식구들이 "이걸 해야 해."라고 말하지 말고 "이게 네가 선택할 수 있는 유일한 선택지야."라고, 만일 저와 시댁 식구가, 뭐랄까, 타협이란 것에 대해 말할 수 있다면요. 그리고 시댁 식구들은 이렇게 말할 수도 있어요. 저기, "우리는 네가 요리를 정말 하기 싫어한다는 걸 알고 있어. 그래서 네가 할 수 있는 게 뭐가 있어?"라고요.

상담자: 음음.

내담자: 그래서.

상담자: 내가 또 궁금한 건, 루이스 씨가 매우 다르다는 걸 분명하게 얘기했거든요. 하지만 이 부분이 비슷하다는 것보다는 조금 더 이해하기 쉽고 의식하기 쉬우면서 편한 건지가 궁금하네요.

나는 여기서 루이스가 바로 직전에 "우리는 매우 다르다."라고 말한 것에 대해 응답하고 있으나 여기에 더하여 이미 도입된 주제, 즉 시댁 식구에게 장벽을 치고 피하고 싶으면서도 **끌리고** 있다는 맥락에서도 루이스가 한 말에 응답하고 있는 것이다. 시댁 식구들을 매우 다르다고 묘사하는 것은 시댁 식구들을 피하거나, 달리 말하면 시댁 식구들에게 가까이 가려는 자신의 **성향**을 피하는 또 다른 방식이다(우리가 논의한 것처럼, 루이스는 위험하다고 느낀다).

그들이 그토록 다르다면, 이들이 서로 관계를 맺을 토대가 없는 것이다.[14)]

내담자: 음음. 예, 다른 거에 대해서 얘기하는 건 더 쉬워요.

상담자: 네네.

내담자: 음, 저희는 제가 생각하기엔 비슷한데 저와 큰시누이는 비슷해요. 왜냐면 제 생각엔 큰시누이가 매우 불안정한 사람이기 때문이에요. 그리고 저도 아직은 매우 불안정할 수 있고요. 큰시누이는 자신이 모든 사람을 통제해야 한다고 느끼고 있으니까요. 저 역시 제 환경을 통제하고 싶은 마음이 있어요. 그래서 저는 무엇이 저를 덜 힘들게 할지 알고 있어요.

앞에서 내가 루이스와 시댁 식구가 비슷한 면보다 다른 면에 주목하는 것이 더 쉬웠다고 말하고 있을 때 비디오는 루이스가 다시 한번 호응적이고 수용적인 미소를 짓고 있는 것을 보여 주었다. 우리가 말하고 있던 것이 정서적인 수준에서 루이스에게 가닿고 있는 것이다. 단순히 인지적인 수준에서가 아니라 말이다. 하지만 우리가 루이스에게 매우 갈등이 되는 감정에 대해 말하고 있기 때문에 루이스가 새롭게 나타나는 감정에 머무르고 경험할 수 있는 정도는 변동이 있을 것으로 예상할 수 있다.

여기서는 루이스가 이전에 내 반응에 대해 한 응답처럼 감정이나 자신도 관련이 있다는 느낌으로 응답하는 것이 아니라 '대조와 비교'라는 시험에 답안을 내놓은 것처럼 느껴진다. 이와 동시에, 루이스는 내가 도입했던 주제를

14) 루이스는 앞에서 비슷한 방식으로 시댁 식구에게 가까워지고 싶은 바람에 대해 방어를 했는데, 이때 루이스는 시댁 식구들은 '집단주의 성향' 가족이고 친정은 '개인주의 성향' 가족이라고 말하면서 명확한 선을 그은 바 있다.

끄집어내고 있고, 이 주제를 진지하게 생각하고 있다. 곧이어 우리가 나눈 협력적 대화에서 루이스가 이 부분의 주제를 실제로 소화하고 있다는 느낌이 명확해진다. 독자들이 다음을 보면 알 수 있지만, 이때 루이스는 나를 놀라게 할 정도로 시어머니와 관련되어 있으면서 정서적으로 의미 있는 자세한 기억을 떠올리고 있는데, 이는 막혔던 애정과 욕구 채널을 여는 방향으로 길이 트이기 시작했다는 것을 시사한다.

상담자: 음음.

내담자: 제가 느끼기엔 큰시누이도 같다고 생각해요. 시어머니와 저도 아주 비슷해요. 제 말은 저와 시어머니는, 제가 느끼기에, 그건 상처가 돼요. 왜냐면 저와 시어머니는 좋은 관계라고 생각하기 때문이에요. 시어머니는 제게 말씀하셨어요. 저기, 시어머니는 정말, 혼자 있는 시간을 좋아한다고. 그리고 시어머니도 그 점을 존중받지 못하셨어요. 시어머니는 그냥 따라만 가실 뿐, 절대 어머니 생각을 주장하지 않으셨어요.

상담자: 음음.

내담자: 그리고 저는 시어머니가 자신의 생각을 표현하실 수 있게 시어머니와 노력하고 있었어요. 그리고 저는 저기 "얘기해야 하신다면, 다른 식구들에게 지금 저희 집에 있다고 말씀하세요. 혼자 있고 싶으시면, 저희 집에 있다고 말씀하세요. 그러면 어머니가 저희 집에 계시다고 말할게요."라고 말씀드렸어요. 그래서, 네. 저기, 작은시누이 마리아는 이 상황에 그렇게 많이 있지는 않아요. 하지만, 네, 저는, 저는 분명히 알 수 있어요. 그걸 큰 소리로 말할 필요가 없지만, 네, 저는 유사한 점을 알 수 있어요.

여기 나름 다소 극적인 회상이 있는데, 루이스가 상담을 시작했을 때 감정 상태(한동안 시댁 식구에 대한 루이스의 경험을 거의 지배했던 것으로 보이는 감정 상태)에서는 나뿐만 아니라 루이스에게도 거의 보이지 않았던 시어머니와의 유대관계가 드러난 것이다. 내 생각에 루이스 자신은 시어머니와 이런 측면의 관계 맺는 것을 끊었는데, 이 관계를 회복한 것은 상담의 성과로 보이며 단지 말로만 수용했다거나 변화한 것이 아니라 전정한 변화가 있었음을 나타내는 지표로 보인다. 내담자가 구체적이고 정서적으로 의미 있는 기억 혹은 경험을 예로 들면서 상담 주제에 대해 자세하게 말할 때, 특히 내담자가 이전에 느끼거나 이해했던 것과는 다른 방향을 가리키는 경험, 그리고 자기 자신이나 다른 사람에 대해 다른 경험을 나타내는 경험을 드러낸다면 이것은 치료적인 무언가가 발생했다는 좋은 신호이다.[15]

이 예는 또한 '무의식'의 이전 개념이 다듬어질 필요가 있다는 것을 나타내는데, 여기에는 어떤 특정 순간에 경험이 의식화되지 않는 여러 방식에 대한 설명이 있어야 한다. 루이스가 시어머니에게 장난스럽게 공모했던 기억은 정신분석가들이 전통적으로 생각하는 무의식 상태가 아니었다. 즉, 만약 내가 어떤 순간에 시어머니에게 "저와 함께 있다고 말씀하셔도 돼요."라고 말한 적이 있는지 묻는다면, 그녀는 즉각 망설임 없이 그렇다고 대답할 거라고 믿어 의심치 않는다. 기억할 수 없는 것은 기억 자체가 아니라 그 기억을 떠오르게 하는 연상이 되도록 하는 고리인 것이다(이 현상에 대해서는 P. L. Wachtel, 2005 참조). 하지만 의식할 수 있음에도 불구하고 만약 질문을 해야 한다면, 이 기억은 막혀 있다는 것을 인정하는 것이 중요하다. 즉, 이 기억은 루이스의 마음 상태와 '맞지' 않는 것이다. 그러한 점에서 그런 '방출', 즉 자발적으로

15) 영원한 변화가 일어난다거나 루이스가 '통찰'을 했기 때문에 모든 것이 달라질 거라는 것을 말하고 있는 것이 아님을 명확히 해야겠다. 해결해야 할 것은 여전히 많이 있다. 하지만 앞으로 변화를 구축하는 데 있어 중요한 벽돌 한 장이 놓인 것이다. 하나하나 쌓이는 것은 단순히 인지적 변화가 아니라 현상을 새로운 느낌, 경험, 행동으로 바라보는 새로운 방식을 통합하는 변화인 것이다.

의식화될 수 있었다는 것은 단회 상담임을 고려해 볼 때 유의미한 치료적 진보를 나타내는 것이다. 여기서 루이스는 자신의 주관적인 경험과 관계 있는 것끼리 엮어 놓은 주관적인 지도로 직물을 짜고 있는 것인데, 그러한 **경험 간의 새로운 연결**은 좀 더 지속적인 치료적 변화가 일어나게 하는 중요한 부분이다. 그러한 경험과 단순히 언어적 또는 인지적 사건 사이의 차이점을 살펴보는 것은 의미 있고 중대한 치료적 변화를 촉진시키는 중요한 요소라고 생각한다.

상담자: 음, 할 말이 많은 것 같네요…….

내담자: 맞아요! (기뻐서 거의 깔깔거리며 내 말 중간에 끼어든다.)

상담자: ……두 분 사이에요. 그리고 나눈 것도 많네요. 그렇지만 끌려갈 수도 있어서 그런 감정들과 접촉하는 것이 루이스 씨에겐 힘들죠. 그래서 시댁 식구에 대한 따뜻한 감정이 나타나도 그것을 그대로 내버려 두는 것이 어렵겠어요. 그런 감정이 당신에게는 위협처럼 느껴지니까요. 그리고 그런 일이 일어나면 그 감정에 접근하는 게 매우 힘들겠네요.

이 전체 일련의 대화 내내 루이스는 완전히 열중해서 듣고 보았으며, 종종 기쁘거나 평온해 보이는 표정을 지었다.

내담자: 음음.

상담자: 상대를 향한 좋은 감정과 갈망하는 감정 모두 위험하다고 판단되면, 뭐랄까, 루이스 씨는 상대에게 어떻게 접근하지요? 그러니까 당신이 어떻게 해서든 해야 할 일은 그런 감정들을, 이 감정들만은 아니지만, 이 감정들이 더 안전하게 느낄 수 있는 방법을 어떻게 해서

든 찾는 것이라는 것을 확실히 알겠어요. 지금 당장은 그 방법을 알 수 없으니 잠깐만 멈춥시다. 하지만 우리는, 뭐랄까, 적어도 그것이 해야 하는 중요한 일이라는 것을 말하면서 끝낼 수 있어요. 즉, 그것은 어떤 면에서, 어떻게 된 거냐면 지금까지 루이스 씨 경험의 어떤 부분은 받아들여질 만했지만 당신이라는 사람의 다른 부분은 옆으로 제쳐질 수밖에 없었다는 거예요.

내가 한 "상대를 향한 좋은 감정과 갈망하는 감정 모두 위험하다고 판단되면 루이스 씨는 상대에게 어떻게 접근하지요?"라는 질문은 루이스의 딜레마를 표현한 것이다. 이 질문은 또한 좋은 감정을 인정하는 것이 위험하고 어쩌면 어리석은 일일 수도 있다는 느낌을 무시하지 않으면서 상대에 대한 좋은 감정, 갈망하는 감정을 전경으로 더욱 드러내게 된다. 이런 식으로 말하는 것은 내가 '귀인적' 응답 혹은 해석(P. L. Wachtel, 1993, 2008 참조)이라고 부르는 것과도 비슷한 성질을 띤다. 내 반응은 '나는 알고 있지만 루이스는 모르고 있는 것을 그녀에게 알려 준다.'는 암묵적인 구조를 갖는 것이 아니라(자세히 살펴보면 해석은 주로 이런 구조로 되어 있다), 루이스가 **이미** 알고 있는 것을 언급하는 것으로 그녀가 이것을 느끼고 있다는 것을 **알려 주는** 것이 아니라 그녀가 느끼고 있는 것을 **인정하는** 것이다.

내가 루이스의 '일'이라고 언급하면서 이 두 가지 경험을 조화시키는 것을 '해야 할 중요한 일'로 언급하는 것을 주목하기 바란다. 내가 취한 접근법에는 내담자가 '통찰'을 하게 하는 것뿐만 아니라 내담자가 다르게 행동하는 것, 즉 변화과정에서 달성해야 할 과업도 포함된다. 하지만 루이스에게 무엇을 해야 하는지 말하는 '과제를 주는 선생님'이 되는 것이 아니라, 루이스의 갈등과 문제에 대해 공감적으로 인정하고 루이스의 모든 면에 대해 존중을 하는 것 즉, '당신 경험의 일부는 받아들일 수 있었지만 당신이라는 사람의 일부는 밀쳐 낼 수밖에 없었다.'라는 태도를 토대로 한다.

내담자: 음음.

상담자: 그러니까 더 가까워지기를 갈망했던 루이스 씨의 한 부분이 위협으로 느껴졌어요. 왜냐하면 안전함과 편안함, 스스로 선택할 수 있게 되는 자기완전성을 원하는 루이스 씨의 매우 진실한 부분 역시 존재하기 때문이에요. 그런데 그럼으로 인해 가까워지기를 바랐던 당신의 한 부분은 내쫓기고 말았어요. 그래서 그것들에 접근하기 어려워진 거고요.

내담자: 네.

상담자: 그리고 그건 루이스 씨에게 정말로 큰 손해이기도 하죠.

내담자: 음음.

상담자: 루이스 씨의 그 부분은 당신의 한 부분이기도 하고 당신의 다른 부분만큼 그만큼의 공간과 자리를 가질 자격이 있으니까요. 그러니까, 뭐랄까, 루이스 씨 삶의 다음 과업인 거죠. 말하자면. (다정하게 농담을 하는 어조로)

내담자: 선생님은 이렇게 짧은 시간에 제가 생각한 것보다 훨씬 더 많은 통찰을 주셨어요. 감사합니다.

상담자: 다행이네요. 음, 우리가 함께 노력한 거죠.

내담자: 감사합니다. 저도 동의해요.

상담자: 좋아요.

나는 루이스가 상담에서 상당한 통찰을 얻었다고 느낀 것에 대해 당연히 흐뭇했다. 물론 루이스가 자신을 '사람들의 비위를 맞추는 사람'이라고 말한 것을 자각하고 있어서 상담에 대한 긍정적인 반응에 그런 요소가 있지 않나 조심하고 있다. 하지만 나는 루이스가 실제로 상담에서 어느 정도 중요한 통찰과 중요한 새로운 관점과 경험을 얻었다고 생각한다. 상담 중에 정서적 태도가 변한 것, 그리고 내담자 삶의 인물들과 이들의 관계에 대해 아주 다르게 표현하는 의미 있고 구체적인 모습들이 드러났다는 것은 상담에서 매우 진실한 정서적 재작업이 계속되고 있는 것으로 보인다. 이를테면 가족의 침입적인 요구를 피하려는 시어머니를 도와주려고 한 모습이나 친정어머니가 파리에서 자신을 버리고 갔다고 설명한 것 등인데, 이러한 것들은 루이스가 앞에서 말했던 "서로를 위해 있어 주는 존재"라고 가족에 대해서 말하거나 학교의 아이들이 자신의 가족이 너무나도 가까워서 질투를 했다고 한 가족의 모습과는 다른 것이다.

나는 이런 긍정적인 반응의 일부가 이 책에서 보여 주려고 한 상담의 접근법과 관련이 있다고 생각하며, 그런 점에서 상담이 진행된 방식에 만족한다. 하지만 상담 끝부분에 루이스가 한 칭찬에 대한 응답으로 우리가 함께 해낸 것이라고 대답한 것 역시 진심이다. 이것은 적어도 두 가지 의미에서 두 사람 관점의 과정이었다. 첫째, 모든 상담이 다 그렇겠지만, 상담 과정은 단순히 상담자가 전문지식을 이용하여 내담자를 '작업하는 것'이 아니라 상호주체적인 과정에 의해 결정된다. 둘째, 맥락이라는 매우 중요한 문제로, 상담이 잘된 것은 루이스와 나의 궁합이 '효과적'이었기 때문이다. 상담은 관계 속에서 일어나며, 다른 모든 관계와 마찬가지로 두 당사자의 특성에 따라 달라진다. 이제 나는 루이스와 두 번째 상담으로 넘어갈 것이나, 이 책에 수록된 다른 내담자와의 세 번째 상담은 상담자-내담자 궁합이 그렇게 좋지 않았고, 내가 효과적인 작업동맹을 형성하지도 못했다는 것을 독자들에게 알리는 것이 중요하다고 생각한다. 루이스에게 한 '우리'가 함께 해냈다는 내 반응은 루이스뿐만 아니라 궁극적으로 독자들에게도 가장 중요한 마지막 메시지일 것이다.

제4장

사례 1: 루이스와의 두 번째 상담

루이스(Louise)와의 첫 번째 상담은 이것으로 서로 상호작용할 기회는 없을 거라는 예상을 하면서 끝났다. 그러나 기술적인 문제로 인해 두 번째 상담으로 이어지게 되었다. 상담이 끝난 직후 촬영감독이 들어와서 우리에게 '나쁜 소식'이 있다고 말했다. 음향 시스템에 어떤 기술적인 문제가 있었는데, 지지직거리는 소리가 어쩌면 DVD의 오디오 트랙에 문제를 일으킬 수도 있다고 하였다. 감독은 그때 우리에게 상담을 또 한 번 하겠느냐고 물어보았다. 우리는 둘 다 동의했고, 첫 번째 상담이 끝나고 15분 정도 지난 후에 두 번째 상담을 했다.

나중에 알고 보니 기술적인 문제는 처음에 생각했던 것만큼 심각한 것이 아니었다. 그것은 단지 1~2초간의 감지하기 힘든 소음에 불과했고, 상담 중의 말 한마디라도 명확하게 듣는 데 방해되지 않았다. 사실 이것은 '좋은 결함'으로 드러났다. 왜냐하면 이 결함으로 인해 루이스와 나는 다음 상담을 할 기회를 얻었기 때문이다. 이 상담은 내 해설과 함께 이 장에 제시되어 있다.

내 경험상 두 번째 상담은 보통 가장 어렵다. 첫 번째 상담이 가장 어렵다고 생각하는 상담자들도 있다. 이들의 생각은 상담사와 내담사가 서로를 전혀 모르기 때문에 첫 번째 상담에서는 낯선 두 사람이 처음으로 만날 때 느끼는 불안을 서로 가지고 만난다는 것이다. 그러나 내 경험은 대체로 조금 다르다. 나는 첫 번째 상담을 즐긴다. 내게 첫 번째 상담은 보통 상담자와 내담자 모두에게 흥분과 긍정적인 기대라는 특정 분위기를 불러일으키는 것처럼 보인다. 어떤 이는 우리가 내담자와 서로 처음 만나기 때문에 당혹스럽다고 하는데, 내 경험으로는 바로 그 사실이 상담에 매우 긍정적인 틀을 만들어 내는 것으로 보인다. 거기에는 내담자를 괴롭게 한 문제가 무엇이건 간에 변화과정의 시작이라는 느낌이 있다. 그리고 거기에는 무한한 가능성의 느낌, 즉 내담자가 자신을 움츠러들게 한 불안과 억제를 극복하고 삶을 더 충만하고 만족스럽게 살기 시작할 수 있는 모든 방법을 살펴본다는 느낌이 있다. 첫 번째 상담에서는 이러한 기대들에 대해 낙담할 기회가 훨씬 적으며, '현실'에 의해 불가피하게 초래된 제약이 침범하는 일도 훨씬 적다. 나는 이 부분에서 저명한 정신분석가 머튼 길(Merton Gil)과 정신분석에 대해 사적으로 논의했을 때 그가 내게 했던 말이 떠오른다. "정신분석에 있어서 문제는 친구가 정신분석을 받은 후에도 우리는 여전히 그들을 우리의 친구로 인식할 수 있다는 것이다." 길은 여느 때처럼 재치 있는 방식으로 분석과정에 참여하면 완전한 변화가 될 것이라는 환상과 실제적이고 확실한 변화를 이루었을 때도 사실 완전한 변화는 아니라는 현실의 두 가지를 지적하고 있었다. 더 나은 우리를 바라지만 우리는 우리인 채로 남아 있다.

같은 상태로 남아 있는 것이 반드시 나쁜 것만은 아니다. 기대되는 것은 분석이나 다른 어떤 잘된 상담의 결과로 나 자신의 모습에 대해 더 좋게 느끼게 될 것이라는 것이다. 어떤 사람들은 자신에 대해 만족하면서 다른 사람(또는 어떤 내담자의 경우에는 신 같은 사람이나 영웅)이 되기를 갈망하지 않는다. 인생에는 필연적으로 한계와 타협이 따라다닌다. 이러한 한계와 그 한계 내에서 성장할 수 있는 능력은 잘된 상담의 중요한 결과이다. 물론 이러한 한계를 확장시키는 것 역시 잘된 상담의 중요한 결과이다. 하지만 확장한다는 것과 폐기한다는 것은 같지 않다.

나는 두 번째 상담시간을 종종 상담이 이루어 낼 수 있는 한계를 받아들이는 과정이 시작되는 시간이라고 본다. 첫 번째 상담시간의 '행복한 시간'은 뒤로 지나가 버리고, 관계와 내담자 문제에 대한 길고 고된 작업이 시작되는 것이다. 두 번째 상담시간이 갖는 어려움에 더해진 것이 우리가 서로 잘 알지 못함에도 불구하고 첫 번째 상담시간이 놀라운 접촉 경험이었고, 너무도 긍정적이고 힘을 북돋는 경험이었다는 것이다. 두 번째 상담시간에도 우리는 여전히 서로 잘 알지 못하지만 서로 잘 안다고 느껴야 하는 어떤 기대가 있을 수 있다. 내가 종종 느끼는 것은 첫 상담시간의 맥락을 이어 가는 것이 어렵고, 어떤 상담자들이 첫 상담시간에 경험하게 되는 어색함이 내게는 두 번째 상담시간에 더 강하다는 것이다. 내 경험으로는 세 번째 상담시간이 되어서야 마치 '늘 그랬던' 것처럼 함께 있게 되고 작업에 들어가게 된다.

내가 첫 번째 상담시간과 두 번째 상담시간의 각기 다른 경험에서 갖게 된 흥미로운 한 가지 요소는 내가 첫 번째 상담시간 때 내담자와 내담자의 역동에 대해 받은 인상이 놀랍도록 정확하며, 내담자의 핵심 문제와 그것을 다룰 방법에 대해 내가 이해한 것이 어떤 면에서는 몇 회 뒤 상담 때보다 더 명확하다는 것이다. 종종 상담 '중기' 단계에서 내가 할 일은 첫 번째 상담시간에서 갖게 된 내담자에 대한 느낌을 스스로 되살리기 위해 초기에 받았던 인상을 주기적으로 되살려 보는 것이다. 복잡한 내담자 삶에 몰두하고 더 중요하게는 그 패턴에서 단순한 관찰자가 아닌 '공범자'가 되게 하는 역전이 반응이 발생함으로써 가려지고 묻히게 되는 '순수한' 첫인상이 있다고 말할 수도 있겠다(P. L. Wachtel, 1991).

여기서 내 의도는 첫 상담시간의 '오염되지 않은 아주 깨끗한' 지각을 옹호하려는 것이 아니다. 그것과는 거리가 멀다. 가장 첫 순간부터, 우리는 내담자의 힘의 영역으로 필연적으로 이끌려 가고 필연적으로 거기에 빠지게 된다. 그러면서 내담자 경험을 형성하는 관계망의 일부가 된다(Aron, 1996; Mitchell, 1988; P. L. Wachtel, 2008). 나는 첫 번째 상담시간과 두 번째 상담시간의 매우 분명한 차이, 즉 예외가 없는 차이를 도출해 내려고 하는 것도 아니다. 나는 분명히 두 번째 상담시간보다 첫 번째 상담시간에서 더 혼란을 느낄 때가 있는데, 이럴 때는 내담자와 두 번째 상담할 때 보통 사람들에게 명확하거나 기대되는 것과 같이 내가 내담자를 더 잘 알게 된다. 하지만 내가 첫 번째 상담시간과 두 번째 상담시간에서 흔히 겪는 이 경험을 꼭 언급하고 싶다. 왜냐하면 이 경험은 이 장과 이전 장에서 논의된 상담 구조의 또 다른 부분일 수 있기 때문이다. 어떤 점에서 나는 루이스와 하는 첫 번째 상담시간이 잘될 거라는 기대를 하면서 상담에 들어갔다(녹화되고 있어서 많은 사람이 볼 수도 있다는 불안이 점점 커지기도 했다). 그리고 어쩌면 이어서 하는 것이 어려울 것이라고 예상하면서 두 번째 상담시간에 들어갔을 수 있다. 이러한 2회 상담시간에서 이런 예상은 어느 정도 확증되었다. 이제 막 제시할 상담을 '잘되지 않은' 상담이라고 생각하는 것은 아니다. 이후에 논의하겠지만, 나는 가치 있고 도움이 되는 치료가 되었다고 생각한다. 하지만 첫 번째 상담시간에 더 많은 것을 이룬 것으로 보인다.

원래 계획된 것이 아니라 첫 번째 상담시간이 비디오용으로 쓰일 수 없다는 '예상치 못한 충격'의 산물이라는 점과 더불어 두 번째 상담시간이 첫 번째 상담시간의 하루 뒤나 일주일 뒤가 아니라 15분 뒤에 시작한다는 사실이 확실히 두 번째 상담시간에 일어난 일에 대부분 영향을 미쳤을 것이다. 첫 번째 상담시간의 끝 무렵에 나는 내 관점에서 이 상담이 '잘된' 것이었다는 것을 느꼈다. 그리고 이것이 APA 비디오 시리즈에서 내 상담을 대표하는 상담시간이 될 것 같아 기분이 좋았다. 당시에 나는 첫 번째 상담시간을 찍은 비디오가 기술적으로 문제가 없을 것임을 몰랐기 때문에 두 번째 상담시간은 상실감과 더 심한 불안으로 시작했다. 루이스에게 이 경험은 좀 다른 것처럼 보였다. 루이스는 두 번째 상담시간을 할 수 있는 기회에 대해 기쁨을 표현했다. 루이스에게는 자기 분야의 기술을 보여 주어야 한다는 부담이 전혀 없었다. 그리고 루이스는 이미 카메라에 노출된 경험을 해 보았기 때문에 두 번째 상담시간에서는 이상하거나 거슬린다는 느낌을 처음보다 덜 느꼈을 것이다(상담이 녹화된다는 이 요소는 첫 번째나 두 번째 상담의 일부가 되지 않았다. 중요한 다른 주제를 다루는 과정에서 늘 필연적으로 배제되는 것 중 하나였다).

루이스와의 두 번째 상담시간의 축어록과 해설을 읽을 때 독자들이 고려해야 할 몇 가지 사항이 있다. 확실히 초기, 중기 그리고 종결이 있는 상담의 한 회처럼 이 두 번째 상담시간은 그 자체로 흥미롭다. 여느 상담시간처럼 말이다. 하지만 두 번째 상담시간이 유용하게 이해되는 것은 첫 번째 상담시간의 경험과 관련해서, 그리고 앞에서 설명한 대로 첫 번째와 두 번째 상담의 특정한 이색 경험과 관련해서이다. 경험이 일어나는 그 더 큰 맥락이 언제나 중요해서 고려해야 하듯이, 각 당사자가 상호작용에 가지고 들어가는 경험도 고려해야 한다. 이는 이러한 기대는 보통 부분적으로는 자기충족 예언이 되기 때문이다.

사례

상담자: 좋아요. 루이스 씨, 우리는…… 우리는 첫 시간에 많은 것을 다루었어요. 그리고 내 생각엔, 음…… 많은 것을 이루어 냈는데, 나는 그 중 어떤 것이 가장 많이 남아 있는지 알고 싶네요. 우리가 이야기했던 것 가운데 어떤 것이 가장 중요했나요?

이 경우 이전 상담에 거의 연이어 두 번째 상담이 진행되었지만, 나는 두 번째 시간에 보통 하는 식으로 진행하였다. 나는(그리고 내가 생각하기에 루이스는) 첫 번째 상담시간을 풍성하고 풍만한 것으로 경험해서, 우리가 초점을 맞추었던 것 중 무엇이 루이스에게 주로 인상이 남았는지 아는 것이 유용한 출발점이라고 생각했다. 이것은 또한 우리가 루이스에게 정서적인 공명이 되는 주제로 시작할 것이라는 점을 보장해 주었다.

내담자: 선생님이 현재 제가 느끼는 감정을 제가 아동기에 느낀 감정과 연결하도록 도와주신 거요. 저는 지금 일어나고 있는 일이 이전 것들을 촉발시키고 있는지는 알고 있었어요. 하지만 그것이 어떻게 연결되는지는 전혀 알지 못했어요. 그래서 이게 지금 가장 많이 남아 있어요.

상담자: 특히 어떤 연결이 그런가요?

나는 루이스가 아동기에 느꼈던 감정이 현재 행동에 영향을 미치고 있다는 일반적이고 추상적인 생각을 넘어서 구체적이고 감정적으로 살아 있는 경험으로 가고 있다는 것을 확신하고 싶었다.

내담자: 가족이 제 모든 삶에서 중심이 되어 왔음에도 불구하고, 가족의 의미가 크다는 것이 저에게는 생소해요. 그리고 제 가족이 얼마나 중요한지 전혀 깨닫지 못했어요. 제가 늘 느껴 온 건, 그러니까 가족이 중요하다는 거, 하지만 그러니까 이 사람들(시댁 식구)은 극단으로 치달아요. 하지만…… 그러니까 친정 식구들도 극단으로 치달아요. 친정 식구들은 서로 만나는 일이 없어요. 우리는 절대 모이지 않아요. 오로지 전화로만 하지요. 하지만 그러니까 '식구 문제를 다

른 사람에게 말하지 말라'는 게 있어요.

루이스는 친정에서 유대감의 부재와 접촉하고 있는 것처럼 보였다. 이는 루이스가 첫 번째 상담시간이 시작될 때는 명백하게 부인했던 것이었다(그리고 이것은 내가 생각하기로 루이스가 자신의 의식 안으로 들어오지 않게 고질적으로 노력해 왔던 것이다). 여기서 또한 루이스는 친정에 유대감이 부재했다는 사실에 대해 진짜 화와 분노를 경험하는 것이 명백해 보였다. 즉, 이것은 정서 경험이지, 단지 인지 경험은 아니다.

상담자: 그렇군요.

내담자: 그건, 네, 그건…… 제가 전에 전혀 몰랐던 또 하나의 연결이에요.

상담자: 네. 네. 그랬던 거 같네요. …… 그리고 겉으로 보기에는 연결이 부족했던 걸로, 즉 부모님과 연결이 부족했던 걸로 보이기는 하지만 루이스 씨가 너무 지나치게 연결되어 있던 때도 있었는데 그때가 아버지를 돌보아야 했던 때였지요. 제 말은, 루이스 씨는, 저기, 바로 거기에 있었고 어떤 의미에서는 떠날 수 없었어요. 맞나요?

나는 여기서 너무 빠르게 가고 있던 것 같다. 나는 힘들었던 아동기의 아주 복합적인 다른 측면을 알려 주려고 혈안이 되어 있었다. 돌이켜 생각해 보면, 루이스를 "우리는 서로 절대 보지 않아요. 우리는 절대 함께하지 않아요."라고 말할 때 그 느낌에 잠시 머무르게 하는 편이 더 좋았을 거라고 생각한다. 즉, 루이스는 유기되고 외로웠던 느낌을 경험하기 시작했는데, 나는 아이로서 떠맡은 너무 많은 책임감에 대한 추가적인(그러나 주의를 흩뜨리는) 주제를 도입했다. 이로 인해 루이스는 남편을 돌보는 데 있어 자신이 유사하게 떠맡은 책임감에 대해 재검토할 수 있었고, 이 책임감이 큰시누이와의 관계에 미친 영향을 더 생각해 보게 되었다. 그러나 그럼에도 불구하고 루이스가 막 하기 시작한 경험, 즉 외로움, 고립감, 유대가 부족하다는 느낌에 잠시 머물도록 하는 것이 가장 좋았을 거라고 생각한다.

내담자: 그건 맞아요. …… 그건 맞아요. 저는 한 번도 생각한 적 없어요. 왜냐면 아버지는…… 아버지는 분명히 스스로를 돌볼 수 없었기 때문이에요.

상담자: 그래요.

내담자: 아, 네.

상담자: 그래요.

내담자: 그건 흥미롭네요. 왜냐하면 제 남편은 두 번의 허리 수술을 했고, 제가 그를 만났을 때는 이미 허리를 다쳤어요. 그래서 저는 그가 허리를 다쳤다는 것을 알았고, 그런 후에 그는 처음…… 우리는 1월에 만났고 매우 빨리 이사했어요. 왜냐하면 우리가 이사한 게 2001년이에요. 5월에 같이 살았고, 남편은 8월에 첫 수술을 했고, 1년이 지난 후 9월에 두 번째 수술을 했어요.

상담자: 네.

내담자: 음…… 모든…… 저기, 모든 면에서, 그래서 저는 지난 시간에 제가 선생님에게 큰시누이가 시어머니 같다고 말씀드렸는데, 어떤 면에서는 제가 그 역할을 떠맡았다고 생각해요. 그리고 저는 그이의 아내이지만, 상당 부분 그이의 엄마이기도 했어요. 그래서 큰시누이가 제가 자신을 몰아낸 것처럼 느끼지 않았나 생각이 들어요.

상담자: 네네.

내담자: 그게 시누이를 화나게 하고 있어요, 제 생각엔.

상담자: 네…… 네.

내담자: 왜냐하면 남편은 제 말을 듣지, 큰시누이 말을 더 이상 듣지 않거든요.

상담자: 네네.

여기서 루이스는 내 개입 없이 계속해서 스스로 통찰을 하고 있다. 즉, 루이스가 지금 이해하고 있는 것들은 신선한 느낌이면서 사실상 처음으로 그것들을 이해한 느낌으로 내가 이전에 말한 적이 없는 것들이다. 이것은 자신의 경험을 더 반영적으로 탐색하고 자신의 경험과 인식을 더 받아들이도록 격려받는 경험을 하면서 루이스가 해방감을 느끼게 되어 스스로 몇 가지를 수행한 예일 것이다.

이 장면과 축어록에서 나는 자주 쓰는 '말'이 "맞아요." 또는 "맞아요. 맞아요."라는 것을 알아챘다. 대부분의 이러한 상황에서 내가 루이스가 '맞는지' 또는 틀린지에 대해서 언급하고 있지 않다는 것이 독자들에게 명확하기를 바란다. 그보다 축어록에서 언어적으로 표기되어 있는 것은 영상에 분명하게 나타나는데, 고개를 끄덕이는 것은 "듣고 있어요. 계속하세요."라고 신호하는 것과 언어적으로 상응한다.

내담자: 그리고 큰시누이는 마치, 제가 알기론 큰시누이는…… 큰시누이는 종종 업신여기고…… 저기, 그리고 큰시누이는 자신이 제 남편에게 무언가를 말할 때 자신이 재미있게 말한다고 생각해요. 그렇지만, 저기, 저는 큰시누이가 남편을 오히려 바보로 만들고, 약간 남편의 코를 납작하게 만들고 있는 것처럼 느껴졌어요. 그리고 저는 큰시누이가 저한테도 같은 걸 하기 원한다고 느껴요.

상담자: 네. 그리고 당신은 남편을 보호해 주고 싶다고 느끼고요?

내담자: 아, 네! 전 매우 보호해 주고 싶다고 느껴요. 하지만 전…… 전 저에게도 화가 나요. 왜냐하면 남편을 위해 시댁 식구와 충분한 시간을

같이 있지 않기 때문이에요. 저는 그게 힘들어요. …… 왜냐하면 잘 모르겠어요. …… 저는 형제가 없어요. 이 문제에 대해 엄마에게 말했어요. 저는, 저기, 저는 시댁 식구들이 남편에게 대하는 방식이 싫다고 말했어요. 엄마는 "네가 기억해야 할 건, 너는 형제가 없다는 거야. 넌 몰라."라고 했어요. 그리고 엄마와 이모는 여섯 살 차이가 나는데요. 엄마는 저에게, 그러니까, 엄마와 이모가 어떻게 교류하는지 말해 주려고 해요. "넌 이런 경험이 없어서 뭐가 적절한 건지 몰라."라고 하세요. 그래서 엄마와 이모가 뭔가를 말해 주려고 했던 때가 많았어요. 엄마는 영역이 있는 것 같았어요. 하지만 저는 또 시어머니에게 시어머니가 화나시는 일 없이 남편에 대해 이야기할 수 있는 사람이 저뿐만이 아니라는 걸 알게 됐어요. 그래서…… 이건 그냥…… 이건…… 이건 어려워요. 저기, 왜냐하면 제가 그냥 입을 열고 말을 했으면 하고 바라는 때가 많기 때문이에요. 저는 큰 시누이가 남편에게 그렇게 말하게 둬서는 안 돼요.

상담자: 남편은 어떻게 느끼나요?

내담자: 그들이 남편에게 말했던 방식에 관해서요?

상담자: 네.

내담자: 남편은 그것에 익숙해져 있는 것 같아요. 그래서 제가 이걸 지적할 때까지 별 반응이 없어요. 제 생각에 남편은 상당히…… 남편이 보고 싶지 않은 것들이 많이 있나 봐요. 남편은 그들이 자신을 어떻게 대하는지 보고 싶어 하지 않아 해요. 남편은 저에게 이것에 대해 이렇게 묘사했어요. 그러니까 대가족이고…… 저기, 식구들은 매우 다정하고 매우 멋지다고. 그러고 나서 제가 가족을 만나기만 하면 이런 그림은 조각이 나고 이게 남편에게 상처가 많이 된다고 생각해요. "내 기분이 어떨 것 같아?" "내 기분이 어떨 것 같아?"라고 계속 말하는 걸 봐서는요. 이건 마치…… 그리고 저기, 저는 항상 말하곤

했어요. "나는 당신이 아니지만, 이해하려고 노력하고 있어."라고.

루이스는 남편이 보지 않으려 하고 그래서 루이스도 보지 않았으면 하는 시댁의 모습을 보고 있다. 어떤 점에서 남편은 루이스가 그런 것처럼 가족에 대해서 이상적인 그림을 유지해 왔다. 이는 최소한 이 시점에서는 하나의 추측이다.

상담자: 음음…… 그리고 남편이 "내 기분이 어떨 것 같아?"라고 말할 때,

내담자: 음음…….

상담자: 남편은 주로 뭘 말하고 있는 건가요?

나는 여기서 남편이 "내 기분이 어떨 것 같아?"라고 말한 데 살을 붙이려고 하고 있는데, 이는 남편이 루이스에게 이해해 주기를 바라는 것이 무엇인지에 대해 더 생각해 보도록 자극하려고 하는 것이다.

내담자: 음, 제가 그에게 화가 날 때, 왜냐하면 (깊게 숨 쉰다.) 남편이…… 저를 인정하지 않는다고 느낄 때 또는 제가, 저기, 그가 그냥 "아, 나는 매우 피곤해 또는 어쩌고저쩌고." 할 때 그게 그냥, 저는 그가 항상 변명하는 것 같은 느낌이 들어요.

상담자: 음음…….

내담자: 그러고 나서, 아니면, 예를 들어, 제가 시댁 식구에 대해 이야기했을 때, 저는 "왜 당신은 내가 시댁 식구에 대해 말하지 못하게 하는 거야?"라고 말해요.

상담자: 음음…….

내담자: 제가 그 문제를 고치려고 노력하기 때문에 남편이 저에게 화가 나거나 제가 남편에게 화가 날 때,

상담자: 음음…….

내담자: 남편은 말해요. 음, 저기, "내 기분이 어떨 것 같아?"라고 말하고, 저기, "우리 엄마잖아."라고 말하는데, 이게 남편이 말하고자 하는 거죠.

상담자: 흠…… 저는…… 제가 아직 명쾌하지 않은 건……

내담자: 네…….

상담자: ……루이스 씨가 남편을 보호하고.

내담자: 네…….

상담자: 그리고 큰시누이가 남편을 제대로 대우하지 않고 있다고 느끼고 있고요. 예를 들자면, 남편은 이것에 대해서 어떻게 느끼나요? 마치 루이스 씨가…… 큰시누이가 남편을 잘 대하고 있지 않다고 느낄 때…….

내담자: 음음…….

상담자: ……남편이 뭐라고 말…… 루이스 씨가 이 문제에 대해 남편과 얘기했을 때 남편이 뭐라고 하나요? "아냐, 괜찮아."라고 하나요, 아니면 "아, 난…… 그건 괜찮았는데 당신이 그걸 얘기하니까 갑자기 기분이 나쁘네."라고 말하나요? 아니면 뭐라고…… 뭐라고 말하나요?

나와 루이스 둘 다 첫 번째 상담시간이 제대로 녹음되지 않았다는 것을 들은 영향으로 아직 회복되지 않았다고 생각한다. 루이스는 그 소식에 기쁘게 반응했고, 추가로 상담을 진행하고 싶어 했다. 하지만 두 번째 상담시간은 첫 번째 상담시간 이후에 너무 금방 진행되어, 우리 모두 우리의 리듬을 되찾거나, 첫 상담시간에 얻은 것을 훈습하지 못한 상태여서 둘 다 그렇게 민감하지가 않았다. 우리는 둘 다 어떤 방향으로 시작되다가, 중간에 끊기고, 다른 방

향으로 가는 식의 문장을 더 많이 보이고 있다. 나는 상담이 어디로 가고 있는지 혼란스러웠고, 루이스가 말하고 있던 것을 따라가는 데 때때로 어려움을 겪고 있었다. 내 반응은 조금 앞뒤가 안 맞았고, 내가 내 반응을 읽어 볼 때도 따라가기가 어려웠다.

내담자: 흠…… 제가 말씀드렸듯이, 남편은 그 문제에 실세로 관심을 기울이지 않아요. 그래서 제가 남편에게 그 문제를 말하면, 남편은 "아, 그냥 누나일 뿐이잖아."라고 말해요.

상담자: 음음…….

내담자: 그러고 나서 남편은 큰시누이를 대신해 변명을 하고 싶어 해요.

상담자: 음음…….

내담자: 하지만 선생님이 방금 말씀하셨듯이 제가 남편을 화나게 한다고 생각해요. 저희는 그 문제에 대해 얘기해 본 적이 없어요. 사실상 어쩌면 어떤 말도 하지 말아야 하는 건지도 몰라요. 왜냐하면 남편이 그 문제에 관심을 기울이지 않기 때문에요. 하지만 제가 관심을 기울이면서 남편에게 그걸 얘기할 때, 처음에는 남편이 "음, 그 문제가 뭐든 간에 누나일 뿐이잖아."라고 말해요. 하지만 이 문제가 남편 마음 한편에 있다고 생각해요.

여기서 나는 다른 한편으로 루이스가 남편과 소통하고 싶고 남편이 인정하기 바라는 무언가를 알아차리고 있다고 생각하고 있다. 하지만 동시에 루이스는 자신이 그것을 하는 방식이 적절하지 않다는 것을 느끼고 있다. 그 방식은 남편과 가깝게 하는 것이 아니라 더 멀어지게 하고 있다. 물론 나는 이 보고에서 어떤 것이 시댁 식구에 대해 '진실'에 더 가까운지 알 수는 없다(제1부의 구성주의와 객관주의에 대한 설명 참조). 하지만 일어나고 있는 일로 인해 발생한 갈등이 있다는 것은 분명하고, 이 시점에서 내 생각 중 하나는 어떻게 하면 루이스가 자신의 경험에 충실하면서도 남편과 소원해지지 않게 도울 수 있을 것인가이다. 루이스가 남편의 경험과 접촉하게 할 가능성이 많은 자신의 경험을 표현할 방법이 있는가? 남편이 인정할 수 있기를 바라는 것을 루이스가 알아차리고 있는가? 그렇다면 어떻게 하면 좀 더 효과적으로 표현할 수 있을까? 상담자가 관찰한 것이 치료적으로 유용하든 그렇지 않든 간에 관찰한 것을 표현하는 것이 중요한 요소라고 내가 생각하는 것처럼(P. L. Wachtel, 1993), 내담자도 타인에게서 진정한 의사소통과 상호 이해가 가능하게 하는 반응을 촉발하도록 자신의 경험을 표현하는 것을 배울 필요가 있다고 생각한다.

상담자: 음음…….

내담자: 그리고 남편과 제가 이야기하면, 남편은 점점 더 화를 내요. 그래서 저도 잘못이라고 생각해요. 제가 관심을 기울이고 있더라도 남편은 관심을 기울이고 있지 않기 때문에 어쩌면 그 문제를 이야기하면 안 되는 게 아닌가.

상담자: 루이스 씨도 잘못이라고 말할 때, 그건 자신이 느끼는 건가요, 아니면 남편이 그렇게 느끼는 것을 두려워하는 건가요? 아니면……?

내담자: 제가 느끼는 게 더 많아요. 흠, 다시 말해서, 저는…… 저의 끊임없는 두려움은 남편이 돌아서서는 “잠깐, 당신이 오기 전까지 나는 내 가족과 아무 문제가 없었어.”라고 하는 거예요.

이것은 루이스가 첫 번째 상담시간을 시작하면서 말한 경험과 관심으로 되돌아가게 한다. 이것은 또한 루이스가 시댁 식구와 화해할 수 있는 방법을 찾는 것이 그들의 결혼에 매우 중요하다는 것을 암시한다. 하지만 첫 번째 상담시간의 끝에 보이는 것 같았던 진전은 지금 다소 멀어져 보이고 이 시점에서 우리 중 누구도 첫 번째 상담시간에 발생한 일과 연결하지 못하고 있다. 여기서 내가 해야 할 것으로 느끼고 있는 것은 그것을 할 수 있는 방법을 알아내는 것이다. 나 역시 이 순간에 더 넓게 보지 못하고 당면 주제에 몰입해서 발목을 붙잡혔다.

상담자: 음음…….

내담자: 그리고 왜 가족과 비슷한 사람을 고르지 않았을까라고.

상담자: 음음…….

내담자: 그리고, 저기, 아내는 이래야 한다는 자신의 생각에 맞는 사람을 고르지 않았을까라고.

상담자: 음음…….

내담자: 왜냐하면 저는 그렇지 않거든요. (웃음)

상담자: 음음…….

여기서 루이스의 웃음은 가슴 아프고 후회스러워서 웃는 웃음이지, 즐겁거나 우스워서 웃는 웃음이 아니다. 루이스는 실패한 것처럼 느끼고 있다(나처럼 잠깐 동안).

내담자: 그리고 남편은 그러지 않아요. 어…… 제 말은, 남편이 그걸 저에게 말해서 상처를 주지 않아요. 하지만 남편은 시어머니 같은 아내를 얻을 거라고 생각한 거 같아요. 그건 왜냐면, 제 말은 남편이 종종…… 남편이 종종 제게 말했으니까요…….

상담자: 음음…….

내담자: 제가 시어머니와 많이 닮았다고.

상담자: 음음…….

내담자: 하지만 제가 생각하기에 남편은 제가, 저기, 요리를 하고 집을 청소하는 것 같은 것을 기대했었어요. 저기, 전형적인 아내, 흠…… 미국 기준으로 보면 말이죠. 반면에 제 고향 스웨덴에서는 남성과 여성이 평등하고 집에서 우리는 똑같이 일해요.

첫 번째 상담시간에 루이스가 개인주의 성향과 집단주의 성향 가족에 관해 말한 것과는 달리, 여기서 이 문화 차원이 아주 중요하고 전반적인 문제의 한 부분이라고 생각한다. 적어도 루이스가 묘사하는 것처럼, 루이스에 대해 남편이 기대하는 것은 루이스가 스웨덴에서 자라면서 자신에 대해 기대했던 것과는 다르다. 하지만 내가 이 축어록을 읽으면서 충격을 받은 것은 루이스가 이전 시간에 보고했던 시어머니와 맺었던 연대와 결속, 즉 시어머니가 루이스와 함께 있다고 말함으로써 시어머니에게 도움을 주었던 일화로 되돌아갈 수 있는 기회를 놓쳤다는 것이다. 여기에 변증법적인 유사점과 차이점의 다른 측면이 있는데, 루이스는 상실감을 느끼고 낙담하고 있어서 그 경험과 접촉하지 못하고 있다. 왜 그런지 그 느낌 또한 나를 엄습해서 조금 전 충격을 받았던 시어머니와의 경험과 연결시킬 생각을 할 수 없었다.

상담자: 음음…….

내담자: 그래서 남편에게 말하죠. "그래, 당신이 하루 종일 일하는 건 알아. 하지만 당신 생각에 난 하루 종일 뭐 한 것 같아?"라고. (웃음)

상담자: 음음…….

내담자: 그리고 아니죠. 저는 하루 종일 한가하게 있는 게 아니에요.

상담자: 음음…….

내담자: 저는 일을 했어요.

상담자: 음음…….

내담자: 그래서…….

상담자: 음음…….

내담자: 제가 두려운 건 남편이, 그러니까…… 남편은 저보다 열두 살이 많아요. 그래서 나이 차가 나죠. 이게 저를 힘들게 하지는 않지만, 이런 차이가 시댁 식구들을 힘들게 하겠다는 긴 알아요.

상담자: 음음…….

내담자: 흠……. 왜냐하면 그러니까, 그들은 왜 우리가 아직 아이를 갖지 않는지 꼭 그렇게 물어보지는 않았지만, 우리는 5년 동안 같이 지내고 있고, 저는 거의 모든 사람이 지금쯤 아이가 있다는 걸 알아요.

상담자: 음음…….

내담자: 하지만 제 공부가 우선인 것 같아요.

상담자: 음음…….

내담자: 그것은 저에게 중요한 거예요. 그리고 남편은 그걸 매우 지지해 줘요.

상담자: 음음…….

내담자: 흠……. 하지만 다시, 저는 항상 생각하고 있어요. 그러니까, 아마도 제가 그렇게 큰일을 하지 않았다면, 모든 것에서……

상담자: 음음…….

내담자: 어쩌면 그게 저죠.

상담자: 음음…….

내담자: 그리고 저는 멈출 필요도 있죠.

상담자: 음음…… 네…… 음, 분명히, 루이스 씨도, 그러니까, 남편이 경험하고 있는 것에 대해 명확하게 하는 것이 도움이 될 거예요.

내담자: 음음…….

상담자: 그러니까 '만약 남편이 대우를 제대로 받지 못한다는 느낌이 들지 않는다면'이라는 취지로 남편 말을 잘 들어 주세요. 그리고 루이스

씨에게도 그렇게 느껴져요. 음…… 그것에 대해 생각해 보면.

내담자: 음음…….

상담자: 하지만 그것은 또한 남편이 자기주장을 잘 할 수 없다는 느낌이 있는 것처럼 들려요.

내 입장에서는 일어난 일들을 믿기 힘들었다. 나는 루이스를 위한 유용한 운전대를 찾을 수가 없었다. 여기에 잠정적으로 해결점이 될 수 있는 첫 지점이 있다. 나는 루이스가 남편의 경험이 무엇인지 재구성하고 다시 생각할 수 있도록 돕고 있다. 우리는 시댁에 대한 루이스의 감정 중 어떤 것은 남편이 표현하기 힘든 것을 남편을 대신해서 표현하는 것은 아닌지 생각해 보는 쪽으로 가고 있다. 물론 이것은 부부의 공통 역동이어서 이 역동을 명료하게 하는 것이 부부에게 도움이 될 수 있다.

내담자: 음음…….

상담자: 이해해요?

내담자: 그건 사실이에요. 네, 저는 그렇게 느껴요. 제가 느끼기에 남편은…… 저는 언제나 남편에게 "뭔가 말하는 게 어때?"라고 말하고 있는 거 같아요.

상담자: 음음…….

내담자: "물어보는 게 어때?"

상담자: 음음…….

내담자: "하는 게 어때? 하는 게 어때? 하는 게 어때?"

상담자: 음음…… 네…… 그리고 그건, 그건 루이스 씨가 특히 마음이 가 있고 민감한 거지요. 당신은 자기 생각을 떳떳하게 표현할 수 없었던 가정에서 자랐으니까요.

내담자: 선생님이 그렇게 말씀하시는 건 흥미로워요. 왜냐하면 저는 아빠가 말씀하려고 하셨던 걸 항상 알 수 있었거든요. 말로는 못하시더라도요…….

상담자: 음음…….

내담자: ……저는 알았어요.

상담자: 음음…….

내담자: 그리고 심지어 엄마도 이해 못해요. 그건 제가 아빠 딸이어서 그런 건지 모르겠어요.

상담자: 음음…….

내담자: 하지만 저는 매우, 매우 민감해요, 그게…….

상담자: 음음…….

내담자: ……제가 다른 사람에게 조언할 때 도움이 되죠.

상담자: 그래요.

내담자: 하지만 그건 제가 사는 데 있어서는 너무 힘들어요. 왜냐하면 제가 사람들의 사소한…… 사소한 것에 아주 민감하기 때문이에요.

상담자: 그래요.

내담자: 그리고 저는 그것을 곧바로 이해해요.

상담자: 그래요.

내담자: 아주, 아주, 네. 저는 사소한 것에 아주 민감해요.

상담자: 네. 루이스 씨는 자기 생각을 말하지 못하는 사람들을 대신해, 뭐랄까, 말을 해 주는 그런 사람이네요.

여기서 나는 두 번째로 친정아버지가 말을 할 수 없었다는 것으로 되돌아간다. 나는 이것이 이 시점에서 무언가를 알려 주려는 시도로 가장 적합한 방향이었는지는 확신할 수 없으나 이 자료에서 어떤 일관성 혹은 집합점을 보는 하나의 방법이었고, 루이스와 그녀의 남편 켄 사이에서 벌어지고 있는 것 가운데 일부는 루이스가 남편이 느끼고 있지만 남편이 말하거나 충분히 인식하지 못하는 것을 표현하는 지정된 배우자는 아니었나 하는 주제를 여는 쪽으로 향해 있었다.

내담자: 음음…….

상담자: 그리고……

내담자: 그리고 저는 노력하고 있어요. 왜냐하면 저는 처음부터 남편이 많이 움직일 수 있도록 했다고 생각하거든요. 왜냐하면 제가, 저기, 남편을 뒷바라지해 주었거든요.

상담자: 음음…….

내담자: 마치 우리 엄마가 아빠를 뒷바라지했던 것처럼.

루이스는 남편이 허리를 다쳤을 때 말 그대로 뒷바라지한 것처럼 보인다. 마치 친정어머니가 말 그대로 친정아버지가 움직일 수 없을 때 그를 뒷바라지한 것처럼 말이다.

상담자: 그래요.

내담자: 하지만 제가 보기에 남편과 아빠 사이에는 큰 차이가 있어요.

상담자: 네.

내담자: 남편은 자기를 건사할 수 있어요.

상담자: 네.

내담자: 남편은 스스로 자기를 건사했어요.

상담자: 네.

내담자: 반면, 아빠는 그럴 수 없었죠.

상담자: 음음…….

내담자: 그래서 엄마가 이렇게 말했어요. "너는 어느 정도 내 역할을 이어받고 있구나."라고요.

상담자: 음음…….

내담자: 그리고 엄마는 그걸 걱정했어요. 엄마는 엄마가 살았던 대로 제가 사는 것을 원하지 않았기 때문이에요.

상담자: 네.

내담자: 특히 그럴 필요가 없을 때.

상담자: 음음…….

내담자: 왜냐하면 엄마는 아빠가 뇌졸중에 걸리기 바로 전날 아빠와 이혼하려고 했다고 제게 말씀하셨거든요.

내가 경험하고 있는 어둠 속 손 더듬기는 유용한 방향으로 우리를 안내할 운전대를 찾으면서 이제 매우 중요한 주제를 건드리기 시작하는 것처럼 보인다. 친정아버지가 뇌졸중에 걸리기 하루 전날 친정어머니가 친정아버지와 이혼하기로 결정했다는 소식은 새로 드러난 또 하나의 극적인 사실이다. 이는 가족의 고통스러운 상황에 한층 더 고통을 주는 것이며 심리적 결속의 정도를 가리키는 것이다. 게다가 루이스가 이야기한 대로, 친정어머니에게서 돌보는 것이 위험하고 힘든 일일 수 있다는 명확한 메시지가 있었다는 것은 분명하다.

상담자: 음음…….

내담자: 그래서 엄마는 이혼을 선택했어요.

상담자: 음음…….

내담자: 그러고는 엄마는 집에 있어야 한다고 느꼈어요.

상담자: 맞아요.

내담자: 그리고 아빠가 돌아가실 때까지 보살폈죠.

상담자: 맞아요.

내담자: 그리고 저는 엄마가 아빠를 사랑했다고 확신해요. 저는 그 점은 믿어 의심치 않아요. 엄마가 그러지 않았다면…….

상담자: 맞아요.[1]

내담자: 하지만 때때로 저는 제가 같은 상황에 처하게 되는 게 두려웠어요. 남편은 저를 필요로 하고 남편을 돌볼 사람은 저이기 때문에 남편을 떠날 수가, 떠날 수가 없어요.

상담자: 음음…….

내담자: 그리고 그건 건강한 결혼 생활이 아니에요.

친정아버지의 뇌졸중에 더해진 이러한 고통스러운 요소 그리고 짐스러운 어머니의 이혼 이야기로 인해 루이스는 누군가에게 헌신한다는 것을 조심하게 되었다(첫 번째 상담시간에 자신이 결혼할 거라고 생각해 본 적이 없다고 말한 것을 기억해 보기 바란다). 타협해서 하는 선택과 자유에 대한 이러한 과민경계로 인해 루이스는 자신이 느끼는 것을 정리하는 데 어려움을 겪었을지도 모르겠다. 또한 그것은 시댁 식구들이 하는 요구에 대해 불편함을 느끼게 하고 저항하게 했을 수 있다.

상담자: 남편에 대해 확신하지 못하나요? 남편에 대해 어떻게 느끼나요?

1) 여기서 다시 말하지만 계속해서 "맞아요."라고 하고 있는데, 이 말은 '맞다, 틀리다' 또는 '옳다, 그르다'와는 전혀 관련이 없다. 다만, 내가 내담자 말을 듣고 있고 내담자가 말할 때 함께한다는 것을 전달하기 위한 표현일 뿐이다.

여기서 나는 상담 앞부분의 주제를 포괄하는 것으로 보이는 것을 직접 이야기한다.

내담자: 가끔요. 하지만 그게 남편에게 비현실적인 기대를 갖고 있기 때문인지, 아니면…… 제가 너무 화가 나서, 단지 화가 나서 제가…… 좋은 것을 보는 대신 나쁜 것만을 보는 건지. 하지만 저는 우리가 그걸 해낼 거라고 생각해요.

상담자: 흐음.

내담자: 하지만 그건 있었어요. 그건 있었다고 느껴요. 처음부터 있었다고 느껴요. 그리고 시댁 식구에 대한 것들이, 우리를 갈라놓고 있는 것 같이 느껴져요.

상담자: 음음…….

내담자: 어떤 면에서는 그게 우리를 가깝게 하지만 또 다른 면에서는 그걸 어떻게 해결해야 할지 모르겠어요.

여기서 내게 든 한 가지 의문은 시댁 식구와의 갈등이 부부 갈등으로 인한 것인지, 아니면 부부 갈등이 시댁 식구와의 갈등으로 바뀐 것인지이다. 나는 이 시점에서 그런 경우라고 가정하지는 않지만 이 의문은 상담이 진행되면서 탐색해야 할 것으로 더 집중적으로 제기되었다.

상담자: 그러니까, 시댁과 관련하여 루이스 씨와 남편에 대해 생각나는 또 하나가 루이스 씨가 걱정이 아주 많다는 것이고, 남편도 그러니까 뭐랄까, 루이스 씨가 가족에서 자신을 갈라놓고 있다는 비슷한 견해를 갖고 있다는 거예요…….

내담자: 음음…….

상담자: 그리고, 그러니까, 남편은 시댁 식구와 아주 가까운 것이고, 그래서 말하자면 남편이 가족과 가깝지 못한 게 '당신 잘못'이라는 거지요.

내담자: 음음…….

상담자: 하지만 결국 남편은 당신과 결혼을 선택했어요.

내담자: 네.

상담자: 그것에 대해서는 어떻게 생각하나요, 예를 들면?

내담자: 제 생각에는, 저는 남편이 저를 사랑하고 있다는 거는 알아요.

상담자: 음음…….

내담자: 제 생각에 관계에서는, 한 사람이 상대방보다 더 사랑한다고 생각해요.

상담자: 음음…….

내담자: 둘이 같은 정도로 사랑하는 경우는 거의 없다고 생각해요.

상담자: 음음…….

내담자: 그리고 저는 제가 남편을 사랑하는 것보다 남편이 저를 더 사랑한다고 생각해요. 제가 남편을 사랑하기는 하지만.

상담자: 음음…….

내담자: 하지만 제게 억누르는 부분이 항상 있을 거예요.

남편에 대한 감정과 남편을 돌보는 것 간의 관계, 친정어머니가 빠졌던 함정, 그리고 친정어머니가 루이스에게 전한 메시지는 더 중요해서 더 탐색할 필요가 있다.

상담자: 음음…….

내담자: 그리고 저는 그걸 남편에게 설명하려고 노력했어요. 그건, 그건 남편과 아무런 관계가 없다고요. 그건 저와 더 관련이 있다고요. 제

불안감, 그리고 제가 사람들이 늘 저를 떠날 거라고 생각하는 것과 관련이 있다고요.

여기서 그리고 뒤에서 우리는 고통을 주는 루이스의 '내면세계'의 핵심을 보기 시작하는데, 이 내면세계의 핵심은 오래 지속된 지속적인 불안과 자기불신으로서 지금까지 우리가 논의해 온 문제의 원인이면서 이 문제가 불안과 자기불신을 유지시키고 악화시키고 있다. "도대체 왜 나와 결혼하려는 거야?"(다음의 대화 참조)라는 말은 향후 상담에서 다루어야 할 핵심에 가까운 자기비난의 비통한 표현이다. 바로 뒤에 있는 것 가운데 어떤 것은 치료가 되는 지적 대화의 일부로서, 이는 루이스의 고통스러운 자기경험을 부인하거나 설득해서 벗어나도록 하는 것이 아니라 루이스가 더 안정적이고 수용적인 자기를 구축할 수 있도록 자기경험의 다른 측면을 볼 수 있는 여지를 만드는 것이다. 이러한 노력으로, 상담은 순수하게 '내적인' 것 이상이어야 한다. 첫 번째 상담시간에 상담의 초점이 되었던 상호작용 피드백 고리는 루이스가 여기서 말하고 있는 고통스러운 자기혐오 상태에 빠져 있게 하는 본질적인 요소이다.

상담자: 음음…….

내담자: 그리고, 네, 남편은 저를 선택했지만 저의 불안감은 저에게 말해요. "도대체 왜 나와 결혼하려는 거야?"

상담자: 음음…….

내담자: 그러니까, 네, 저는 제가 좋은 사람이고 뭐 그렇다고 생각해요. 하지만 어, 저는 까다롭고 그리고, (웃음) 그러니까, 저는 심술궂을 수도 있고, 그러니까 이렇게 아침에 제 머리카락처럼 (웃음) 그러니까, 그리고…… 그런데 그는 단지…….

상담자: 그게 전부인가요?

내담자: (웃음) 놀라운 건 남편이 제가 어떤 사람이건 저를 사랑한다는 거예요.

상담자: 음음…….

내담자: 제 머리 모양이 어떻든 상관없어요. 그러니까 제가 잠옷을 입고 있고 제가 이상해 보여도. 그는 여전히 저를 사랑해요.

상담자: 음음…….

내담자: 그리고 남편의 사랑은 무조건적이에요. 남편은 저를 최악의 상태에서 봤어요. 완전 최악의 상태.

상담자: 음음…….

내담자: 그리고 남편은 여전히 같이 있기를 원해요. 그래서…….

상담자: 남편의 사랑은 엄청 크군요.

이것은 여러 가지 면에서 마음 아픈 부분이다. 나는 여기서 '해석'할 것이 없었다. 하지만 나는 내가 몰두해서 듣고 있다는 것을 루이스가 알기 원했고, 그녀 자신이 방금 한 말에 관심을 갖기 바랐다.

내담자: 네. 네, 그래요.

상담자: 정말 그렇네요…….

내담자: 그리고 저는 남편이 상태가 좋지 않을 때를 봐 왔고 잊으려고 애를 써요. 뭐냐면, 저희는 잠자기 전에 대판 싸우는 경우도 있어요. 어떤 이유에서인지 저는 남편이 매우 피곤하고 대답을 할 수 없을 때 이야기하고 싶어 해요. 그러면 남편은 이불을 뒤집어써요. 하지만 그다음 날 보면 남편이 제게 이불을 덮어 준 것 같고, 일 나가기 전에 키스를 하죠. 그러면 저는 남편에게 화났던 것을 잊어버려요.

상담자: 음음…….

내담자: 밤에는, 저는 그냥 뒹굴뒹굴하면서 남편이 저를 안거나 뭐 그러기

를 원해요.

상담자: 음음…….

내담자: 이런, 내가 남편에게 화가 났었지. (웃음) 저는 제가 남편에게 화가 났었다는 것을 잊었던 거죠. 저는 그와 얘기하지 않으려고 했던 건데. (웃음)

상담자: 음음…….

내담자: 음, 저는 누구하고도 이런 적이 없었어요.

상담자: 그게 바로 관계가 좋을 때 나타나는 모습이죠.

나는 루이스가 느끼는 불안, 그리고 남편을 충분히 사랑하지 않는다는 데 대한 두려움을 들었지만, 이와 함께 이들이 매우 잘 어울린다는 다소 상세하고 감정이 실린 설명을 들어서 그것을 인정하고 강조하고 싶다.

내담자: (웃음) 네. 저는 하고 싶지가 않은 거라고 생각해요. 다시 말하면, 우리가 그러니까 싸웠다는 걸 인정하는 게 두려운 거라는 생각이 드네요.

상담자: 음음…….

나는 여기서 루이스가 타당하고 중요한 것을 끄집어냈다고 생각한다. 두려움과 불안으로 인해 루이스는 부부 관계가 매우 좋다는 것을 보지 못하는 것 같다. 그리고 훨씬 강하고 정서가 실렸던 첫 번째 상담에서 주요 관심사는 루이스가 시부모님과의 관계를 회복하지 못한다면 남편을 잃을 것이라는 불안감이었는데, 이는 이 일이 일어나지 않기를 바란다고 루이스가 첫 번째 상담시간에 강하게 언급한 것이다.

내담자: 그리고 남편은 저에게 말해 왔고, 지금은 시댁 식구에게 말하려고 해요. 우리 사이가 얼마나 좋은지를요.

상담자: 음음…….

내담자: 하지만 그건 마치, 시댁 식구와의 사이가 좋지 않기 때문인지 모르겠어요. 아마도 그들은…… 그러니까, 저희 부부 사이가 좋기 때문에 시댁 식구들이, 뭐랄까, 화가 나는 건지, 저희가 함께 있는 거를 좋아해서 그런 건지.

상담자: 음음…….

내담자: 그러니까, 설령 그렇더라도, 그러니까, 제가 좋아하는 건, 저는 남편이 다른 방에 있을 때 혼자서 TV를 볼 수는 있어요. 하지만 저희는 함께하는 것을 원해요.

상담자: 음음…….

내담자: 그리고 남편이 시댁 식구에게 말하기 시작할 때…… 그게 그때 시댁 식구들이 말하기, 음, 6개월 전에, 저는…… 원래 우리는 일주일에 한 번 영화를 보러 갔어요. 그러니까 그건 원래 우리가 보내는 시간이에요. 그리고 시누이는, 음, 그러니까, "너희는 그 시간에 가야겠지, 영화 보러 가는 시간 말이야. 너희는 그 시간을 우리와 함께 보내야 하는 거야. 우리 집에 와야 하는 거라고."라고 해요.

상담자: 음음…….

내담자: 그러면 남편은 그 시간이 우리가 함께하는 유일한 시간이라고 말해요.

상담자: 음음…….

내담자: 그래도 시누이는 신경 안 써요.

상담자: 음음…….

내담자: 시누이에게는 남편과 아내로서 저희 관계가 시댁 식구와 함께 시간을 보내는 것보다…….

상담자: 음음…….

내담자: 중요하지 않은 것 같아요.

상담자: 그래요. 하지만 '남편에게는 중요했어요.'라고 들리네요.

왜 그 시간이 이들이 함께 보내야 하는 유일한 시간인지는 분명하지 않다. 그 시간이 함께 일하고 공부하는 시간인가? 루이스가 혼자 TV를 보고 싶어 하는 건가? 남편 입장에서 선호하는 것이 있는가? 어느 시점에서 이건 좀 더 탐색해야 할 필요가 있다. 하지만 여기서, 내게 가장 중요한 것으로 보이면서 첫 번째 상담시간과 연결되는 것은 남편과 루이스가 연결되어 있고 시댁이 이 연결을 위협하는 세 번째 지점에 있으며, 반대로 어쩌면 어떤 면에서는 이들의 결속을 **강화시켜** 공동의 적 또는 장애물에 맞설 수 있도록 하고 있다.

내담자: 그건 남편에게 중요했어요. 그건…… 네?

상담자: 루이스 씨와 시간을 보내는 것.

내담자: 아. 네, 네, 네.

상담자: 시댁 식구와 시간을 보내는 게 아니라.

내담자: 그렇고 말고요. 시누이도 그것을 알았어요. 하지만 그런데도 그건 중요하지 않았어요.

시댁과 시댁 식구들이 자신에게 한 것에 대한 몰두로 루이스는 다시 수렁에 빠지고 있다. 이것은 루이스가 첫 번째 상담을 시작했을 때와 같은 관점이며 첫 번째 상담시간에 이 관점을 수정하고 확장하는 데 어느 정도 성공을 거두었다. 그러나 종종 그렇듯이 이 성공은 일시적이었고, 그 문제를 더 다루는 것이 필요하다. 이 부분에서 나는 루이스가 '시댁 식구들'이 하고 있는 것에 대해 단순하거나 단일하게 초점을 맞추는 것에서 벗어나도록 다양한 방식과 다양한 맥락에서 도우려고 노력하고 있다. 루이스가 이렇게 단순하거나 단일하게 초점을 맞춤으로써 불편한 상태가 유지되었고, 이를 바꾸기 위해 그녀가 상담에 오게 되었다.

상담자: 그리고 남편은 여전히 어떤 점에서는 가족에 흡수되지 못하는 어려움을 겪고 있었어요.

내담자: 음음…….

상담자: 그리고…… 남편은 그 경계를 확립하는 데 도움이 될 수 있는 한 여자를 선택했어요.

내담자: 네.

상담자: 그러니까, 남편도 또한 그것에 대해 비난할 수 있는 여자를 선택한 걸 수도 있어요. 말하자면.

내담자: (웃으며) 네.

상담자: 그건 사실이고 또 일부분이기도 하고.

내담자: 네.

상담자: 하지만 그러니까, 그게…… 그러니까. 남편은 가족과 가능한 한 많은 시간을 보내고 싶어 하는 사람과 결혼할 수도 있었어요.

남편이 루이스를 선택한 이유 가운데 하나가 남편이 어렵다고 여기고 있는 가족과의 경계 설정을 루이스가 도와줄 수 있기 때문일 수 있다고 한 말에 내포된 메시지는 첫 번째 상담시간에 도입한 관점, 즉 루이스는 자신이 생각하는 것보다 친밀함을 더 원하고 있고 대가족에게 끌리는 뭔가가 있다는 관점을 보충하는 것이다. '개인주의-집단주의'라는 이분법을 다루는 것이 루이스와 시댁 식구 간의 이분법을 줄여 주는 것과 마찬가지로 이 두 관점을 결합함으로써 남편과 루이스 간의 이분법을 줄여 준다. 루이스가 두려워하는 것만큼 경계를 설정하는 데 남편이 무조건 반대하지는 않는다는 사실을 이해하는 것은 부부로서 시댁과 맺는 관계에 대해 느끼는 감정 가운데 충돌되는 면이 조화를 이루는 데 도움이 될 수 있다.

내담자: 네.

상담자: 남편은 그러지 않았지요.

내담자: 네, 그건 사실이에요.

상담자: 나는 그것을 우연이라고 생각하지 않아요.

내담자: 맞아요. 그리고 저도 그렇게 생각하지 않아요. 이따금씩 남편을 충분히 신뢰하지 못하기도 해요. 그게 사실이라는 걸 알아요. 그 말씀이 맞아요. 저희는 서로를 많이 위해 줘요. 제 말은 남편은…… 저를 성장하게 했어요.

상담자: 음음…….

내담자: 말은 쉽다는 건 알지만 남편은 정말로 그랬어요.

상담자: 음음…….

내담자: 남편은 제가 저 자신에 대해 좋게 느끼게 해 주었어요.

상담자: 음음…….

내담자: 제가 항상 말하지만, 저는 여전히 뚱뚱하고 못생기고 그렇다고 생각해요. 하지만 남편은 항상, 항상 제가 괜찮다고 느끼게 해 줘요.

상담자: 음음…….

내담자: 무슨 일이 있더라도요.

상담자: 음음…….

내담자: 그리고 저는…… (웃음) 하지만 그건…… 저는 그거에 대해서는 충분히 생각해 보지는 않았어요. 저는 다른 것들이 우리에게 밀려들게 했기 때문이에요.

상담자: 음음…….

내담자: 그리고 저기, 저기, 제 엄마도 말했어요. 저기, 남편은 좋은 사람이라고요.

상담자: 음음…….

내담자: 저기, 그리고 심지어 엄마한테 말할 때, 제 말은 종종 부모님은…… 저기, 우리 엄마는 제 남편을 만난 적이 없어요. 아빠가 돌아가시고 난 후에야 그를 처음 만났어요.

상담자: 음음…….

내담자: 엄마는 그를 만난 적이 없었어요. 그리고 엄마는 "그거 말이야. 만약 그가 너를 잘 대해 주고 그와 행복하다면 나는 그걸로 됐어."라고 했어요.

상담자: 음음…….

내담자: 그리고 엄마가 남편과 만났을 때, 엄마는 "남편이 너를 정말로 위해 주고 있구나."라고 했어요.

여기서 이 기억들은 일련의 내 반응으로 인해 촉발된 구체적인 기억임을 주목하기 바란다. 여기서 다시, 요점은 이런 기억들이 떠올랐다는 것이 영속적인 변화를 나타내는 것은 아니라는 것이다. 상담에서는 보통 변화가 굳어지기까지 여러 번의 재구성이 필요하고 사실 잘된 상담의 결과로 상당한 진전이 있음에도 이전 방식으로 경험하는 것은 거의 완벽하게 근절되지는 않는다. 이것은 사람이면 있을 수 있는 것 중 하나이다. 그러나 만약 상담이 성공적이라면, 이전 방식으로 경험하는 빈도는 훨씬 줄어든다. 그리고 이것은 절대 작지 않다.

마찬가지로, 이러한 구체적인 기억들이 자극받고 있다고 말한다고 해서 역동적인 의미로 이 기억들이 이전에 무의식 상태였다는 것을 의미하는 것은 아니다. 하지만 여기서도 마찬가지로 여러 종류의 기억과 생각이 이전보다 더 떠오르기 시작할 때는 이것 역시 사소한 문제가 아니다. 이것은 효과적인 상담 과정의 핵심과 상담 성과의 핵심에 근접해 있다는 것이다. 즉, 내가 제3장에서 논의했듯이(P. L. Wachtel, 2005 참조), 상담 과정에서 떠오르는 많은 기억은 엄밀히 말하면, 의식할 수 없는 기억이 아니다. 여기서도 내가 루이스에게 만약 친정어머니가 그런 것들을 말했는지 물어본다면, 루이스는 쉽게 그것을 인정할 수 있었을 것이다. 그러나 그 일들을 생각해 볼 일이 별로 없었을 것이다. 그것은 영원히 무의식적이고 접근 불가능한 채로 있는 기억이 아니라 적절한 질문을 한다면 **떠오르게** 되는, 즉 차단되었다가 떠오르게 되는 기억의 연상망에 접근하는 것이다. 제2장에서 다른 맥락으로 내가 언급했듯이, 질문을 해도 분석에서 나오는 게 거의 없어 내담자들이 기억을 할 수 없는 것처럼 보인 내담자 사이의 공통된 실망 경험에 대해 프로이트 자신도 설명한 바 있다. 더 정확히 말하면, 프로이트는 "내담자가 '잊힌' 것에 대해 이야기할 때, 내담자는 '사실 저는 그것에 대해 알고 있었어요. 단지 생각해 본 적이 없을 뿐이죠.'라는 말을 꼭 덧붙인다."라고 하였다(Freud, 1914/1958).

상담자: 음음…….

내담자: 엄마가 "있잖아, 난 정말 행복해."라고 말했는데, 이 말은 제게 많은 의미가 있어요. 하지만, 그러니까, 선생님은 시댁 식구들이 그걸 알 거라고 생각하실 거예요. 그리고 남편 때문에 시댁 식구들이 행복할 거라고 생각하실 거예요. 하지만 시댁 식구들은 남편 때문에 행복하지 않은 것 같아요. 왜냐하면, 저는 잘 모르겠지만, 제 말은, 남편이 말하길 시댁 식구들이 자기를 보기 원하고 아이들도 자기를 사랑하기 때문이래요. 그리고 그것은 잘된 일이에요. 제 말은 저도 아이들을 사랑하지만, 다만 저한테 시간이 많을 때 저는 남편과 함께 시간을 보내고 싶어요.

상담자: 음음. 당신이 갑자기 "같이 영화 보러 가지 말고 시댁에 가요."라고 말한다면 남편은 어떻게 느낄까요?

이것은 분명히 역설적인 개입으로서 루이스의 입장에서는 더 깊은 생각을 하도록 촉진하고 루이스와 남편 사이의 자기영속적인 순환이 멈출 수 있는 방법을 이야기하기 위해 계획된 것이다. 현재 상황으로는, 루이스와 남편 둘 다 패턴에 사로잡혀 있어서 시댁에 대한 상충되는 감정 가운데 한 부분에 대해서만 말과 행동을 하고 다른 부분에 대해서는 다른 것으로 보고 싸우고 있다. 이 반응은 일종의 기반을 마련하는 것으로 어쩔 수 없어 보이는 상황에서 벗어나 다른 각도에서 그 상황을 보도록 하는 것이다. 이들은 자신들의 문제에 대해 외골수 관점에 빠져 있어서 주변을 둘러볼 수가 없었다. 말하자면 각자 상대방과 걸려 있는 문제의 일부는 실제로 자기 **내면의** 문제, 즉 상충되는 감정과 성향을 참고 조화를 이루어야 하는 문제라는 것을 인식하지 못하고 있다.

신선하고 놀라운 방식으로 그 문제에 접근하는 것은 서로 같은 끈의 끝을 잡아당기면서 상대방이 잡아당기고 있다는 느낌이 계속되는 것을 중단시킬 수 있는 것이다(역설적인 개입에 대해서는 E. F. Wachtel & P. L. Wachtel, 1986; P. L. Wachtel, 1993 참조).

내담자: 처음에 남편은 행복할 것이라 생각해요. 제 말은, 제 생각에는……

상담자: 처음에는요?

나는 여기서 이 문구를 반복해 주며 강조하고 있는데, 이렇게 강조하지 않았다면 루이스가 주목하지 못한 채 언급되지 않고 지나가 버릴 수 있었다. 내가 하고 있는 것은 루이스가 협력하고 있다는 것에 대해 남편이 '단순히' 기뻐하지는 않을 것이라는 루이스의 은연중 느낌에 주의를 기울이도록 하는 것이다. 그리고 나는 루이스를 자극하여 만일 루이스가 남편에게 얽혀 있는 가족에 대한 남편의 상충된 감정을 다룰 수 있는 쉬운 방안을 주지 않는다면 남편이 그렇게 기뻐하지 않을 수도 있다는 것에 대해 생각해 보도록 하고 있다 (Minuchin, 1974).

내담자: 네. …… 제 말은, 제가 먼저 시댁 식구를 보기를 원한다는 것에 대해 남편은 고마워할 것이라 생각해요.

상담자: 음음…….

내담자: 하지만 아마도…… 모르겠어요. 그것에 대해서 생각해 본 적 없어요. 어쩌면, 얼마 후에 남편이…… 남편이 원했던 거는…… 그러니까…… 내가 가기를, 어머나! 잠깐만요. 그러니까 왜 우리는 함께하지 않죠?

루이스가 여기서 나의 요점을 파악한 것 같다.

이 개입과정의 목적은 시댁과 관계를 유지하면서 또 저항하는 짐을 루이스에게서 덜어 내어 남편과 더 공평하게 나눌 수 있도록 하는 것이다. 이 개입과정은 정의나 공평성의 문제만은 아니다. 그들이 가족 유지의 과제를 암묵적으로 배분한 방식으로 인해 루이스나 남편이 각자 소망과 감정의 중요한 부분을 억압하거나 부인하게 되었다는 것이다. 남편은 본가에서 자율성을 획득하고자 하는 욕구를 억압했는데, 이는 이 욕구를 루이스에게 미루었기 때문이고, 루이스는 첫 번째 상담시간 말미에 언급한 대로 시댁과 관계를 맺고자 하는 자신의 욕구를 억압했다. 이는 루이스와 남편 간에 갈등을 일으켰을 뿐만 아니라 각자 결핍되게 했는데, 이는 각자가 경험의 중요한 부분이 표현되지 않기 때문이다. 그들 각자가 '잃어버린 절반'을 받아들이고 통합하도록 하는 것은 그들의 전체 욕구를 균형 맞추고 표현하도록 하기 위한 효율적인 전략이 되도록 할 뿐만 아니라 더 통합되는 것과 더불어 더 완전하고 생생하게 느끼도록 할 수 있을 것이다.

물론 나는 여기서 다시 한번, 상담 과정의 **일부분**을 설명하면서 여기에 주의를 기울이도록 하고 있다. 이것은 내가 여러 상담시간에 걸쳐 **다양한** 개입법을 통해서 그들 간 역동의 균형을 잡도록 하고 자신들의 경험과 욕구에 다양한 면이 있다는 것을 알 수 있도록 하는 방식이다. 그러한 개입법 한두 가지가 '효과가 있을' 거라고 말하는 것은 아니다.

상담자: 네…… 네…….

내담자: 그래서……

상담자: 가능하나요?

내담자: 네.

상담자: 네.

내담자: 하지만 남편은 매우 좋아할 거라 생각해요. …… 제 말은…… 남편은…… 그러니까, 기준을 저에게 강요한 거죠. 음…… 저는 남편이 매우 좋아할 거라 생각해요. 거의 없기는 하지만, 개를 산책시킨 후에, 시어머니는 문자 그대로 몇 집 건너 살고 계세요. 그래서 어머니 댁으로 가서 시댁 식구들에게 개를 보여 주었어요. …… 하지만 시어머니는 관심이 없으셨어요. 잘 모르겠어요. 하지만 이건…… 아빠가 돌아가시기 전이었어요. 그래서 전 어떤 일이 일어날지 모르겠어요.

루이스의 말은 여기서 더 단절되어 있고 일관성도 부족하다. 내가 도입한 새로운 관점이 치료적으로 루이스를 혼란스럽게 했다고 말할 수도 있겠다. 즉, 상황을 바라보는 오래된 매끄러운 방식이 저지당해서 자신의 기존 도식에 쉽게 동화되지 않는 것들을 바라보는 새로운 방식을 이해하려고 노력하는 것을 우리는 보고 있는 것이다. 여기서 다시 한번 우리는 어떤 변화가 일어나건 간에 이 변화는 매우 약하고 일시적이라고 가정해야 한다. 오래된 도식은 강력해서 새로운 경험 방식이 나타나더라도 안정적이고 신뢰할 수 있게 활용할 수 있거나 이전 경험 방식과 잘 통합되기 전까지는 여러 번 '다시 가라앉을' 것이다(이것은 '잘못된' 것이 아니라 단지 부분적이어서 그렇다는 것을 기억하는 것이 중요하다).

상담자: 음음…….

내담자: 그리고 그건…….

상담자: 그래서 루이스 씨가 시댁에 들어가려고 할 때…… 어떤 방식이 있지요.

내담자: 음음…….

상담자: 거기에…… 거기에 어떤 장애물이 있었나요?

내담자: 네.

상담자: 네?

내담자: 왜냐하면 제가 남편에게 이것에 대해 이야기를…… 했는지 어쩐지 잘 모르겠어요. 오해받을 만한 일을 내가 했느냐고 말했기 때문이에요.

나는 이 시점에서 시댁 식구를 결혼식에 초대하지 않은 결정에 대해 다시 생각하고 있다. 루이스는 여전히 그 결정이 시댁 식구에게 미친 영향을 이해하지 못하는 것으로 보인다.

상담자: 음음…….

내담자: 이전에요? 아빠가 돌아가시기 이전에요? 그러니까, 그리고 남편은 "내가 아는 한 아닌데."라고 말했어요. 하지만 저는 항상 그러니까 시누이와 가까워지려고 노력했다고 생각해요. 시누이는 몇 번 왔어요. 그러니까, 우리는 주방에 앉아서 저는 마음을 열고 제 자신에 대해 이야기하려고 노력했어요. 저에게는 아주 우스운 불만이기는 한데, 제 얘기를 하지 않으려 한다는 게 계속된 불만이기 때문이에요. (웃음) 제 얘기를 하는 것…… 같았어요. 내게 내 자신에 대해 이야기할 기회를 준다면 내 자신에 대한 이야기를 멈추지 않을 거예요.

상담자: 음음…….

내담자: 하지만 그러니까 시댁 식구들이 자기네 아이들에 대해 이야기하면서 아이들을 등하교시키는 이야기를 할 때 제가 "제가 호주에서 4개월을 보냈을 때……"라고 말하는 거는 정말 부적절하죠.

상담자: 음음…….

내담자: 무슨 말인지 아시겠지요?

상담자: 음음.

내담자: 뭔가, 어디서 접점을 찾겠어요? 접점을 찾으려고 노력했지만…… "넌 애가 없잖아."라고. "너는 네가 뭐에 대해 이야기하고 있는 건지 모르고 있어." 그래서 저는 애써서 이야기하죠. "자, 저기, 저는 학교에서 들었어요." …… 이건 "그게 뭐 어쨌다고."와 같은 거예요.

상담자: 음음…….

내담자: 그러니까, 그래서…… 네…… 선생님이 맞아요. 제 말은 이러한 장벽이 있다는 거예요. 제가 연결점을 찾으려고 노력할 때 느껴지는 건…… 늘 모르겠어요.

상담자: 음. 이런 거 같네요. 아이와 관련된 문제는 시댁 식구들이 루이스 씨를 괴롭히게 되는 또 다른 문제처럼 느껴지네요. 말하자면, 그런

가요?

내담자: 네. 왜냐하면 이 아이들은…… 아이들은 화가 나게 하죠. …… 아이들…… 아이들.

상담자: 저런, 하지만 루이스 씨도 아이를 가지려고 하잖아요.

내담자: 네. 아, 그래요.

상담자: 맞나요?

내담자: 아! 틀림없이. 네.

상담자: 네.

내담자: 틀림없이요. 왜냐하면 제가 아이를 가질 때까지는 아무것도 모르기 때문이에요.

상담자: 네.

내담자: 하지만 아마도 그렇게 될 거 같아요. 아이가 하나 있다면, 그러면…… "음, 아이가 둘 있을 때까지는 너는 모를 거야."가 될 거예요…….

상담자: 그렇군요.

내담자: 그러면 그건 "너는 아이 셋이 있지 않고는 몰라."가 될 거예요.

상담자: 음음…….

내담자: 그래서, 저는 그것이 끝날 거라고 생각하지 않아요.

상담자: 네.

내담자: 하지만 그러니까, 제가 말했듯이, 제 말은, 아이들에 관한 한 아닌 거죠. 제가 느껴지는 건…… 아, 네. 큰시누이가 들렀을 때…… 음…… 그리고 저는 마음을 열려고 노력했고 제 자신에 대해 이야기하려고 노력했어요. 그리고 큰시누이는 계속 끼어들었고, 계속 대화 내용을 자신에게 돌렸어요. 그리고 저, 그리고 저는 시댁 식구가 대치된 상태로…… 음…… 왔을 때 이 문제를 꺼냈어요. 그리고 저는 저기, "저는 언니에게 이야기하려고 노력했어요. 저는 마음을 열고 언니와 대화를 하려고 했어요."라고 말했죠.

상담자: 음음…….

내담자: 그러고는…… 시누이는 이 말을 제 얼굴에 대고 내뱉는 것 같았어요. "어! 네가 내 도움이 필요할 때 난 충분히 해 줄 수 있었어." 그리고…… 이 말은 정말 상처가 됐어요. 그건 제가 시누이를 이용하려고 한 것이 아니기 때문이에요. 그건 제가 시누이와 가까워지기 위해 노력하는 거였어요.

상담자: 음음…….

나는 여기서 "그래서 당신은 정말로 오해받았다고 느꼈네요."라거나 "그래서 당신은 정말로 당신의 동기가 왜곡된 것처럼 느껴서 정말 거절처럼 느꼈네요."와 같은 반응을 했어야 했다고 생각한다.

내담자: 음…… 그리고 저는 "우리가 여기에 앉아 있었을 때, 주방에 있었을 때 그리고 언니가 끼어들며 말했을 때, 저는 제 이야기를 하고 있는 거예요. 언니가 듣고 싶다고 했던 거. 그러고는 언니는 언니 얘기로 되돌아가는 것 같아요."라고 말했어요. 그러자 시누이는 "음, 그게 소통이라고 하는 거야."라고 했어요. 저는 "미안해요. 언니가…… 언니가, 제 말은, 저에 대해 이야기하라고 조르듯이 하고는 제가 제 이야기를 하면 '어, 내 얘기하고 싶어.' 하는데 어떻게 그게 대화예요?"라고 말했어요. 그러니까 저는 시누이에게 "언니는 수줍음을 많이 타는 사람이 아니에요. 왜 저에게 물어보지 않으세요? 언니가 저에 대해 알고 싶다면, 저에게 물어보세요."라고 말하기까지 했어요.

상담자: 음음…….

내담자: 왜냐하면 다시, 저는 시댁 식구들이 느끼게 하고 싶지 않아요. 제가 자신들보다 더 낫다고 말이죠. 제 말은 제가 시댁 식구 어느 누구

보다 공부를 더 많이 했다는 걸요. 저는 시댁 식구 어느 누구보다도 여행을 더 많이 했어요.

상담자: 음음…….

내담자: 저는 시댁 식구들보다 훨씬 더 많은 경험을 했어요. 하지만 저는 제가 시댁 식구보다…… 더 낫다고 생각하지 않아요. 그리고 저는 시댁 식구의 일원이 되고 싶어요.

"저는 시댁 식구의 일원이 되고 싶어요."라는 말은 매우 분명하고 가슴이 뭉클한 표현이다. 나는 여기서 루이스가 시댁 식구의 일원이 되기를 바라고 있다는 것과 거절당했다고 느낀 것, 즉 상처받았다는 것을 강조했어야 했다. 그러나 시댁 식구에 합류하기 위해서는 루이스 또한 그들이 자신에게 왜 그렇게 행동하는지 알고 이해할 수 있어야 한다. 그 결혼식이 일부분이기는 하지만, 루이스와 시댁 식구들이 모두 조직적인 악순환에 갇혀 있어서 각자 상대방의 적개심과 거부에 대해 불평하고 보면서도 각자의 적개심과 거부는 보지 않고 있다.

나는 여기서 시댁 식구들이 한편으로는 루이스가 여러 나라에 살았고, 학력이 높으며, 그동안 해 온 세상 경험이 풍부한 것에 대해 불안을 느꼈고 이에 대한 반응으로 방어적으로 행동한 것은 아닌지 궁금하다. 또 궁금한 것은 다른 한편으로 루이스가 자신이 인식한 것보다 시댁 식구를 더 무시했거나 거들먹거리지는 않았는가 하는 것이다. 또 이러한 태도들이 상대방의 감정 신호를 먹어 치워서 처음에는 조짐이나 미미한 부분이었던 것이 각자 상대방에게서 더욱 심각한 극단적인 반응을 유발하게 되면서 점차 두드러지게 된 것은 아닌지도 궁금하다.

상담자: 음음…….

내담자: 하지만 제가 접점을 찾으려고 노력하는데, 음, "넌 네가 뭘 말하고 있는 건지 몰라."

상담자: 음음…….

내담자: "왜냐하면, 너는 자식이 없기 때문이야."라고 말할 때는 힘들었어요. 섭섭한 거죠. 어쨌든.

상담자: 음음…….

내담자: 그래서.

상담자: 그래서 시댁 식구들은 루이스 씨가 자신들과 다른 점을 계속 강조하나요?

내담자: 네, 네.

상담자: 여러 가지 방식으로, 시댁 식구들은 어떤 의미에서는 루이스 씨가 남이라고 계속 얘기를 하는군요.

내담자: 음음…….

상담자: 너는 다르다.

내담자: 음음…… 그리고 제 동서…… 선생님이 그렇게 말씀하시는 게 재미있는데, 제 동서가 말로 그렇게 표현하곤 했거든요. …… 음…… 그러니까 남편의 남동생의 아내가…….

상담자: 음음…….

내담자: 동서는 그러니까, "우리는 남으로서, 우리가 어느 정도 서로 협력해야 해요."라고 말했어요.

상담자: 음음…….

내담자: 동서 말을 듣고 놀랐죠. 그리고 깨달았어요. 아, 지난 시간에 선생님이 저한테 물어보셨죠. 제가 시댁과 어떠한 비슷한 점이 있는지, 그리고 제가…… 동서와 비슷한 점이, 동서는, 동서 또한 시댁이 자신을 받아들이지 않는다는 느낌을 갖고 있다는 거예요.

여기서 루이스는 첫 번째 상담에서 우리가 했던 대화를 기억하고 있고, 거기에 덧붙여 상세하게 말하고 있다. 나는 이것을 루이스가 우리 상호작용에 진지하게 참여해 왔으며 여전히 이것을 생각하고 있다는 긍정적인 지표로 본다. 어떤 내담자들은 이전 상담내용을 거의 기억하지 못한다. 내담자가 상담에 대해서 더 많이 생각했을 때, 즉 일어났던 일이 내담자의 손에서 반향을 일으킬 때 이것은 상담에서 실제로 이득을 얻을 수 있다는 아주 긍정적인 신호이다. 이 경우, 물론 이런 결론을 내리는 데는 이 두 번째 상담이 첫 번째 상담 이후 단지 몇 분 만에 일어난다는 사실을 감안해야 한다. 하지만 그럼에도 불구하고 이것은 우리가 말했던 것을 마음의 휴지통에 넣지 않고 더 생각하는 성향임을 나타내는 것이다.

상담자: 음음…….

내담자: 하지만 동서는 그들에게 인사하는 것 말고는 아무것도 하지 않아요.

상담자: 음음…….

내담자: 지금까지 저희가 시댁에 맞서는 거는 불가능한 것 같아요.

상담자: 음음…….

내담자: 그래서 저는 어쩌면 동서가 '도전하라, 소녀여.'처럼 느끼는 것 같다는 생각이 들어요. 하지만 동서는 저에게 절대 그걸 말하지 않을 거예요.

상담자: 음음…….

내담자: 그래서 저는 동서가 제가 시도하는 것에 대해 지지할 수도 있다고 생각해요.

상담자: 좋아요. 그래서 루이스 씨가 대변인이 되기를 바라는 사람이 많네요.

여기서 나는 맥락을 확장시켜 내가 앞에서 도입했던 주제인 남편이 표현하는 것을 어려워하는 데 대해 루이스가 표현했던 느낌으로 되돌아가고 있다.

내담자: 음, 예.

상담자: 그래요.

내담자: 왜냐하면 작은시누이…… 음…… 시누이 이름은 마리아예요. 작은시누이가 저한테 말하더군요. "언니는 언니가 맺고 있는 관계를 위해 최선을 다해야 해요."

상담자: 음음…….

내담자: 와! 누군가가 그렇게 말해 주는 건 제게 정말 중요해요.

상담자: 음음…….

내담자: 하지만 그때 저 역시 시누이를 진정으로 믿지는 않아요. 정확하지 않았던 것들을 시누이가 말했다는 걸 알기 때문이에요.

상담자: 음음…… 음음…….

내담자: 하지만 저는 작은시누이가…… 그렇지만 작은시누이가 다른 뜻은 없다고 생각해요.

우리는 이 연속되는 장면에서 루이스를 갈등하게 하고 어떻게 진행해야 할지 확신을 하지 못하게 하는 또 하나의 요소를 볼 수 있다. 문장을 이어 갈 때 루이스는 순박한 열의로 "와! 그건 제게 아주 중요한데요."에서 "저는 시누이를 믿지 않아요." 그리고 "하지만 저는 시누이가 다른 뜻은 없다고 생각해요."로 이어 간다. 루이스는 확신할 굳건한 토대가 무엇인지가 확실하지 않다.

상담자: 음음, 그래요. 제가 하나 물어봐도 될까요? 결혼한 이후로…….

내담자: 음음?

상담자: 혹시 루이스 씨가 시댁 식구와 함께 있는 것이 진짜 좋았던 적이 있

었나요? 그런 경우가 거의 없다고 하더라도 말이죠.

여기서 나는 탐색하면 생산적일 것 같은 첫 번째 상담이 끝나 갈 때 나타난 주제로 되돌아가고 있다.

내담자: 어…… 네. 그리고 그게 더 상처예요. 왜냐하면 제가 느낀 게…… 아빠가 돌아가시기 전 지난 6개월……

상담자: 음음…….

내담자: 저는 우리가 정말 잘 지냈다고 느꼈고 좋았다고 느꼈어요.

상담자: 음음…….

내담자: 그리고 음…… 저기, "아! 음, 큰시누이가 이렇게 말했고, 동서는 이렇게 말했어."라고 생각하는 걸 떨쳐 버렸어요. 그리고 저기…… 그래서 저는 정말 우리는 이 관계를 쌓고 있던 중이라고 생각했어요. 그리고 그때 아무도 저를 인정해 주지 않아 제가 얼마나 상처받았는지 몇 마디 말을 해서, 그때 생각하는 대신…… 저는 시댁 식구가 "음, 저기, 루이스가 슬퍼하고 있고 루이스는 마음이 콩밭에 가 있는 거야. 그저 뭔가를 생각하고 있는 거야."라고 말할 거라고 생각하고 싶었어요.

상담자: 음음…….

내담자: 그리고 시댁 식구들은 제가 예민하다는 것과 별의별 것을 다 알아요.

상담자: 음음…….

내담자: 하지만 대신에 우리가 쌓았던 모든 것이 완전히 산산조각 나 버린 것과 같았어요.

상담자: 음음…….

내담자: 그리고 그때 그것이…… 그러니까…… 어디서 다시 시작해야 할지

모르겠어요.

상담자: 네. 네. 왜냐하면 어찌 되었든 시댁 식구와 다시 관계가 회복될 때, 루이스 씨가 상처받았다는 사실이 대화의 부분이 되어야 해요.

나는 어디서부터 시작해야 할지 모르겠다는 루이스의 반응을 시댁 식구들과 관계를 회복하기 위한 노력을 다시 시작하고 싶은 **소망**의 표현으로 그리고 이 소망을 **달성하는 방법**을 아는 데 있어 방해받고 있다는 느낌으로 받아들이고 있다(루이스 또한 내가 논의해 온 것처럼 관계를 맺고 싶어 하는지 **갈등** 상태에 있어서 화, 불신, 침해받는 느낌, 다시 상처받을 거라는 두려움 등과 같은 아주 상이한 감정을 조화시키는 데 어려움을 겪고 있다). 이 반응과 다음 반응에서 나는 루이스가 경험의 다양한 면을 연결할 수 있도록 도우려고 하고 있다. 즉, 다시 관계를 회복하는 것은 자신이 느꼈던 상처를 배제한다는 것을 의미하는 것이 아니며 또 상처에 주의를 둔다는 것이 관계를 회복하고자 하는 소망을 무시하는 것도 아니라는 것이다. 나는 루이스가 정서 경험의 양 측면을 엮을 수 있도록 도와주면서 그녀에게 어떻게 정서 경험에 대해 생각하는지 본보기가 되고 이를 통해 경험의 양 측면을 그녀가 고려할 수 있도록 하고 있다.

내담자: 네.

상담자: 루이스 씨가, 그러니까 시댁 식구들이 그것에 대해 어떻게 느꼈는지 아는 것도 중요하지요.

내담자: 아, 그래요.

상담자: 하지만 당신이 상처받았다는 사실 자체가 없어지지는 않아요.

이렇게 진행된 대화에서 나는 다시 약간 다른 관점에서 시댁 식구들의 경험에 주의를 기울이되 이들이 느끼고 있는 것을 존중할 필요가 있으며 이들을 더 잘 이해하려고 노력할 필요가 있다는 점을 강조하고 있다. 하지만 나는 루이스가 자신의 느낌을 존중하는 것을 희생시키거나 자신의 감정을 들어 주고 신경 써 줄 것이라는 기대를 희생시키지 않고서 이 말을 하고 있다. 어떤 상담자들에게 이 반응들은 편하지 않고 다소 가르치는 것처럼 들릴지도 모른다(예: "시댁 식구들이 그것에 대해 어떻게 느꼈는지 아는 것도 중요하지요."). 가르치는 것 자체를 꺼리는 것에 대해서는 정신분석학계의 동료들과 생각이 같지 않다. 이것은 부분적으로 상담 통합에 몸담고 있기 때문이기도 한데, 여기서는 내담자를 돕는 다양한 방법이 고려 대상이 된다. 이것은 또한 상담실 바깥에서 변화의 결정적인 부분이 발생하며 내담자의 삶에서 악순환을 끊지 않으면 상담시간에 아무리 상담이 잘되더라도 오래된 패턴을 유지시키는 피드백 고리로 인해 계속해서 약화될 것이라는 내 확신을 반영하고 있다. 따라서 내담자의 삶에서 중요한 사람들에 대한 그들의 행동을 변화시키도록 직접 내담자를 돕는 것은 효과적인 상담에서 필수적인 요소이다. 하지만 무엇보다도, 다소 가르치는 태도에 내가 편안해하는 것은 내 어조와 태도 때문이다. 중요한 것은 교육시키는 태도가 잘난 체한다거나, "나는 삶에서 그것들을 어떻게 다루어야 할지 알고 있지만 너는 모른다. 그래서 나는 너를 가르칠 것이다."라는 어조나 메시지가 아니라는 것이다. 이를 확신하는 한 가지 유용한 방안은 귀인 반응(P. L. Wachtel, 1993, 2008)을 차용하는 것이다. 이렇게 접근하는 방식은 상담자의 말이 내담자 문제를 해결하는 데 있어 내담자와 상담자가 함께 있는 것으로 경험되도록 한다.

내담자: 음음…….

상담자: 예. 제 생각에 그건……

내담자: 제 생각에 그렇다고 생각해요. 그리고 저는……

상담자: 음음…….

내담자: 그리고 저는 두려웠어요. …… 저기, 시댁 식구들이 제게서 사과를 받아내고 싶어 할까 봐.

상담자: 음음…….

내담자: 왜냐하면 친정엄마가 거기 계셨지만 저는 시댁 식구에게 말하지 않았거든요. 그리고 만약 내가…… 왜냐하면 엄마가 저와 함께 스웨덴에서 돌아왔고 저는 아무것도 말하지 않기로 했거든요. 엄마는 제가 할 수 없다고, 저기, 제가 할 수 없다고 느꼈기 때문이에요.

여기에 루이스가 사로잡혀 있는 악순환의 또 다른 예가 있다. 루이스가 시댁 식구들에게 심지어 친정어머니가 스웨덴 태생이라는 것을 말하지 않았다는 것에 대해 시댁 식구들이 분개하는 것은 쉽게 이해할 수 있다. 그리고 시댁 식구들이 불쑥 들어왔을 때 이들이 행동한 방식에 대해 루이스가 충격을 받고 화가 난 것도 쉽게 이해할 수 있다. 양 당사자가 이해하지 못하고 있는 것은 각자의 행동이 자신이 싫어하는 행동을 어떻게 이끌어 내고 있는가 하는 것이다.[2)] 루이스가 전혀 예상치 못한 폭발과 거부에 덜 취약하도록 도와준다는 면에서 보면, 이런 상처와 분노 이면의 구조를 볼 수 있도록 돕는 것이 중요하다. 자신이 한 선택을 시댁 식구들이 어떻게 경험하는지 더 잘 이해할수록 불편한 뜻밖의 일들을 마주 대하지 않을 수 있고 자신의 욕구에 부합하는 시댁과 관계를 맺을 수 있는 것이다.

상담자: 음음…….

2) 인종 또는 민족 집단 양 당사자가 계속해서 상대방에게 자신들이 싫어하는 행동을 불러일으키는 유사한 방식에 대해서는 P. L. Wachtel(1999) 참조.

내담자: 저기, 엄마는 시간이 필요했어요. 그녀는 심신이 말이 아니었거든요…….

상담자: 음음…….

내담자: 그리고 저는 그걸 존중해 드렸어요. 그리고 생각이 들었던 건, 저기, 시댁 식구를 만날 적합한 때가 아닐지 모른다는 거였죠.

여기서 우리는 루이스가 친정어머니와도 오래된 패턴에 사로잡혀 있다고 추측해 볼 수 있는데, 이 패턴은 첫 번째 상담시간에 여러 번 들은 바 있다. 심지어 대단히 충격적인 파리에서의 유기를 제외하고서도 친정아버지가 돌아가실 때 친정어머니가 루이스에게 오지 않았으면 한다고 한 말을 기억할 것이다. 파리에서 겪은 유기는 한 번의 급성 신경쇠약으로 인한 것이라고 볼 수도 있으나 이는 루이스의 욕구가 놀랄 정도로 무시되었던 많은 경우 가운데 심한 경우일 가능성이 있다. 여기서 다시 보면 친정어머니의 욕구, 즉 개인적인 위로를 하고자 하는 욕구는 루이스의 욕구보다 앞서서 루이스의 욕구는 무시되었던 것이다. 친정어머니는 루이스의 남편이 루이스에게 잘 어울린다고 말은 하지만 자신이 거기 있다는 것을 시댁 식구에게 말하지 말라고 했을 때 자신이 루이스를 곤경에 처하게 했다는 것은 인식하지 못했다.

하지만 이러한 역동을 탐색하는 과정에서 친정어머니를 단순히 악마로 만들지 않는 것이 중요하다. 친정어머니는 확실히 본인 스스로가 고통이 많은 영혼이다. 하지만 결과적으로 딸에게 악영향을 주게 되는 것이 더 고통스럽다. 부모가 자신들에게 때로는 아주 역겹게 그리고 극단적으로 상처를 주거나 실망시킨 이유를 이해하도록 돕기 위해 상담을 할 때는 최소한 균형 잡힌 관점을 제공할 필요가 있고 또 그럴 가능성도 있다. 부모는 결국 좋든 싫든 다양하게 사람들의 자기의식에 내재되어 있다.

부모의 행동이 지독하게 가학적이거나 학대적이었을 때는 이렇게 하지 않을 수도 있다. 하지만, 예를 들어 루이스의 친정어머니를 생각해 보면, 무엇 때문에 딸의 욕구에 그렇게 문제가 있는 반응을 하게 되는지 상담에서 이해할 수 있을 때가 올 것이다. 하지만 이러한 이해가 딸에 대한 자신의 행동을 '변명'하거나 그 영향을 최소화하기 위해서 되어서는 안 된다. 하지만 루이스는 친정어머니의 또 다른 면을 보고자 하는 욕구가 있음을 분명히 나타내었으며 실제로 그와 같은 다른 면이 있었다. 내담자가 자신의 부모를 좀 더 삼차원적으로 볼 수 있도록 하게 되면 내담자는 부모 행동의 '다른 면'과 연관되어 있는 자기 내면의 긍정적인 자질과 다시 연결할 수 있게 된다. 그런데 이것은 내담자가 고통스러워지거나 무감각하거나 마음을 상하게 하는 것에 대해 부모의 편에서 얼버무리고 넘어가는 식으로 해서는 안 된다.

상담자: 음음…….

내담자: 그리고 저는 시댁 식구들이 그걸 존중하지 않을 거란 걸 알았어요.

상담자: 음음…….

내담자: 그래서 저는 그저 남편에게 "우리가 아무것도 말하지 않으면 괜찮을까?"라고 말했어요.

상담자: 음음…….

내담자: 그리고 나서 시어머니와 큰시누이가 들어왔을 때…….

상담자: 음음…….

내담자: 남편은 들어와서는, "아, 엄마일 뿐이잖아."라고 했어요. 그래서 저는 '아, 음, 그러면 엄마를 가서 데려와야겠네.'라고 생각했어요.

상담자: 음음…….

내담자: 그리고 나서, 그러니까 큰시누이가 한걸음에 달려와서는 "TV를 꺼. 문제를 해결해야 해."라고 말하는 거예요.

상담자: 음음…….

내담자: 그리고 저는 "하."라고 했죠. 그들이 얼마나 빨리 떠나려고 했는지.

상담자: 음음…….

내담자: 그래서 저는 엄마가 거기에 계셨다는 걸 잠깐 깜빡했어요. 저기, 엄마는 저기, "나갈까 생각했는데 혹시라도 네가 이 문제를 혼자 다루고 싶어 할 경우를 대비해 그러고 싶지 않았어."라고 말했어요.

상담자: 음음…….

내담자: 그러고 나서 우리가 충분히 진정되었을 때 저는 엄마를 데려왔고, 시댁 식구들은 엄마를 보게 되었어요. 제가 엄마를 숨김으로써 시댁 식구들에게 상처를 너무 많이 줬기 때문에, 지금 시댁 식구들은 저에게 사과하기를 원해요.

상담자: 음음…….

내담자: 그리고 저는…… 저는 엄마를 숨기고 있지 않았어요. 그냥 시댁 식구들이 저에게 기회를 주었다면, 저는 시댁 식구들에게 설명했을 거라는 거죠.

여기서 루이스가 시댁에 관하여 일어나고 있는 것에 당황스러움을 느낀 또 다른 예가 있다. 분명히 루이스와 하는 상담 중 한 가지 중요한 부분은 너무 빈번하게 자각하지 못하는 상태가 되지 않도록 하여 시댁 식구들이 도발로 경험하는 것을 더 잘 이해하게끔 돕는 것이 될 것이다.

상담자: 음음…….

내담자: 하지만 그건 같은 것이었고, 그리고 시댁 식구들은 "우리는 나이아가라 폭포에 가기로 했어. 나이아가라 폭포까지 차로 갔어. …… 12월 17일에."라고 했어요. 그리고 그것은 보통 시댁 식구들이 크리스마스를 기념할 때, 그때가 시댁 식구들이 모두 모일 수 있기 때문인데, 그때 시댁 식구들은 선물과 물건을 주죠. 그리고 저는 큰시

누이에게 말했어요. "저기, 엄마하고 저는 나이아가라 폭포에 갈 수 있었다고 하더라도 저는 가고 싶지 않았을 거예요. 저는 크리스마스를 기념하고 싶은 기분이 아니라서요." 그리고 큰시누이는 저에게 "음, 저기, 우리는 네가 기운 나게 했을 거야."라고 했어요.

상담자: 음음…….

내담자: 제가…… 변명하는 것 같네요…….

상담자: 음음…….

내담자: 그러니까 간단하게 정리하면, 제 생각에는,

상담자: 그 특정 순간에 일어나고 있던 건, 더 힘들게 했던 것……처럼 들리는 것 가운데 하나는 당신이…… 당신이 엄마를 보호하고 있었다는 거네요.

내담자: 음-흠.

상담자: 내 말은 루이스 씨 자신이 슬픔에 잠겨 있었다는 겁니다. 그래서 당신에게 매우 힘든 시간이었어요. 하지만 당신은 뭐랄까, 이 역할을 한 거죠. 그때 당신은 이 상황이 시댁 식구들에게도 힘들 수 있겠다는 것을 감지한 것 같네요.

내담자: 음-흠.

상담자: 하지만 루이스 씨는 친정엄마를 보호해야만 했어요.

나는 여기서 친정어머니의 선택이 루이스를 어떻게 난처한 상황에 처하게 했는지 볼 수 있도록 하고 있다. 친정어머니에게 충실한 가운데 루이스는 시댁에 대해 한층 더한 분노와 소외를 느끼도록 행동해야 했다.

내담자: 음-흠.

상담자: ……그래서 루이스 씨는, 뭐랄까, 어떤 의미로 두 가족 사이에서 옴

짝달싹하지 못했던 거죠.

여기서 나는 첫 상담시간에 루이스가 적절하고 유용하다고 한 '두 가족'이라는 구절을 다시 사용하고 있다. 루이스가 자율성 경험을 할 여지를 두는 데 있어 시댁 식구들이 자신에게 어떻게 상처를 주었는지만 보도록 하는 눈가리개를 쓰도록 해서는 안 된다는 점이 중요하다. 그 방향으로 가게 되면 루이스는 시댁 식구에게서 더 소외되고 상담 목표를 달성하는 데는 어려움만 더하게 된다. 루이스는 두 가지 방향에서 공격받고 있다고 느끼고 있지만, 시댁의 반응에 대해 자신이 공격당하는 데 취약하도록 한 것의 일부는 자신에게 있다는 것을 인정하지 못하고 있다.

내담자: 그래요. 저는 두 가족에게 상처를 주고 싶지 않았어요. 결혼식과 같은 건데, 그러니까 그건 시댁 식구들에게 상처를 주려는 게 절대 아니었어요. 제가 결혼하기를 너무나 원해서 그랬던 거예요. 마지막에는요. 그러니까…….

상담자: 음음…….

내담자: 마음에 들지 않고, 그때 마음에 들지 않더라도 제발 제가 쓸모없는 사람인 것처럼 느끼게 하지 말아 달라는 거죠.

상담자: 음음…….

내담자: 안 그러면 저는 일부러 시댁 식구들에게 상처 주려고 했어요. 왜냐하면 저는 그러지 않았다고 말했으니까요.

상담자: 음음…….

내담자: 그리고 시댁 식구들이 저를 믿어 주지 않으면 할 수 있는 게 아무것도 없어요.

상담자: 음음…….

내담자: 하지만 그건 여전히 저에게 상처가 돼요.

상담자: 그래요.

축어록의 이 부분을 읽으면서, 내가 알게 된 것이 루이스가 할 말을 하는 가운데 루이스의 경험을 인정하고 긍정하는 말('음음' '네')을 많이 한다는 것이었다. 내 생각에 여기서 내가 루이스가 느끼는 느낌의 강도를 감지하고 있고 또 이 감정을 표현하는 것이 얼마나 안전하고 받아들여질 수 있는지에 대해 루이스가 확신하지 못하고 있다는 느낌도 느끼고 있어서, 그 결과 이 문제로 힘들어하는 루이스에게 넌지시 지지를 하고 있다. 상담자들은 다른 상담시간보다 어떤 상담시간의 몇몇 지점에서 '음음'이나 이와 비슷한 말을 더 한다는 것을 거의 의식하지 못한다. 우리는 종종 듣거나 몰입하는 정도에 변화가 있다는 것을 자각하는데, 즉 의자에 기댄다든가 눈맞춤을 하는 것을 자각할 수도 있다. 이때 눈맞춤은 '나는 당신과 함께 있어요. 당신이 말하는 것을 듣고 있어요.'라는 것을 표현하는 것이다. 그러한 '비해석적' 개입은 다소 최근까지 평가되었던 것보다 성공적인 상담에 기여하는 더 큰 부분이다(Lyons-Ruth, 1998; D. N. Stern et al., 1998).

내담자: 그리고 그건 이런 상황에서는 마찬가지인 거죠. 시댁 식구들이 말하지 않는 한…… 네, 저는 엄마를 보호해야 했고 그건 제 최고 우선순위였어요.

여기서 루이스는 내가 루이스를 위해 명확히 하려고 했던 부분을 긍정하고 있다. 내 목표는 이런 복잡한 일련의 요구와 충성 요구에서 루이스가 무엇을 선택해야 하는지 결정하는 것이 아니다. 내 목표는 선택해야 하는 것이 있는

데 이 선택은 어려운 선택이라는 것을 루이스가 더 명확하게 아는 것이다. 루이스가 무엇을 선택하든 문제의 일부는 남편과 시댁에 대한 유대, 그리고 그녀에 대한 시댁 식구의 기대와 충돌되는 기대를 그녀에게 한다는 것을 그녀가 인정하는 것이 일시적이라는 것이다.

상담자: 음음…….

내담자: 그게 제가 가장 신경 썼던 거예요.

상담자: 음음…….

내담자: 그리고 남편은 저를 지지했어요. 그리고 그건, 시댁 식구들이 그것에 대한 어떤 설명에도 마음을 열지 않은 것 같았어요.

상담자: 음음…….

내담자: 그리고 그게 부분적으로는 시어머니가 저에게 이야기하지 않았던 이유였어요.

상담자: 음음…….

내담자: 왜냐하면 제가 시어머니에게 너무 많이 상처를 줬기 때문이에요. 시어머니가…… 그러니까 "일어나서 나오려고 했지만 나는 네 엄마에게 상처를 드리고 싶지 않았다. 왜냐면 네가 네 엄마를 숨기면서 네게 너무 많이 상처를 줬기 때문이야."라고 말씀하셨어요.

상담자: 음음…….

내담자: 대신, 그러니까…… 마치…… 제가 생각하는 건…… 다른 어떤 사람도, 저기, 제가 설명하면, 제가 이해하지 못한다 하더라도.

상담자: 음음…….

내담자: 적어도…… 가족이 시댁 식구들에게 그렇게 중요하다면…… 시댁 식구들은 아무것도 안 하면서 트집만 잡고, 내가 전화하면 왜 회신을 하지 않죠?

상담자: 음음…… 제가 생각해 봤을 때 루이스 씨, 당신이 말하고자 하는

건…… 왜 시댁 식구들은 이걸, 즉 당신이 보호해 주는 좋은 딸이었다는 걸 인정해 주지 않는 걸까 하는 것 같네요.

이것은 루이스가 말할 것이라고 생각했던 것이었다. 그러나 이것은 또한 내가 루이스에게 주는 일종의 도구인데 자신에 대해 좀 더 긍정적으로 생각하는 방식이자 시댁 식구들이 좀 더 이해할 수 있게 자신을 표현하는 방식인 것이다.

확실히 지금까지 들은 바로는 루이스의 시댁 식구들이 간단히 이해할 것이라고 기대하지 않는다. 시댁 식구들은 일종의 충성 주도권 다툼에 말려들어가 있는 것으로 보이는데, 이 충성 주도권 다툼은 가족들에서 드물지 않고 루이스가 말한 바에 따르면 시댁에서는 특히 그럴 가능성이 있다. 그러나 적어도 루이스는 자신을 방어하는 것을 잘 갖추게 될 것이고, 사실상 가족에게 충성이라는 시댁의 용어를 사용하여 자신을 잘 방어할 것이다.

내담자: 아, 그런 것 같아요. 하지만 그 생각은 전혀 하지 못했어요……. 네, 선생님 말씀이 맞아요. 왜냐하면 제가…… 제가…… 그게 제가 같이 하려고 했던 것이었거든요.

나는 루이스가 내가 말한 것을 좋아했다고 생각하는데, 내가 루이스가 말하려고 하는 것과 또 말하려고 하지만 잘 인식할 수 없었던 것을 바탕으로 반응하고 있었기 때문이다. 또 부분적으로는 친정어머니가 힘들어서 보호가 필요했다는 것을 넌지시 인정했기 때문이다.

상담자: 음음…….

내담자: 예. 그걸 시댁 식구에게 말하고 싶어요!

상담자: 음, 어떻게 그걸 시댁 식구에게 말할 수 있을까요? 어떤 면에서…… 봅시다……. 어떻게 그들에게 어떤 방식으로 말할 수 있을까요? 단순히 '시댁 식구들 코를 납작하게 해 주는' 게 아니라 시댁 식구들과 가까워지는 데 도움이 되게 말이죠.

여기서 나는 내가 한 말에 대한 루이스의 열렬한 응답을 기반으로 하고 있고 또 명쾌한 도움을 제공하고 있다. 기법 면에서 내가 첫 번째 상담시간에 한 것을 반복하는 것인데, 첫 상담시간에 루이스는 자신에게 너무 낯설다고 했던 시댁의 패턴은 '매우 생소했지만 매우 중요했다'고 내가 재구성한 것에 대해 열렬히 반응했으나 "그것을 어떻게 다루어야 할지 잘 모르겠어요. 방법을 생각해 봐야 하는데."라고 말했다. 루이스는 언젠가는 방법을 생각해 보아야 할 것임을 의미하는 것으로 말했지만 그 상담시간에 그것을 바로 다루리라고는 기대하지 않았다. 하지만 나는 루이스가 놀랐을지 모르겠는데, "네. 그럼 함께 그 방법에 대해 생각해 봅시다. …… 어떻게 그들에게 다가가고 싶나요? 그들에게 뭐라고 말하고 싶나요?"라고 말하면서 반응하였다. 여기서 다시 보면, 두 번째 상담시간에 나는 루이스가 시댁 식구에게 실제로 말할 수 있는 것에 직접 초점을 맞추고 있는데, 이는 일상생활에서 상호작용할 때 자신이 달성한 상황을 보는 신선한 방식으로 어떻게 해낼 수 있는지에 초점을 맞추고 있는 것이다. 그리고 다시 한번 말하면, 내 반응은 통합적인 접근을 반영하고 있는데 여기서는 정신분석적인 감수성과 인지행동적인 감수성을 결합하는 통합 접근을 반영한다. 나는 도움을 요청하는 것에 반응하려고 할 뿐만 아니라 그것을 자연스럽게 협력관계의 일환으로서 제공하려고 하는 것이다.

여기서도 "단순히 '시댁 식구들 코를 납작하게 해 주는' 게 아니라 시댁 식구들과 가까워지는 데 도움이 되게" 이들에게 어떻게 말할 것인지에 대해 언급하고 있다는 것에 주목하기 바란다. 이것 역시 통합적 특성이 있는 상담의 일부이다. 내가 목표로 두고 있는 것은 단순히 루이스가 느끼고 있는 것을 '표현'하도록 돕는다거나, '표출하도록' 한다거나, 자신에게 충실하도록 하는 것이 아니다. 물론 자신에게 충실한 것은 중요하다. 아주 중요하다. 하지만 구성주의 인식론이 제안하는 것처럼(이 책의 제1장과 Hoffman, 1998; P. L. Wachtel, 2008 참조), 자신에게 충실하는 여러 방법, 즉 자신이 느끼고 있는 것을 표현하는 여러 방법이 있는 것이다. 자신의 경험에 대한 다양한 표현 각각은 보고 생각하고 느끼는 것을 구성하고 이해하는 각각의 방식인데, 여기서 각각의 방식은 자기 자신에 대해 어떻게 느끼는지에 대해서도 다소 다른 결과와 의미가 있고, 또 자기 삶의 성격의 대부분을 이루고 문제가 되는 패턴을 유지하거나 바꾸도록 하는 순환 고리에 매우 중요한 대인관계에 대해서도 다소 다른 결과와 의미가 있다. 루이스는 첫 번째 상담시간을 시작할 때 상담을 하는 중요한 목적이 시댁 식구들과 화해하는 방법을 찾는 것인데 너무 어렵다고 말했다. 여기서 나는 이 목적에 도움이 될 가능성이 가장 큰 자신을 표현하는 방식에 대해 말하려고 하는데, 이는 동시에 강한 경계에 대한 루이스의 소망을 인정하는 것이고 그녀가 상처나 분노를 느낄 때 그 감정을 표현할 수 있도록 돕는 것이기도 하다.

내담자: (한숨) 예.

상담자: 왜냐하면 그게 루이스 씨가…… 대체로, 여러 복합적인 감정을 느끼면서, 그러나 여전히 대체로 하고 싶은 것이기 때문이지요.

내담자: 제가 시도하려고 하는 건…… 제가 시도하려고 하는 건 큰시누이에게 말하는 거예요. 예를 들어, 큰시누이는 저에게 화가 나 있어요. 시어머니 마음을 상하게 했다는 데 대해서요. …… 그래서 저는 큰시누이부터 시작하려고 해요. 큰시누이에게 말할 거예요. "언니가

시어머니를 보호했던 방식, 제가 시어머니 마음을 상하게 하거나 상하게 할 수 있다고 언니가 느꼈을 때, 음…… 언니가 시어머니를 보호했던 방식……"

상담자: 음음…….

내담자: "……그게 제가 엄마를 보호하고 있는 것과 같은 방식이에요."

루이스는 알아서 잘하고 있다.

상담자: 음음…….

내담자: 그래서, 저는 큰시누이가 거기서 유사한 점을 볼 수 있는지 물어볼 거예요. 그리고 "제가 왜 그런 말을 하는지 이해할 수 있겠어요? 언니도 똑같이 할 거잖아요?"라고 말할 거예요.

상담자: 음음…….

내담자: 그리고 저는 시어머니에게…… 제가…… 저는 부모화된 아이였다고 말할 거예요.

상담자: 음음…….

내담자: 아빠 역할이요.

상담자: 그래요…….

내담자: 하지만 엄마 역할도 여러 번, 엄마가 감정에 압도당했을 때요.

상담자: 음음…….

내담자: 엄마는 제가 담당하도록 했어요.

상담자: 그래요.

내담자: 음음…… 그래서……

상담자: 가장 최근의 일도…… 포함해서요?

여기서 나는 우리가 여전히 이 특별한 사건, 즉 친정어머니가 루이스에게 자신이 스웨덴에서 와 있다는 것을 시댁 식구에게 말하지 말라고 한 사건에 대해 이야기하고 있다는 것을 명확하게 하고 있다. 나는 대화가 너무 일반적으로 되지 않기를 바라고 있다. 구체적인 사건에 머무르는 것이 상담을 더 정서적으로 생동감 있게 한다.

내담자: 네, 네! 왜냐하면 엄마는 단지…… 아빠는 엄마의 중추였어요.

상담자: 음음…….

내담자: 그리고 엄마는 단지, 저는…… 저는 엄마를 두둔해야 하는 것처럼 느꼈어요.

상담자: 음음…….

내담자: 그리고 엄마는…… 저기…… 아무것도 할 수 없었어요. 엄마는 샤워를 할 수 없었어요.

상담자: 그래요.

내담자: 저기…… 무엇이든 저 없이는요.

상담자: 음음…….

내담자: 그리고 그게 저를 무섭게 했어요. …… 더 무서웠고…….

상담자: 음음…….

내담자: 왜냐하면 엄마가 자기 몸을 상하게 할지도 모른다는 게 두려웠어요.

우리는 여기서 친정어머니의 정신건강이 심각하게 손상되기 쉽다는 징후를 더 많이 본다. 첫 번째 상담시간에 루이스가 보고한 파리에서 있었던 끔찍한 사고는 단지 한 번만이 아니었던 것으로 보인다. 이런 연약함, 그리고 루이스가 보호자를 돌보아야 했다는 것은 루이스의 삶에서 계속된 부분으로 보이고 시댁과의 문제에 상당한 영향을 미친 것이었다.

상담자: 그래요.

내담자: 잠시 동안.

상담자: 음음…….

내담자: 그리고 저는…… 그리고 저는 제 이모에게 전화했고…… 이로 인해 저와 이모가 가까워졌어요.

상담자: 음음…….

내담자: 하지만 여전히 두려웠어요. 저는 이모에게 엄마를 잘 돌보라고 부탁했어요. 저는 엄마가 몸을 상하게 할까 봐 두려웠기 때문이에요.

상담자: 음음…….

내담자: 저는 엄마가 그렇게 할 것이라고 생각하지 않지만 여전히, 저기……

상담자: 음음…….

내담자: 음…… 저는 엄마가 이 신경쇠약을 겪을까 봐 두려웠지만, 제가 거기 있어서 엄마를 돌볼 수 있을 때 신경쇠약이 있기를 바랐어요.

이 반응에서 루이스에게 칭찬할 만한 보살핌의 징후도 보이고 부모화된 아이 역할을 내면화했다는 것을 볼 수 있다.

상담자: 음음…….

내담자: 제가 큰시누이에게 말하는 것, 저는 엄마가 여러 면에서 제 딸 같다고…… 저기…… 말하고 싶네요.

상담자: 음음…….

내담자: 그래서, 저는 제 딸을 보호해야 하는 거죠.

상담자: 음음…….

내담자: 선생님이 선생님 아이를 보호하려는 것처럼요.

여기 일련의 진술은 친정어머니와의 경험이 강력하고 가슴 아프게 표현되고 있는 것이며, 루이스에게 생기게 한 고통스럽게 복잡한 감정과 성향이 넌지시 표현되고 있는 것이다.

상담자: 음음…….

내담자: 그래서 아마도 이게 제가 시도하고 가까워지는 방식이라고 생각해요.

상담자: 음음…… 루이스 씨가 방금 말했던 몇 가지 것에 대해 내게 떠오르는 또 다른 것은…… 루이스 씨가 시댁 식구에게 이야기하는 것을 상상하였듯이…….

내담자: 음음…….

상담자: …… 또 다른 것은…… 루이스 씨를 이해하도록 시댁 식구에게 요청했던 것.

내담자: 음음…….

상담자: 그리고 루이스 씨는 어느 정도 시댁 식구에게 말하는 것을 상상하고 있고…… 시댁 식구들이 이해할 가능성이 있다고 가정하고 있고요…….

나는 여기서 자신이 이해받을 수 있다고 가정하는 방식으로 그리고 이렇게 함으로써 이해받을 수 있게 소통하는 방식으로 세상에 접근할 수 있게 가볍게 지지를 하고 있다. 이 반응은 내가 이 장에서 그리고 이전 장에서 언급했던 귀인 반응의 한 변형으로 보일 수도 있다(P. L. Wachtel, 1993, 2008 참조). 이것은 드러나거나 드러나지 않은 루이스의 강점에 기반을 두고 있다. 이 강점을 강조하고 강화하면서 루이스에게 귀인하는데, 이는 이 강점들이 표현될 가능성을 더 높이는 데 목적을 두고 있다.

내담자: 음음…….

상담자: ……반면에 잘되지 않았던 큰시누이와의 대화는

내담자: 음음…….

상담자: 그게 큰시누이가 잘못한 거를 보여 주려고……

내담자: 네.

상담자: 루이스 씨가 큰시누이에게 자기 생각을 밝히려고 했던 건가요?

내담자: 네.

상담자: 그리고 큰시누이는 매우 방어적이 되었고요.

내담자: 네.

상담자: 그래서 그건 잘 안 됐어요.

내담자: 네.

상담자: 그리고 저기, 루이스 씨는…… 당신이 말한 것에서 대체로 옳았지요. …… 정확했어요.

내담자: 저도 그렇게 생각해요…….

상담자: 이것은 당신이 정확하지 않았던 것이 아닙니다.

내담자: 네.

상담자: 하지만 그건 당신에게 도움이 안 됐어요…….

여기에서 나는 루이스가 말했던 것의 정확성이나 진실성에 대해 긍정하기도 하고 이와 동시에 지지하는 맥락에서 자신이 말한 방식을 재검토하여 그것이 자신의 삶에서 더 잘 작동하도록 한다. 어떻게 다르게 말할 수 있었을까에 대해 내담자들과 상담하는 것은 인정받거나 이해받는 것이 아니라 비난받는다는 느낌을 줄 여지가 늘 있다. 따라서 그런 경우에 내가 여기서 한 것처럼 긍정하는 반응과 함께 상담자 반응을 하는 것이 중요하다.

내담자: 네.

상담자: 왜냐하면 잘못한 거를 보여 주려고 한 것은 큰시누이가 방어를 하게 했고, 루이스 씨가 옳았기 때문에, 그러니까…… 누군가를 때릴 때, 그러니까 빗나가게 한 대 때리게 되면 사람들은 회복할 수 있어요. 하지만 상대방이 약한 곳을 정확하게 가격하게 되면…….

내담자: 네.

상담자: 그러니까…… 상대방은 매우 방어적이 되죠.

내담자: 네.

상담자: 하지만 제가 감명받은 것은…… 다른 사람의 방식을 따르는 것이 아니라…… 전혀 다른 방식을…… 루이스 씨가 가지고 있다는 겁니다. 루이스 씨가 어떻게 가능했는가에 대해 방금 말했어요. 즉, "보세요. 저는 정말로 언니가 이해해 주기를 바라요. 그리고 어쩌면 좀 더 명확하게 하지 못했을지도 모른다는 생각이 들어요. 저는 정말로 언니가 이해해 주기를 바라요. 그리고 저는 언니 경험도 이해하기 원해요."라고 말할 수 있는 자기 자신으로서 말했어요.

내담자: 네. 그건 사실이에요.

상담자: 저기, 그리고…… 그리고…… 루이스 씨는 해냈어요. 그러니까 그건 전혀 이상한 것이 아니라는 거지요.

앞서 말한 것은 귀인 개입을 나타내는데, 이는 많은 귀인 개입이 그렇듯이 내담자의 강점을 강조하고 강화시키려는 시도이다. 나는 듣고 이해해 달라는 요구를 정중하게 그리고 자기를 존중하면서 할 수 있는 루이스로 관심을 돌리고 있다. 나는 이것이 자기 자신의 표현이라는 점, 즉 다른 사람에게서 나온 것이 아니라 자신이 생각해 낸 것이라는 점을 강조하고 있다. 이 반응은 여기서 하는 것이 중요한데, 이는 적극적으로 제안을 하고 루이스와 협력해서 하는 내 상담 방식 때문이다. 이러한 협력 과정에서 루이스가(어쩌면 우리 둘 다) 내게서 무언가를 떠맡는 것이 아니라 자기 자신에게 이미 있지만 고통받고 있는 갈등으로 인해 억압되어 있는 자원을 바탕으로 하고 있다는 것을 아는 것이 중요하다.

내담자: 네. 지금 한결 나아졌어요. 제가 그걸 할 수 있다는 것을 알게 되니 기분이 좋네요.

루이스가 첫 번째 상담시간에 말한 대로 '사람들의 비위를 맞추는' 순종의 요소가 여기에 있을 수 있다. 하지만 루이스의 반응은 또한 내담자들에게 강점을 끌어내도록 하고 강점이 억제되거나 묻힌 곳을 보도록 하더라도 상담자들이 순수하게 자신의 강점에 반응할 때 내담자들이 어떻게 느끼는지를 보여주고 있다. 루이스가 '자신이 할 수 있다는 것을 아는 것'이 매우 중요하다. 이때만이 자신을 방해하거나 억제하는 것이 무엇인지 검토하는 것이 도움이 되고 성장을 촉진하게 된다. 그리고 이때만이 루이스가 다른 사람과 의사소통이 잘되도록 돕는 상담자의 노력이 모욕을 느끼게 하거나 수치심의 근원이 되지 않고 편안하게 받아들여질 수 있다.

상담자: 음음…… 하지만 저기, 제게 또 중요한 건, 제가 조금 걱정되는 것은…… 루이스 씨가 늘 다른 사람들을 돌봐야만 했기 때문에, 지금 루이스 씨가 저를 조금 돌보고 있지는 않았나 걱정이 됩니다. 제 말은, 루이스 씨가…… 제가 말한 것이 도움이 되었다는 것을 제가 믿지 않는다는 것이 아니에요.

내담자: 네.

상담자: 하지만 루이스 씨는…… 그러니까 제가 하는 일이 얼마나 좋은 일

인가를 알게 해 줘요.

여기서 나는 다른 면에서 조심스러움을 표현하고 있다. 특히 여전히 자신이 돌보는 사람이 되어야 했다는 사실을 계속 보여 준다는 면에서 나는 사람들의 비위를 맞추는 것에 대해 염려를 하고 있다. 나는 루이스가 나를 돌보는 것으로 부담을 느끼는 것을 원하지 않는다. 하지만 동시에 나는 도움이 되었다는 루이스의 표현을 묵살하거나 상담에서 이루어 낸 것의 가치를 깎고 싶지는 않다. 그렇게 하면 상담효과를 약화시킬 수 있다. 상담자가 너무 많은 신뢰를 받는 것을 경계할 필요가 있는 것처럼 너무 겸손할 때 문제가 있을 수도 있다는 것을 알 필요가 있는데, 지나치게 겸손한 것이 성취해 왔던 것을 평가절하할(따라서 실제로 그 영향을 줄일) 수 있다는 의미에서도 그렇고 상담자는 늘 내담자에게는 다른 누구보다도 본보기가 된다는 점에서도 그렇다. 자율성이나 개별성에 대한 어떤 이념도 상담자의 본보기 역할을 제거할 수 없다. 그리고 만약 우리가 너무 겸손하다면, 이것이 내담자가 해야 하는 방식이라는 것, 즉 성취한 것에 대한 건강한 자긍심이라도 받아들여질 수 없다는 것이 내담자에게 전달될 수 있는 위험이 있는 것이다(비교: Crastnopol, 2007). 분명히 이것은 우리가 내담자에게 전달하기를 원하는 메시지가 아니다. 그리고 특히 '행간'을 전달하기를 원하지 않는데, 이렇게 되면 그것을 드러내어 검토하는 것이 더 어려워진다.

내담자: 네, 그렇지요.

상담자: 제 말이 무슨 뜻인지 알겠어요?

"제 말이 무슨 뜻인지 알겠어요?"라는 내 반응은 여기서 앞의 내 반응에 대한 불안을 나타내기도 하고 루이스가 어떻게 이해했는지에 대한 불안을 나타내기도 한다. 내가 "내 말이 무슨 뜻인지 알겠어요?"라고 말한 이유는 바로 앞 해설에서 내가 논의하고 있던 바로 그 주제에 대해 염려하고 있기 때문이다. 자신이 더 좋아졌고 내 이전 반응이 도움이 되었다고 말하면서 루이스가 **나를 돌보고 있을 수 있다**고 한 내 말의 의미를 루이스는 다양한 방식으로 경험할 수도 있으나 어떤 것은 그다지 도움이 되지 않았을 수 있다. 그래서 나는 루이스가 나를 돌보고 있다고 한 것에 대한 추가적인 반응에서 그녀가 무엇을 취하는가를 자세히 보려고 하는데, 가능하면 그녀와 함께 검토하려고 하고 있다.

내담자: 네, 안 그랬어요. …… 의식적으로 하지는 않았어요. …… 하지만 그렇기는 하지요.

상담자: 음음…….

내담자: 제가 원했던 건…… 저는 사람들이 자신들이 저에게 언제 도움이 되는지 알기 원해요.

상담자: 그래요. 그리고 그것은 엄청난 것이죠. 그리고 저는 그걸 인정해요. 그건 그러니까 …… 내가…… 내가…… 얻었던…….

우리 대화는 조금 일관성이 없어지기 시작하고 몇 번 대화가 오간 다음, 다시 그 주제로 대화가 계속된다. 루이스가 나를 돌보고 있다고 한 앞의 내 반응에서 갈등의 다른 양상을 다루는 가운데 너무 정교하게 하려다 보니 그 복합성을 너무 자각해 버렸다고 생각한다. 루이스는 이 시점에서 이 모든 것을 받아들일 준비가 되어 있지 않았다. 내가 너무 앞서서 달리고 있었던 것이다. 이것은 아마도 루이스가 다음 반응에서 "어떤 점에서 그렇죠?"라고 반응하게 한 부분으로 보이는데, 이 표현은 내가 방금 말하고 있던 것과는 논리적으로 연결되어 있는 것 같지는 않지만 루이스의 (꽤 적절한) 혼란을 반영하였다. 우리가 빠져들어 간 것으로 느껴지는 혼란에서 벗어나려는 시도를 하는 가운데 다소간 뒤얽히게 되었고 대화가 조금 더 계속되었다. 이러한 혼란은 전적으로 나 자신이 만든 것으로, 한번에 너무 많은 것을 하려고 했다.

내담자: 어떤 점에서 그렇죠?

상담자: 의욕을 꺾고 싶지는 않지만…… 하지만…… 제가…… (동시에) 제 생각에 제가 그거에 대해 걱정하는 건 이게…… 제가 걱정하는 것은 우리가 이야기하고 있던 것의 일부이지요…….

내담자: 음음…….

상담자: ……어쩌면 딱 맞아떨어지는 거는 아닐 수도 있지만요. "네, 말하기는 쉽지만, 확신은 그걸 할 수 있다고 확신은 못해요."와 같은 그런…… 느낌과 같은 그리고 그런 의심이 들 때…… 루이스 씨가 저를 안심시켜야 한다는 느낌이 들지 않나. 맞는지는 모르지만 걱정이 됩니다.

두 사람 방식으로 작동한다는 것을 의미하는 예가 여기 있다. 나는 루이스 앞에서 생각나는 대로 말하고 있고 내 생각을 루이스와 나누고 있으며, 나 자신에게도 같은 방침을 적용하고 있다(이와 관련해서는 Aron, 1996; Renik, 1995; Safran & Muran, 2000 참조).

내담자: 음, 선생님이 저에게 무얼 하려고 하느냐고 물어보셨을 때, 음…… 제가 머릿속으로 생각하고 있던 거를 시도하고 연결시키기 위해, 그걸 말로 하지는 않았지만, 저는 머릿속 상담자에게 말하고 있었

어요. 상담 현장에서 지금까지 훈련받는 식으로요.

상담자: 음음…….

내담자: 저는 상담자 역할을 떠맡을 거예요. …… 그래서, 제가 생각한 건, 음, 선생님은…… 선생님은 직관이 뛰어나세요. 제가 그렇게…… 하거든요. 제 말은, 제가 원하는 건…… 저기…….

상담자: 음음…….

내담자: 하지만 그건…… 저는 상담자처럼 할 수 있어요. 만약 제가 그 역할을 맡는다면요.

상담자: 음음……

내담자: 그리고 저 자신을 보호하지만…… 그런 정도로…… 그러니까 서로 얼굴을 맞대고, 그리고 그게 제가 하지 않았던 이유의 일부예요. …… 저는 시어머니 얼굴을 맞대고 볼 수 없었어요.

루이스는 분명히 이 시점에서 명확성과 일관성이 떨어진다. 루이스는 뭔가와 씨름하고 있는데 말로 표현하기 어려워한다. "선생님은 직관이 뛰어나세요."라는 루이스의 말은 분명히 내가 이전에 언급했던 사람들 비위를 맞추는 요소가 있을 수 있고 내가 그렇게 언급함으로써 부분적으로는 이 혼란의 원인이 되었다. 하지만 이 말은 또한 상당히 이해받고 있다는 느낌을 반영하였고, 어쩌면 우리 둘 다 다소간 일관성과 명확성이 떨어지기는 했지만 중대한 무언가를 이해하려고 서로 모색하고 있다는 체계화되어 있지 않은 느낌을 반영했다고 생각한다(D. B. Stern, 1997). 전달하고 받아들여야 할 것이 너무 많아서 이 시점에서 그것을 모두 다 말로 표현할 수는 없다. 하지만 여기 루이스의 혼란스러운 표현 방식에서 잠시 전 나 자신의 혼란스러운 표현 방식을 반영하거나 유사하게 하는 것이기는 하지만, 내 생각에 루이스에게 와닿은 것은 이 혼란에는 여러 면이 있고 한꺼번에 이해하거나 말하는 것이 어렵기는 하지만 '정확한 직관'은 이런 것을 할 수 있는 여지를 보여 주고 있다는 더 큰 메시지이다.

상담자: 음음…….

내담자: 그리고 그게 시어머니를 전화상으로 만나야만 하는 이유이고, 제게 그런 보호책이 필요한 이유예요. 상담자의 보호가 필요했던 것처럼. 그 단어를 찾아내는 것은 나에게 쉽지 않았어요.

상담자: 음음…….

내담자: 음음…… 저는 그들에게 매우 심하게 상처받았어요. 그래서 저는 그 상처를 먼저 극복해야 해요.

상담자: 음음…….

내담자: 그리고 저는 선생님이 그걸 이해하신다는 데 대해서는 의심이 없어요.

상담자: 음음…….

내담자: 하지만 제 생각에 그건…… 어떤 이유로…… 큰시누이가 해당하는 건…… 저기, 저의 과거 집단괴롭힘이 지금 삶에서 나타난 거죠.

여기 보면 첫 번째 상담시간에 나온 중요한 주제와 명확하게 연결되어 있는 것을 볼 수 있다. 하지만 다행스럽게도, 나는 이 지점에서 명확하게 연결 짓지 않았다. 나는 이미 '너무 많이' 하고 있었고, 여기서는 그저 듣는 것이 최적이라는 것을 느꼈다.

상담자: 음음…….

내담자: 마치 악몽에서처럼…….

상담자: 음음…….

내담자: 음음…… 저는 그들에게 심하게 상처받았어요. 그래서 저는 그 상처를 먼저 극복해야 해요.

상담자: 음음…….

내담자: 그러니까 악몽을 꿀 때, 한 인물이 악몽에 나타나요.

상담자: 그래요…… 네.

내담자: 그게 시누이가 지에게 그런 거예요.

상담자: 음음…….

내담자: 이게 너무 극단적으로 들린다는 건 이해해요. 하지만 제가 시누이를 마주할 수 있으면 좋겠어요.

이 말은 극단적으로 들리기보다는, 큰시누이와 큰시누이를 다루는 경험이 이상하거나 괴상했다는 것을 전달하고 있는 것으로 들린다. 큰시누이와의 경험과 시어머니 그리고 어린 시절 집단괴롭힘을 당했던 경험 간의 관련성은 탐색하기에 점점 더 중요하게 보인다(하지만 루이스가 동화시킬 수 있는 속도로). 이는 현재 경험이 신경 회로에 저장되고 연결되어 이전의 정서적으로 중요했던 도식과 상호작용하기 때문이다(Gabbard & Westen, 2003; Westen & Gabbard, 2001a, 2001b).

상담자: 음음…….

내담자: 그리고 저기 제 학력의…… 가면 뒤에 숨지 않고…….

루이스는 자신이 앞에서 언급했던 것을 여기서 말하고 있는 것으로 보이는데 시댁과의 관계에서 겪고 있는 불쾌한 감정과 경험에 대처하기 위해 자신의 학력을 방어적으로 사용하고 있다. 그러나 시댁 식구에 대해 느끼는 방어적인 무시는 자신이 벗어나려고 발버둥치는 자신과 시댁 식구 사이의 악순환의 일부가 되고 있다. 의식적이든 그렇지 않든 시댁 식구들이 이 무시를 알아차릴 때 시댁 식구들은 루이스에 대해 적개심이 생기게 되고 이로 인해 이 적개심에 대처하기 위해 방어적인 무시를 하게 되고 이렇게 되어 패턴을 계속 유지시킨다. 루이스가 시댁 식구와의 관계를 효과적으로 바로잡으려면 이 무시의 근원을 수용하고 이 무시를 숙달하여 넘어서는 방법을 찾아야 할 것이다. 그럼에도 불구하고 이 시점에서 루이스가 자발적으로 "제 학력의 가면 뒤에 숨지 않고"라고 언급할 수 있는 것은 인상적이다. 이 언급은 루이스 편에서 보면 통찰이기도 하고 자발적인 예상 밖의 반응이기 때문에 우리가 해온 상담 작업이 성과가 있다는 것을 보여 주는 것이기도 하다.

상담자: 음음…….

내담자: 하지만 시누이와 마주 대할 수 있으면 좋겠어요.

상담자: 음음…….

내담자: 말이 되나요?

상담자: 음, 제가 들은 건…… 우리 둘 다 명확히 해야 할 중요한 건……

내담자: 음음…….

상담자: 그래요. 시누이와 가까워지기를 바라지만 가까워지는 방식이 "저는 시누이가 저를 이해해 주길 바라고 저는 시누이를 이해하기를 바라요."라고 말하는 식이라는 거죠.

여기서 우리는 귀인 반응의 또 다른 예를 볼 수 있다. 어떤 의미에서 나는 내가 들은 루이스의 말을 단순히 재진술하고 있으나 이와 동시에 루이스가 자기 말로 표현할 수 있는 것이 가장 좋기 때문에 그 말을 더 효과적으로 하거나 더 효율적으로 생각해 볼 수 있는 방법을 넌지시 알려 주고 있다. 이렇게 넌지시 제시하기 때문에 루이스는 이러한 제안을 쉽게 선택할 수도 있고 선택하지 않을 수도 있다. 그러나 루이스가 제안을 선택한다면 자신이 말하는 것이 상담자가 아닌 자신에게서 나오는 것이라는 느낌을 더 쉽게 가질 수 있다.

내담자: 음음…….

상담자: 그러나 또 다른 방식이 있는데 루이스 씨는 제가 그걸 놓치지 않기를 바라고 있고, 그걸 없애기 바라지는 않는 거지요.

내담자: 음음…….

상담자: 그 방식은……

내담자: 음음…….

상담자: 그건 시누이가 어린 시절의 집단괴롭힘 가해자를 나타낸다는 거지요.

내담자: 음음.

상담자: 그리고 루이스 씨는 어느 정도 있는 그대로, 뭐랄까, 말할 수 있기를 바라지요.

내담자: 음음…….

상담자: 그러나 그건 루이스 씨가 느끼고 있는 또 다른 부분인 거죠. 그리고, 그리고 말하자면 숨기지 말자는 거지요.

여기서 다시 한번 말하지만, 나는 피했던 것은 무엇이든지 표면으로 가져오려고 노력하고 있다. 가시적인 루이스의 관점, 중요한 것은 이 관점을 루이스가 받아들일 수 있다는 느낌을 가지는 것인데, 이 관점이 계속 바뀌고 있다. 해리 과정과 변화하는 자기상태는 여기서 중요해 보인다(Bromberg, 1998a; Crastnopol, 2001; P. L. Wachtel, 2008 참조).

내담자: 네. 그리고 제가 말씀드렸던 것처럼, 제 생각엔 제 일부가 선생님에게…… 저는 이해하고 있어요. …… 그리고 저는, 그리고 저는, 제 안에 있던 것을 알게 돼서 좋다고 말하고 있어요. 제 자신이 자랑스럽습니다.

여기서 나는 다시 루이스가 해 온 것과 할 수 있는 것을 강조하는 접근의 가치를 인정하면서 이 접근에서 중요한 것을 얻는 매우 실질적인 방안이 있다고 생각한다. 그리고 이와 동시에(모든 면을 이용하고 받아들일 수 있는 방안을 찾기 위해 내가 앞에서 변화하는 자기상태와 요구에 대해 언급하고 있었던 것의 또 하나의 예이다) 루이스는 시댁 식구들에게 효과적으로 영향을 미치는 것을 방해하는 자신의 무력함, 두려움, 억제가 드러나기를 바라고 있는데, 이를 통해 이런 것들을 받아들이고 표현할 수 있는 것이다. 이러한 사실은 대화가 진행되면서 명확하게 나타난다.

상담자: 음음.

내담자: 그래서 선생님이 제가 저를 자랑스럽게 느끼도록 도와주신 거죠. …… 하지만 동시에 제가 할 수 있다고 선생님께 말씀드리기는 아직 힘들어요.

상담자: 그래요.

내담자: 하지만 제가 할 수 있다는 걸 아는 건 시작에 비해서는 대단한 거죠.

상담자: 음음…….

내담자: 왜냐하면 저는 실제로 저 자신에 대해 계속 생각하지 않기 때문이에요. 그러니까 더 잘 알아야 하는 거죠. 그러니까 저는 훈련을 받고…… 하지만 그건 늘 선생님이 계실 때인 거죠.

상담자: 음음.

내담자: 그리고 선생님은 단지 한 사람으로 계신 거죠. 그건 어렵죠.

상담자: 그래요.

내담자: 선생님이 아무리 많이 아신다고 하더라도요.

상담자: 그래요. 그래서 실제로 쉬운 시작일 수도 있겠다는 것처럼 들리네요…….

내담자: 음음.

상담자: 시어머니에게 시도해 보세요.

내담자: 네.

상담자: 큰시누이보다는.

내담자: 네.

상담자: 왜냐하면 큰시누이는 뭐랄까, 그러니까 결승전 같기 때문이에요.

내담자: 네.

상담자: 먼저 예선전을 통과해야 합니다.

내담자: 네. 시누이는 박사죠. (빙그레 웃는다.)

상담자: 네. 네.

내담자: 네.

상담자: 그래요.

내담자: 그래서, 네, 네. 하지만 그게 상처가 되는 게, 왜냐하면 큰시누이가…… 짐을 얹는 느낌이네요.

상담자: 음음…….

내담자: 제 말은, 저는 매우, 매우 상처받았고, 저는 지금 아주 쉽게 상처받아요.

상담자: 음음…….

내담자: 그리고 지금 막 할 수 있기 시작했어요. 제 친구에게처럼요.

상담자: 그래요.

내담자: 그러니까, 그러나 시누이에게가 아니라, 이것은 시누이가 하는 모

든 사소한 것 같아요. 그리고 저는 그 사소한 것에 반응해요.

상담자: 음음…….

내담자: 이 상황들에 대한 상당히 민감한 이유. 제가 말하려고 하는 건…….

상담자: 음음…….

내담자: 음…… 저는 단지, 그러니까, 지금 저는 첫걸음을 내딛었고, 지금 저는 시어머니께 전화를 드렸어요. 그리고 시어머니는 저에게 전화를 다시 하지 않으셨어요.

상담자: 음음…….

내담자: 그래서, 그건 그러니까 상처에 소금을 치는 것과 같아요.

상담자: 그래요. 맞습니다.

내담자: 아시겠어요?

상담자: 그래요. 그리고, 그리고 그건 쓰라리죠.

내담자: 예.

상담자: 아프죠. 그리고 남편에 대해 한 가지 궁금한 게 있는데,

내담자: 음음…….

상담자: 음…… 남편이 개입했을 때, 그게 루이스 씨에게 좋게 느껴지지 않았어요.

내담자: 음음…….

상담자: 그러니까, 앞 시간에 그것에 관하여 이야기했었죠.

내담자: 음음…….

상담자: 하지만 어떤 점에서는, 그러니까 루이스 씨는, 상처가 됐죠. 루이스 씨는 너무도 자주 다른 사람을 보살피는 사람인 거죠.

내담자: 음음…….

상담자: 가끔은 루이스 씨도 보살핌을 받을 필요가 있어요.

여기서 나는 이번 상담시간의 앞부분 내용에 대해 해설한 부분에서 강조했던 주제를 따라가고 있다. 나는 여기서 이 주제를 남편과의 경험에 결부시키는 새로운 연결을 추가하고 있고, 그러는 가운데 마음을 터놓도록 하면서 루이스와 남편의 관계를 풍성하게 할 가능성이 있다고 생각하고 있다.

내담자: 음음…….

상담자: 저기, 어쩌면, 조금은…… 그러니까 루이스 씨가 그 점에 대해 남편과 이야기를 나누었다고 알고 있어요.

내담자: 음음…….

상담자: 루이스 씨가 남편과 그 점에 대해 전혀 이야기를 해 본 적이 없는 것 같지는 않지만 약간 '상처가 된다' '좌절스럽다' '어떻게 해야 할지 모르겠다' '여기서부터 여기까지 이해하고 싶다. 그리고 어떻게 해야 할지 전혀 모르겠다.' 등의 느낌일 수도 있어요.

내담자: 음음…….

상담자: 아…… 이 느낌은 남편과 이야기 나누기에 좋은 것이지요.

내담자: 음음…….

상담자: 보살핌을 받는 사람이 되도록 해 보세요.

내담자: 음음…….

상담자: 그러니까 내가 생각하기에 루이스 씨는 독립적이고 싶어 하기 때문에…….

내담자: 음음…….

상담자: 그건 분명히, 여러 면에서 매우 중요하기는 해요.

내담자: 음음…….

상담자: 하지만, 갑자기 드는 생각이…… 곧 마쳐야겠네요.

내담자: 아, 네.

상담자: 이 말을 해서, 제가 생각하고 있는 건…….

내담자: 네.

상담자: 생각하고 있는 거는 루이스 씨가 보살핌을 받고 있다는 겁니다.

내담자: 음음…….

상담자: 루이스 씨는 이모와 더 가깝게 되었어요.

내담자: 음음…….

상담자: 당신이 이모에게 도움을 요청했을 때…….

내담자: 음음…….

상담자: 그러니까, 그리고 언젠가 읽은 기억이 나는데 다른 사람의 기분을 상하게 했을 때 훌륭한 정치가는…….

내담자: 음음…….

상담자: 그걸 회복시키기 위해 보통 하는 것이 사과를 하는 것이 아니라 상대방에게 뭔가 요청을 하는 겁니다. 이들이 요청할 처지가 안 되는데도 말이지요.

내담자: 그래요.

상담자: 그리고 무언가를 요청하는 가운데…….

내담자: 음음…….

상담자: 상대에게 루이스 씨와 접촉할 수 있는 기회를 주는 거지요. 왜냐하면 루이스 씨가 그들에게 조금은 의지하기 때문이지요.

내담자: 맞아요.

상담자: 루이스 씨가 이모에게 했던 일, 그런데…….

내담자: 네. 네. 그건 저에게…….

상담자: 그리고 루이스 씨가 남편과 그걸 하는 것에 대해 생각해 본다면…….

내담자: 음음…….

상담자: 그리고 심지어…… 그 방법을 알아내는 건 어렵겠지요…….

내담자: 음음…….

상담자: 하지만 시어머니에게나, 그리고 결승에 진출할 때…….

내담자: 음음…….

상담자: ……큰시누이에게나. 그러니까 이들에게 무언가를 요청하는 것이 가능해요. 그건 사실 종종 더 쉽지요.

내담자: 음음…….

상담자: 그러니까 '부탁드리고 싶은 게 있는데 말씀드려도 될까요?'

내담자: 음음…….

상담자: 그러니까 적어도 정치인들은 이런 방식이 효과가 있다고 해요.

내담자: 왜…… 제 말…… 제가 시어머니에게 큰시누이와 일을 도와달라고 부탁할 수 있다는 거지요?

상담자: 음음…….

내담자: 그런 식으로 큰시누이에게 다가가기 위해서.

상담자: 매우 흥미로운데요.

내가 "매우 흥미로운데요." 하고 말할 때 나는 진심이었다. 루이스는 내가 말했던 것을 분명히 받아들였는데 '자기 나름'의 창조적인 방향으로 받아들였다. 그런 점에서 이것은 누군가에게 의존하면서도 자기 자신의 자원에도 의존하는 좋은 예이다. 그리고 더 나아가 누군가에게 의존하는 그 행위가 어떻게 자기 자신의 자원을 이끌어 내는지 보여 주는 좋은 예이기도 하다.

내담자: 좋아요.

상담자: 훌륭해요. 창의적인 아이디어네요. 지금이 우리가 마치기에 좋은 때인 것 같네요.

내담자: 네. 좋아요.

상담자: 좋아요.

내담자: 좋아요. 감사합니다.

상담자: 저는 이 상담이 도움이 되길 바랍니다.

내담자: 정말 멋져요. 정말 멋져요. 맞는 말씀이에요. (킥킥거리며 웃는다.)

상담자: 네, 좋아요.

루이스와의 두 번째 상담시간은 첫 번째 상담시간처럼 기승전결은 없었다. 새로이 드러난 사실은 거의 없었으며, 그리고 극적일 만큼 놀라운 것도 없었다. 두 번째 상담시간에 내가 현저하게 덜 활동적이었다는 점에서 첫 번째 상담시간과 달랐다. 나는 첫 번째 상담시간에서보다 더 적게 말하고 더 많이 들었다. 상당 부분, 이러한 내 태도는 첫 번째 상담시간에 많은 것을 얻어 낸 루이스에 대한 반응으로 루이스에게는 소화하고 작업해야 할 것이 많았다. 루이스가 이러한 작업을 하고 있었다는 것은 상담시간의 아주 초반부터 명백했다. 내가 루이스에게 첫 번째 상담시간에 가장 많이 남은 것이 무엇인지 물었을 때, 루이스는 첫 상담시간에 처음에는 소화하는 데 어려움이 있었으나 후반에는 자연스럽게 괜찮아졌다는 것을 강조하였는데, 친정과 시댁에 대해 생각해 보면서 '매우 생소하지만 매우 익숙한'이라는 핵심적인 비유를 하였다. 두 번째 상담시간에, 내 질문에 대한 응답으로, 루이스가 비슷하게 말하는 것이 '가족이 내 모든 삶에서 중심이 되어 왔음에도 불구하고, 가족의 의미가 크다는 것이 나에게는 생소하다. 그리고 내 가족이 얼마나 중요한지 전혀 깨닫지 못했다. 내가 가족이란 게 중요하다고 느끼기는 했지만, 저기, 이 사람들이 극단적이라는 느낌이 늘 들었으니까.'라는 생각이 자신에게 남았다는 것이다.

여기서 우리가 주목할 수 있는 건 루이스가 생소하다고 보았던 것이 사실은 자신의 삶에서 중요했다는 것을 다시 떠올리고 있을 뿐 아니라 인정하기 불편했던 친정의 특성에서 회피하기 위해 시댁에 대해 자신이 지각한 것을 사용해 왔다는 것을 느끼기 시작하고 있다는 것이다. 루이스가 상담하면서

"제 가족도 극단적이었어요."라고 말했듯이 말이다.

새롭게 활용할 수 있게 된 이 경험에 대해 즉각적으로 설명하면서, 처음에 루이스는 '차이'를 강조하는 견해를 유지한다. 여기서 루이스가 강조하고 있는 것은 친정 또한 극단적(시댁과 공통점)이었으나 다르게 극단적이었다는 것이다. 시댁이 요구와 의무에 과도하게 얽혀 있었다면, 친정을 특징짓는 것은 "친정 식구들은 서로 만나는 일이 없어요. 우리는 절대 모이지 않아요. 오로지 전화로만 하지요. 하지만 그러니까 '식구 문제를 다른 사람에게 말하지 말라'는 게 있어요."라는 것이었다. 이는 루이스에게는 의미 있는 관점의 확대로서, 첫 번째 상담시간 초반에 "우리는 언제나 서로를 위해요."라고 표현한 것과는 매우 대조적인 것이다. 또한 중요한 점에서 친정과 시댁은 다른데, 루이스는 이제 친정은 모두 좋고 시댁은 모두 나쁘다는 식으로 보는 것에서 벗어나 그러한 차이점을 보다 현실적으로 볼 수 있다. 그러나 '아주 생소하지만 매우 중요한' 것에 대해서는 또 다른 면이 존재한다. 이는 첫 번째 상담시간에 보다 초점을 두었던 것으로 시댁과 친정의 의무 구조에서 무언가 유사한 것이 있었다는 것인데, 친정 역시 그녀에게 과도한 요구를 하고 있었다는 점이다. 루이스의 어머니가 요구했던 의무는 분명 시댁이 요구하는 것과 정확히 동일하지는 않지만, 비밀 유지를 통한 충성심의 요구 조건을 넘어서는 것으로 절박한 가족 상황을 도와야 할 필요가 있는 상황에서 루이스가 외출해서 놀거나, 또는 청소년기 이전 및 청소년기의 성장, 반항, 개별화 과정을 거치는 것이 어려웠을 것임을 쉽게 생각해 볼 수 있다. "내가 뇌졸중 걸린 아버지와 함께 집에 처박혀 있을 때 어떻게 너는 밖으로 쏘다니면서 그럴 수 있니?"라는 말은 말로 표현되었건 표현할 필요가 없었건 간에 시댁이 "공부해야 할 시험이 있다는 이유만으로 어떻게 우리 집에 오지 않을 수가 있니?"라고 하는 말과 어느 정도 비슷한 정서적 공명이 있는 요구라고 해도 무리가 아닐 것이다.

상담 초반에 루이스가 다른 면을 보도록 시도하는 과정에서 내가 다소 성급했다. "겉으로 보기에 접촉이 부족했다거나 그들과의 접촉이 부족했던 것처럼 보이지만 **지나치게** 접촉해 있던 때도 있었지요. 루이스 씨가 아버지를 간호해야 했을 때요. …… 어떤 의미에서는 떠나는 것이 허락되지 않았지요."라고 말하면서 그 순간에 루이스가 말하고 있던 경험, 즉 "친정 식구들은 서로 만나는 일이 없어요. 우리는 절대 모이지 않아요."라는 경험을 지체 없이 다루었다. 그 고독하고 단절된 느낌은 루이스가 그 순간에 느끼던 것이었다. 더구나 그 느낌은 성장하는 동안 받았던 요구만큼이나 고통스러운 한 부분이었다. 내가 첫 번째 상담시간에 강조하고 사실상 루이스가 인정할 수 있는 것이 중요했던 친정과 시댁의 유사성에도 불구하고 둘 간에는 상당한 차이가 있었다.

여기서 잘못된 방향으로 가게 된 것에는 몇 가지 요인이 있었다고 생각하는데, 돌이켜 본 바와 같이 "우리는 절대 서로 만나지 않아요. 우리는 절대 모이지 않아요."라는 루이스의 경험에 잠시 머무는 것이 가장 좋았을 거라는 점에서 그렇다. 이는 특히 이 경험이 중요하고 강하게 느껴지는 것일 뿐만 아니라 그 나름의 새로운 관점이면서 흑백 논리, 즉 시댁에서 루이스가 소외되는 것을 가속화한 모두 좋거나 모두 나쁜 이미지를 감소시키는 데 도움이 되는 것이기 때문이다. 첫 번째 요인은 루이스가 좀 더 완벽하고 균형 있게 볼 수 있도록 도우려고 했다는 점이다. 친정은 서로 연락을 하지 않고 시댁은 얽혀 있다는 점을 강조하면서 루이스는 분명히 친정과 시댁 간의 실제적이고 중요한 차이를 지적하고 있었다. 하지만 그것은 절반의 진실이었고, 말하자면 나는 완전한 상황을 구체화하고 싶었다. 그러나 그 부분들을 너무 빨리 이으려고 하는 바람에 루이스가 이루었던 중요한 새로운 이해에 몰입해서 정교화하고 느낄 수 있는 충분한 시간이 그 순간에 주어지지 않았다.

그 시점에서 내 선택에 영향을 미친 두 번째 요인은 첫 번째 시간에 시댁이 어떻게 더 친숙하고 덜 생소한지 강조한 것이 정서적인 경험을 통해 일어난 심리적 재배치를 발생시켰다는 것이다. 내가 루이스에게 "저기, 생각나는 한 가지 이상한 점은 어떤 면에서 시댁 식구들도 루이스 씨가 살았던 방식대로 산다는 겁니다."라고 말했을 때, 루이스는 강하게 긍정하면서 반응했다. 그러고 나서는 "네. 저는 그거에 대해 생각해 본 적이 없어요. 그건 정말 좋은 표현이네요. 제가 시댁 식구를 좀 더 공감하는 데 도움이 되네요. 예리하시네요."라고 말했으며 나머지 상담시간 동안에는 변화의 매개체를 추적하였다. 이와 비슷하게 상담 후반부에 '생각보다 덜 생소한'의 다른 설명으로, 내가 루이스와 시댁 식구 사이의 유사점을 이해하는 것보다 차이점을 이해하는 것이 더 쉽다고 말했을 때, 루이스는 시어머니가 얼마간의 시간을 혼자 보내고 싶을 때는 자신의 집에 있다고 말하자는 '공모'를 시어머니에게 제안했던 것을 마침내 떠올리게 되었다. 여기서 다시 말하면 이렇게 초점 맞추는 것이 정서적으로 중요한 결과를 가져오는 것으로 보였는데, 정서적인 연결, 즉 시어머니와 다시 연결되는 다리가 구축되고 있었다. 내가 두 번째 상담을 시작했을 때 의식 밖에서 내게 느껴졌던 이런 경험의 결과로 루이스가 한 이러한 새로운 경험을 과대평가하고 있었고, 그래서 그 순간에 머무르기보다는 이 차원으로 되돌리려고 지나치게 열심히 노력하였다.

다행히도, 내가 이 책의 몇몇 곳에서 언급했듯이 상담자가 어떤 것이 제대로 가고 있고 또 제대로 가고 있는지 깊게 생각하려고 할 수 있다면 상담 과정은 상대적으로 비교적 관대하다. 이러한 상담 초반의 잘못된 처치는 상담을 처음 시작하는 학생이 종종 우려하는 것처럼 상담을 '파멸'이 되게 하지는 않는다. 실수는 필연적인데 중요한 것은 상담 과정이 유용하게 진행되었다는 것이다. 내가 여기서 너무 많은 것을 너무 빨리 하려고 했다는 것을 다소 초기에 느꼈다고 볼 수도 있다. 왜냐하면 상담이 진행되면서 첫 번째 상담시간(이 첫 번째 상담시간이 유용하고 도움이 되었다고 생각하고 있다)이나 두 번째 상담시간 초기(이때는 별로 유용하지도 않았고 도움도 되지 않았다)보다 듣는 것을 많이 하고 개입하는 것을 덜 했기 때문이다. 상담이 진행되면서 두 번째 상담시간의 협력은 첫 번째 상담시간과는 다소 다른 양상을 띠었으나 초기 경험과 시댁 식구와 하는 경험 모두를 이해하고 경험하는 대안을 탐색하고 남편과 시댁에 더 성공적으로 다가갈 수 있는 대안을 탐색하는 것은 유용하게 지속되었다. 끝날 때까지 나는 루이스가 이 상담에서 많은 것을 얻었다고 느꼈고, 상담을 더 할 수 있었으면 하고 바랐다.

제5장

사례 2: 멜리사와의 단회 상담

이 장에서 소개할 내담자는 멜리사(Melissa)인데, 멜리사와 한 상담은 루이스와 한 상담과 다소 다른 특징이 있다. 상담하는 내내 나는 멜리사와 친숙해지는 데 어려움을 겪었다. 우리의 목적이 상반되어 있다는 느낌, 즉 내가 익숙한 방식으로 협력이 되고 있지 않다는 느낌이 있었다. 우리가 함께한다는 느낌이 들고 같은 공간에 있다는 느낌이 들 때까지 루이스 때보다 더 오래 걸렸고, 상담도 루이스 때만큼 그렇게 생산적이거나 잘되었다는 느낌이 든 적이 없다.

물론 상담하는 사람이 다르기 때문에 차이가 나는 면은 불가피하게 있다. 우리 분야는 상담이 잘되는 상담자-내담자 궁합에 대해 거의 주의를 기울이지 않았다. 어떤 면에서 루이스와 내가 멜리사와 나보다 더 '궁합이 맞는 조합'이었을지도 모르겠다. 하지만 이것이 다수의 복잡한 요인으로 인해 이 사례에서 사실인지 알기는 어렵다. 무엇보다 치료적 상호작용이 단회 시연상담으로 구성되었다는 사실은 이미 치료 관계 속에 내재되어 있는 복잡성에 한층 더 복잡성을 더했다는 것은 분명하다. 이것이 루이스의 경우 사실이기는 하지만, 이러한 상담 상황이 다른 참가자들에게는 또 다른 의미가 있을 수 있다. 만일 우리에게 추가 상담 기회가 있어서 우리가 부딪혔던 문제를 추적하고 탐색할 수 있고 유대를 쌓을 수 있었다면 우리는 더 강한 치료동맹을 맺어 더 깊게 관계하고 더 철저하고 의미 있는 협력을 했을 것이다. 사실상 내 경험으로 보면 때때로 상담 초기에 관계를 형성할 때 부딪히는 어려움은 돌이켜 보면 치료 작업을 실제로 향상시키는 경험으로 판명되는데, 이러한 어려움들이 상담자와 내담자에게 일종의 '실험실' 또는 '작업장'을 제공해 주어 내담자 문제의 이면에 있는 문제에 더 많이 그리고 더 직접적으로 대면할 수 있게 해 준다. 그러한 경우, 초기 상담 과정이 순조롭게 진행되는 것이 사실상 가장 중요한 문제를 효과적으로 다루는 것을 방해하는 것일 수도 있다.

치료적 만남이 단회의 시연상담이라는 사실이 멜리사에게 특히 강한 영향을 주었을 수 있는 요인이 상담 시작 직전에 비디오 시리즈 제작자들에 의해 드러났다. 알고 보니 이러한 구성 방식, 즉 미국심리학회(APA) 비디오 시리즈가 멜리사에게 처음이 아니었던 것이다. 멜리사는 내가 잘 알고 있고 매우 존경하는 상담자인 다이애나 포샤(Diana Fosha)와 1년 전에 유사한 단일 상담 비디오테이프 녹화에 참여한 적이 있었다.

나는 여느 초기 상담에서 하는 것처럼 상담을 하려고 했다. 어떤 종류의 경험이 나를 기다리고 있는지 알지도 못하면서 내담자에게 만족스럽고 유용한 경험이 되게 하려고 가능한 개방적이려고 노력하면서 말이다. 하지만 이러한 특별한 상황(즉, 멜리사가 유사한 이전의 상담을 했던 것)은 상담을 어렵게 만드는 또 다른 요인이 되었다.

이런 특이한 상황의 영향에 더해서, 포샤와 한 상담 경험은 멜리사에게 특히 의미 있는 경험이었다. 독자가 축어록을 읽을 때 보게 되는 것처럼, 멜리사는 나와 상담할 때 포샤와 한 상담 경험에 대해 매우 좋았다고 언급하고 있다. 그리고 포샤도 APA 비디오 시리즈에 포함시킬 상담으로 멜리사와 한 상담을 선택했다. 그래서 나는 다른 경우보다도 더 '이방인'으로 상담에 들어왔다는 느낌이 있는 것이다. 나는 상담실에서 '포샤가 아닌 사람'이었다고 말할 수 있다.

멜리사가 이전에 포샤와 APA 비디오를 찍었던 경험(우리가 지금 상담을 녹화하고 있는 바로 그 스튜디오에서)의 의미를 더 복잡하게 만드는 것은 멜리사가 나와 상담할 때 말하는 바와 같이 자신이 이혼한 것이 포샤와 상담한 덕분이라고 생각한다는 것이다. 멜리사는 이것을 좋은 일로 표현하면서 포샤에게 감사하고 있는데, 포샤가 자신의 감정을 충분히 명료하게 해 주어 이혼을 추진할 용기를 얻을 수 있었다는 것이다. 그러나 그럼에도 불구하고 멜리사가 경험한 것처럼 포샤와 가진 단 한 번의 상담은 그녀의 삶의 토대를 바꾸어 놓았다. 의식적이든 그렇지 않든 간에, 멜리사가 단회 상담을 위해 자신을 보러 뉴욕에서 온 또 다른 상담자에게 마음이 흔들리거나 동요되지 않도록 하겠다고 결심했다면, 이는 이해할 만한 일이다.[1)]

멜리사의 입장에서 이러한 경고는 그녀가 상담에서 다루고 싶어 했던 주제를 꺼낸 방식에 명확하게 드러나 있다. 멜리사는 분명히 갈등 중이었는데, 이는 상담자들에게 확실히 낯설지 않은 마음 상태이다. 그러나 멜리사가 초점을 두고 있는 갈등은 자신의 전공과는 무관한 웨이트리스라는 현재 직업을 계속할 것인가 아니면 자신의 전공을 살려 직업을 선택할 것인가라는 매우 구체적인 선택 문제에 한정되어 있었다. 이 갈등에 대해 멜리사가 한 이야기는 월급이나 건강보험과 같은 구체적인 경제 문제에 다소 협소하게 초점이 맞추어져 있었고, 대부분의 상담시간이 여기서 크게 벗어나지 않았다.

1) 나중에 드러나듯이 포샤와의 단회 상담에 멜리사가 너무나도 동요되었기에 포샤는 자발적으로 추수상담을 전화로 했는데, 이는 멜리사가 나와 상담에서 말한 것이다. 엄밀히 말해서, 멜리사는 포샤와 단지 한 번 만난 것이 아니었다. 하지만 여기서 말하고 있는 것은 관련이 있으며 어쩌면 더욱 중요할 수 있다.

이러한 문제는 현대 미국 사회에서 결코 사소한 문제는 아니다. 그러나 멜리사가 자신의 문제를 협소하게 본 것이 이 문제의 원인이 되었을 수 있는 다양한 이면 문제를 탐색하는 데 방해가 되었다. 상담이 진행되면서 이 범위는 다소 넓어져 가족들과의 관계나 갈등이 초점이 되었다. 그러나 대체로 멜리사가 상담에서 다루고자 했던 것은 진로상담에 더 적합한 것이어서 내가 주로 다루는 관계, 갈등, 경험하거나 회피한 감정에 대한 상담과는 잘 맞지 않았고, 이는 포샤의 상담도 그러하였다. 달리 말하면, 멜리사는 또 다른 '포샤 유형'의(그리고 우연하게도 '와텔 유형'의) 상담을 경험하지 않으려고 암묵적으로 작정하고 있는 것 같았다.

상담이 진행되면서 다양한 추가 주제가 나타나기 시작했는데, 이 주제들은 역동적이거나 통합지향적인 상담자들이 도움을 줄 수 있는 것들이었다. 어린 딸이 있는 한부모로서 멜리사가 의료 혜택이 축소되거나 못 받게 되는 것을 싫어하는 것은 당연했지만, 이혼과 한부모로서 해야 할 일들이 멜리사에게 다른 차원에서 스트레스를 주고 있었을 것이다. 이런 스트레스에는 전남편과의 관계의 본질이 무엇인지 계속 생각하는 것도 있었는데, 전남편은 감정적인 면에서도 그리고 아이들의 아버지라는 사실로도 멜리사의 삶에 여전히 중요한 사람으로 남아 있었다. 이와 관련된 문제로, 멜리사는 이번 기회에 새로운 관계를 시작하고 싶은지 아니면 오로지 아이들과 자신의 직업 문제에만 집중하고 싶은지의 문제에 직면해 있는 것이다. 이 주제들은 모두 멜리사와 함께 탐색하기에 유용한 것들이었지만, 이 상담에서는 내가 다른 상담에서 하는 것처럼 충분히 다루지는 않았다. 이 장에서는 왜 그랬는지 살펴보고자 한다.

개괄적으로 이번 상담을 살펴보면, 상담을 방해한 것은 두 가지 요소였다고 생각한다. 첫 번째 요소는 상담자들의 일반적인 편향으로, 특히 역동 지향적인 상담자들이 그러한데, '이면'을 보면서 더 복잡하고 숨겨져 있는 주제를 찾으려고 하지, 더 '표면에 드러나는' 현실 문제에 머물지 않으려고 한다는 것이다. 나는 여러 방면에서 그러한 경향, 즉 문제가 되는 편파적인 방식에 대해 비판해 왔지만(예: P. L. Wachtel, 1997, 2003), 여기서는 어느 정도 굴복했다고 생각한다. 돌이켜 생각해 보면, 1년 전 멜리사가 포샤에게 받은 상담이 멜리사 자신, 삶, 무엇보다 상담 경험 자체에 대한 느낌에 미친 영향을 과소평가했다고 생각한다. 어떤 면에서 멜리사는 이번 상담에서 이전 상담이 초래한 영향을 다루는 데 도움을 구하고 있었다. 멜리사의 말을 들어 보면, 포샤와 상담한 이후에 생긴 변화들은 멜리사에게 중요하고 긍정적이었다. 그러나 그 변화가 너무나 커서 아직도 받아들이느라고 고군분투하고 있었고, 아이의 한부모라는 스트레스 상황에서 자신의 삶을 재조직하는 중이었다.

멜리사가 구하고 있던 도움을 제공하는 것이 어려웠던 두 번째 요소는 이 상담이 녹화되어 잠정적으로는 비디오로 제작될 것이라는 점이었다. 이로 인해 비디오를 시청할 사람들에게 상담이 흥미롭기를 바랐고 내 상담 방식이 잘 전달되기를 바랐다. 흥미롭다는 것과 도움이 된다는 것 사이에는 정적인 상관이 있기는 하지만 그것이 절대적인 상관은 아니다. 가끔 보면 내담자가 바라는 것이 꼭 상담자가 바라는 것은 아닌데, 이는 내담자는 특별히 '흥미'롭거나 지적인 도전의식을 불러일으키는 참여 방식을 구하는 것이 아니라 단지 차분하고, 꾸준하며, 친절하고, 지지적인 참여 방식을 구하는 것일 수 있다는 점에서 그렇다. 카메라가 있다는 것이 루이스와의 상담을 포함하여 녹화를 했던 다른 상담보다 멜리사와 상담할 때 더 큰 영향을 주었는데, 내 생각에는 내가 하는 상담에서 '보통' 일어나는 것을 보여 주기 어려울 수도 있다는 것을 상담 초반부터 느끼고 있었기 때문인 것 같다. 그 결과, 멜리사와 진정으로 협력하는 참여 방식을 찾는 데 시간이 더 걸렸다.

시간이 지나면서 이 단회 상담에서도 우리는 공통점을 찾았고 더 생산적으로 협력하기 시작했다. 상담 후반부가 전반부보다 훨씬 생산적이고 관심을 끌 만하다고 생각한다. 특히 상담이 진행되면서 멜리사가 현재 직장에 당분간 남고 싶어 하는 정도가 어느 정도인지, 그리고 다른 사람들이 실제로 요구하기도 하고 이전 경험으로 인해 멜리사의 머릿속에 남아 있는 '해야 한다'는 압력 때문에 자신이 변화를 생각하고 있었다는 것을 강조할 수 있게 되었다. 가족 내 멜리사의 복잡한 역할도 명료하게 되었는데, 이는 처리하기 어려운 이중 메시지를 받고 있었을지도 모른다는 것을 시사한다. 그 상담시간은 더 지지적이고 탐색적인 분위기가 되었다. 종종 치료 과정에 대한 논의에서 이 과정의 양극단은 대조적인 것으로 다룬다. 상담할 때 나는 이 두 가지를 대조적인 것이 아니라 상호보완적이고 상호촉진적인 것으로 보는데, 지지적인 태도로 인해 효과적으로 탐색할 수 있고, 또 효과적으로 탐색함으로 인해 지지적이 될 수 있는 것이다(P. L. Wachtel, 1993, 2008). 예를 들면, 멜리사와의 상담에서 분명해지지만, 멜리사의 직업 선택을 어렵게 하고 자신이 결정했으면서도 자신이 결정했다고 느끼지 못하게 하는 복합적이고 다소 무의식적인 요소를 탐색할 수 있었던 것은 멜리사의 선택과 성향을 지지해 주면서 그렇게 하는 것이 '멜리사답게' 하는 것이라고 긍정적으로 표현했기 때문이다. 궁극적으로는 상담의 주된 과제인 상담 자체를 '멜리사답게' 하는 방법을 찾는 것이었다. 어떤 노력으로 인해 이러한 목표를 달성할 수 있는가는 이 상담처럼 늘 명확한 것은 아니지만, 이것은 궁극적으로 모든 치료적 만남의 과제이다.

사례

상담자: 안녕하세요, 멜리사 씨.

내담자: 안녕하세요.

상담자: 오늘 여기 어떻게 오게 되었는지 말씀해 주시겠어요?

내담자: 지금 당장 문제는 제 전공 분야에서 일자리를 찾는 거예요. 저는 지금 상담을 전공하고 있어요.

상담자: 음음…….

내담자: 그리고 결혼과 가족 전공을 하고 있었는데, 학교상담으로 바꾸기로 결정했어요.

상담자: 음음.

내담자: 그래서, 그리고 저는 지금 레스토랑에서 일을 하고 있고요, 정확하지는 않지만 대략 5년 정도 일했어요.

상담자: 음음…….

내담자: 하지만 가장 큰 고민은 이 일을 그만두고 제 전공에서 다른 일을 찾는 거예요. 거 뭐냐, 일을 잠깐 그만두고 싶었지만, 좀 어려웠어요. 종업원 일은 빨리 그리고 쉽게 돈을 벌 수 있고 일을 집으로 가져갈 필요가 없으며 근무 시간이 좋으니까요. 하지만, 그러니까 어느 시점에서는 이력서를 써야 해요.

상담자: 음음…….

내담자: 그래서 지금 가장 힘든 건 결정하려고 하는 건데, 그러니까 제가 할 수 있는 건 학교상담을 받아들이는 건데요.

상담자: 음음…… 네…… 문제가 뭐랄까, 현실적이고 상황적인 문제네요. 또 결정해야 하는 문제고요. 그러면 멜리사 씨가 여기 온 게 그 결정을 방해하는 뭔가가 있다는 느낌이 있어서가 아닐까요? 이런 식으로 생각하면 뭔가 짐작 가는 게 있나요?

나는 지금까지 다소 현실적인 문제를 듣고 있다. 이 문제는 중요하기는 하지만 상담자가 내담자에게 큰 도움이 될 수 있는 것은 아니다. 멜리사가 상담자와 이 문제를 논의하고 있었기 때문에(그리고 사실상 이 문제가 여기에 온 이유라고 했기 때문에), 멜리사가 이 문제를 명료하게 하고 상담을 시작할 수 있도록 하기 위해 이 결정에 다른 무언가가 관련되어 있지 않은가 하는 질문을 시작하려고 하고 있는 것이다. "멜리사 씨가 여기 온 게 그 결정을 방해하는 뭔가가 있다는 느낌이 있어서가 아닐까요?"라고 멜리사에게 말하면서, 나는 멜리사가 그 느낌에 주의를 기울이고 더 다가갈 수 있도록 도우려고 노력하고 있다. 이렇게 말하면서 나는 귀인 반응이라고 부르는 것을 하는데(P. L. Wachtel, 1993 참조), 이는 내담자가 아직 말하지 않고 인식은 하지 못하고 있지만 그런 직감이 내담자에게 있다고 믿는 것이다.

상담의 아주 초기인 이 시점에서도 나는 상담자로서 의미 있게 개입할 수 있는 것이 없지 않을까 걱정되기 시작했다. 그리고 특히 이 상담이 시연상담이 될 것이기 때문에 수련상담자나 상담 과정을 더 많이 배우고자 하거나 생각해 보고자 하는 전문가들에게 흥미 있는 것이 아무것도 없지 않을까 걱정되었다.

내담자: 그러니까 제 가장 큰 고민은요, 그냥 제가 최근에 이혼했고 지금 제 딸과 함께 아파트에 살고 있어서요. 그래서 가장 큰 고민은 월급이 깎이는 거예요.[2]

내가 이 상담을 하면서 이미 생각하기 시작했지만 지금 상담을 되돌아보면서 생각하게 되는 것은 여기서 문제는 일반적인 주제, 즉 내가 내담자를 도울 수 있고 나의 기술과 경험에 알맞은 문제를 찾으려고 했다는 것이다. 멜리사

2) 내가 여기에서 아직 알아차리지는 못했지만, 사실 멜리사는 이미 상담 초기인 이 지점에서 지금 하고 있는 일을 그만둘 것인지 또는 계속할 것인지와 관련된 자신의 갈등을 내비치고 있다. 최근 이혼했고 혼자서 딸을 돌보아야 한다는 사실을 자발적으로 꺼내는 것은 상담에서 보통 관심을 두고 있는 바로 그런 종류의 주제와 경험, 즉, 대인관계 문제, 상실 경험, 갈등이 되는 정서 반응 등을 탐색하는 시작점이 되는 것이다. 그러나 상담이 조금 진행되어서도 이 주제를 이해하지 못했고, 심지어는 멜리사가 그 주제를 꺼냈다는 것을 알아차리지도 못했다. 이 지점에서 내가 인식하고 있는 것은 상담이 너무 지엽적인 부분에 초점을 두어서 좋은 시연상담 비디오가 되지 못하지 않을까 하는 불안에 지배당하고 있다는 것이다.

의 고민은 당연히 전적으로 타당하다. 그리고 분명히 멜리사는 자신이 걱정하고 있는 것에 관심을 가질 수 있는 권리를 갖고 있다. 상담자가 흥미 있다고 생각하거나 상담 기법에 적합한 것에 관심을 가지는 것이 아니라 말이다. 그러나 멜리사가 문제를 표현했을 때, 사람을 잘못 찾아왔다는, 즉 그 문제를 다루지 못하는 사람에게 왔다는 불일치감이 생기기 시작하고 있다.

상담이 진행되면서 나 자신의 과제는 한편으로는 멜리사의 경험에 머무르는 것, 즉 자신의 감정과 욕구에 있어서는 전문가로 존중하는 것이지만 또 한편으로는 완전히 외적이거나 현실적인 것이 아닌 멜리사가 경험하는 또 다른 차원이 있을 수 있는 곳을 확인하기 위해 노력하는 것이다. 내가 그녀에게 줄 수 있는 것은 결국 의료 혜택에 대한 전문성이 아니라 의사결정을 방해하고 있는, 다루지 않고 있는 생각과 감정이 있는지 그리고 의식화되어 있지 않아서 의사결정을 방해하는 생각과 감정이 있는지 확인할 수 있도록 돕는 데 전문성이 있는 것이다.

무의식 과정에 대한 내 견해와 상담 상황에서 무의식 과정을 이야기하는 방식은 여러 역동적 상담자와는 약간 다르다(P. L. Wachtel, 2005, 2008). 나는 무의식이 내담자는 단서를 가지고 있지 않고 상담자만이 이해할 수 있는 모종의 완전히 분리된 영역이 아니라 집중해서 보기 어려운 인간 경험, 즉 보통은 인정하기 어려워서 의식의 경계로 밀려나거나 의식의 초점에서 벗어난 경험을 구성하고 있는 것으로 보고 있다(비교: D. B. Stern, 1997). 상담자의 전문성은 대개 무언가 빠져 있다는 다양한 힌트를 알아차리는 것에 있다(이러한 힌트에는 내용이 없다든가 주제를 바꾼다든가 말끝을 흐린다든가 하는 것들이 있고 또 말의 실수 같은 현상뿐만 아니라 비언어적인 것들도 있다). 또한 상담자의 전문성에는 빠져 있는 경험이 무엇인지 추론해 볼 수 있는 상담자의 지식이나 경험도 있다.

좋은 상담자는 또한 상담자 훈련의 일부가 아닌 두 번째 종류의 전문성이 필요한데, 이 전문성은 상담자가 관찰한 것과 잠정적인 가설을 내담자에게 전달하는 방법에 있다. 만약 암묵적으로 상담자가 전달하는 메시지의 취지나 어조가 "당신은 전혀 알지 못하는 것에 대해 생각하고 느끼고 있고, 자신의 경험에 대해 모르고 있으며, 뭔가를 원하고 있지만 '사실은' 그것이 아닌 다른 것을 원하고 있습니다."라면 이것은 치료에 도움이 되지 않을 것이다.[3] 이와는 달리 내담자가 경험하고 있는 것을 인정하고 긍정하며 따라간 이후에 내담자가 또 다른 어떤 것을 원하거나 느끼고 있는지 탐색한다면, 즉 내담자의 자기정체성에 도전하기보다 이를 **확장**시키면(P. L. Wachtel, 1993, 2008), 상담 결과는 더 좋아진다.

이 상담이 진행되면서 내담자가 자신을 보는 관점과 내담자의 딜레마를 확장하려는 시도는 루이스와 한 상담에서 한 시도만큼 그렇게 성공적이지 않았다는 것이 독자들에게 분명해질 것이다. 내가 상담이 진행되는 동안 여러 지점에서 고찰하고자 하는 것은 내가 너무 성급해서 치료동맹 발달을 방해한 건 아닌가, 즉 앞서 말한 바대로 내담자와 협력해서 문제에 대해 상세히 말하는 것을 어렵게 한 건 아닌가 하는 점이다. 이와 함께 멜리사와의 관계가 루이스와 다르게 전개된 또 다른 면이 있는지 고찰할 것이다(이러한 차이점과 그 함의에 대해서는 제6장에서 추가로 논의할 것이다).

상담자: 음음…….

내담자: 그리고 경제적으로 말하자면, 저는 월급이 깎이고 싶지 않지만, 지금 제가 하고 있는 일과 비교하면 심리학 학사로 얻을 수 있는 어떤 직업이든 월급이 깎일 것이라는 매우 강한 느낌이 들어요. 그러니까 그게 제 가장 큰 걱정이에요. 그러니까, 하지만 그게…… 그게 제가 종업원 일을 계속하는 이유예요. 그리고 제가 명확히 하고 싶

3) 불행하게도 이런 어조의 상담자 반응이 보통 인식하고 있는 것보다 훨씬 더 많다는 것이 사실이다(Wile, 1984).

은 건 직업을 바꿀 거라면 뭔가 있는 게, 이력서에 뭔가 쓸 게 있는 게 좋을 거라는 거죠.

상담자: 음음…….

내담자: 종업원 일을 그만둘 거라고 해서 종업원 일을 그만두고 싶은 건 아니에요. 또 걱정이 보험이에요. 그게 제가 종업원 일을 그만두고 싶지 않은 또 다른 아주 큰 이유예요. 네.

상담자: 그렇군요.

내담자: 그러니까, 단지 돈에 관한 거예요, 네.

상담자: 그리고 그것은 분명히 매우 현실적인 문제이지요.

내담자: 네…….

상담자: 그리고 그런 것들을 고려하지 않고서는 누구도 제대로 결정을 내릴 수 없지요.

내담자: 네…….

상담자: 하지만 여기 우리 둘이 있고, 그래서 당신은 아마도 그 결정을 내리는 것에 대해 단지 뭐랄까, 숫자를 합산하는 것 이상의 무언가가 있다는 생각이 있는 거네요, 맞나요?

여기서 나는 앞에서 시작했고 앞에서 논의한 바 있는 탐색을 계속해서 하려고 하고 있다. 나는 멜리사가 표현했던 돈과 구직 기회에 대한 고민이 현실적이고 적절하다고 지지하는 것으로 시작한다. 그런 다음 시야를 확장하려고, 말하자면 이런 결정을 내리는 것이 그동안 왜 그렇게 어려웠는지 멜리사가 더 잘 이해할 수 있는 어떤 방안이 있는지 알아보려고 노력한다.

내담자: 네…….

상담자: 최근 이혼했고 아이가 있다고 했는데, 이 중 어느 것이라도 어쨌든

관계가 있나요?

여기서 나는 자신이 결정하는 데 대해 맥락의 일부로서 앞에서 언급했던 것으로 다시 돌아가고 있다. 나는 이것이 현실적인 맥락에서 나타나는 결정의 문제인지, 아니면 **정서적인** 맥락에서 나타나는 것은 아닌지 생각해 보도록 도우려고 하고 있다.

내담자: 잘 모르겠네요. 제 말은, 제가 직장을 바꾸는 것은 신경 쓰이지 않아요. 그게 두려운 게 아니에요. 그건 그렇게 고민거리가 아니거든요. 하지만 제가 신경 쓰이는 건 뭔가 하는 거, 그러니까 학교상담처럼 하면 좋을 거예요. 왜냐하면 전에는 병원에서 일할 생각을 했거든요. 제 말은, 아, 시간도 좋고, 혜택도 훌륭하고, 아시다시피 보험도 있고, 결혼과 가족상담 전공을 한다면 괜찮을 거라고 생각했어요. 하지만 지금 저는 생각이 바뀌고 있어서 병원에 취업하는 건 그렇게 좋지는 않을 것 같다는 생각이에요.

상담자: 음음…….

내담자: 그게 어떤 식으로든 저를 구속하지는 않을 거니까, 그러니까, 저도 잘 모르겠어요. 제 말은요, 지난 두 달 넘게 스트레스를 많이 받았으니까, 그래서 좀 당분간은 지금 직장에 있는 게 약간 편한 것 같아요.

상담자: 음음…… 네…….

이 당시에는 생각을 못했는데, 지금 글을 쓰면서 드는 생각이 결정하는 것을 어렵게 하는 '해야 한다'는 내적인 압박감을 다루는 것이 멜리사에게는 유용했겠다는 것이다. 사람에 따라서는 "그러니까 종업원 일을 계속하는 것이 지금은 최선이라는 느낌이 여러모로 든다는 것처럼 들리네요. 하지만 머릿속에는 너는 그걸 '해서는 안 돼'라고 하는 잔소리가 있네요."라는 반응을 할 수도 있겠다. 그런 다음, 멜리사가 자신의 현상학적 경험을 포착하고 있다는 것을 나타내는 반응을 한다면, 여러 가지 방식으로 그 반응을 따라갈 수도 있겠다. 멜리사가 어떤 반응을 하고 그 반응의 정서 차원이 어떤가에 따라 "잔소리하는 내적 목소리가 전에도 당신에게 압박을 가한 적이 있나요?"라고 질문할 수도 있다. 아니면 경험에 대해 직접적으로 더 물어볼 수도 있다. "그 목소리는 어떤 목소리인지 더 말해 보세요. 또 뭐라고 말하는지, 그 목소리의 어조는 어떤지, 그 목소리가 익숙한 목소리인지, 아는 사람의 목소리 같은지, 그 목소리를 들으니 기분이 어떤지." 이 질문들은 더 탐색하는 데 유용할 수 있다. 그리고 선택한 질문이 별다른 것을 이끌어 내지 못한다면 그 질문들 가운데 다른 질문을 이용할 수도 있다.

또 그 목소리에 화가 나는 것이 있는지, 즉 사라지기를 바라는 게 있는지 탐색하는 것을 생각해 볼 수도 있을 것이다. 그렇다면 "그 목소리에 뭐라고 말하고 싶으세요?"라고 물을 수 있을 텐데, 그렇게 함으로써 자신의 길을 방해하고 있는 내면의 요구로부터 조금이라도 벗어날 수 있도록 하는 반응을 탐색하고 은연중에 연습할 수 있도록 돕는 것이다.

내담자: 하지만 제 말은, 전 기꺼이 바꿀 의향이 있어요.

상담자: 음음…….

내담자: 그래서…….

상담자: 그것에 대해 조금 더 말해 주세요. 그, 스트레스, 그리고 지금은 편안하다는 것에 대해서요.

축어록을 읽으면 멜리사의 한두 반응 이전에 있는 반응으로 돌아가는 것처럼 보이겠지만, 내가 실제로 응답하고 있는 것은 내 반응 바로 앞의 멜리사 반응이다. 이는 축어록을 읽을 때 면담에 덧붙여져 있는 내 설명과 축어록에 "네!"라고 표시되는 반응으로 인해 방해받아서 그럴 수 있는데, 여기서 "네!" 반응은 멜리사가 최근 2개월 동안의 스트레스와 그런 스트레스에서 약간의 위안이 되고 있다는 현재 하고 있는 일에 대해 멜리사가 계속해서 말하는 것을 들을 때 이를 말의 형태로 '끄덕이고' 있는 것이다.

여기 내 반응에서 나는 더 정서적인 영역으로 들어가려고 하고 있다. 멜리사는 스트레스를 느끼고 있다고 말하면서도 현재 하고 있는 일을 계속하기로 결정을 내리는 것이 스트레스를 덜 준다고 말하고 있다. 스트레스와 안도감에 초점을 맞추면서 나는 다시 상담 과정의 목적을 촉진하는 데 적합하게 멜리사의 경험으로 들어가려고 하고 있다. 여기서 언급해 두고자 하는 것은 내가 멜리사와 상담자로서 연관되지 않고 친구로서 연관되었다면 새로운 직업을 구할 것이냐 혹은 의료혜택을 더 받을 것이냐 하는 수준에 머물렀을 것이라는 점이다.

내담자: 스트레스는 그냥, 그냥 불안이 많은 것 같아요. 그러니까. 그냥 긴장만 많이 돼요. 그러니까 선생님이 생각하고 싶지 않은 많은 일, 그러니까, 그리고 그저 안심하기 위해, 당장 제게 위안이 되는 건, 말하자면 제가 여전히 종업원 일을 하고 있어서 월급은 계속 받을 거라는 거지요. 그래서 이런 면에서 안심이 돼요.

여기서 내가 이 반응들을 쓰는 동안 멜리사를 불편하게 하는 내면의 목소리가 생각나는데, 또 생각이 드는 것이 이 상담시간에 내면의 목소리를 언급하는 것이 도움이 되었겠다는 것이다.

상담자: 음…… 네…….

내담자: 그러니까 하지만 제가 말하는 것은 최근에 제 삶의 많은 부분이 변했는데 또 뭐가 변했지 하는 생각이 들었어요.

상담자: 음…… 네…….

내담자: 그러니까 직업도 바꾸고, 그냥 모든 걸 바꾸는 건 어때? 그래서, 그러니까 제 말은, 저는 기꺼이 그럴 의향도 있지만, 제 생각에는 한 구석에서는 종업원 일을 계속하는 게 편안함을 주는 것 같아요. 하지만 종업원 일을 그만둘 생각도 있어요. 왜냐면 특히 보험 때문에 그러니까 그만두려는 거지요. 하지만 저는 갈 의지도 있어요. 왜냐하면 저는 알거든요. 그러니까 특히 보험 목적으로, 그러니까 제가 그만두겠다는 뜻이라는 것을요.

상담자: 음…… 네…….

이 반응을 쓰면서, "최근에 제 삶의 많은 부분이 변했는데 또 뭐가 변했지…… 직업도 바꾸고 그냥 전부 바꾸는 게 어때?"라는 멜리사의 반응을 생각하면서 여기에 자기처벌적인 어조가 있다는 생각이 들었다. 멜리사는 무의식적으로 자신의 이혼에 대해 죄책감을 느끼고 있고, 고생을 함으로써 그에 대한 '대가를 치러야' 한다고 느끼는 것일까, 아니면 이는 다소 절망적인 반응, 즉 "지긋지긋하게 반복되겠지. 뭐가 다르겠어?"라는 느낌일까? 이러한 가능성을 "그래서 너무 많은 일이 이미 일어나서 스트레스가 심한데 안 좋은 일을 당해도 싸다고 생각하는 건가요?"라거나 "'지긋지긋하게 반복되는 것 같은데 뭐가 다르겠어?' 하는 느낌이네요."와 같은 반응으로 탐색할 수 있다.

내담자: 그래서…….

상담자: 잘못된 결정을 하는 게 걱정이 되나요? 그건……?

내담자: 걱정과 관련해서 제가 가지고 있는 유리한 점은 지금 당장 제 직장에 있어서는 가족이 저를 받아들일 거라는 거지요. 제가 직장을 그만둔다면, 그러면 되돌아가야 할 것이고 가족이 저를 받아들일 거예요. 그래서 그건 큰일은 아니에요. 하지만 제가 직장을 그만둔다면 미래에 저에게 도움이 되는 일을 하고 싶다는 거예요.

상담자: 음…… 네…….

내담자: 그게 제일 큰 걱정이에요.

상담자: 음…… 네…….

내담자: 그러니까 저는 대략 한 달 전부터 이력서를 정리하기 시작했고, 석사 학위를 따려고 노력했고, 그다음에는 그것들을 제쳐 두고, 그러니까 사람들에게, 그러니까 조언을 해 줄 수 있는 사람이나 그런 사람을 알고 있는 사람을 알아보라고 얘기하려고 했어요.

상담자: 그래요. 그래서 가족이 멜리사 씨를 지지하고 그래서 그들이 당신을 다시 데려갈 곳이 있다는 게 굉장히 중요하다고 생각해요.

이 반응은 현실적이기만 한 금전과 진로 문제에서 더 심리적인 문제로 초점을 옮기려는 또 다른 노력으로서 애착 수준, 즉 탐색하기 위한 안전기지를 언급하고 있는 것이다(Bowlby, 1988; Wallin, 2007).

내담자: 네, 네. 제 말은, 저는 그걸 알고 있어서 많이 안심이 돼요, 네.

상담자: 네.

내담자: 하지만, 다시, 제 말은, 가려고 하면 갈 수도 있어요.

상담자: 음음…… 네…….

내담자: 그러니까 이건 그냥 이런 문제인데, 만약 제가 가게 된다면, 저는 단지 그게 옳은 일이라고 확신하고 싶을 뿐이에요. 왜냐면 여러모로

검토해 보고 싶지 않으니까요.

상담자: 음음…….

이러한 멜리사의 생각은 멜리사가 최근 이혼했다는 사실과 관련이 있고 어쩌면 이혼을 편하게 받아들이기보다는 이혼과 그 이후 일어난 일들에 대해 의구심을 품고 있다는 생각이 든다. 여러모로 검토해 보고도 올바른 일을 하고 있다는 확신이 들지 않는다는 걱정은 최근 내렸던 보다 중대한 결정에 대한 의구심의 대체된 표현일 수 있으며, 그 결정에서 이리저리 검토해 보고 싶은 충동을 암시하는 것이 될 수 있다. 이것은 또한 결혼을 하지 않은 채 집이나 안전한 곳에 있을지, 아니면 '여러모로 검토할지'에 대한 걱정을 의미하는 것일 수도 있다.

내담자: 그러니까 저는 단지 이걸 확실히 하고 싶은데, 만약 제가 그만둔다면, 제 말은, 그러니까 제 생각에, 음…… 만약 제 분야에서 직업을 얻는다면 월급이 깎일 거예요.

상담자: 음음…….

내담자: 설사 약간의 여윳돈을 위해 한 달에 몇 번 정도 주말에 종업원 일을 한다고 하더라도요.

상담자: 음음…….

내담자: 그렇게 할 수도 있다는 거는 알아요. 그래서 그러니까…… 하지만 가장 큰 문제는 돈이죠. 그러니까 돈이 어떻게 될지 그리고 제가 직장을 옮긴다면 그 직장이 전적으로 제게 이득이 될까 하는 거죠. 거기에 맞지 않는 직장으로 옮기고 싶지는 않아요.

상담자: 자, 멜리사 씨는 아주 중대한 변화를 겪었군요. 이혼을 했고…….

삽입된 설명에서 언급하고 있는 내 생각 가운데 몇 가지를 멜리사에게 이야기하기 시작하고 있다. 나는 초점을 경제적인 문제에서 이혼 자체로 약간 바꾸었다.

내담자: 맞아요, 맞아요.

상담자: 이혼이 어땠는지 저에게 조금 이야기해 주세요.

내담자: 빨리 진행됐어요. 그랬죠. 우리는 2월에 서류를 냈고, 3월에 이혼 절차가 끝났어요.

상담자: 음음…….

내담자: 이혼 절차는 꽤 빨랐어요.

상담자: 음음…… 결혼한 지 얼마 만에 이혼하신 건가요?

내담자: 3년 반이요.

상담자: 음음…… 그러면 알게 된 게…… 이혼 자체가 아주 빠르게 진행되었다고 말해서요. 이혼하게 되리라는 거를 어떻게 알았나요?

내담자: 무서웠던 건 제가 포샤 선생님과 11월에 여기 있었을 때, 포샤 선생님에게서 많은 것을 얻었는데 그건 마치 그 상담시간에 선생님과 이야기하면서 선생님이 제 눈을 엄청 크게 뜰 수 있도록 해 주시는 것 같았어요. 자, 저 자신에 대해서 그리고 저를 방해하는 것들이 뭐였는지 알고 있어요. 그리고 제가 이혼해야 할지 말아야 할지 왜 그렇게 고민했는지도 이해하고 있고요.

상담자: 음음…….

포샤와 했던 상담이 여러모로 현재 상담에 있어서 중요한 한 맥락을 차지하고 있다. 한편으로 보면 멜리사는 포샤와 매우 의미 있고 강력한 상담을 했다. 이러한 사실은 지금 다른 상담자를 만난다는 것은, 더구나 단회 상담으로 만난다는 것은 멜리사에게 나는 형편없는 대체물이었다는 인상을 남길 수 있다는 것을 의미할 수도 있는데, 이는 곧 멜리사가 만나기 바랐던 사람은 포샤였다는 느낌을 느끼게 할 수도 있다는 것이다. 또한 상담자들은 그저 왔다가 간다는 느낌, 즉 상담자들이 아무리 내담자의 마음을 움직인다고 하더라도 이후에는 추수상담이 없다는 느낌을 불러일으킬 수 있다. 이 두 가지 느낌으로 인해 멜리사는 이 상담에 깊이 몰입하는 게 꺼려졌을 수 있다.

이와 동시에, 포샤와의 상담 경험은 다른 방식으로도 이 상담에 영향을 미칠 가능성이 있다. 멜리사는 포샤와의 상담을 의미 있고 유익한 것으로 경험했을 뿐 아니라, 상담이 매우 강력한 경험이 될 수 있다고 느끼고서 그 결과로 내가 깊은 경험에는 다가가지 못하도록 하고 있을 수도 있다. 결국 포샤와 한 단회 상담이 이혼에 중요한 역할을 했다는 사실은 멜리사의 경험이고, 설사 그 상담이 궁극적으로 좋은 것으로 느껴진다고 해도 이혼은 분명히 비통한 경험이었다. 예를 들면, 포샤와 한 상담의 결과를 '두려운'으로 묘사한 것에 반영된 것처럼 말이다. 만약 상담시간마다 삶 전체가 궤도에서 벗어나게 된다면, 멜리사가 단회 상담의 영향을 제한하려고 한다는 사실은 놀랍지 않을 것이다.

또한 상담의 이 시점에서 멜리사가 "이혼할지 말지"라고 한 말에 주목하는 것이 유용한데, 이 말은 이혼 '결정'에 대해 언급하고 있는 것으로 호소 문제로 도입하고 있는 갈등에 연결되어 있다. 즉, '이혼할 것인가, 하지 않을 것인가'가 문제인 것이다. 멜리사는 종업원 일을 하는 데 대해 스스로에게 물어보고 있는데 호소하고 있는 갈등과 이혼을 결정하는 데 있어 제기된 문제 간에 일치되는 부분이 있다는 것은 구체적인 이직 결정을 하는 데 겪는 어려움이 이혼에 대해 아직 해결되지 않은 느낌과 연결된 것일 수 있다는 것을 시사한다.

내담자: 그리고 거 뭐냐, 왜 지금인지 알고 있어서 마음이 조금은 편해요. 뭐냐, 마침내 답을 찾았어요. 그래서 포샤 선생님과 상담을 마친

후 2주 후에 남편에게 말했죠.

상담자: 음음…….

내담자: 그리고 지금은 이혼한 상태예요.

상담자: 음음…….

내담자: 그래서, 저는 오늘 상담이 어떤 결과를 가져올지 모르지만 불안할 것 같아요.

상담자: 멜리사 씨가 느끼고 싶지 않은 게…….

내담자: 그래서 저는 충분히 변화되었어요. 하지만…….

상담자: ……불안정해 한다거나 뭐 그런.

내담자: 네, 그러니까 잠깐 동안 그냥 가만히 앉아 있는 게 좋겠네요.

여기서 우리는 멜리사가 포샤에게 마음을 터놓은 이후, 이번 상담에서는 아주 신중해야겠다고 의식하고 있음을 보여 주는 아주 명확한 징후를 본다.

내담자: 그래서 포샤 선생님과 상담을 마친 후 2주 후에 남편에게 말했죠……. 그리고 지금은 이혼한 상태예요……. 그래서 저는 오늘 상담이 어떤 결과를 가져올지 모르지만……. 그래서 저는 충분히 변화되었어요……. 잠깐 동안 그냥 가만히 앉아 있는 게 좋겠네요.

이 모든 것은 자신이 준비된 것보다 상담에서 더 많은 변화를 또다시 일으킬 수 있는 위험을 무릅쓰기 원하지 않는다는 이해할 만한 멜리사의 마음 상태를 가리키고 있다. 그 결과로, 최소한 초기에는 초점이 너무 협소해서 루이스와 한 상담처럼 탐색하고 깊이 들어갈 수 있는 기회가 없었다.

상담자: 그래요. 그래요. 네.

내담자: 네.

상담자: 그래요.

내담자: 그래서…….

상담자: 그래서, 이혼은 멜리사 씨의 결정인 셈인가요?

이 반응을 하면서, 나는 내가 탐색하기 시작했던 주제, 즉 이혼의 의미와 영향으로 다시 돌아오려고 하고 있다. 나는 또한 멜리사를 삶의 능동적인 행위자로 강조하고 있다.

내담자: 네…….

상담자: 음음…… 네…….

내담자: 제가 이혼을 하자고 했지만 결국 그것은 서로 한 거였어요.

상담자: 음음…… 그러면 이 시점에서는 이혼에 대해 어떻게 느끼고 있나요?

이는 뻔하지만 그럼에도 중요한 질문이다.

내담자: 저는 많은 의구심이 들어요. 그러니까 '그런다면, 그랬다면……?'이라는 생각이 수없이 들어요. 이게 포샤 선생님에게 계속 상담하려고 했던 이유 가운데 하나예요. 포샤 선생님은 시카고에 있는 상담자에게 저를 의뢰하려고 하셨어요.

상담자: 음음…….

내담자: 그리고 저는 우리를 도와줄 수 있는 제3자를 찾았다면 어땠을까 하고 생각했어요. 그러니까, 우리 사이가 달라질 수 있었을까? 그래

서 그런 것들이 많이 있었어요. 전체적 상황에 관해 고약한 것은 절대, 절대 어떠한 끝맺음도 없었다는 거예요. 거 뭐냐, 11월에 말했는데, 그때 제가 남편에게 가서 이혼하고 싶다고 말했고 이후 4월에 집을 팔 때까지는 같이 살았어요.

상담자: 음음…….

내담자: 4월 1일. 우리는 둘 다 확신이 없었고 그래서 집에 있었어요. 그러니까 남편은 이사도 안 갔고 어디로도 가지 않았어요. 그래서 그게 정말 힘들었어요. 그래서 사람들이 "어, 이혼하고서도 같이 사는 건 어때?"라고 묻곤 했지요. 그러면 저는 "좀 이상해. 이혼한 것 같지가 않아."라고 말하곤 했어요. 그러니까 정말 이상했어요.

이전 내 언급들에 관련해서 말하자면, 이혼은 여전히 갈등과 불확실성의 근원이지 '성공이 확실한' 좋은 결정은 아니라는 것은 확실하다. 그래서 멜리사가 이 시점에서 중요도에서 덜하지만 그래도 중요한 또 다른 결정을 하는 것에 망설이는 것은 자연스러운 일이다.

상담자: 음음…… 당신이 이혼에 대해 생각하고 있었을 때 기분이 어땠나요?

내담자: 저는 불행하다고 느꼈어요. 제가 이혼하지 않는다면, 나나 내가 하고 있는 일을 수용받지 못하는 관계에 계속 있어야 할 것 같았어요. 절대 그렇게 좋지 않았을 거예요. 그래서 오만 가지 생각이 있었어요.

상담자: 자, 그럼 남편이 재미없다거나 흥미진진하지 않다거나 그런 것만은 아니네요. 남편이 멜리사 씨에게 신경을 쓰지 않았다는 거네요. 잘 들어 주지도 않고 반응을 잘하지도 않고.

상담의 이 부분을 다시 읽으면서, 비판적인 내적 목소리에 대해 앞에서 했던 내 반응이 생각난다. '절대 그렇게 좋지 않은' 경험은 외부에서 비난받은 경험이기도 하고 가장 가능성 있는 것은 내적 목소리를 활성화하는 경험인데, 이러한 경험은 자신이 남편의 비난하는 목소리에 암묵적으로 결탁하거나 동의한다는 불안을 일으킨다.

내담자: 네…… 네. 그러니까, 그건 그저, 그건, 제 생각에는 포샤 선생님에게도 말씀드린 것 같은데, 제가 지금까지 겪었던 관계 중에서 감정이 가장 없는 관계일 거예요.

상담자: 음음…… 네.

내담자: 그런 식이었어요. 그건 정말, 그러니까 그건 매우 이상한데, 왜냐하면 그건 제가 남편과 접촉할 수 있는, 그러니까 너무도 여러 수준이 있어서요. 그러니까 우리는 그저…… 어떤 것도 하지 않고, 그러니까 그냥 같이 앉아서 TV만 보는 것도 그냥 괜찮은 것도 있고요. 하지만 또 여러 수준이 있는데, 우리는 그저 그러니까 서로 충돌도 많았어요. 늘 너무 그러니까 그건 어리석은 짓이었지요.

상담자: 무엇이…… 제게 예를 들어 줄 수 있나요? 그럼 어땠는지 좀 알 수 있겠는데요.

내담자: 그러니까 양육 문제가 있었는데, 저…… 세 살짜리 아이가 있어요.

상담자: 음음…….

내담자: 그래서, 그러니까 우리는 그냥 그것 때문에 충돌했어요. 남편이 말했듯이, 다코타가 칭얼거리거나 울거나, 그러니까 제가 방 안으로 걸어가자마자, 그게, 다코타는…… 남편이 하루 종일 애를 돌보았고, 이를테면 제가 주말에 일을 하고 나서 집에 오면 남편은 "있잖아, 당신이 집에 오면, 마치 토네이도 같아. 다코타는 하루 종일 울지도 않고 칭얼거리지도 않았는데, 엄마가 들어오자마자 갑자기 울

고 칭얼거려."라고 말했어요.

상담자: 음음…….

내담자: 그리고 그건, 그것에 대한 참을성도 없었어요. 제가 있을 때 애가 했던 것들, 인내심도 없어서 그런 것들에 남편은 화를 냈죠.

상담자: 그래서 남편이 비난한다고 느꼈나요?

내담자: 네, 맞아요. 그랬어요.

상담자: 그렇군요.

내담자: 그러니까 저는 남편이 매우 비난한다고 느꼈고, 하지만 딸을 두고서도 경쟁을 하는 듯했어요. 그래서, 그러니까 우리는 경쟁을 많이 했지요. 하지만, 예, 제 말은 그게 뭔가 짜증 나게 하는 거였어요. 뭐 어쨌다는 건가 하는 거지요. 애는 울 거고 칭얼거릴 거고 애는, 그러니까 저와 있을 때 편하니까 애는 그렇게 하는 거고, 그러니까 애는 저에게 감정을 쏟아 내는 거지요.

상담자: 그래서 어떤 의미에서 남편이 다정하지 않고, 이해해 주지 않고 비난하는 그런 면이 있었네요. 하지만 완전히 다른 부분이 있네요. 남편이 멜리사 씨와 함께한다는 느낌이 없다는 게 더 큰 것처럼 들리네요.

내담자: 네…….

상담자: 그 부분에 대해 말해 주세요.

내담자: 저는 남편이 많은 걸 수용해 준다고 생각하지 않아요. 저는 남편을……제가 보는 남편은, 자기도 알고 있어요. 남편은 비난을 잘하고 판단적인 사람이고 매우 독선적인 사람이에요. 저기, 저는 그 반대지요. 그러니까, 그건 그러니까 남편이 화를 내는 건 뭐 때문이냐면, 저는 포샤 선생님에게 이것에 대해서도 얘기했어요. 남편이 화가 나는 건, 그러니까 남편은 이거 아니면 저거인 사람이에요. 저는 중간지대가 있는 세상에 살고 있고요. 그래서, 그러니까 남편이 화

를 낼 때는 제가 이거 아니면 저거 이렇게 하나를 선택하지 않을 때 그리고 어떤 한 입장을 취하지 않을 때예요. 그러니까 그게 늘 남편을 괴롭혀요.

여기서 멜리사가 상담에 가져온 호소 문제를 보면 결정을 하는 것이 멜리사에게는 더 **일반적인** 문제처럼 보이는데, 달리 말하면 그녀가 결정을 내리는 게 어려운 사람이라는 것이다. 이런 사람이 이혼하는 결정은 매우 빨리 내렸는데, 이는 포샤와 상담한 것의 영향이 분명하다. 이 점이 더욱 주목할 만한 점이다. 이와 동시에 내가 지금 이 글을 읽어 보면 과도기, 즉 이들이 계속 같이 살던 시기이면서 '마치 이혼하지 않을 것 같았던' 시기를 더 탐색해 보면 유용했을 경험인 듯하다.

상담자: 그래서 만약 멜리사 씨가 직장에 대해 지금과 같은 상황이면 남편이 화를 낼 거라는 거네요.

내담자: 그것에 대해 화를 낼 거라고요?

상담자: 음, 멜리사 씨는 당신이 결정을 내릴 수 없을 때 전남편이 화를 낸다고 말하고 있어요.

내담자: 아! 그런 식으로요, 그래요. 아, 네, 그건 분명히 남편이 저에게도 말하곤 했던 거예요. 남편은 이렇게 말하곤 했어요. "그러니까 당신은 학사 학위가 있잖아. 학사 학위가 있어. 당신은 나가서 취직할 수도 있어. 당신이 할 수 있는 일이 있고, 상당한 돈을 벌 수도 있어." 정말? 알겠어. 음, 당신이 여기 거버너스 주립대학교에서 심리학 학사 학위를 받은 사람들에게 얘기해서 그들 중 아무에게나 그들이 무슨 일을 하는지, 사회 서비스 분야에서 어떤 일을 했는지 물어봐. 그들의 보수가 얼마나 되는지 물어봐. 하지만 남편은 이렇게

생각하죠. 제가 학위를 가지고 있고, 교육을 받았으며, 나가서 좋은 직장을 얻을 수 있다고요. 또 더 이상 종업원 일을 하지 말아야 하고, 이 일을 할 필요가 없다고요.

상담자: 음음…….

내담자: 그래요, 남편 말이 맞아요. 전 종업원 일을 할 필요는 없어요. 하지만 수입 때문에 종업원 일을 하는 거예요.

상담자: 그래서 결정할 수 없으면서도 그에 대해 비난하지 못하게 하는 건 사치라는 느낌이 드는 거군요.

여기서 나는 멜리사와 함께하려고, 즉 멜리사가 마음을 결정하는 데 시간이 걸리는 것에 대해 지지하고 긍정하려고 하고 있다. 내가 표현하고 있는 태도는 멜리사가 남편에게서 경험했던 것과는 다르다는 점에서 일종의 교정적인 감정의 경험으로 볼 수도 있다(Alexander & French, 1946). 이러한 태도는 패러다임 접근, 가족체계 접근, 이야기 접근에서 사용하는 것과 같이 '저항에 합류하기'라는 개념으로 이해할 수도 있다. 멜리사는 이런 선택을 하는 어려움과 관련해 자기비난이 매우 심했다. 그래서 나는 우유부단함을 성격적인 결함보다는 사치라고 재구성함으로써 멜리사가 약간의 숨 쉴 공간을 마련하려고 하고 있다.

내담자: 아, 그래요. 지금은 그이가 상관없지요. 하지만 며칠 전에 남편에게 말했어요. 결혼 및 가족 전공에서 학교상담으로 전공을 바꿀 거라고. 남편은 그거 정말 좋다고 해요. 거 뭐냐, 그 말을 듣고는 아주 좋아했죠. 왜냐하면 남편이 전에 저에게 "있잖아, 학교심리학 학사나 석사 학위를 따러 가는 게 어때?"라고 말한 적이 있었거든요. 그리고, 그러니까 시어머니에게 친구 한 분이 있는데, 그분이 "만약

네가 학교심리학 석사 학위를 딴다면 당장 고용할 거야. 급여는 평균 수준에서 시작하고."라고 말씀하시기도 했고요. 그리고 남편이 생각하는 거라곤 돈밖에 없어요. 저는 이렇게 말했지요. "급여 조건은 좋아 보여. 하지만 학교심리학을 공부하는 데 드는 등록금을 내가 어떻게 대지? 당신은 학교심리학을 그냥 즉흥적으로 공부하려는 건 아니지. 맞아, 그렇지 않아. 미안하지만, 나는 지지할 수가 없어."

상담자: 그래요.

여기서 세 개의 발췌록의 여러 곳에 있는 '그래요'는 멜리사가 말하는 것이 옳다거나 옳지 않다는 말이 아니라 단지 내가 멜리사의 말을 들었다는 것을 의미하는 것으로 '네'와 그렇게 다르지 않다. 이 점을 독자들이 명확하게 하는 것이 중요한데, 축어록을 읽을 때 비디오를 보는 것과는 달리 어조가 그렇게 명확하지 않고 마치 내가 판단을 하고 있는 것처럼 보일 수도 있기 때문이다.

내담자: 그래서, 그러니까 남편에게 그건 돈에 관한 것이었고, 제게는 적합하지 않아 보였어요. "장난해?"라고 했어요. 무엇보다 제가 그냥 즉흥적으로 하려고 하는 일에 석사 학위를 사용하지는 않을 거예요. 선생님도 즉흥적으로 정신건강 전문가를 하시는 게 아니잖아요. 저는 그건 옳지 않다고 생각해요. 그러니까 그게 남편이 하는 방식이에요. 저는 그랬죠. 장난하냐고.

상담자: 내면에 중요하게 여기는 것들이 많아 보이네요.

내담자: 맞아요.

상담자: 그리고 당신은 그런 것들에 관해 휘둘리고 싶지는 않은 거고요.

여기서 다시 나는 멜리사 편에 서서 지지자 역할을 하려고 하고 있다. 또한 이 반응에는 귀인 측면도 분명 있다. 앞 장에서 말했던 귀인 반응의 의미에서 보면 자신이 휘둘리지 않을 것이라는 태도를 멜리사에게 귀인함으로써 멜리사 편에서 자신의 태도를 활성화시키고 강화하도록 하려 하고 있다.

내담자: 아니에요. 제가 원하는 건 그저…….

상담자: 원하는 거 말고, 진심으로 느끼는 거 말이에요.

내담자: 네…… 음, 그러면 남편은 말하곤 했죠. "있잖아, 난 허리가 아파서 죽을 때까지 목수일을 하고 싶지도 않지만, 때론 그러니까, 현실을 받아들이고 할 일을 해야 한다는 거." 전 그랬죠. "알겠어. 하지만 당신은 학비로 지출한 것이 없잖아. 당신은 목공학 석사를 딴 것도 아니고. 그런 적 없으면서…… 나를 비롯한 내가 아는 대부분의 사람들에게는 말도 안 되는 얘기야. 돈 좀 벌어 보겠다고 즉흥적으로 그 분야의 석사과정을 밟는 건 말이 안 돼."

우리는 여기서 계층, 즉 우리가 사는 사회에서 삶의 상당 부분에 영향을 미치는 중요한 변수의 영향을 보고 있는데 이러한 영향을 정신건강 분야에서는 종종 무시한다. 단지 부분적으로 개인적인 충돌만 있을 뿐이다. 멜리사의 남편은 노동의 본질이 '대가'라는 태도를 보이는데, 돈을 받기 때문에 일을 하고 일의 가치는 오직 벌어들이는 돈으로 매겨진다고 생각하기 때문이다. 멜리사는 일을 그 의미로도 평가되어야 하는 것으로 보고 있다.

나는 노동자 계층이 자부심을 가치 없게 여긴다거나, 만족을 주는 일보다 뭐든 돈을 많이 주는 일을 택하는 경향이 있다는 말을 하려는 게 아니다. 특히 목공 같은 숙련된 노동의 영역에서 노동자 계층의 사람들 상당수는 자신의 일에 자부심을 가지고 있으며, 고학력 전문직과 마찬가지로 노동의 질에 가치를 부여한다. 그런 점에서 멜리사의 남편은 계층적인 태도보다는 개인적인 태도를 보이고 있는 것이다. 반대로 우리 사회의 비극 중 하나는, 적어도 내 가치관으로 보면, 멜리사의 남편이 보이는 이런 태도가 엘리트 상위 중산층과 상류층 사람들에게 얼마나 만연해 있는가이다. 지적으로 뛰어난 아이비리그 졸업생들이 암 연구나 공직에 봉사하기보다는 투자 회사나 헤지펀드 회사에 들어가는 비율을 볼 때 이와 유사한 태도가 반영되는 것을 볼 수 있고, 내 생각에 이는 가장 높은 수준의 지적 자원이 사회에 부당하게 할당되고 있는 것이다.

그렇다 하더라도 멜리사와 남편 사이에 벌어지는 갈등에서 계층 차원을 무시하는 것은 고정관념을 부주의하게 배제하는 것이다. 멜리사는 서로 다른 두 계층 정체성의 경계에 놓인 여성처럼 보이는데, 이러한 정체성 경계는 개인의 투쟁이자 남편과의 사이에 생겨난 오해의 일부이다.

상담자: 네…… 그래서 어떤 기분이 드셨나요……?

내담자: …… 그냥 너무 미친 듯이 힘들죠.

상담자: 그래요, 그랬군요. 자, 멜리사 씨가 결정을 내리려고 할 때 '음, 당분간 식당 종업원 일을 계속하기엔 불이익이 있어. 좋은 조건이 아니야.'라고 생각하고 있고 갈등하고 있어요. 그리고 거기엔 본질적으로…… 그러니까 갈등을 겪을 때 이는 다른 방식으로 밀어붙이는 여러 목소리하고 일부 관련이 있거든요. 그중 어떤 목소리는 혹시 '상황을 받아들이라'고 하나요?

나는 여기서 내가 앞서 설명했던 내적 목소리라는 개념을 소개하고 있다. 이 경우에는 물론 그것이 남편의 목소리이다. 하지만 나는 부모님의 목소리와 상충되는 내적인 명령을 다루기 위한 기반을 마련하고 있는 것이다. 이번 상담에서 다루고 있는 주제와 관련해 보면, 멜리사의 갈등에는 타인의 태도를 동일시하고 내면화하는 것보다 분명히 그 이상의 것이 있다. 그러나 나는 재정 분야가 전문이 아닌 컨설턴트처럼 멜리사의 '총 미래 예상 수익' 문제를 해결해 줄 수는 없다. 하지만 나는 상담에 도입하려고 했던 그런 문제들과 고찰사항들, 즉 결정을 내리는 데 어려움을 겪게 하는 문제들과 고려사항들을 멜리사가 해결할 수 있도록 돕는 것은 더 잘할 수 있다.

내담자: 제가 직장을 바꿀 생각을 할 때? 아니요.

상담자: 음음…….

내담자: 아니요.

상담자: 음음…… 그래서 그의 목소리는 이 목소리의 일부는 아니군요.

내담자: 네. 저는 혼자 그러니까 "나는 종업원 일을 그만둬야만 할 거야. 그만둬야 할 때는 그걸 받아들일 거야. 그리고 그 일이 일어날지도 모르지만 그때마다 받아들일 거야."라고 생각하지 않아요.

상담자: 맞아요.

내담자: 네.

상담자: 그래요. 그래서 그 목소리에서 해방되었고요.

내담자: 네. 아, 네. 그건 제 생각과는 전혀 달라요.

상담자: 그래요. 이혼 전에 그 목소리는 뭐랄까, 멜리사 씨 머릿속으로 침범해 들어왔나요?

나는 여기서 일종의 '한계 시험'[4]을 하고 있다. 독자가 판단할 수 있겠지만

4) 역자 주: 규칙을 시행하기 전에 대상자에게 테스트해 보는 시도(APA dictionary of psychology; https://dictionary.apa.org/testing-the-limits)

내가 가고자 하는 방향이 완전히 틀렸다고는 생각하지 않는다. 나는 멜리사가 좀 더 받아들일 수 있는 틀을 제시하려고 노력하고 있다. 치료 작업에서 이런 순간에, 나는 보통 일종의 두고 보자는 태도를 취한다. 이 말은 내담자가 말하는 내용을 고려하지 않고서 내 해석이 옳다고 가정하지 않는다는 말이다. 즉, 멜리사는 내가 지적하고 있는 것에 대해 자각하는 것을 방어하고 있는 것뿐이다. 이와 마찬가지로 사람들은 자신의 심리역동의 여러 양상에 대해 자각하거나 인정하지 않으려는 경향이 있는데 '만약 내담자가 그 순간에 아니라고 말하면 그 문제는 끝난 것이다.'라는 태도를 취하는 것 역시 문제가 있는 것이다. 상담자는 내담자가 바로 받아들이지 않는 경우 '저항하고 있는' 내담자에게 좋아하는 화제를 꺼내지도 않지만, 자신의 가설을 완전히 배제해 버리지도 않는 좀 더 복합적인 과정을 계획해야 한다. 상담자는 나중에 시도할 어떤 아이디어를 생각해 둘 수도 있는데, 이때는 내담자가 다른 각도에서 볼 수 있어서 상담자는 내담자에게 집요하게 반복하거나 위압적인 것 없이 시도할 수 있는 것이다(또한 상담자는 가설이 확증이 안 되는 경우 종국에는 포기할 수 있어야 한다).

내담자: 그렇지는 않았어요. 직장을 그만두지 않았기 때문이에요. 딸을 낳은 후 9개월 반 동안 딸과 집에 있을 수 있었거든요. 이후 일주일에 2일 정도, 3일도 다시 일하러 갔고, 더 많이 간 때도 있었어요. 그래서 제 말은 그 직장은 정말 좋았고, 남편은 그걸 알고 있었어요. 그 직장은 좋았고 빨리 그리고 쉽게 돈을 벌 수 있었어요. 그래서, 그러니까 그 당시에는 괜찮았어요. 그러니까 그 직장을 그만두고 학사 학위를 가지고 전공과 맞는 직업을 구하라는 압박은 없었어요. 그러라는 압박은 없었어요. 남편이 집에서 딸을 늘 돌보았으니까요. 그러니까 저희는 딸을 어린이집이나 그런 곳에 맡기고 싶지 않았어요. 하지만, 네, 남편은, 그러니까 이혼 전에도, 그러니까 저는 한 번도 전일제 직

장을 구하라고 강요받지도 않았어요. 그러니까 저는 초과근무를 하곤 했지만 그 외에는 어떤 것도 하려고 하지는 않았어요. 거 뭐냐.

상담자: 자, 당신이 지금 느끼고 있는 이 감정들, 그리고 실제로, 나눌 수 있도록 합시다. 제가 들은 걸로는 두 가지 생각이 드는데 다소 명확하지가 않네요.

내담자: 네.

상담자: 한 가지는 '나는 내가 하고 싶은 일을 결정할 수 없고, 이로 인해 괴로운데 이게 상담을 받으러 온 이유'라는 것이고…….

내담자: 네…….

상담자: ……다른 한 가지는 '아무도 나에게 결정하라고 강요하지 않는 것이 좋고, 그래서 뭐랄까, 그러고 싶고, 그래서 아직은 결정을 하지 않기로 결정했어.'라고요.

몇 가지가 이 반응에서 진행되고 있다. 우선, 나는 내 생각의 흐름과 더불어 딜레마까지도 나누고 있는데, 이는 레닉(예: Renik, 1995, 1999)이 두 사람 관점에서 특히 잘 묘사한 것이다. 나는 또한 멜리사에게 갈등 요소를 조금 더 분명하게 표현하면서 이 문제를 심리적인 방식으로 분명하게 표현하려고 하고 있다. 더욱이 나는 멜리사가 어떤 식으로든 결정을 했지만 그 결정에 대해 불편해한다는 것을 지적하려고 하고 있다. 그 불편함이 무엇에 관한 것인지(불편함 중 일부가 남편의 내면화된 목소리로 인한 것인지 그리고 어쩌면 그 목소리에 대응하는 이전의 내적 목소리의 작용일 수도 있는지를 포함하여)에 대한 탐색을 시작하려고 하고 있다.

내담자: 네…….

상담자: 그게……?

내담자: 편안함은, 그러니까 직업을 구하라고 남편이 저에게 강요하지 못하도록 한다는 데 있어요. 제 말은, 비록 저희가 지금은 이혼한 지 두어 달이 지났지만, 저기 그는 여전히 "있잖아, 당신은 아직도 당신의 분야에서 직업을 얻을 수 있어."라거나, 저기 또는 "왜냐하면 당신은 교육을 받았기 때문이야."라고 말할 거예요. 제가 아직도 그가 하는 말을 듣는 것 같겠지만, 제 생각에 또 다른 압박은 제 보험에 관한 통지서를 받는 거예요. …… 저는 학교에 다닐 때 괜찮은 의료보험에 들었어요. 그래서 저는 그걸로 모든 게 보장돼요. 하지만 이 보험이 만기가 한 달 남았고, 지금은 이 보험을 3개월 더 갱신하고 싶은 건가의 문제예요.

상담자: 음음…….

내담자: 그리고 그건 마치, 제가 이력서를 제출하고 이직을 고려해 보자고 말해야 하는 압박일 수 있어요. 하지만 한편에서는 종업원 일을 그냥 계속하려고 한다고 생각해요.

상담자: 그렇군요.

내담자: 너무 안 좋게 들리겠지만, 그리고 이직이 필요하다고도 생각하지만 종업원 일이 그만큼 편안한 것 같아요.

상담자: 너무 안 좋게 들린다는 게 무슨 의미인가요?

여기서 나는 다시 자기비판적 관점에서 벗어나도록 돕는 서막으로 멜리사가 자기비판적 관점을 알아차리도록 하려고 하고 있다.

내담자: 그러니까 그건 마치…….

상담자: 그것에 대해 말해 주세요. 왜 너무 안 좋게 들리나요?

내담자: 그건 단지, 마치…… 마치…… 그러니까 제가 일 년 전에 직장을 그

만들 거라고 말했기 때문이에요. 제가…… 제가 석사과정에 진학했을 때 한 선생님을 만났는데 저는 이분을 몰랐어요. 이분에 대해 들었는데 제 친구 한 명이 "있잖아, 선생님께 가 봐. 선생님은, 있잖아, 네가 어떤 일을 해야 할지 아실 거야."라고 말했어요. 그래서 저는 지난여름에 선생님께 갔고, 선생님은 그동안 선생님이 하셨던 일들을 말씀해 주셨어요. 그래서 저는 여태 그만두지 않은 거고요.

상담자: 음음…….

내담자: 저는 아직도 직장을 그만두지 않았고, 이게 편안한 건지는 모르겠지만, 제 말은, 제가 좋지 않다고 말하는 건 제가 의료보험이 아니라 일반 보험에 들어야 하기 때문에 좋지 않다고 하는 거예요. 하지만 한편으로는 이런 것 같아요. 최소한은 보장되는 보험에 들어 있잖아. 그리고 그 뭐냐, 레스토랑에서 돈을 잘 벌고 있고, 그러니 젠장, 몇 달 더 돈 벌고 거기서부터 시작하는 거야.

상담자: 음음…….

내담자: 저기…….

상담자: 음음…….

내담자: 모르겠어요.

상담자: 음, 마치 몇 년을, 뭐랄까 휘둘리는 느낌으로 보낸 것 같네요.

내담자: 그렇죠.

상담자: 그렇군요. 한 가지 궁금한 것은 휘둘린 경험에 대해서예요. 지금 말하고 있는 게 "난 더 이상 휘둘리고 싶지 않아……."잖아요.

내담자: 네…….

상담자: "내가 하고 싶은 일에 대해서는 내가 괜찮을 때 결정하고 싶어."인데, 제가 궁금한 건 휘둘리는 경험에 대해서예요. 그게 남편과의 관계에만 해당되는 것이었나요, 아니면 이전부터 그랬나요?

이 반응에서 내가 하고자 하는 것은 멜리사의 경험 중 갈등하고 있고 이 때문에 때로는 의식하지 못하고 있는 부분이라고 내가 이해한 것을 멜리사에게 전달하면서, 그 경험을 의식으로 꺼내어 이를 수용하도록 하여 말로 표현할 수 있도록 하는 것이다. 그러고 나면 멜리사는 그 경험을 검토할 수 있게 되고 이를 통해 갈등을 해결하기 시작할 수 있게 된다. 내가 여기서 또 터놓은 주제는 편안하고 싶은 소망이나 휘둘리고 싶지 않은 바람이 타당하다는 것을 인정하기 어려워하는 것이 더 깊은 뿌리가 있어서 오래 지속되어 일반화된 문제는 아닌가 하는 것이다.

내담자: 제가 휘둘리고 있고 이건 매우 통제하려는 사람이라고 말씀하실 때 어떤 면에서는 그럴 것 같아요. 네. 저기, 그거 때문에 힘들지는 않아요. 왜냐면 저는 관계에서 아주 지배적인 사람이라고 생각하지는 않거든요…….

상담자: 음음…….

내담자: 그러니까, 그래서 어떤 점에서는 그거 때문에 힘들지는 않지만 다른 점에서는 힘들어요.

상담자: 음음…….

내담자: 그런데 그 점에 대해서는…… 다시 말씀해 주세요. 이게 이전의 경험과 연결되는지 물어보셨나요?

상담자: 음, 나는 멜리사 씨가 지금 경험하고 있는 부분에 대해 생각하고 있었어요. 그러니까 내가 들었던 두 가지에 대해 느꼈던 혼란에 대해서요. 이 두 가지는 다 있을 수 있어요. 내 말은 어느 한쪽이어야 한다는 건 아니에요.

내담자: 네…….

상담자: 하지만, 그러니까 '결정해야 한다. 내 문제는 결정할 수 없다는 거다.'라는 느낌, 그다음 '나는 결정해 왔어. 나는 가족이 내게 원하는

것을 하지 않을 뿐이야.'라는 느낌, 하지만 지금 하고 있는 것처럼 멜리사 씨가 하고 싶은 것을 하고 있나요? 저에게 드는 느낌은 일종의 해방, 즉 늘 뭘 해야 하는지 얘기하는 사람과 같이 살지 않는 데서 오는 그런 해방감으로 보여요. 동의하든 하지 않든 말이죠.

여기서 나는 다시 멜리사가 원하는 것을 하는 것과 관련되어 있는 **해방감**을 강조하고 있다. 이러한 해방감에는 단순히 당장 결정 내리지 않는 것, 즉 '의무적인' 결정을 내리는 것이 아니라 지금 기분이 좋게 느껴지는 것을 결정하는 것 등이 있다.

하지만 내가 축어록을 읽으면서, 휘둘린다는 느낌이 삶의 초기부터 익숙한 것이었는지에 대한 내 질문을 끝내지 않았다는 것을 알았다. 그리고 이와 관련하여 멜리사가 물어보았던 "다시 말해 주세요. 이것이 더 이전의 경험과 연결되는지 물었나요?"라는 질문에 제대로 대답하지 않았다.

내담자: 그래요.

상담자: 항상 그런 느낌으로 살아야 하는 것은 짜증 나는 일이지요.

이것은 귀인 반응으로서 대부분의 귀인 반응처럼 내담자가 이미 느끼는 것에 대한 솔직한 공감적 인정이자 동시에 내담자가 자신에 대해 아직 완전히 표현하지 않았거나 완전히 시인하지는 않은 느낌을 말로 표현하는 '전조가 되는' 진술이다.

내담자: 네…….

상담자: 제가 궁금했던 건, 해야 할 것을 들을 때의 느낌, 그걸 받아들여야

한다고 들었을 때의 느낌, 그리고 그걸 해야 한다고 들었을 때의 느낌 등등이에요. 그건 '내가 어떻게 연애를 할 수 있지? 전에 이런 건 해 본 적이 없는데.'와 같은 느낌인가요? 또는 뭐랄까, 멜리사 씨가 그 느낌을 생각해 보면, 그 이전에 이미 많이 일어났던 건가요?

여기서 나는 되돌아가 이 느낌이 이전부터 느껴 왔던 것이었는지 물어보고 있다. 처음에는 더 '드문 경우의' 경험 형태("이전에는 이런 경험을 해 본 적이 없다.")를 지지하는 식으로 질문한다. 이렇게 하는 것은 두 가지 목적이 있다. 먼저 이렇게 함으로써 휘둘리는 경험을 하지 않았다면 그것을 내가 들을 준비가 되어 있다는 것을 전달하는 것으로 그런 식으로 보는 것도 수용이 가능하다는 것이고 대안을 강요하지 않는다는 것이다. 또한 안도감을 느끼게 질문하여 그렇게 생각하는 것이 자신의 실제 생활을 잘못 나타낼 수 있다는 것에 주의를 둘 수 있도록 하고, 또 이런 질문 방식은 멜리사가 부인이나 축소로 '해석'되지 않고 이를 이해하거나 알아차리게 할 수 있는 것이다. 게다가 '또는'이라는 말을 사용함으로써("또는 그 느낌을 생각해 보면, 이미 이전에 많이 일어났던 건가요?") 이 반응은 휘둘리는 경험을 상담에서 다룰 수 있는 삶의 한 패턴으로 검토할 수 있는 가능성을 계속해서 표현하는 것이다.

내담자: 저는 그 휘둘리는 경험이 제가 살아오면서 많이 경험해 온 것과 어떻게 연결되는지, 아니면 연결이 되는 건지도 모르겠어요. 다른 사람과의 관계나 가족과의 관계도 있으니까요. 하지만 웃긴 건 가족들은 "그러니까 너는 종업원 일을 계속할 수는 없어."라고 말하는 거예요. 아, 예. 그런가?

상담자: 음…… 네…….

내담자: 그러니까 하지만 전 모르겠어요. 그래요, 그런 것 같아요, 진짜로

요. 가족들은 "너는 학교에 가야 한다." "너는 대학에 가서 교육을 받아야 한다." 그리고 "졸업해서 전공을 살리는 직업을 가져야 한다."라고 하는 것 같아요. 그리고 가족들은 모두 직업이 있어요.

상담자: 음…….

내담자: 한 오빠를 제외하고, 다른 사람들은 거의 비슷한 경향이에요. 반면에 저는 여전히 그렇게 매달려 있어요. 석사과정을 밟고 싶기는 한데, 그래서 저기…… 아직은 하고 싶지는 않아요. 그렇다고 이것 때문에 힘들지는 않아요. 제가 지금 하고 있는 일을 하는 것 때문에 힘들지는 않다고 생각해요. 제 말은, 어느 정도, 그래요. 제가 필요한 거 때문에, 보험이나 이런 것처럼 말이죠. 하지만 잘 모르겠어요. 제 말은, 마치, 그래서…… 가족 중에는 아빠나 저기 새어머니와 같이 누구든지요. 저보고 저기 평생 종업원 일을 할 수는 없다고 말하는 사람들이요. 그러기는 할 거예요. 저는 알아요. 하지만 아마도 그런 게 아니라, 가족들이 저에게 늘 그러는 거는 아니에요. (몇 개의 단어가 들리지 않는다.) 특히 한번은 제가 이혼 절차가 거의 끝나 갈 때 말했어요. 그리고 가족들이 "너는 뭘 할 거니?" "어떤 일을 할 거니?"라고 하는 거예요. 집에서는 제가 레스토랑에서 얼마나 버는지 몰라요. 그리고, 또 그러니까 가족들에게 그건 마치, 가족들은 제가 돈을 별로 벌지 못한다고 생각하는 것 같아요. 가족들이 저에 대해 걱정하고 늘 신경 쓰고 있다는 건 알아요. 하지만 가족들이 실제로 뭔가 말해 준 건 그때뿐이었지만, 그때 그렇게 얘기한 거죠. 가족들이 저에게 어디에 이력서를 내고 있냐고 매주 전화하는 건 아니에요. 그러니까 제 말은, 가족들이 약간 저를 몰아붙인다는 거예요. 하지만…….

상담자: 그리고 가족들이 그렇게 할 때 어떻게 느꼈나요?

내담자: 그건 마치 제 등을 떠미는 것 같았어요.

멜리사는 초조함과 압박("가족들이 '약간' 저를 몰아붙인다는 거예요.")을 되도록 줄여 보려고 했지만 강한 감정이 올라온다. 가족이 자신을 가만히 두었으면 하는 이러한 강한 표현은 부분적으로 보면 이때까지 나타난 치료적 상호작용의 산물일 수 있다.

우리는 또한 남편에게 느꼈던 몰아붙이는 느낌이 그때만 있었던 것이 아니라 멜리사의 삶에서 이미 일어났던 것임을 방금 말한 내용이 입증한다는 것에 주목해 볼 수 있다.

상담자: 음음…….

내담자: 어, 저는 이제 30세가 다 되어 가요. 그리고 제가 뭘 해야 하는지도 알아요. 그리고 어쩌면 가족에게는 제가 아직도 종업원 일을 하고 있는 것이 무책임하게 보일 수도 있지만 그럭저럭 잘 살아가고 있는 거 같아요.

상담자: 음음…….

내담자: 그래서, 그러니까 아마 그런 게 또 그들을 지치게 할 수도 있어요.

상담자: 그리고 그게 멜리사 씨가 자랑스러워하는 거예요. 그러니까 그게 멜리사 씨가…….

내담자: 제가 돈을 벌고 있기 때문이죠. 저는 가족 누구에게도 의지하고 있지 않아요.

상담자: 음음…….

내담자: 저는 가족에게 돈이건 뭐건 필요하다고 전화하지 않아요.

상담자: 네.

나는 자부심을 강조했는데, 이 자부심은 보통 느끼지 않는 감정이다. 그래서 내 생각에 내가 이렇게 함으로써 멜리사가 이 감정을 더 상세히 말할 수 있었고 자신이 가족 누구에게도 의지하고 있지 않다고, 즉 돈을 요구하고 있지 않다고 스스로 말할 수 있었던 것 같다. 여기서 설명하는 것은 내가 지지하는 관점으로 개입할 때 어떻게 치료적 대화가 내담자로 하여금 안전감을 느끼게 하고 내담자를 격려하여 이전에는 내담자가 경험하지 않았던 감정을 느낄 수 있는 여지를 만들 수 있게 했는가 하는 것이다. 예상하기로는 '그래, 자랑스러워할 만한 것이 있어. 스스로 꽤 잘 지내왔어.'와 같이 보통은 자기 자신이 가지고 있다고 생각하지 않는 강점과 독립성을 보여 주었다고 자신에게 말하고, 그리고 크게 말함으로써 멜리사가 그런 생각들을 다시 생각하고 이 관점을 자기 것으로 동화할 수 있었을 것이다.

내담자: 네. 그래서 제 생각에 가족에게 도움을 요청하지 않은 것은, 제 말은 어쩌면 그러는 게 자랑스러운 것일 수도 있겠네요. 잘 모르겠어요.

상담자: 뭔가가 있는 것 같나요. 제가 듣기로는 자부심도 있고 제가 보기에 멜리사 씨는…… 그러니까 자부심에 대해 말할 때 명확한 거의 대담한 게 있는데요. 좋게 느껴지는 게 있는데, 하지만…….

내담자: 제가 뭘 하라고 하는 말을 듣고 있지 않기 때문일 거예요.

상담자: 네.

내담자: 제 말은, 저에게 말하게 놔두지는 않을 거라는 거예요. 네.

상담자: 네.

내담자: 네.

상담자: 그리고 그게 멜리사 씨에게 정말로 중요하고요.

이 마지막 반응에서 나는 자부심과 결단력 그리고 자신에 대해 느끼는 좋은 느낌을 더욱 강조하고 지지하고 있는데, 내담자는 이에 대해 더욱 자세히 설명하는 것으로 반응하고 있다.

그러나 이렇게 되기 위해서는 많은 역동 상담자가 강조했던 '내면화'나 많은 인지 상담자가 강조했던 '인지적 재구성' 이상의 것이 필요하다. 이 과정은 둘 다 상당히 도움이 되기는 하지만, 사실 이 두 과정은 변화된 **행동**이 필수적인 더 큰 과정의 한 부분이다. 내가 여러 곳에서 논의했듯이[예: P. L. Wachtel, 1993, 1997, 2008(특히 12장), 2009], 변화가 지속되고 적절하게 스며들기 위해서는 다른 사람과 내담자의 실제 상호작용 패턴이 변화해야 한다. 이러한 패턴은 내담자 내의 내적 과정에 의해서만 결정되는 것이 아니라, 다른 사람과의 지속적이고 상호적인 일련의 교류의 일부이며, 이 교류에서 각 당사자의 행동이 피드백되면서 상대방의 행동과, 어느 정도는 내적 과정도 변화시킨다.

내담자: 네. 제 말은, 제가 최종 결정을 할 거라는 거예요. 그걸 하고 싶기 때문에, 다른 사람 때문이 아니라. 네.

상담자: 그래서, 가족 모두가 뭐랄까, 같은 선상에 있다는 거고, 그러니까 뭐랄까, 처음부터요. 그리고 같은 방향이라서 이탈도 없을 거라는 거지요. 그리고 멜리사 씨는 다르게 선택했다는 거고요.

나는 여기서 내담자가 선택해 왔다는 것을 강조하고 있다. 즉, 내담자는 가족들의 길을 따라가지 못한 것이 아니다. 다른 길을 선택한 것이다. 그리고 암묵적으로 나는 내담자의 선택을 어리석은 선택이 아닌 용기 있는 선택으로 표현하고 있다. 하지만 이 표현은 우연하게 더 귀인 반응 방식으로 되었다.

내담자: 네…….

상담자: 멜리사 씨는 가족들과 늘 달랐나요? 가족 내에서 다른 역할을 했나요? 어떻게 이렇게 할 수 있었나요?

여기서 나는 두 가지 다른 일을 하고 있다. 하나는 그 패턴을 역사적 또는 발달적 관점에서 살펴보는 것이다. 다른 하나는 긍정적인 귀인 관점을 계속 유지하는 것인데, 즉 '어떻게 그렇게 어려운(암묵적으로는 당당한, 대담한) 일을 할 수 있었나요?'라는 것이다.

내담자: 네, 저는 가족들과 조금 달랐다고 말할 수 있어요. 가족은 네 명인데 부모님 그리고 오빠 한 명이 있어요. 다들 직장에 다니고 있고요. 저기, 그리고 오빠 데이브는 피자집에서 일해요. 하지만 좀 둔해요. 그래서 대학을 가지 못했어요. 그러니까, 하지만 그래요. 저는 가족들이 제가 종업원 일을 하고 있다는 거에 놀랐다고 생각하지는 않아요. 저는 이걸 직업을 좀 늦게 시작하는 거라고 말하겠어요. 저기, 가족들은 모두 자신에게 맞는 직업을 가지고 있거든요. 그러니까 저에게 맞는 직업을 갖는 데 시간이 조금 더 걸릴 뿐인 거죠.

상담자: 그리고 멜리사 씨가 자랄 때 가족과 다르다는 것이 괜찮았나요, 아니면 그들과 다르다는 것이 힘들었나요?

이런 식으로 질문을 하는 것은 '맞는' 또는 '틀린' 것이 없이 어느 쪽이든(또는 양쪽 모두를) 더 쉽게 받아들일 수 있게 한다.

내담자: 저는 가족과 다르다는 것이 그렇게 힘들다고는 생각하지 않아요. 가족 중 누구와도 같지 않다는 것, 제가 다르다는 것은 알고 있어요. 다른 사람들처럼 제 말은 좋은 가족이라는 거예요. 모든 사람은 자기 나름의 문제를 가지고 있잖아요. 하지만 누구도 고등학교 때 파티를 열어 놀거나, 담배를 피우거나, 그러니까 토할 때까지 술을 마시는 사람은 없는 것 같아요. 그러니까, 제가 그랬어요. 그런

행동을 한 건 저였어요. 그러니까, 그리고 그래서…… 그래서, 그런 식으로, 네, 저는 그들과 아주 달라요. 그들 중 누구도 그러지 않았어요. 가족들은 모두 좀 보수적인 사람들이에요. 그러니까 그건 괜찮아요. 그건 좋아요. 저기, 누구도 마약을 하지 않았어요. 그들 중 누구도 그런 짓을 하지 않고, 저도 그러지는 않아요. 그런데 그러니까 다시 말하면, 지 자신인 것 같았어요. …… 제가 귀를 뚫었을 때요. 저기, 그것은 마치, 네, 그렇게 하는 게 멜리사인 거예요. 아니면 문신을 하거나 아니면 다른 곳에 피어싱을 하는 그런 사람인 거죠. 가족들도 그렇게 하는 게 멜리사다운 거라는 걸 알아요.

상담자: 음음…….

내담자: 저기, 다른 가족들은 그런 거를 하지 않죠. 그렇게 가족들이 그렇다고 해서 그거 때문에 힘들지는 않아요.

상담자: 그러면 가족들은 별로 재미없게 산다는 느낌이 들었나요? 그렇게 사는 건 재미가 없을 거라서 가족들처럼 살고 싶지는 않았나요?

내담자: 그렇게 생각하지는 않아요. 가족은 가족이고 그게 가족의 성격이죠. 저기, 저는 가족과 조금 다를 뿐이죠.

상담자: 자, 그럼 뭐 좀 물어볼게요. 그러니까 그런 차이에 대해 더 말할수록 더, 그리고 빗나갈 수도 있다고 생각은 하지만 적어도 지금은 멜리사 씨가 해 왔던 선택에 대해 좋게 느끼는 것처럼 들리거든요. 저에게는. 자, 제가 아직 이해하고 있지 못한 부분은 무엇인가요?

여기서 나는 두 가지를 하고 있다. 한 가지는 내담자가 해 왔던 선택을 계속 지지하면서 자신이 선택했던 것들이 타당했다는 것을 내담자가 느끼도록 도와주고 있는 것이고, 다른 한 가지는 내담자가 선택한 것 중 편하지 않은 부분이 무엇인지, 즉 상담을 오게 된 갈등이 무엇인지 질문을 시작하는 것이다.

부분적으로는 멜리사가 상담받는 동안 그 갈등에 머무는 것을 힘들어했기 때문에 나는 두 번째 갈등 차원에 관하여 생각하면서도 내담자가 이 갈등을 탐색할 수 있도록 도와주고 있다. 이렇게 하는 이유는 내가 내담자를 지지하여 탐색하는 것을 방해하지 않기를, 즉 내담자가 의심과 걱정을 할 여지를 남기지 않기를 바라기 때문이다. 어떤 의미에서 이렇게 하는 것은 상담이 잘될 때 종종 발생하는 예라고 생각하는데, 가속 페달과 브레이크 페달을 동시에 밟는 것이다. 이렇게 하는 것은 자동차에는 별로 좋지 않지만 상담에는 좋은 전략이다.

내담자: 종업원 일을 계속하기로 한 결정이요?

상담자: 네. 그게 멜리사 씨가 말한 게 상담에 오게 된 문제이지요.

내담자: 네, 네. 그러니까 아마도 그건 제가 해야 하는 그런 문제, 제가 이 시점에서 직장을 그만둬야만 하는.

상담자: 음음…….

내담자: 그러니까 제 말은 지금 종업원 일을 하는 게 좋지만 어쩌면 제 마음 한편에서는 그건 네가 할 일이 아니라고 하는 것 같아요.

상담자: 음음…….

내담자: 지금 직장을 그만둬야 해. 제대로 된 직업을 가져야 해. 수입이 줄어드는 것은 받아들이고. 그리고 저기, 필요한 보험에 들고. 저기, 어쩌면 이게 제 마음 한구석에 있는 것 같아요……. (들리지 않는다.)

상담자: 그 '해야 한다'는 말이 너무 듣기 싫어서 그것 때문에 보험이나 다른 것들에 대해 생각하고 싶지 않은 거군요.

내담자: 네.

상담자: 그 '해야 한다'는 것을 다루는 걸 싫어하는 뭔가가 있군요.

나는 주관적인 경험이라는 관점에서 멜리사의 갈등에 접근하고 있다. 내담자는 자신이 경험하거나 선택한 것이 틀렸다는 말을 듣는 데 익숙해져 있어서 내담자 자신은 어떻게 보고 있는지 확인하고 설명하려고 하고 있다. 이와 동시에 '해야 하는 것들'은 유해하다는 것을 강조함으로써 내담자의 경험을 확대하거나 정화시키고 있다고 말할 수도 있겠다. 이러한 자세는 이후 상담이 진행되면서 내담자가 자기 자신의 성향을 확고히 긍정할 수 있는 데 기여했을 것이다.

내담자: 네……. 잘 모르겠어요.

상담자: 지금 무슨 생각이 드나요? 방금 뭐랄까, 미소를 지었어요.

상담자가 비언어적인 정서 단서에 주의를 기울이는 것은 중요하다. 이런 미소는 외견상 어디에도 나오지 않았던 것인데, 상담자가 주의를 기울여야 하는 특히 가치 있는 단서이다. 나는 그러한 단서에 주의를 기울이는 것에 매우 높은 우선순위를 부여하기는 하지만, 여기서처럼 그 단서에 늘 반응하거나 묻는 것은 아니다. 내가 비언어 단서에 대해 언급할지 말지는 내담자에 대해 내가 아는 것을 근거로 판단할 때 그렇게 하는 것을 내담자가 친절하고 관심을 보이는 것으로 경험할 것인지, 아니면 자신을 과잉 경계하는 태도로 관찰하거나 자신을 '확 움켜쥐는' 것으로 경험할 것인지에 달려 있다. 내담자가 후자로 경험한다고 판단되면 나는 그저 무언가 중요한 것이 일어나고 있다는 것을 주목하고만 있다. 무엇이 일어났는지 주목만 하고 내담자에게 그 말을 꺼내지 않은 사례는 왁텔(P. L. Wachtel, 2010b)을 참고하기 바란다.

내담자: 저는 그냥 신경 안 써요.

상담자: 음음…….

내담자: 제 말은, 저는 그냥, 그, 예를 들어서, 저는 종업원 일을 하는 것에 신경 쓰지 않아요. 그러니까 제 말은, 한편으로는 당분간 이 일도 괜찮다는 생각도 있어요. 네.

상담자: 음음…….

내담자: 하지만, 그러니까 그, 그래요. 어쩌면 그게 저희 부모님의 시각일 수 있는데, 그건 글쎄요. "넌 종업원 일을 진짜 그만뒀어야 했어." "저기, 너는 제대로 된 직장을 구해야 해."

상담자: 음음…….

내담자: 그래서, 그러니까 확실한 건, 그리고 저는 그건 어쩔 수 없다고 생각해요. 하지만 그건, 그러니까, 하지만 저기 다시, 그게 그냥 저예요. 그건 모든 사람은 그러니까, 다른 일을 할 거예요. 이런 일이 지금까지는 저는 좋아요.

상담자: 그래요. 그러니까, 멜리사 씨는 그걸 자신의 방식으로 하고 싶은 거네요.

내담자: 맞아요.

상담자: 좋아요. 그리고 가족들이 당신에게 하길 요구했던 것은 자신의 방식처럼 느껴지지 않았고요.

내담자: 네…….

상담자: 그러면, 멜리사 방식이라는 게 뭘까요? 우리가 어떤 공간을 만든다면, 즉 '해야 하는 것들'은 빼내고 말한다면, 그래요. 멜리사 씨가 정말로 자신의 직감에 귀를 기울이는지 보고 싶네요.

'자신의 방식'을 언급하는 것은 바로 전에 제3자의 입장에서 자신에 대해 했던 언급("가족들도 그렇게 하는 게 멜리사다운 거라는 걸 알아요.")으로 다시 돌아가는 것인데, 이 언급은 내담자 방식을 잘 표현하고 있다. 이것이 상담자가 라포 혹은 동맹을 형성하면서 상담자의 말이 정서적 수준에서 내담자 내부에 도달할 수 있는 길을 만들어 주는 작지만 중요한 방식이다. 덧붙여 말하자면, 이러한 방식은 멜리사의 독특성을 인정해 주는 것이다. 사람마다 나름의 방식이 있고 멜리사의 방식도 있는 것이다.

내담자: 네…….

상담자: 멜리사 씨가 뭘 해야 하고 또 언제 해야 하는지 참견하는 사람이 없다면 멜리사 씨의 삶의 궤적, 각본, 전체 그림은 어떤가요?

내담자: (침묵) 그냥 모르겠어요. 제가 어떤 그림이나 시간이 있는지. 하지만 그렇게 되면 그렇겠지요. 그러니까 모르겠어요. 제 말은 저 스스로에게 기한을 두고 있어요. 하지만 그러니까 저기 우리는 알고 있어요. 제가 언제 할지, 언제 일들을 해야 할지. 그래서 제가 생각하기에는 아마도 제 마음 한 구석에는 그건 선생님도 그렇게 생각하실 텐데, 제가 그만둘 때가 되면 종업원 일을 그만둘 거예요.

상담자: 네.

내담자: 그러니까, 제 말은 저는 그걸 석사 학위를 받기 2개월 전에 하고 싶지는 않아요. 하지만, 그리고 아마도 지금 당장은요. 그러니까 이혼과 모든 일이 있은 지 몇 개월 후에, 아마 당분간은 다 제쳐 두고 지금 하고 있는 일을 하고 싶네요.

상담자: 자, 우리는 알고 있는 게 확실해요. 제 생각에는 거의 확실하다고 생각하는데, 그걸 처리하는 멜리사 방식은 "9월 26일 오후 2시에, 나는 이것을 할 거야."라고 말하지 않는다는 거지요. 맞나요?

내담자: 맞아요.

상담자: 그리고 제 질문이 약간 그런 느낌, 제가 압박하고 있다고 멜리사 씨가 느끼고 있는 것 같았어요. 그러니까 제가 "무엇이 멜리사 방식인가요?"라고 묻고 있지만, 이 말은 마치 '내가 그러니까 너를 지켜보

고 있어.'라는 말처럼 느껴졌어요…….

내담자: 언제 그런가요? 네.

상담자: 그래요, 그래요. 자, 상대방이 그렇게 하고 있다는 것을 경험하는 것은 매우 쉬워요.

내담자: 네…… 제 말은, 이유는 모르겠어요. 그게 언제, 그게 언제 그럴지 아니면 그게 어떨지, 내 방식은 어떨지, 하지만 모르겠어요. 그냥 저는 해내겠지요. 제 생각에는요.

상담자: 음음…… 네…… 음, 그게 바로 그 해답의 일부. (들리지 않는다.)

내담자: 말하기가 어렵네요. 저기. 네, 네.

상담자: 중요하다고 느끼는 대답은, '무얼 언제 할 것인가, 또는 어디로 갈 것인가에 관해서 생각하고 싶지 않아.'예요. 멜리사 씨가 원하고 있는 거, 멜리사 씨가 하고 싶은 일. 그거에 따라 갈 거라는 확신이 있네요. 그건 타당하다고 느껴요.

내담자: 네…….

상담자: 그리고 문제는 어떤 의미에서 멜리사 씨가 하고 있는 결정들을 정말로 의심할 정도로 크지 않아요. 문제는 "넌 다르게 해야 해."라는 잔소리가 여전히 남아 있고, 멜리사 씨는 여전히 결국 그렇게 할 거라고 느끼고 있다는 거죠.

내담자: 네……. 그래요. 제 말은, 제가 생각하기에는 때가 되면 제가 가야 할 길을 갈 자신이 있다는 거죠. 네.

상담자: 음음…… 그 말을 다른 사람들, 부모님, 전남편에게 하는 게 어려운가요?

내담자: 저는 그런 말을 한 적이 없어요. 저는 전남편에게 데었어요. 그는 단지, 그러니까, 다시 그에게, 그건 마치, 그러니까…… 저는 흑백논리는 아니에요.

상담자: 음음…….

내담자: 그러니까, 마치, 언제 일을 그만둘지, 언제 새 일을 시작할지 최종 기한이 없고, 그러니까 나다운 곳, 어떻게 될 거예요. 그러니까 때가 되면 그만둘 거예요. 그리고 그러니까 그건 어떠냐면 전남편이 제 방식으로 보는 게 어려운 것 같아요.

상담자: 멜리사 씨가 그걸 말하는 건 어렵다는 거지요. 어떻게 말해야 하는지 모르겠고.

내담자: 전남편에게 말해 본 적이 없어요. 제 가족에게도요. 그러니까, 때가 되면 전 그만둘 거예요. 저기, 전남편이나 가족에게 그걸 말해 본 적이 없어요.

상담자: 그들에게 뭐라고 말하고 싶은가요?

내담자: 그들은 아마 제가 미쳤다고 말할 거예요.

여기서 나는 내담자가 주관적으로 느끼는 감정뿐만 아니라 **다른 사람들에게 어떻게 말할지** 스스로 분명하게 표현하는 것을 시작하도록 도와주려고 하고 있다. 여기서 목표는 내담자가 자신의 관점을 **표현하고 방어하는** 것을 잘하도록 해서 이렇게 준비가 되어 있지 않다고 느껴 자신의 경험에서 도망가는 상황에 빠지지 않게 하는 것이다. 내담자가 주관적인 경험과 접촉하도록 돕는 데 중점을 둔 많은 치료에서 하는 실수는 내담자가 일단 이해하면 내담자가 쉽게 다른 사람에게 표현하거나 다른 사람과 조화롭고 만족스러운 상호작용을 하는 데 필요한 행동을 할 수 있을 것이라고 가정한다는 것이다. 하지만 반드시 그런 것은 아니다. 종종 내담자의 주관적인 경험뿐만 아니라 내담자가 그 경험을 다른 사람과 상호작용할 때 표현할 수 있는 방법을 다루는 것이 중요하다(P. L. Wachtel, 1993, 1997, 2008, 2009).

멜리사가 가족에게 하고 싶은 말이 무엇인지에 대한 나의 질문에 대한 반응과 관련하여 멜리사가 그들이 어떻게 말할 것이라고 이야기한다는 점에 주목하는 것이 의미가 있겠다. 이것은 다른 사람의 반응에 초점을 두고 신경을 쓴다는 것을 시사하는데, 이로 인해 스스로를 일종의 이기주의자, 반항아 또는 자유로운 영혼이라고 봄에도 불구하고 자기 자신의 경험이나 욕구를 표현하지 못하게 된다.

상담자: 음음…… 네…….

내담자: 어떻게 그렇게 살 수 있었을까?

상담자: 맞아요.

내담자: 그런데도 어떻게 잘 지낼 수 있었을까. 보험이 없는 직장에서. 아빠나 새엄마가 그렇게 생각했을 거라고 봐요. 적어도 아빠는요. 네.

상담자: 음음…….

내담자: 분명히요.

상담자: 가족 또한 멜리사 씨를 부러워할까요?

여기서 나는 다시 멜리사의 선택에 대해 상당히 다른 그리고 더 긍정적인 관점을 소개하고 있다. 나는 이 관점을 질문으로만 제기할 뿐이지, 내가 제안하는 것이 옳다고 하는 것은 아니다. 그러나 이 관점을 제기하는 것도, 즉 갑자기 이 '이상한' 질문을 하는 것도 멜리사가 의식적으로 생각하지 못하는 것, 즉 '부러워한다는' 면에서 자신을 보게 하는 것인데, 이는 어떤 면에서는 멜리사가 더 자유롭게 자기 자신의 경험과 자신을 만족시키는 것에 주의를 기울일 수 있고, 가족들이 정도를 고집스럽게 추구함으로 인해 경직되어 있어서 은밀하게는 멜리사처럼 되고 싶어 할지도 모른다는 것을 의미한다.

여기서 다시, 내가 앞에서 '가속 페달과 브레이크'라고 언급했던 것에 대해 말하자면, 멜리사의 선택에 대해 내가 지지한 것은 자신의 선택에 대해 실제로 걱정하는 멜리사의 한 측면, 즉 단순히 부모의 내면화된 목소리를 반영하는 것이 아니라 자기 자신에서 비롯된 걱정과 연결할 필요가 있다.

내담자: 모르겠어요. 저는 그렇게 생각하지 않아요.

상담자: 전혀요?

내담자: 모르겠어요.

상담자: 제 말은, 가족에게서 받았던 메시지, 이 메시지는 멜리사 씨가 자라는 동안에 받았던 메시지라고 생각하는데, 이 메시지는 당신이 하고 있는 것이 미친 짓이라고 하기 때문이라는 거지요.

내담자: 아니요, 그렇게 생각하지 않아요. 그런 것 같지는 않아요. 제가 하고 있는 것들이나 결정한 것들이 미친 짓 같지는 않아요. 저는 모르겠어요. 제 생각엔 그건 단지 보수적이지 않은, 그러니까 가족들이 하는 것이 아닌 것뿐이죠.

상담자: 음음…….

내담자: 가족들이 그걸 부러워했던 건지는 모르겠어요.

상담자: 음음…….

내담자: 아마도. 그러니까 어쩌면 가족 중 한두 명은 '나도 저걸 해 봤으면 좋겠다. 저런 태도를 보였더라면 좋았을 텐데.'라고 생각할 수도 있겠죠.

상담자: 그런데, 조금 궁금한데, 멜리사 씨는 이 가족 안에서 자유를 표현할 수 있고 실제 자기에서 비롯되어 자기 삶을 표현할 수 있는 그런 사람이 되었던 것 같고 가족들은 그렇게 하지 못했던 것 같아요. 가족들은 그렇게 할 수 없었고 또 어쩌면 자신들이 멜리사 씨가 그렇게 하는 걸 보면서 위안을 느낀다는 걸 인정할 수도 없었죠. 가족 중 누군가는 그렇게 살고 있었고요.

내담자: 네…….

상담자: 그랬나요?

내담자: (침묵) 제 여동생이 그랬던 것 같아요. 여동생은 저를 "대단해. 나도 그럴 수 있었으면 좋겠어."라고 본 건 틀림없어요.

상담자: 음음…….

내담자: 제 생각에는 여동생이 그랬다고 생각해요. 아니면 지금 당장은 아니더라도, 어쩌면 지금은 아니더라도 제가 어렸을 때, 그러니까 제 생각은, 여동생은 그랬을 수 있어요.

상담자: 음음……. 그래서 멜리사 씨는 가족 모두를 대신해 뭐랄까, 자유를 누린 건가요?

내담자: 네. 왜냐하면 누구도 그러니까, 뭐랄까, 그런 것을 하지 않았죠. 누구도 그러니까 모험을 한다든가…… 제가 그렇지 않다는 거. 저 또한 미친 거는 아니고, 가족도 단지 보수적인 거지요. 이게 가족을 묘사하는 가장 적절한 방식인 것 같아요. 그렇게 생각해요.

상담자: 제가 궁금한 또 다른 관련성에 대해 물어볼게요. 관련성이 정확히 맞는 단어는 아니지만, 같을 수도 있고 아닐 수도 있는 유사성이에요. 멜리사 씨와 부모님이 유사한 한 가지는 부모님도 이혼하셨고 멜리사 씨도 이혼했다는 거예요.

축어록을 읽다 보니, 내가 왜 이 시점에서 이 질문을 했는지에 조금 어리둥절하다. 이 질문은 이야기하던 것에서 주제가 전환되는 것으로 보인다. 지금은 떠오르지 않는 이 질문을 끌어낸 어떤 생각이나 고리 또는 상담 동안 말로 표현되지 않은 정서 경험에서 내가 포착한 무엇인가가 있었을 것이다. 하지만 내가 '수퍼바이저'로서 이 반응을 본다면, 상담자가 잘못된 추론처럼 보이는 것을 왜 도입했는지 질문했을 것이다.

내담자: 네…….

상담자: 부모님의 이혼이 멜리사 씨의 이혼과 같았나요, 달랐나요?

내담자: 완전히 달랐어요. 부모님의 이혼은 불쾌하고, 화나고, 쓰라린 이별이었어요.

상담자: 음음…….

내담자: 이혼 절차가 거의 3년이 걸렸어요.

상담자: 멜리사 씨는 몇 살이었나요?

내담자: 부모님이 헤어지셨을 때 저는 세 살 혹은 네 살 즈음 같아요.

상담자: 음음…….

내담자: 그러니까, 정확히 제 딸아이 나이네요. 딸이 지금 세 살이에요. 저희가 한 달 반 만에 이혼 절차를 마친 거는 달랐지요.

상담자: 음음…….

내담자: 부모님이 이혼 절차를 끝내셨을 때 제 나이는 여섯 살이나 일곱 살쯤이었을 거예요.

상담자: 멜리사 씨에게 부모님의 이혼은 어땠나요?

내담자: 정말 이상했지만, 그건 마치 저는 학교에서 온 여자애랑 같이 우리 집 진입로에 서 있었던 걸로 기억해요. 그리고 그 애는 저한테 말했어요. "자, 너희 부모님이 이혼하시는 것에 대해서 어떻게 생각해?" 이런 식으로요. 저는 그때 어려서 이렇게 말했어요. "부모님이 잘 지내기 위해 그래야 한다면 괜찮아." 그리고 그건 마치, 제가 그 말을 되짚어 보면 제가 한 말을 평생 잊지 못할 말 같았어요. 일어나고 있는 일에 대해 학교상담 선생님이나 이웃이나 친구에게 이야기한 기억이 안 나요. 하지만 그렇게 어린 나이에 그렇게 성숙한 반응을 했는지 모르겠어요. 하지만 제 말은, 저는 여섯 살 정도였으니까요. 저기, 그리고 그때 저는 부모님의 이혼을 받아들이고 있다고 느꼈어요.

상담자: 음음…….

내담자: 부모님이 이혼하시기 전에 부모님과 있었던 일들이 잘 생각이 나지

않아요. 제 말은 다른 것보다도, 그러니까 엄마는 항상 위층에 계셨고, 아빠는 항상 아래층에 계셨어요.

상담사: 음음…….

내담자: 그리고 부모님은 싸우곤 했어요. 하지만 잘 생각은 나지 않아요. 하지만 어쩌면 그때, 제 말은 부모님이 사이가 좋지 않으셨다는 건 알았고, 저는 어떤 이유에서인지 여섯 살이나 아마 일곱 살 즈음에, 저는 모르기는 했지만, 아마 그때 제가 느낀 건 어쩌면 그러는 게 더 낫겠다는 거예요. 모르겠어요. 어떻게 그렇게 생각하게 됐는지, 하지만 그래서 제 말은, 그것 때문에 괴롭지는 않았어요. 저는 부모님에 대해 "하느님, 왜 부모님은 싸움이 일어나지 않게 할 수 없을까요?"와 같이 본 적이 없어요. 저는 부모님에 대해 "하느님, 왜 싸움은 늘 일어날까요?"와 같이 봐요.

상담자: 음음…….

내담자: 제가 각각을 봤을 때. (들리지 않는다.) 그리고 새엄마가 들어오신 지 20년이 되었어요. 그러니까 아빠는 재혼하신 거고, 엄마는 재혼을 하지 않았어요. 저는 새엄마를 몹시 사랑해요. 새엄마는 제 인생에서 좋은 롤모델이었어요. 그러니까, 그래서 저는 왜 부모님이 잘 해결을 하지 않았나 하고 본 적은 없어요. 그러니까 왜 부모님은 싸움이 일어나지 않게 할 수 없을까.

상담자: 음음…… 그래서, 멜리사 씨가 개발하게 된 게…….

내담자: 이상해요.

상담자: ……뭐랄까, 무시하고 넘어가도록 놔두는 거군요. (들리지 않는다.)

내담자: 그래요, 어쩌면. 네. 이상하죠. 오늘은 그런 생각조차 안 하는 것 같아요. 이런, 엄마 아빠가 잘 해결하지 못해서 안타깝다는 생각.

상담자: 음음…….

내담자: 저는 그런 생각이 안 들어요. 그러니까. 저는 그 반대예요. 부모님

이 어떻게 아이 다섯을 데리고 있었는지조차 모르겠어요, 네.

상담자: 그래요. 네…….

내담자: 그건 달라요.

상담자: 음음…… 이제 곧 마쳐야 해요.

내담자: 네.

상담자: 지금까지 이야기한 여러 가지에 대해 생각해 본다면, 두드러지거나 더 생각해 볼 만한 게 있는지 궁금하네요.

내담자: 저는 제 경력으로 어디 취업을 해야 할지 확신을 못하고 있다는 사실이…… 아니면 지금 일이, 그러니까 때가 되면 취업을 하겠죠.

상담자: 음음…….

내담자: 그리고 저는 마찬가지로, 저는 어떤 분야에서 알려지는 걸 좋아하지 않는 그런 사람이에요.

상담자: 음음…….

내담자: 제가 알아야 할 어떤 것들이요.

상담자: 음음…….

내담자: 음, 그건 저에게 뭔가 그건 마치, 네, 제 생각엔, 만약 제가 엄청난 스트레스를 받거나, 저기, 직장에 불안이 심했다면 뭔가를 했겠죠.

상담자: 음음…….

내담자: 하지만 저는 지금 직장이 편해요. 그리고 제가 있어야 할 곳에 있게 될 거라고 생각해요.

상담자: 음음…….

내담자: 그러니까, 그건 저에게 뭔가, 그러니까 아마 어떤 면에서는 편함을 주는 그런 거지요. 그렇게 될 거예요.

상담자: 그래요. 그래요, 멜리사 씨가 결정을 내리고 있는 것들이 많은 것처럼 들리네요. 왜냐하면 당신 자신이 결정을 내리고 있으니까요…….

내담자: 네…….

상담자: 멜리사 씨가 결정을 내리고 있지 않은 것 같지는 않네요.

내담자: 맞아요.

상담자: 멜리사 씨가 결정을 내리고 있는 거지요.

이러한 과정에서 내가 하고 있는 것은 명백하게 멜리사의 행동을 강조하는 것, 즉 그녀 자신이 결정하고 있다는 것을 분명히 보여 주고 인정하는 것이다.

내담자: 맞아요.

상담자: 그리고 여러모로 그건 지금 당장 자신에게 충실한 걸로 느껴지는 결정이지요. 그와 관련해 내가 걱정되는 한 가지는 멜리사 씨가 자유로이 변경도 하는가예요. 멜리사 씨는 가족을 대신해서 즐거움을 가져다주는 사람이 되지 않을 수 있나요? 왜냐하면 그건 그 자체가 짐이기 때문이지요. 가족들이 스스로 즐거움을 찾도록 놔두자는 거지요.

한편으로, 여기에서 나는 멜리사가 하고 있는 것으로 보이는 결정, 즉 지금 당장은 종업원 일을 계속하겠다는 결정을 인정하면서 이 결정이 자신이 느끼기에 자신의 경험에 가장 충실한 선택이자 자신에게 최선이 될 것임을 강조하고 있다. 이와 함께 나는 또한 그 선택이 멜리사가 느끼는 정도로 자유롭게 그리고 자발적으로 하는 것인지 질문을 하고 있는 것이다.

한 가지 가능성은 멜리사가 그 결정을 반항의 수단으로 삼고 있을 수 있다는 것이다. 즉, 멜리사가 "가족들은 내가 직장을 그만두기를 바라. 그래서 휘둘리지 않기 위해 나는 자동적으로 '아니'라고 말할 거야(내가 최선이라고 생각해서 한 것이 좋건 아니건 간에)."라고 생각할 수 있다는 것이다. 두 번째는 그 결정이 또한 은밀한 **복종**의 형태를 반영하고 있을지 모른다는 것이다. 즉, 멜리사의 반응이 가족 안에서 멜리사가 지속해 온 역할을 계속하는 방식이라는 것이다(다시 말하지만, 그것이 자신을 위해 최선인지 아닌지는 별로 관계가 없다). 두 번째 가능성에서 강조하고 있는 것은 가족은 늘 보수적이고 정도를 걷는 반면, 멜리사는 더 즐거움을 택하는 사람 역할, 즉 놀기 좋아하고 반항적인 사람 역할을 해 왔다는 것이다. 멜리사의 과잉행동(예: 토할 때까지 술을 마시는 것)은 이 관점에서 보면 멜리사가 가족의 '지정된 어릿광대'로서 암묵적인 역할을 했음을 반영하는 것일 수 있다.

이러한 관점에서 보면, 가족이 멜리사에게 종업원 일을 그만두고 보통 사람들이 가는 길을 가라고 하지만, 거기에는 미묘하면서도 겉으로는 드러나지 않는 또 다른 압박이 있을 가능성이 있는데, 이는 자신들은 그러지 못하지만 멜리사를 동일시하여 자신들이 간접적으로 즐기는 재미나는 활동을 멜리사에게 하도록 하는 미묘하지만 겉으로 드러나지 않는 또 다른 압박이 있을 수 있다는 것이다. 멜리사에게 종업원 일이 장기적으로는 어떤 의미가 있든 간에 단기적으로는 더 낫다고 느끼는 것은 분명하다. 멜리사는 가족 내에서 쓰였던 대본, 즉 멜리사가 재미를 추구하는 '책임감 없는' 사람이 되도록 하여 나머지 가족은 그 결과 착실하고 책임감 있는 사람이 될 수 있는 각본대로 어느 정도 역할을 하고 있는 것일까? 그리고 멜리사는 자신의 꽤 다양한 욕구를 수용하기 위해 이 역할을 조정하는 것이 어렵다는 면에서 이 대본에 사로잡혀 있는 것인가?

이러한 견해 중 어떤 것도 추측 이상은 아니라는 것이 내 견해이다. 그러나 개인과 가족이 자신의 상충되는 욕구를 해결하는 정교한 방안에 익숙한 상담자들은 이런 질문을 하여 내담자를 도울 수 있는 것이다. 직장은 내가 강조해 온 것처럼 탐색의 자리, 즉 가능성의 문을 여는 것이지만, 상담자가 좋아하는 주제를 말하도록 압박하지 않으면서 그렇게 한다.

내담자: 네…….

상담자: 멜리사 씨가 당신이 결정을 하는 사람이 되도록 옥죌 필요가 없듯

이 재미있는 사람이 되도록 옥죌 필요도 없었던 거지요.

내담자: 네…….

상담자: 그것이 지금 내가 가지고 있는 유일한 관심일 겁니다.

내담자: 네…….

상담자: 하지만 멜리사 씨가 그걸 가장 잘 판단하는 사람이라고 생각합니다.

내담자: 네, 네.

상담자: (들리지 않는다.)

내담자: 네.

상담자: 이번 상담이 유용한 대화였다고 생각합니다.

내담자: 네. 선생님에게 이야기한 것이 좋았어요.

상담자: 네, 좋습니다.

내담자: 감사합니다.

상담자: 만나서 반가웠어요.

내담자: 네. 저도요.

상담자: 잘 가요.

상담을 전체적으로 보면, 멜리사와 실제 관계를 맺고 치료동맹을 형성하는 과정은 상당한 난제였다는 게 명백하다. 루이스의 경우, 동맹은 상담 첫 순간부터 드러났고 상담시간 동안 계속 유지되거나 증가했다.[5] 멜리사의 경우,

5) 물론 치료동맹은 '한번에 그리고 완전히' 형성되고 유지되는 것은 아니다. 상담실에 있는 두 당사자가 서로 주고받는 경험의 본질은 상담하는 동안 불가피하게 다양해지는 법인데, 이는 새로운 인식과 경험이 시작되고 서로 잘못 인식하기도 하고 잘못 이해하기도 하기 때문이다. 방 안에 있는 두 명의 당사자의 상호 간의 경험의 본질은 새로운 지각과 경험이 시작되기 때문에 그리고 상호 간의 오인, 오해가 불가피하게 일어나기 때문에 함께하는 그들의 시간 동안 불가피하게 상당히 다양해진다. 사실 불가피하게 연달아 일어나는 변화 그리고 붕괴와 위기(보통 바라듯이 사소한 위기)를 검토하는 것은 시간이 지나면서 상담이 효과적이기 위해 중요한 부분이다(Ruiz-

동맹은 그렇지 않았다. 상담시간 대부분은 사실상 일정 수준의 동맹을 형성하고 발전시키는 과업에 할애되었다. 여기에서 내가 축어록에 덧붙여 한 논평에서 이미 논의했듯이, 상담하는 형태 그리고 멜리사가 포샤와 한 이전 상담 경험 모두가 중요한 역할을 했다. 하지만 또 원인이 된 것이 나 자신의 초기 태도와 참여 방식이었다는 점을 언급하는 것이 중요하겠다. 나는 '상담자'에 대한 특별한 상을 가지고 있었고, 이러한 상담자 상과 상담 목표 그리고 목표와 연관되어 있는 상담 행위가 상담 초반부의 난관과 후반부의 원활한 진행에 원인이 되었다고 생각한다.

멜리사가 들어오는 바로 그 순간(내가 말하기도 전에) 방에 존재했던 요소들로 먼저 돌아가 생각해 보면, 상담이 단회가 될 것이라는 사실이 여러모로 멜리사에게 영향을 주었다. 어떤 의미에서 멜리사가 다루고자 했던 문제 특성은 내 생각에 우리 만남이 단회 상담이라는 점을 생각해 보면 멜리사가 매우 적절하게 선택한 것이라고 생각한다. 곧 더 추가해서 언급하겠지만, 멜리사가 상담시간 동안 자신의 초점을 표현하는 방식에 어려움을 겪었지만, 사실상 그 선택은 매우 적절했다. 멜리사는 본질적으로 단회 상담에서 다룰 수 있는 것, 즉 더 연장해서 만날 필요가 없는 문제를 선택한 것이다. 하지만 동시에 멜리사가 자신의 목표를 어느 정도 단회 상담에 적절하게 짜 맞추는 바로 그 방식으로 인해 상담이 일반적인 상담에서 일어나는 것을 보여 주는 데 어려움을 주었는데, 결국은 이것이 일반적인 것이다.[6]

Cordell & Safran, 2007; Safran & Muran, 2000; Safran, Muran, & Proskurov, 2009).

6) 루이스가 단회 상담이 아닌 일반 상담에 적합한 문제를 선택했다는 것은 흥미롭다. 그 점에 있어서 루이스가 제시한 문제를 다룬 상담에서 우리가 이룬 성과는 놀랍게 보일 수도 있겠다. 정확하게 말하면, 우리가 이룬 것은 루이스가 시댁 식구와 관련된 문제를 훈습하는 과정의 초기 단계에 불과한 것이다. 또 이 문제는 매우 복잡하고 훈습할 필요가 있는 초기 경험의 많은 부분과 관련되어 있었다. 하지만 그럼에도 불구하고, 후속 상담이 있었다면 이 상담이 루이스에게 매우 도움이 될 수 있는 많은 중요한 주제를 보여 주고 분명하게 말해 주는 것 같았다. 그 결과, 루이스와 한 상담이 멜리사와 한 상담보다 일반 상담에 더 가까웠다.

상담이 단회 상담으로 구성되었다는 사실과 멜리사가 이전에 포샤와 단회 상담을 했다는 사실이 상호작용하였다. 멜리사는 이 상담이 단회가 될 것이라는 것, 즉 좌우간 중요한 맥락 요소가 될 것이라는 것을 알고 있는 것만이 아니었다. 겉으로 드러내지는 않았지만 같은 방식의 이전 상담 경험을 마음속에 담고 있었는데, 이는 그야말로 삶을 바꾸는 상담 경험이었다. 포샤와 한 단회 상담이 멜리사가 한 이혼 결정에 얼마나 영향을 주었는지 궁금해할 수도 있겠다. 어쨌든 멜리사는 포샤와 상담을 시작했을 때 이혼을 생각하고 있었고, 상담을 받지 않았더라도 같은 결론에 도달하지 않았겠는가 하는 것이다. 하지만 멜리사가 포샤와 한 상담이 중요한 역할을 했다고 생각하고 느끼고 있는 것은 의심할 여지가 없다. 이혼이 실제 일어난 일인 데다가 이 상담의 초점이 한부모로서 당면한 현실적인 문제라서 멜리사가 이 결정을 받아들이는 어려움을 감안해 보면, 멜리사가 의식하건 못하건 간에 상담이 자신의 삶을 뒤흔들도록 하지 않겠다고 결심하고 상담을 시작했을 것임은 이해할 수 있는 것이다. 포샤와 한 상담이 최고점의 행복에 매우 기여했다고 느끼고 있다는 점을 감안해 보면 '더 이상은 안 돼.' 그리고 '나는 단회 상담이 내 삶을 완전히 뒤집을 수 있다는 것을 알고 있어. 그리고 그런 일이 다시 일어나지 않게 할 거야.'라는 느낌은 이해할 수 있다.

나 자신의 역할과 내가 생각하는 잘된 상담이란 무엇인가로 넘어가 보면, 상담 초기에 나와 멜리사가 부딪힌 어려움의 근원과 상담자이기에 거의 하게 되는 모순과 역설을 보게 된다. 상담자로서 나는 내 임상 경험과 상담 철학의 핵심을 형성하는 두 가지 핵심 목표 또는 개념에 충실하고 있다. ① '가면을 벗기고' '들추어내며' '방어를 해석'하려고 하는 접근과 대조적으로 내담자 말을 들을 때 존중하고 인정하는 태도를 취하고(P. L. Wachtel, 1993, 2008; 또한 Wile, 1984 참조), ② 깊은 정서적 수준에서 내담자를 다루고 내담자가 두려움, 죄책감, 또는 수치심으로 인해 의식하지 못하고 '자기'에서 배제해 버린 경험을 느낄 수 있도록 하는 것이다(P. L. Wachtel, 1993, 2008 참조). 보통 이 두 가지 목표는 밀접하게 작동하는데, 한 목표가 상담자와 내담자가 협력하는 과정에서 다른 목표를 향상시킨다. 하지만 멜리사와 했던 상담에서 이 두 목표는 상담이 진행되면서 상충되는 것처럼 보였는데, 상담에서 내가 부딪혔던 문제 대부분은 이 두 목표를 상충되지 않게 하는 어려움 때문이라고 볼 수 있겠다. 방금 언급했듯이, 멜리사가 현실 문제에 주로 초점을 둔 것은 매우 타당하며 존중과 인정을 받을 만하다. 그럼에도, 최소한 상담 초기에는 이렇게 초점을 둠으로 인해 멜리사가 교착 상태에 빠져 있음을 느끼게 했던 더 큰 주제와 멜리사가 접촉하고 소화하기를 바랐던 더 깊은 수준의 경험을 다루지 못하게 되었다. 이런 사실은 루이스와 했던 상담과는 대조되는데, 루이스와의 상담에서 나는 루이스의 경험을 타당화하고 또 그 경험을 확장하고 심화하는 것이 빠르게 진행되면서도 서로 촉진한다고 느꼈다.

상담이 진행되면서, 멜리사가 탐색하고 싶어 하지만 다소 주저했던 또 다른 것을 발견하기 위해 논의의 틀을 확장하려고 계속 시도했다. 이러는 가운데 우리는 한동안 같이 허우적거렸다. 내 목표와 멜리사의 목표가 일치하지 않는 듯했다. 약간은 내가 너무 성급해서 진로상담보다는 '심리치료' 냄새가 난다고 생각되는 방향으로 상담을 이끌려고 했다. 나는 훌륭한 상담자가 해야 하는 것, 즉 상담자의 관심사를 강요하지 않으면서 내담자가 흥미 있어 하고 하고 싶어 하는 것을 하는 데 힘든 시간을 보냈다. 이러한 어려움은 내 입장에서 보면 이 상담이 단회 상담일 것이고, 그래서 멜리사를 위해 되도록 많은 것을 하고 싶다는 생각과 관련이 있었다(이로 인해 나는 너무 많은 것을 하기 원했고, 그래서 내담자보다 앞서서 질주하게 되었다). 무엇보다 중요한 것은 배경으로 존재했던 흔하지 않았던 상황(어쩌면 내 생각했던 것보다 전경에 더 가까웠을 수도 있다)과 관련이 있다. 이 상황은 곧 상담이 녹화되고 있었다는 점, 비디오가 어쩌면 있는 그대로 전국에 있는 수많은 학생과 동료에게 보여질 수도 있다는 것이다. 나중에 밝혀지다시피 독자들도 이해할 것으로 생각하는데, 나는 멜리사와 한 상담이 아닌 루이스와 한 상담을 APA 비디오 시리즈에

실었다. 하지만 내가 멜리사와 상담을 했을 때 루이스와 상담을 아직 하지 않은 상황이어서, '이 상담이 대중에게 내가 하는 상담을 대표하는 상담으로 제시된다고? 내가 보통 하는 것이 아무것도 일어나지 않고 있는데!'라고 약간 겁먹었던 것도 당연하다.

우리가 멜리사의 이혼 그리고 이혼 전후 남편과의 관계에 대해 이야기하기 시작하면서 상담 경험이 바뀌기 시작했다. 이로 인해 남편이나 부모 또는 형제들로부터 멜리사가 경험해 온 압박과 강요당한 경험을 명료화하게 되었는데, 멜리사는 이들을 조심스럽고, 보수적이며, 고지식한 사람들로 묘사했다. 이들에게 있어 경력과 전문직으로 가는 길에는 종업원 일이 없어 보였다. 우리는 멜리사가 가족 내 반항아, 즉 바른 길을 가지 않고 파티와 문신 가게를 가는, 즉 '멜리사식'으로 가는 사람임을 보았다. 그리고 내가 멜리사에 추론한 것은 멜리사가 가족 내에서 '지정된 어릿광대'였을 것이고, 그녀가 '행실을 고칠' 것이라는 겉으로 드러난 가족의 기대에는 반항하면서 이와 동시에 목적만을 지향하는 가족의 회색빛 삶에 채색을 하는 잘 노는 반항아로 있기를 바라는 가족들의 무의식적인 또 다른 기대에 부응해야 하는 것 사이에서 혼란스러웠을 것이다. 이렇게 하나는 어느 정도 겉으로 드러나 있었지만, 또 다른 하나는 누구도 의식하지 못하고 있는 상충되는 기대와 요구에 사로잡혀 있어서 멜리사는 순전히 현실적인 문제로 표현하고 있었던 문제를 해결하는 데 어려움이 컸던 것이다.

축어록에 삽입되어 있는 논평에서 언급했듯이 멜리사의 문제와 우유부단의 또 다른 차원에 대한 내 특정 추론이 옳았다고 절대 확신하지 않는다. 멜리사가 가족 내에서 어떤 활기와 모험 그리고 저속함을 도입하는 역할을 하고 있고 가족들이 은밀히 이 역할을 동일시하고 있다는 관점은 멜리사가 당장의 진로를 결정하는 데 어려움을 겪었던 이유를 이해하는 한 가지 방식을 제시하지만 이것은 잘못된 단서가 될 수도 있다. 나는 의료혜택 자체도 중요하지만 그보다 더 많은 이야기가 있었다는 일반적인 가정에 더 확신이 간다.

상담이 진행되면서 나는 멜리사가 마음속 깊은 곳에는, 당분간은 종업원 일을 계속하는 쪽으로 훨씬 더 기울어져 있다는 느낌을 더욱더 강하게 느꼈다. 그리고 멜리사가 가족의 반항적이고 재미를 추구하는 충동을 그들을 대신해서 이행했던 구성원이었다는 것, 즉 충동을 밖으로 표출하고 그들 스스로는 차단해 버린 삶의 단면에 간접적으로 참여할 수 있는 모델을 제공했던 사실에 대해 좀 더 분명한 역동을 느낀 것이 이것을 지적하고 이러한 선택을 한 멜리사를 지지하는 과정(여기에는 멜리사의 반응을 재구성하여 그렇게 하는 것이 '멜리사 방식'으로 일을 처리하는 것임을 강조하는 것도 있다)에서였다는 것이 흥미롭다.

달리 말하자면, 달리 말하는 특정 내용이 적중할 수도 있고 그렇지 않을 수도 있다는 것을 염두에 두고서, 멜리사가 가장 원했던 방향을 지지하는 과정에서 내가 정신생활에서 차지하는 **갈등**의 핵심 역할에 지속적으로 관심을 둠으로써 멜리사가 한 경험의 다른 면을 자세히 보게 되었다. 우리 가운데는 외골수처럼 보인다고 하더라도 외골수인 사람이 거의 없다. 생각하고 경험하고 행동하는 다양한 방식은 맥락에 따라 또는 의식되는 정도에 따라 다른데, 이러한 사실은 사회학습 이론(Mischel, 1968; 또한 Wachtel, 1973b, 1977a 참조)이나 관계정신분석(Bromberg, 1998a; Mitchell, 1993)과 같은 다양한 이론의 사상가들이 강조하고 있다. 이러한 다양성이 삶에서 풍요로움과 유연함의 근원이 되는가 아니면 고통스럽고, 골치 아프고, 분열적인 삶의 방식의 근원이 되는가는 사람마다 엄청나게 다를 수 있다. 그러나 나는 우리 모두가 보기보다 훨씬 덜 '단순하고' 덜 '일관적'이라고 생각한다.

마지막으로, 멜리사와의 상담은 우리에게 사회적 요인이 얼마나 중요한지 일깨워 준다. 미국의 의료보험 제도가 달랐다면 멜리사는 아주 다르게 결정을 했을 것이다. 아마도 상담 후반에 나온 다른 주제들 중 몇 가지는 더 탐색했을 것이고, 검토하고 정제하고 수정하거나 더 탐색하는 시간이 있었을 것이다. 그러나 멜리사가 자신의 문제를 소개한 수준은 2009년 미국에 너무나

딱 맞는 수준이었다. 우리의 정신 경험과 정신역동은 내면화된 초기 경험의 잔여물과 현재 영향을 주고 있는 현실적인 친밀한 관계의 함수관계일 뿐만 아니라 더 넓은 현실인 인종, 계급, 문화, 사회의 함수관계이기도 하다. 경제는 우리의 성격이나 주체와 상호작용하는 어떤 '부가적인' 또는 '외부적인' 변인이 아니다. 경제는 우리 자신과 삶을 어떻게 경험하는가 하는 복잡하고 본질적인 부분이다(P. L. Wachtel, 2003). 심리적인 것과 사회적인 것을 구별할 때, 우리는 결국 양쪽 모두를 빈약하게 이해하게 된다.

제3부

되짚어 보기

제6장 사례 재검토

제**6**장

사례 재검토

이 책에 제시한 세 가지 사례는 사례 자체에 대해서 생각해 볼 수 있는 기회가 될 뿐만 아니라 제1부에서 언급한 상담 기법의 가정과 원리에 대해 이 사례에 나타난 관점에 대해서도 생각해 보는 기회가 된다. 각 사례에 이 원리들이 어떤 식으로 반영되거나 나타나고 있는가? 어떤 식으로 벗어나 있는가? 물론 내담자에 따라 다르기는 하지만 일반 원리의 개선이 필요하거나 일반 원리를 다시 생각할 필요가 있는 구체적인 욕구와 도전과제는 무엇인가? 이것이 '일반적으로 X를 하지만 경우에 따라서는 Y가 낫다.'는 일반 원리를 어떻게 재구성하도록 하고 있는가? 그리고 Y를 하는 시기가 언제라는 것을 어떻게 아는가? 이와 관련하여 일반적으로 특정 사례 또는 치료과정의 특정 지점에서는 X를 하는 것이 유용할 때라도 X를 할 기회가 그렇게 많지 않다는 것을 특정 사례의 세부 내용으로 어떻게 이해할 수 있게 되는가? 즉, 때로는 일반원리를 따르는 것이

특정 사례나 회차에서는 잘못이지만 때로는 반드시 잘못된 것이 아니라 단순히 관련이 없다는 것, 즉 그 상담시간에는 그런 기회를 제공하거나 요청하고 있지 않다는 것이다.

이러한 질문들을 검토할 때는 여기에 제시한 사례가 진행되고 있는 상담의 일부가 아니라 견본으로 보여 주기 위해 단회로 구성된 사례라는 점을 염두에 두기 바란다. 이 사례에 나타나는 상호작용과 치료 과정이 일반 상담과 유사한 점이 많다. 하지만 분명히 차이점도 있는데, 여기 제시한 사례에서 유용한 결론을 도출하려면 이러한 차이도 고려해야 한다. 달리 말하자면, 내가 보기에는 내가 '보통 하는' 일반 상담에서 일어나는 것과 이 사례에서 일어나는 것이 거의 비슷하다. 하지만 이와 동시에 필연적으로 이 상담이 특별한 기원을 반영하는 방식이 있다. 이런 방식 또한 맥락을 감안해서 이해할 때 고려해야 하는데, 내 생각에는 이렇게 맥락을 감안해서 이해하는 것이 모든 치료적 작업 그리고 성격 발달과 역동을 이해하고자 하는 노력에 중요하다.

이전 장에서 말한 바와 같이 특정 틀의 영향은 멜리사의 사례에서 명확히 드러난다. 만일 이 상담이 단회로 기획되지 않고 장기상담이나 단기상담으로 기획된 상담의 첫 회였다면 어떻게 달랐을지 예측하는 것은 어렵다. 하지만 단회였다는 사실이 진행에 어떻게 영향을 주었는지 아는 것은 그렇게 어렵지는 않다. 여러 주제, 즉 신뢰, 멜리사가 자신이 해결하고 싶은 문제를 무엇이라고 보고 있는지, 그리고 문제 선택에 내가 어떻게 반응하고 있으며, 이 문제를 더 알아볼지의 여부를 어떻게 선택하는가 등과 같은 주제는 단회 상담 형태와 관련이 되어 있는 것이다[내가 언급한 바와 같이 이런 형태로 1년 전에 다이애나 포샤(Diana Fosha)와 상담한 경험으로 더 복잡하게 되었다].

단회 상담 방식은 루이스에게는 다른 영향을 미쳤다. 루이스에게는 통제 징후가 그렇게 보이지 않았다. 내가 보기에 루이스는 첫 회 상담에서 보통 내담자들과 마찬가지로 자신을 드러냈다. 루이스는 어쩌면 더 많이 드러냈을 수도 있는데, 이는 루이스가 이번이 나와 할 수 있는 유일한 기회라는 것을 알고 있었기 때문이다(물론 두 번째 상담도 있었으나, 이는 단회 상담을 마칠 때까지는 몰랐던 사실이다). 그렇게 큰 외상을 경험했음에도 불구하고 루이스는 의외로 사람을 신뢰하고 있었다. 멜리사와 상담을 시작할 때 했던 주도권 다툼을 느끼지 않았다. 상담 초기에 복잡다단한 삶의 경험(인식하거나 이해하는 것을 피하는 지점이 분명히 있었다. 학교 친구들이 친밀하고 행복한 자기 가족을 질투한다고 말한다거나 자기 가족이 휴일에 함께 모이지는 않지만 '늘 서로를 위하는' '개인주의 성향 가족'이라고 말하는 것)에서 나타나는 바와 같이 말이다. 하지만 루이스가 다른 시각을 이해하거나 심지어는 그 시각을 뒷받침하는 기억, 또는 그 시각의 실체를 보여 주는 새로운 자료(예: 자신이 시댁 식구를 결혼식에 초대하지 않은 사건, 친정아버지의 발작, 그리고 친정어머니가 파리에서 그녀를 유기한 것)를 내놓는 때까지는 그다지 많은 작업이 필요하지 않았다. 사실 루이스가 드러낸 이 중요한 세 가지 사건은 첫 상담시간 중에 나온 첫 상담의 요지로서 다시 찍어야 한다고 한 영상 편집자나 연출자가 칭찬받을 만한 일이었다. 이 세 가지 중요한 사건을 통해 나는 달리 볼 수 있게 되었고, 루이스의 분투에 대한 새로운 통찰을 할 수 있었을 뿐만 아니라 이 세 사건에 대해 이야기하면서 대화를 통해 루이스가 중요한 통찰을 하는 것 같았다.

여기서 중요한 점은 루이스가 이런 '통찰'을 했다고 해서 문제가 '해결'되는 것은 아니라는 것이다. 나는 이 책 전반에서 훈습의 중요성에 대해 언급했고, 통찰이라는 '빛 좋은 개살구'에 현혹되어 상담 목표가 성취되었다고 결론 내리지 않을 것을 말한 바 있다. 통찰은 있다가도 없고, 나타났다가도 다시 사라지기 때문에 확실한 통찰이 있는지의 여부는 일상생활에서 통찰이 나타날 때 내담자 문제를 유지시키는 피드백 패턴이 바뀌는가에 달려 있는 것이다(Wachtel, 2008, 제12장 참조). 하지만 루이스와 멜리사의 단회 상담 경험 차이에 대해 고려해 볼 사항은 루이스가 멜리사보다 자기 경험을 재검토하는 데 훨씬 더 수용적인 것 같았다는 것이다. 이런 의미에서 루이스는 상담시간에 개방을 더 많이 했으며 상담자를 더 신뢰하고 있었다. 언급해야 할 가장 중요한 점은 어쩌면 다른 두 내담자가 매우 다르게 단회 상담에 응했다는 점일 것이다. 이는 외부에서 관찰하는 사람이 '똑같은'이라고 할 수도 있는 맥락 혹은 상황에서 사람들은 서마나 다른 방식으로 반응하는 것과 마찬가지이다.

치료동맹

내가 언급하고 있는 루이스와 멜리사의 차이가 함축하는 바는 치료동맹의 차원이다. 보통 말하는 기법 혹은 이론과 유사하게 또는 그 이상으로 치료동맹의 질이 상담의 성공 혹은 실패를 가르는 매우 중요한 요소라는 증거가 쌓여 가고 있다(Duncan, Miller, Wampold, & Hubble, 2009; Norcross, 2002; Ruiz-Cordell & Safran, 2007; Safran, Muran, & Proskurov, 2009; Wampold, 2001). 대부분의 독자는 치료동맹이 멜리사보다는 루이스와 더 잘 맺어졌다고 판단하리라고 생각한다. 하지만 이것이 우리가 다시 한번 더 뚜렷하게 살펴볼 기회가 되는 것인데, 즉 두 사람 관점을 통해 상담시간에 일어나는 다른 것들과 마찬가지로 치료동맹의 질이라는 것도 어떻게 **함께 수립되는가** 하는 것이다(Aron, 1996).

지금까지 멜리사의 사례에 대해 토론하는 가운데 내가 강조했던 것은 멜리사가 다이애나 포샤와 했던 불안정했던 경험(설사 중요한 부분에서는 좋은 경험이었다고 하더라도)을 드러내지 않으려고 했고 협소한 틀 내에서 계속해서 하는 협소한 질문에 지나치게 집착했다는 것이다. 하지만 상담시간에 한 이 행동은 단순히 멜리사의 '인격' 수준을 나타내는 것은 아니었다. 내가 말한 바와 같이, 내가 루이스와 멜리사에게 반응했던 방식이 달라서 이들이 상담시간에 다르게 반응했을 수도 있다. 루이스와의 상담에서 처음 몇 분 동안 나는 루이스의 시댁이 친정아버지의 죽음에 반응했던 방식과 관련한 루이스의 상처에 다가가려고 적극 노력하였다. 친정아버지가 돌아가셨을 때 시누이 데니스가 바로 전화하지 못한 데 대해 건성으로 사과하면서 "전화할 시간이 없었어." 라고 했다고 루이스가 말하고 있었다. 나는 즉각 "아주 중요한 일이 아니라 사소한 일인 것처럼 말이지요."라고 루이스의 말을 끊으면서까지 말했다. 이렇게 말하면서 나는 내가 루이스 편이고, 데니스처럼 그렇게 대하지는 않을 것이라는 것을 상담 초반에 넌지시 전달하고 있는 것이다. 이처럼 루이스의 경우에는 동맹이 일찍이 적극적이고 명확하게 수립된 반면, 멜리사의 경우에는 그렇지 않았다. 특히 상담을 시작할 때 말이다. 따라서 시작부터 내가 마음을 헤아리고 있고 같은 편이라고 느끼는 정도가 루이스와 멜리사는 달랐던 것이다. 이는 단순히 이들의 마음 상태나 기존에 이들에게 있던 장애와만 관련이 있는 것은 아니고 내 행동과도 관련이 있다.

여기서 내가 말하고자 하는 요지는 루이스나 멜리사에게 일어났던 일들에 대해 책임을 나에게 전가하고자 하는 것이 아니라는 것이다. 독자가 이 책 전반에서 나를 따라왔다면 내가 현상을 그렇게 단순하게 또는 이분법적으로 보지 않는다는 것은 분명할 것이다. 어쨌든 두 사람 관점은 맥락을 고려하지 않은 내담자 행동을 맥락을 고려하지 않은 상담자 행동으로 단순히 초점을 옮기는 또 다른 한 사람 관점을 만들어 내는 것이 아니다. 두 사람 관점의 요지는 상담자와 내담자 둘 다 상담시간에 일어나는 일에 관련되어 있다는 것이고, 어떻게 관련되는가는 상대방의 행동에 따라 반응하는 게 다르기 때문에 그때그때 계속 바뀐다는 것이다. 이러한 관점에서 예를 들어 보면, 내가 상담 초반에 왜 그렇게 루이스에게 강한 동정적인 지지를 했는가 하는 이유의 하나로서 루이스에게 느꼈던 연약함을 들 수도 있겠다.

이에 비해 멜리사와의 상담에서 상담 초반에 별로 지지적이지 않았던 이유 가운데 하나는 내가 의식적으로 인식하거나 선택한 것이 아니라 멜리사가 나를 피하고 있고 다가가기 쉽지 않아 보였으며, 우리 목표가 서로 잘 맞물리지 않았으며 상담 진행 방식이 어려울 것이라는 것을 느꼈고, 이 느낌에 따라 반응을 했기 때문이다. 따라서 루이스와 멜리사에게 다르게 행동한 것은 그들의 차이에 따라 내가 다르게 반응한 것으로 볼 수도 있겠다. 하지만 그 당시에 루이스와 멜리사에게 나는 다르게 행동했고, 이러한 내 행동이 나머지 상담시간 동안 이들이 나에게 다르게 행동하는 데 일부 영향을 미쳤을 수 있다(적어도 그렇게 유지했을 수 있다). 어느 것이 먼저인가는 명확하지는 않다. 모든 것이 뒤엉켜 있다.[1)]

내담자가 느낌을 느끼기 위한 여지를 만들기

축어록에서 설명한 상담 접근에 중요한 것은 일련의 개념과 절차로서 이 개념과 절차들은 상호작용하고 겹치는 부분이 상당히 많아서 완전히 분리될 수 없다. 이 개념과 절차들은 단일한 과정을 다양한 각도에서 보는 다양한 의견이나 관점을 구성하게 되는 것이다. 이러한 각기 다른 관점에는 ① 불안, 죄책감 또는 수치심을 다루도록 하는 것인데, 이 감정들은 자신에게 드는 생각, 느낌, 소망 그리고 자기와 타인 경험을 방어하거나 없애도록 하지, 이런 방어 행동을 저항이나 회피로 보지 못하게 한다. ② 내담자가 불안을 극복하도록 돕는데, 종종 노출이라는 행동 개념과 거부한 자기경험을 발견하고 공감적으로 말로 표현하는 것을 결합한 방법을 사용한다(해석과 매우 겹치지만 매우 다른 태도로 접근한다). ③ 내담자가 느낀 감정을 인정해 주지는 않는다. ④ 위험하거나 불쾌한 것으로 여겨 외면하거나 회피했던 감정을 느끼거나 교정할 수 있도록 한다. 다음으로, 나는 이렇게 상담사례를 보는 방식을 상담사례와 상담하는 가운데 일어난 일에 대해 이야기할 때 사용한다. 하지만 독자

---

1) 상담자와 내담자가 서로 영향을 주는 특성이 있는 상담실에서 일어나는 일에 주의를 기울이는 것이 내담자가 기존 성격 특성이나 경향성이 있다는 것을 부인하는 것으로 잘못 생각하는 경우가 있다. 관계주의 관점이나 두 사람 관점에 대해서는 심각한 오해가 있다(P. L. Wachtel, 2008 참조).

들이 명심해야 할 것은 이 네 가지 방식이 별도로 되어 있는 네 개의 개념화가 아니라 겹치면서도 대개는 대체 가능한, 거의 동일한 상담 과정과 거의 동일한 태도에 대해 말하는 방식이라는 것이다.

제1부에서 내가 언급한 바와 같이 프로이트(Freud)가 개정한 불안 이론은 내담자와 상담 과정에 대해 상당히 다른 태도를 나타내는데, 이러한 방식은 주류 정신분석의 임상 실제에서 충분히 다루지 않고 있다. 진지하게 검토해 보면, 이 중요한 이론적 전환은 내담자가 저항하고 자기를 속이며, 분석가에게서 부적절한 충족을 짜내려고 조종하려는 노력을 하고 있다고 보는 엄격하면서 때로는 적대적인 관점에 있는 것이 아니라 내담자의 노력을 훨씬 더 지지적이고 연민 어린 눈으로 바라보는 데 있는 것이다. 그래서 프로이트가 개정한 불안 이론이 보이는 방식은 해석 과정에 아주 다른 접근을 보인다(P. L. Wachtel, 1993; Weiss & Sampson, 1986; Wile, 1984). 프로이트의 개정된 이론은 또한 상담 분야가 계속해서 발전해 온 것처럼, 정신분석이 해석에 접근하는 방식과 행동주의가 노출에 초점을 맞추는 방식이 서로 접목해 왔음을 언급하고 있고 경험을 더 중요시하는 해석이 나타날 수 있도록 했다.

주의 깊게 살펴보면 정신역동 상담이건 인지행동 상담이건 융통성 없이 오로지 한 유형의 개입법만 사용하지는 않는다는 것이 명백하기는 하지만, 각 접근별로 가장 두드러진 전형적인 개입법을 어렵지 않게 알아볼 수는 있다. 정신역동 상담에서 전형적인 개입법은 해석일 것이다(예: Bibring, 1954; Friedman, 2002; Laplanche & Pontalis, 1974 참조). 인지행동 상담의 경우에는 약간 모호하기는 하지만 여러 인지행동 상담을 통틀어 보면 내 생각에는 노출이라고 생각한다(예: Barlow, Allen, & Basden, 2007; Foa & Kozak, 1986; Foa, Rothbaum, & Furr, 2003; Moscovitch, Antony, & Swinson, 2009). 해석 기반 상담과 노출 기반 상담의 가장 큰 차이가 정신역동 상담과 인지행동 상담 간 격차의 핵심에 가장 가깝다고 우리 분야의 많은 사람이 생각하고 있다.

하지만 이 책에서 제시한 사례의 저변에 있는 통합 접근의 관점에서 보면 해석과 노출은 그렇게 아주 다르지는 않다. 사실 이 둘은 같은 현상을 달리 표현한 것이다. 가장 효과적인 해석은 내담자가 피하거나 외면해 왔던 생각, 느낌, 소망을 구체적으로 경험하도록 하는 **노출**을 증진시키는 것이고, 가장 효과적인 노출은 많은 경우 내담자 자신의 생각과 느낌에 연합되어 있는 자극에 노출하는 것인데, 이는 상담 과정을 행동치료와 인지행동치료에 선행하는 학습이론 관점에서 이해하는 것이다(Dollard & Miller, 1950). 이 책에서 제시한 상담이 기반하고 있는 모형에서 핵심 목표는 불안, 죄책감 또는 수치심으로 인해 내담자가 어떻게 자신의 정신생활 가운데 중요한 면을 인식하지 않으려고 하거나 행동으로 드러내지 않으려고 하는가를 알아내는 것이다. 자기 자신의 생각, 느낌 그리고 지각에 대해 내담자가 이해를 해 가면 방어로 인해 내적 경험을 거부하거나 피하거나 다른 이름을 붙이거나 제약한다. 이러한 방어는 자동적으로 대개는 의식하지 못하고 계속된다. 이러한 방어는 심한 스트레스, 즉 무언가 중대한 일이 벌어지고 있다는 것을 알려 주는 정도의 심한 스트레스 때문에 나타나는 것이 아니라, 방어가 발동하여 불안이 가라앉을 정도의 **미미한** 불안 **증가**로 인해 발생하는 것이다.[2] 달리 말하면, 방어는 위협이 되는 감정이나 행동 방식으로 가지 않도록 하여 단기간 내에 안정감을 주기 때문에 유지되기는 하지만, 스트레스, 역기능적인 대인관계, 멍청하다는 느낌, 공허감, 또는 활기 저하를 일으키는 결과를 초래한다.

안정되고 침착하며 활기를 느끼기 위해서 내담자는 자기경험(experienced sense of self)에서 배제해 온 감정과 성향에 친숙해지고 더 편안해져야 한다. 그리고 상담의 핵심 목표가 내담자로 하여금 이렇게 배제해 버린 활기 있고 진실된 자기경험을 교정하고 개인의 삶과 자기와 주관적 경험의 구조에 이

2) 프로이트(1926/1959)는 이러한 미세한 불안 증가를 **신호 불안**이라고 불렀다. 설리번(Sullivan, 1953), 그리고 달러드와 밀러(Dollard & Miller, 1950)는 각각 다른 이론의 틀에서 미세한 불안 증가를 불안 **변화도**라는 용어로 불렀는데, 불안이 조금만 증가해도 방어를 심하게 불러올 수 있다는 것이다.

러한 자기경험의 **자리를 마련**할 수 있도록 돕는 것이다. 이 책에 제시한 사례에서 설명한 대부분이 이 목표를 달성하기 위한 노력인 것이며, 이 장에서 앞으로 내가 논의하고자 하는 상당 부분도 이 목표를 염두에 두고서 접근하는 것과 내담자가 숨겨 온 것을 '해석'하거나 벗겨 내는 접근을 하는 것의 차이이다.

개인이 자기 자신의 중요한 부분을 인식하지 않거나 자기경험의 일부로 받아들이지 않을 때, 이 부분은 사라지거나 내담자의 행동에 영향을 주지 않는 것이 아니다. 이것들이 내담자의 행동에 어떤 역할을 하는지는 모호하게 되고, 내담자가 자신의 행동을 효과적으로 미세하게 조종하는 것이 어려워진다. 더구나 의식에서 배제되는 것이 특히 정서적 의미이며 개인의 행동과 연관되어 있는 이 정서적 의미가 보통 상대방에게서 다양한 반응을 하게 하는 중요한 요소이자 내담자가 부인하거나 의식하지 않을 때 관리하기 가장 어려운 요소이기 때문에 더욱 그렇다. 따라서 배제된 경험이나 성향은 개인의 삶에서 계속 표현되지만 대개 의식하지 못한 채 표현되어 다른 사람의 반응을 기대하기가 어렵고, 이는 종종 내담자를 곤혹스럽게 하는 것으로 보인다.[3]

예를 들어 보자. 루이스는 결혼식에 시댁 식구를 초대하지 않은 데 대해 시댁 식구의 반응을 보고 매우 놀라는 것 같았는데, 이는 아동기에 집단괴롭힘을 당해서 겪었던 문제 대부분이 자신이 어떤 행동과 표현을 했을 때 다른 아이들이 그 행동과 감정을 어떻게 지각할지 예상하고 이해하는 것에 어려움이 있었던 데에 원인이 있는 것과 비슷하다. 이 두 경우와 루이스가 애를 먹었던 다른 경우에서도 마찬가지로 이러한 루이스의 취약점은 불안, 수치심 그리고

---

3) 이 공식화는 뇌 처리과정 연구들과 일치하는데, 이 연구 결과에서 보면 뇌는 병렬처리를 하기 때문에 여러 조직화 과정이 한꺼번에 진행되고 이 과정은 복합적인 방식으로 결합되어서 겉으로 드러나는 최종 행동과 주관적 경험으로 된다는 것이 명확하다. 또한 현대 인지신경과학과 정서신경과학에서는 이러한 조직화 과정이 의식되는 것도 아니고 의식하기도 힘들다는 사실을 밝히고 있다.

죄책감으로 인해 자신이 지각한 것이나 정서 반응 그리고 자신의 성향을 괜찮다거나 받아들여도 된다고 느끼지 못한 결과로 이해할 수 있다. 아버지의 뇌졸중으로 인해 생긴 두려움, 수치심, 유기된 느낌과 이런 감정들이 루이스 가족의 삶에 미친 영향을 루이스가 통합시키기는 어려웠다. 첫 상담을 할 때까지도 루이스는 가족의 상황과 맞지 않게 자기 가족을 '서로를 위하는' 것으로 묘사해야 했고, 아버지가 위독할 때 어머니가 스웨덴에 오지 말라고 한 것에 대해 루이스가 느낀 느낌이나 심지어는 14세 때 파리에서 있었던 끔찍한 사건에 대해 느꼈던 느낌은 루이스가 계속해서 이야기한 인생 이야기에서 거의 나타나지 않았다. 시댁 식구를 거의 악마로 묘사한 것은 자신의 어머니나 가족의 깨지기 쉬운 이미지를 인자하고, 돌보아 주고, 자신의 욕구에 관심이 많다고 주장하는 한 방식으로 보였다.

다른 내담자도 마찬가지이지만, 루이스가 이 상황을 넘어서도록 할 때는 '진단' 관점에서 접근하거나 내담자가 자신을 어떻게 속이고 있는지 보여 주고 내담자가 회피하고 있는 '진실'을 직면시키는 데 주안점을 두지 않는 것 등이 중요하다. 동료들과 오랫동안 의견교환을 하고 젊은 상담자들에게 수퍼비전을 한 내 경험에서 보면, 이러한 접근은 여전히 너무 흔하다(이런 현상이 경험 있고 존경받는 상담자 사이에도 얼마나 뚜렷이 나타나고 있는가는 Wile, 1984 참조). 이를 대신해 루이스와의 상담에서 내가 노력한 것은 루이스가 느끼고 생각한 것 중 어떤 면은 표현하기가 편하고 익숙한 반면, 다른 면은 표현하기가 어렵다고 말하면서 그녀가 이런 갈등을 겪고 있어서 소화시키기 어려운 감정을 처리할 수 있도록 돕는 것이었다. 따라서 전달한 메시지는 루이스가 자신을 속이고 있다는 것이 아니라 그녀가 어떤 것은 느끼고 있다고 생각만 하고 있고 어떤 것은 '진짜' 느끼고 있다는 것이다. 더 정확히 말하면, 루이스가 표현하기에는 너무도 얽혀 있어서 모든 부분을 하나하나씩 표현하는 것이 중요하였다. 암묵적으로 전달된 것은 익숙하지 않은 감정, 즉 제쳐놓았던 감정은 수치스럽거나 나쁜 것이 아니라 합당하고 존중받을 만한 감정이라는 것이다.

이런 식으로 상담을 하는 것은 암묵적으로 해석과 이전에 언급한 노출을 함께 적용하는 것이라고 할 수 있다. 해석은 전적으로 통찰을 증진하기 위해 하는 것이 아니다. 통찰이 가치가 있고 환영할 만한 것이기는 하지만, 해석은 이보다는 내담자의 경험에서 배제해 버린 생각, 느낌 또는 지각을 떠오르게 하거나 불러일으키는 수단이 되는 것이다. 불안으로 인해 사람들이 하게 되는 방어 과정은 내담자 삶의 심리적 영역을 잘 보이지 않게 하거나 아예 보이지 않게 하여 이 과정에서 불안을 극복하는 데 매우 중요한 노출을 못하게 방해한다. 이런 점에서 보면 상담자의 반응은 피하고 있는 경험을 지적하거나 설명도 하는 것이어야 하지만, 드러나지 않은 생각이나 감정을 실제로 드러나도록 할 수 있는 것이기도 해야 한다. 이렇게 될 때만이 내담자는 피하고 있는 경험에 직면할 수 있고 이렇게 직면함으로써 불안이 사라질 수 있는 것이다.

따라서 루이스와 멜리사와 상담할 때 내가 하는 반응은 이들이 부인해 왔던 것을 볼 수 있도록 하거나 인정할 수 있도록 하는 것 못지않게 불안해서 철수했던 감정과 욕구 그리고 자신의 다른 면을 경험할 수 있도록 하는 것인데, 이는 이전에는 피했던 경험을 이제는 안전감을 느끼면서 더 큰 자기로 동화시키는 것이다. 물론 이것이 단회에 달성되기에는 한계가 있다. 하지만 그 과정은 장기상담에서 하는 것과 같다. 나의 목적은 루이스와 멜리사를 격려해서 드러나지 않은 감정을 느낄 수 있도록 하고 드러나지 않은 생각을 할 수 있도록 하는 것이다. 그렇게 하기 위해 내적으로 허용하는 상태가 되도록 하고 감정과 소망이 드러나도록 하는 것이지, 감정이나 소망을 파헤치거나 들추어내고 또 직면시키는 것이 아니다. 달리 말하면, 경험을 위한 공간을 만드는 것이다.

루이스의 경우 내가 드러내려고 했던 것은 시댁 식구와 아주 가까워지고 싶었던 소망인데, 이 소망이 묻혀서 분명하지 않았던 것은 시댁 식구와 가까워지게 되면 이들에게 휘둘릴 것이라는 두려움과 시댁 식구와 가까워지는 것은 친정어머니를 배신하는 것이라는 죄책감 때문이었다. 후자의 걱정은 내가 보기에 시댁의 좋은 점을 인정하게 되면 억압하고 있던 친정어머니에 대한 분노와 실망감이 터져 나올 것이라는 두려움 때문에 고조되는 것으로 보였다. 왜냐하면 루이스는 시댁을 자신의 욕구를 무시하는 유일한 대상으로 생각함으로써 친정어머니에 대한 분노와 실망감을 억압하고 있었기 때문이다. 루이스가 처음으로 표현했을 때는 시댁과 보낸 시간은 오로지 그녀의 남편 켄(Ken)을 기쁘게 해 주기 위해 어쩔 수 없이 한 의무였다. 상담이 진행되면서 내가 점차 느끼게 된 것은 루이스가 시댁과 접촉하는 것에 대해 자신이 인식하고 있는 것보다 더 갈등하고 있을지도 모른다는 것이었다. 문을 여는 것이 빠져나오지 못하는 블랙홀로 빠져들게 할지도 모른다는 데 대한 걱정을 하는 것이 분명했지만, 여러 안 좋은 점에도 불구하고 친정 식구들이 주지 못한 것들을 주면서 감싸 주는 분위기의 대가족인 시댁의 일원이 되고 싶은 바람 또한 느끼고 있을지도 모른다는 생각이 점차 들었다.

이런 생각을 다루면서 루이스가 자신을 어떻게 속이고 있는지 직면시키려는 해석을 하지 않았다. 뿐만 아니라 루이스가 느끼거나 원하는 것이 자신의 '진짜' 감정이 아니라는 것을 증명하려고 하지도 않았다. 그 대신에 나는 루이스가 뭔가 또 다른 것을 느끼고 있는지 물었다. 또 다른 것이란 자신이 느끼고 있는 것이 틀렸다고 하거나 잘못된 것이라고 하지 않고 자신이 느낀 것을 확장시키고, 느껴도 괜찮다고 생각되는 것의 범위 또한 확장시키는 것을 말한다. 이것이 바로 내가 말하는 피하고 있던 경험을 위해 '자리를 만드는' 것이다.

'겉으로 드러나는' 루이스의 태도는 방어적인 요소라는 느낌이 확실히 들었다. 이러한 태도는 자신이 편하지 않은 사고방식을 의식 밑으로 밀어 넣어 두는 데 일조하고 있었다. 하지만 나는 루이스가 익숙한 경험인 '겉으로 드러나는' 태도 또한 그럴 수 있고 또 현실이라는 관점으로 루이스에게 다가갔다

(이러한 태도는 루이스가 똑같이 가치 있는 자신의 **또 다른** 면을 보는 것을 방해하는 역할을 하고 있었지만 말이다). 달리 말하면, 여기서 내 목표는 루이스가 의식상으로는 시댁 식구들이 가까이 오지 못하게 하고 싶어 하지만, '실제로는' 이들과 가까워지기를 원하고 있다는 사실, 즉 루이스가 자기기만을 하고 있고 자신이 진짜 무엇을 원하고 있는지 모르고 있다는 것을 설득하는 것이 아니다. 나의 목표는 루이스가 실제로 원하고 있는 것을 위한 '자리를 만들고' 상반된 욕구를 조화시킬 수 있는 방안을 찾도록 돕는 것이다. 이것은 의식 아래 있던 것을 자각하고 자리를 만들기 전까지는 될 수 없는 것이다.

내가 루이스나 멜리사가 인정하기 어려워했던 이들의 경험에 대해 다루려고 시도했을 때는 이들이 겪고 있었던 **갈등**을 강조하거나, 지금껏 인정하지 않았던 감정에 접근을 하게 되면 불편함이나 위험이 있을 수 있다는 것을 강조하면서 이들의 경험에 다가갔다. 따라서 시댁 식구와 가까워지고 싶은 루이스의 소망을 포함하여 루이스의 경험을 드러내려고 시도할 때는 그 경험의 다른 면을 먼저 인정하고 내가 그것을 이해하고 있고 존중하고 있다는 것을 명확히 하면서 다가간다. 나는 루이스가 "시댁 식구들이 당신을 끌어들이려고 하고 루이스는 여기에 경계를 두려고 하기 때문에 시댁 식구들에게 끌리는 것을 느끼지만 또 저항해야 한다고 느끼고 있어서 이로 인해 갈등이 일어나고 있는 것"이라고 명확하게 말하고 있다. 하지만 그러고 나서 나는 "시댁 식구에 대해 **또 다른** 면을 느끼지 않는지 궁금합니다."라고 하였다. 또 "당신은 핵가족에서 자랐고, 외동딸이었으며 어떤 면에서 보면 아버지가 없어서 가족이 더 작아졌습니다."라고 덧붙였다. 그러고 나서 "이 대가족이라는 것에 대해 뭔가 끌리는 점은 없는지 궁금합니다."라고 물었다. 그리고 루이스가 이것을 인정했을 때 되돌아가 갈등의 다른 측면을 강조하였다. "하지만 또 느낄 수 있는 것은…… 일종의 **위협이 되는** 끌림이랄까." 내가 다시 인정한 것은 시댁 식구들에게 빠져드는 느낌에 대해 매우 **불편한** 점이 있다는 것, 즉 시댁 식구에게 끌리는 것을 느끼는 것이 루이스를 갈등에 빠지게 했다는 것이다.

잠정적인 가설과 상담자-내담자 협력

여기서 언급해 둘 만한 것은 내가 루이스와 이 문제를 탐색한 방식과 더불어 내가 루이스와 멜리사에게 제기한 대부분의 주제에 접근한 방식도 완전히 형태를 갖춘 가설을 검증하거나 전달하는 것이 아니라는 것, 즉 그 문제가 무엇인지 내가 '이미 알고' 있고 그것을 '루이스'가 알게 하기 위해 무엇을 해야 할지도 알고 있다는 것을 보여 주는 예가 아니라는 것이다. 이와 관련된 주제를 언급하면서 레닉(Renik, 1993)은 다음과 같이 논평하였다.

> 해석이라는 용어는 지금은 전반적으로 비판받고 있는 정신분석 과정의 한 개념에서 시작되는데, 이 개념에서 보면 분석가는 무의식을 드러내기 위해 내담자의 생각을 해제하는, 즉 내담자가 말한 것 이면에 있는 숨은 의미가 무엇인지를 결정하는 것이다. 이는 마치 무지한 승객에게 자신이 있는 곳이 어디인지 말해 주는 여행 안내자와 같다는 프로이트의 유명한 비유와 유사하다(p. 560).

레닉이 언급한 것은 정신분석의 한 가지 심각한 문제가 "해석하는 사람이 해석을 받아들이는 사람보다 늘 잘 알고 있다."(p. 560)는 것이다. 즉, HBO의 시리즈 〈인 트리트먼트(In Treatment)〉 속의 상담자 폴 웨스턴(Paul Weston)이 상담에서 고객은 늘 틀렸다고 말하는 것과 같이 말이다.

루이스와 상담하면서 나는 루이스를 무지한 승객으로 보지 않았고 나 자신을 우리가 여행할 모든 길을 알고 있는 사람으로 보지도 않았다. 내가 예감, 즉 직관은 있으나 이런 것들은 루이스와 협력하면서 그리고 처음에는 희미하게 보이던 것을 공식화하는 초기 시도에 대해 루이스가 보인 반응에 따라서 점차 명확한 형태를 띠게 되는 것이다. 루이스에게 사실은 시댁 식구와 아주 가까워지고 싶은 바람이 있을 수 있다는 견해를 처음 이야기했을 때 나는 다음과 같이 말하였다.

상담자: 그것에 대해 저에게 드는 생각 가운데 하나는…… 제가, 제가 확실히 이해하고 있는 건, 그리고 당신이 이야기한 건, 그리고 시댁 식구에게 끌리는 게 있었고 그걸 당신은 저항해야 한다고 느끼다 보니 갈등이 일어나게 된다는 건 이해가 됩니다. 왜냐하면 시댁 식구들은 당신을 끌어들이고 싶었고, 당신은 어느 정도 거리를 유지하고 싶은 거지요. 하지만 또 생각이 드는 건 거기에 뭔가 또 다른 게 있지 않을까 하는 건데, 당신은 핵가족에서 자랐고 외동딸이었고 또 어떤 면에서는 가족이 더 작아졌지요. 아버지가 늘 있는 게 아니었으니까요. 그래서 이것과 관련된 건데, 이 대가족에게 어떤 면에서는 뭔가 끌리는 게 있지 않을까 하는 겁니다.

잠정적인 성격의 공식화라는 것이 무지한 승객에게 인쇄된 지도를 주는 것이 아니라 머릿속에 그리기 시작한 목적지를 내 스스로도 찾고 있다는 느낌이라는 것은 내가 반응하는 방식에 명백하게 드러나는데, 말하고자 하는 바를 이야기할 때 말이 끊긴다든지 방향이 바뀐다든지 하는 것을 들 수 있다. 나는 그때 거기서 들었던 것을 공식화하고 표현하려고 애쓰고 있다. 다가가기 어려운 또 다른 감정이 '있지 않을까 생각하고 있다'라고 내가 말할 때, 이는 내가 실제 그렇게 생각하고 있다는 것이다. 상담자들은 확신에 차서 공식화를 내담자에게 말하면서도 '~이지 않을까 생각한다'는 식으로 양의 탈을 쓰고서 확신에 차 있는 공식화를 숨긴다(예: "지금 내게 화가 나 있지 않나 생각됩니다."). 나는 분명히 이러한 방식에 끌렸다. 그렇지 않았다면 언급할 가치는 없다. 하지만 내 자신이 '~이지 않을까 생각한다.'라고 말하는데, 실제로는(나 자신에게 솔직하다면) '~라고 확신한다'는 의미일 때와는 대조적으로 앞의 예의 경우는 **실제로** '~이지 않을까 생각하는' 것이었다. 그래서 루이스의 반응에 따라 강한 확신을 할 수도 있고 이 생각을 버릴 수도 있었다.

잠정적으로 한 공식화를 확신할 것인지 여부에 영향을 주는 내담자 반응의 예는 루이스가 자신의 욕구에 대해 친정어머니가 보인 지지와 반응성을 루이스가 처음처럼 강하게 확신하는지 여부를 탐색하는 과정에서 루이스가 한 반응에서 나왔다. 루이스가 시댁 식구들을 결혼식에 초대하지 않았다는 이야기를 들은 다음, 나는 내담자 입장에서 왜 그런 결정을 했는지 탐색하고 있었고, 루이스가 "저는 다른 사람들을 행복하게 하려고 결혼하는 게 아니에요. 제가 행복하려고 결혼하는 거예요."라고 한 말에 대해 언급하였다. 이 말을 듣고 나서 나는 곧바로 의아해하면서 "이건 나를 위한 거지, 다른 사람을 행복하게 하기 위해 하는 것이 아니라는 태도를 취할 수 있다는 것이 중요한데, 이 말은 이 일 전에 다른 사람들을 행복하게 하려는 경향이 있었다는 것처럼 들리네요."라고 이야기하였다. 그러자 루이스는 자신은 다른 사람의 비위를 맞추는 사람이었는데 이제는 그러지 않으려고 결심했다고 말하였다. 이 주제에 대해서 더 자세히 말하면서, 루이스는 친정어머니를 자신이 원하는 대로 하게 해 주는 어머니라고 묘사하였다. 이 말이 의미하는 것처럼 루이스 편에서 보면 친정어머니가 아주 그렇게 지지적이고 의지할 만하지 않았다는 것을 이 말을 하기 전에 어렴풋이 느끼고 있었다.[4] 그래서 나는 먼저 루이스가 말한 것은 강조하면서 이 부분에 대해 탐색하였고, 이러한 이후에 다른 면을 탐색하였다.

상담자: 음음. 음음. 친정어머니는 정말 루이스 씨와 루이스 씨가 하고 싶어 하는 것을 매우 지지하고 있었던 것처럼 들리네요.

4) 곧 이야기하는 바와 같이 상담할 당시 이때는 친정아버지의 발작이나 파리에서 버려진 사건에 대해서는 아직 듣지 못한 상태였다.

내담자: 네.

상담자: 다른 아이들에게 괴롭힘당한 경험이 어떤 식으로든 가족 내에서도 있었나요? 루이스 씨는 부모님에게도 비위를 맞추는 사람이었나요?

이 질문이 루이스에게 중요한 뭔가를 터놓을 수 있게 했다는 것은 이 말 직후 루이스가 처음으로 친정아버지의 발작과 이후 오래지 않아 친정어머니가 루이스를 파리에 내버려 두고 떠나 버렸던 충격적인 사건을 이야기했다는 것에서 알 수 있다. 루이스가 처음 그랬던 것처럼 그저 "네, 그렇죠."라고 했다면 이 말은 영혼 없는 대답이었을 것이다. 루이스가 그렇게 생각하더라도 말이다. 결국 루이스는 다른 사람의 비위를 맞추는 사람이었다고 내가 말한 것을 인정하고 있는 것이다. 하지만 여기서 루이스는 단순히 인정만 하는 것이 아니라 새로우면서도 감정이 드러나는 내용을 표현하고 있다(그리고 사실상 그것은 상담이 진행되면서 더욱 새로운 관점을 시사하고 있는데 이 관점은 비슷하게 도입되고 공을 들인 것으로서 각자 받아들인 내용을 토대로 하고 있다).

멜리사와의 상담에서는 이전에 제쳐 두었던 감정과 지각을 멜리사가 재배치할 수 있도록 하는 과정에 더욱 한계가 있었다. 내가 생각하기에 피했던 감정에는 이혼과 관련된 큰 슬픔과 양가감정이 있는데, 이 감정은 멜리사가 인정할 수 있는 것보다 더 많았던 걸로 보인다. 하지만 멜리사가 양가감정과 후회에 사로잡혀 있는 것이 아니라 새로운 삶에 고개를 들이밀고서 달려드는 것을 선택하곤 했다는 것은 이해할 만하다. 다양한 멜리사의 감정, 가령 잠시 동안 결정하지 않은 채로 있고 싶다거나 종업원 일을 계속하고 싶은 느낌에 더 여지를 주는 데는 성공했다. 여기서 다시 말하면, 나는 멜리사의 준거틀, 즉 멜리사가 사물을 보는 방식에 문제를 제기하는 것이 아니라 멜리사가 사물을 보고 경험하는 방식을 출발점으로 삼아서 주제에 대해 말하는 식으로 다가갔다. 어떤 지점에서 나는 멜리사에게 "그래서 결정할 수 없으면서도 그에 대해 비난하지 못하게 하는 건 사치라는 느낌이 드는 거군요."라고 말하고는 1분이나 2분 남짓 대화가 오간 후에, 나는 다음과 같이 말한다.

상담자: 한 가지는 '나는 하고 싶은 일을 결정할 수 없고, 이로 인해 괴로운데 이게 상담을 받으러 온 이유'라는 것이고…… 다른 한 가지는 '아무도 나에게 결정하라고 강요하지 않는 것이 좋고, 그래서 뭐랄까, 그러고 싶고, 그래서 아직은 결정하지 않기로 결정했어.'라고요.

멜리사의 경우 장막 뒤에서 꺼내 와 지지받아야 할 필요가 있는 것은 미결정 문제인데, 아직 '진로' 결정을 억지로 하고 싶지 않다는 것과 전남편과 친정 식구들에게 "그만 좀요! 준비되었을 때 내가 결정할 거예요. 그러는 것도 괜찮아요."라는 골자로 말하고 싶은 것이다. 이것이 정당한 태도라는 것을 느끼는 데 어려움이 있어서 멜리사의 고통이 생기는 것으로 보였다. 그 결과, 멜리사가 이런 입장을 표명하기가 어려웠고, 그래서 친한 사람이 이래라저래라 하는 것에 대해 어찌해야 할지 몰랐던 것이다.[5)]

멜리사가 이 주제를 경험할 때 나는 이 주제에 대해 탐색하면서 보통 상담자들이 고려할 만한 질문인 이 패턴의 초기 뿌리가 있는지 질문을 한다. 하지만 내가 질문하는 방식은 멜리사가 오래된 패턴이 있다는 것을 긍정하든지 또는 이런 일은 다소 드문 상황이라고 말하든지 간에 멜리사에게 선택을 할

5) 내가 곧 말하다시피 확실히 멜리사 또한 반항적이었다. 하지만 여기서 우리가 보고 있는 것은 반항 가운데 몇 가지는 어떤 자극에 대한 반응이라는 것을 시사한다. 즉, 멜리사가 일정 부분 '자기 일'을 하는 데 전념하고 있었지만 완전히 편하지도 않았고 뭔가 잘못된 방식으로 하고 있다는 느낌으로 힘들어한다. 멜리사가 말하듯이 가족 내의 '모든 식구가 멜리사가 학교에 가야 하고, 대학에 가야 하고, 교육을 받아서 좋은 직업을 구해야 한다는 식이다. 그리고 모든 식구가 직업이 있다.' 이런 흐름을 거스르는 것은 쉽지 않다.

수 있도록 하는 것이다.

상담자: 제가 궁금했던 건, 해야 할 것을 들을 때의 느낌, 그걸 받아들여야 한다고 들었을 때의 느낌, 그리고 그걸 해야 한다고 들었을 때의 느낌 등등이에요. 그건 '내가 어떻게 연애를 할 수 있지? 전에 이런 건 해 본 적이 없는데.'와 같은 느낌인가요? 또는 뭐랄까, 멜리사 씨가 그 느낌을 생각해 보면, 그 이전에 이미 많이 일어났던 건가요?

멜리사가 경험하고 있는 것은 초기에 뿌리가 있다는 견해를 매우 분명하게 도입하고 있는 것이고, 현재 멜리사가 겪고 있는 갈등 상태에 대해 익숙한 맥락이 있는지 탐색하는 데 관심이 있다는 것이다. 하지만 명확하고 생생한 1인칭 언어로 대안을 말함으로써, 강하게 암시하는 질문에 승인하도록 하는 암묵적인 압력이 아니라 자기 자신의 경험을 바탕으로 반응하도록 더 많은 선택지를 주려고 노력하는 것이다. 이런 식으로 대안을 제시할 때 탐색 질문이라도 '이끌어 가는 질문'이 되지 않도록 하는 것이 보통 내가 하는 방식이라는 것을 지금은 알고 있지만 내가 한 상담을 비디오로 보기 시작하기 전까지는 내가 이러고 있다는 것은 인식하지 못했다. 내가 의식적으로 한 것은 아니라 거의 자동적으로 일어난 것 같았다. 하지만 이건 전반적인 내 상담 방식과도 일치하는 것으로 보이고, 어떤 순간의 내담자 경험을 긍정하면서 이 경험이 마음에서 우러난 것이라고 여지를 두는 데 내가 관심이 있는 것과도 일치하는 것으로 보인다.

내담자의 감정을 기반으로 하기

내 상담의 특성은 내담자의 강점을 강조한다는 것과 병리적 관점에서 보는 것을 피한다는 것이다. 우리 분야에서 사람을 병리적 관점에서 보는 경향이 강하다는 것은 불행하게도 사실이다. 이는 특히 학생들에게 그런데, 이들이 전문가가 되기 위해 배울 때 이들은 내담자의 적응 '이면'을 보고 이들이 경계성인지 또는 자기애성인지와 같은 특성을 분별할 때 능력이 있다는 보상을 받는다. 한때 행동주의 상담자들과 인지행동 상담자들이 이러한 경향이 적은 때가 있었다. 그 이유는 이들이 초기에 의학 모형을 강하게 반대했기 때문이다. 하지만 오늘날 의학 모형을 가장 지지하는 사람은 인지행동 상담자들인데, 이들은 특정 '장애'에 특정 '치료'를 강조하고 있고, 상담에서 실증 연구 토대를 마련하는 데 DSM 진단이 본질적이라고 주장하고 있다(P. L. Wachtel, 2010a 참조).

상담을 하다 보면 대부분 진단 범주가 한계가 있다는 것을 확인하게 된다(물론 예외가 있는데, 특히 약물 처방이 문제가 될 때는 진단 범주가 의미가 있다). 하지만 단순히 진단 **범주**를 피하는 데 관심이 있는 것은 아니다(범주라는 사실 자체가 비생산적으로 우리 지각을 조형하고 거르도록 하는 데 DSM이 놀랄 정도로 무딘 도구이기 때문이다). 나는 또한 병리적으로 보는 **태도**를 피하는 데도 관심을 두고 있는데, 이러한 태도에서는 장애를 찾고 또 그러는 과정에서 상황을 처리하고 자신의 삶이 주는 도전 과제를 처리하는 의미 있는(늘 성공하지는 않더라도) 노력으로 볼 수 있는 행동을 간과하거나 평가절하하게 된다.

내 상담 접근에서 진정으로 상담을 잘하는 상담자의 핵심적인 기술 특징은 힘겹고 고통스러운 주제를 통찰력 있고 단호하게 다룰 수 있는 능력이 있다는 것과 이와 동시에 내담자의 강점에 주의를 기울이고 강점을 강조하는 것이다. 때로 이러한 상담 양상에는 단순히 이러한 강점에 **주목**을 하는 것인데, 많은 경우에는 강점을 강조한다. 루이스와 한 상담 첫 시간에 그녀의 우정에 대해 이야기하고 있었을 때 가장 중요한 순간 가운데 한 가지가 일어났다. 나는 우정에 관한 한 자신의 목표를 실제로 달성했다고 루이스에게 관찰한 바를 말했는데, 그녀가 갑자기 기뻐하는 미소를 지었다. 그래서 나는 내가 그 말을 했을 때 루이스가 놀라는 것처럼 보였다고 말했다. 나는 처음 관찰한 것(루이스가 목표를 이루었다는 것)을 말했는데, 이는 부분적으로 이 과정이 단순히 '문제'를 검토하는 것만이 아니고 강점과 성취한 것에도 주목하고 인정하는 것이 될 것이라는 사실을 루이스에게 주목하도록 하기 위해서였다. 관찰한 바를 강조하기 위해 한 내 말에 루이스가 놀라는 것을 볼 수 있었다. 내가 이렇게 한 이유는 제3장에서 내가 논평한 바대로 내담자들은 종종 상담하는 동안 같은 현상을 다르게 보는데도 자신들이 지각하는 방식이 달라졌다는 것을 알아차리지 못하고, 그 결과 변화는 생각보다 오래가지 못하기 때문이다. 이처럼 변화가 오래가지 못하는 현상이 발생하는 이유는 변화된 지각 방식을 굳건히 하고 내담자의 삶에 스며들도록 하는, 즉 문제 패턴을 유지해 온 순환 고리에서 변화를 이루게 하는 이른바 새로운 행동이 일어나지 않기 때문이다.

해리, 공식화되지 않은 경험 그리고 변화하는 무의식에 대한 이해

물론 지금까지 논의해 온 상당 부분은 정신분석 상담에서 무의식이라고 일컬어 온 심리 기능의 관점에서 이해할 수도 있다. 내 생각에 상담에서 일어나는 대다수의 현상은 스턴(D. B. Stern, 1997)이 "공식화되지 않은 경험"이라고 부른 렌즈를 통해 봄으로써 아주 명확해지는 것을 보게 된다. 이 책의 제2장에서 언급했다시피 프로이트(1941/1959)도 정신분석에서 분석 전에 의식에 전혀 떠오르지 않는 기억과 경험을 파헤치는 경우는 거의 없다는 것을 인정했다. 대부분 우리가 임상에서 보게 되는 것은 단순히 묻혀 있었거나 위장되어 있어서 실체 그대로 밝히고 드러내야 하는 욕망이나 환상이 아니라 여러 층으로 그리고 여러 종류로 다양하게 혼합되어 있는 자각과 표현이다. 따라서 가장 중요한 질문은 무언가가 의식에 '있는가' 또는 '있지 않는가'가 아니라 **어떤 식으로** 의식에 있는가이다. 이를 설명하면 자각하고 있는 내용을 얼마나 완전하게, 얼마나 초점을 맞추어서, 그리고 얼마나 말로 잘 표현하고 있는가, 자각하고 있는 생각이나 견해가 **감정**과 얼마나 잘 연결되어 있는가, 자각하고 있는 내용이 **행동**과 얼마나 잘 연관되어 있는가, 그리고 그 행동이 자각하는 내용만큼 의미를 잘 드러내고 있는가 등이다.

상담 과정 동안 다양한 심리 상태를 관찰하는데, '무의식을 의식화하기'와 같은 추상적인 개념은 관찰하는 것의 다양성과 미묘함을 충분히 다루지 못한다. 경험의 한 측면이 표현되지 않는 원인이 경험의 다른 측면을 표현하기 때문일 수 있는데, 이러한 전경-배경 역동성은 단회 상담에서 변할 수도 있다. 이것이 부분적으로는 해리나 여러 자기상태와 같은 개념을 정신분석 사상가들이 점차 쓰게 된 이유이고 또 어느 정도는 영원히 묻혀 있어서 다가갈 수 없고 억압되어 있는 무의식이라는 오래된 개념을 대체한 이유이기도 하다(예: Bromberg, 1998a; Davies, 1998; Harris, 1996; Slavin, 1996; D. B. Stern, 1997).

루이스의 예를 들면, 자신이 자라는 동안 살았던 방식대로 시댁 식구들이 살고 있다는 내 반응에 대해 루이스는 "그렇네요. 저는 그거에 대해서는 전혀 생각해 보지 않았어요. 아주 적절한 표현이네요."라고 적극적으로 반응한다. 그리고 계속해서 내 반응에 수긍하면서 유사점을 보게 되면서 시댁 식구들을 더 이해할 수 있게 되었다고도 이야기한다. 하지만 얼마 지나지도 않아 같은 주제를 이야기하면서 루이스는 "그건 저에게 너무 생소한 거지요."라고 말한다. 내 반응을 '이해하지 못한' 것 같지는 않은데 내 반응에 동의하고서는 반대되는 말을 했다. 반대되는 말을 했다기보다는 내 반응이 루이스의 마음 한편에서는 상당한 의미가 있었으나 다른 한편에서는 친정 식구들의 '좋은' 면을 지키고자 하는 욕구로 방금 하게 된 이해를 한쪽으로 제쳐 두고 이전 방식으로 되돌아간 것으로 보인다. 나머지 상담시간 동안 이 두 가지가 왔다 갔다 했는데 시댁 식구에 대한 불만과 시댁 식구와 가까워지고 싶은 욕구 두 감정을 모두 인정하는 작업을 하면서, 그리고 이와 유사하게 뒤섞여 있는(그리고 인정하기는 더 어려운) 친정어머니에 대한 감정을 인정하는 작업을 하면서 나타났다.

이와 마찬가지로 멜리사도 상담하는 동안 여러 곳에서 현재 직장에 계속 있는 것이 더 낫다는 것과, 식구들과 이혼한 남편에게서 심한 압박감을 느끼고 있다는 것을 꽤 명확하게 표현할 수 있지만, 이러한 생각과 더 자신의 전공과 맞는 직업을 선택'해야 한다'는 느낌이 왔다 갔다 한다. 어떤 의미에서 이는 갈등이라는 이름으로 설명할 수도 있을 것이다. 그러나 이 갈등이 해결하기 힘든 이유를 이해하려면 해리 현상에 주목해야 하는데, 이 사례에서는 두 경험이 통합되지 않고 평행선을 달리면서 왔다 갔다 하고 있다.

이런 해리가 해결되기 시작하는 조짐은 루이스와의 상담에서 명확하다. 두 번째 상담시간에 루이스는 첫 번째 상담에 나눈 내용에 대해 언급한다. 루이스가 언급한 내용은 루이스가 시댁 식구들의 방식을 또다시 '낯설다'고 했을 때 내가 "매우 생소했고 동시에 매우 중요했다."라고 한 부분이다. 시댁 식구의 방식을 '생소하다'고 보는 것을 '방어'나 왜곡이라고 해석하지 않고 이처럼 반응하면서 나는 루이스의 경험 양 측면을 공평하게 통합적으로 다루고 있는 것이다. 이것은 내가 이미 언급한 상담의 정신, 즉 내담자 경험의 일부분을 더 '진실된' '깊은 이면의' 경험을 숨기고 있는 거짓된 허울로 묵살하지 않는 것을 반영하고 있는 것이다. 그러나 이는 또한 이전에는 분리되어 있던 경험의 양 측면을 엮어서 경험의 양면을 **모두 포괄하는** 경험을 이해하도록 하여 해리과정을 다루고 있는 것이다. 두 번의 상담이 진행되고 이 주제를 훈습하기 시작하면서 루이스는 내가 한 '매우 생소하면서도 매우 중요한'이라는 내 반응을 몇 번 언급하였고 이를 자신의 것으로 만들었다. 루이스가 실질적인 치료 작업을 하였고 해리된 시각으로 계속하고 있지 않다는 징후는 친정 식구에 대한 느낌을 드러내는 것이었다. 그러기 위해서 루이스는 시댁 식구에 대한 이야기를 하면서 시작했는데, 이는 친정 식구에 대해 생각해 보기 위해 '안전'하게 접근하는 방식이었고, 이내 친정 식구에 대해 이야기하기 시작했다.

내담자: 제가 늘 느껴 온 건, 그러니까 가족이 중요하다는 거, 하지만 그러니까 이 사람들(시댁 식구)은 극단으로 치달아요. 하지만…… 그러니까 친정 식구들도 극단으로 치달아요. 친정 식구들은 서로 만나는 일이 없어요. 우리는 절대 모이지 않아요. 오로지 전화로만 하지요. 하지만 그러니까 '식구 문제를 다른 사람에게 말하지 말라'[6)]는 게 있어요.

일상생활에 주의 기울이기: 상담실 밖 변화를 촉진시키기

궁극적으로 상담의 목표는 상담실 밖의 생활에서 변화가 일어나게 하는 것이다. 이것은 물론 뻔한 주장이지만 그럼에도 상담자가 상담실에서 일어나는 일에 초점을 맞추다 보니 간과되거나 경시된다. 어떤 면에서 이 중요한 점을 '잊는' 경향성은 임상적 사상의 영역 가운데 한 영역에 특히 만연해 있는

6) 이러한 귀결을 해리나 갈등이 어떻게 해결되는지 징조를 보이는 것이라고 언급할 때 내가 말하는 것은 상담 과정에 필요한 자그마한 전진을 말하는 것이지, 모든 문제가 해결되는 최종적인 '통찰'을 말하는 것은 아니다.

데, 이들이 잊고 있는 점이 내 자신의 통합적 상담 접근, 즉 관계정신분석에서는 특히 중요한 요소인 것이다. 관계 관점은 정신분석 사상을 새롭게 하는 데 상당히 중요한 기여를 했고, 제1부에서 내가 말한 바와 같이 정신분석 이론과 실제를 다른 상담 접근 개념과 통합하고 연구 결과와 통합하는 데 적절한 토대를 마련하였다. 하지만 주로 기여한 것 가운데 하나는 관계와 치료적 상호작용의 치료적 영향을 명확하게 하면서 때때로 내담자의 일상생활에 주의를 기울이지 않도록 했다는 것이다. 다른 저서(P. L. Wachtel, 2008)에서 언급한 바와 같이 관계정신분석은 상담자와 내담자 사이에서 일어나는 일에 너무 초점을 맞춘 나머지 내담자의 일상생활은 다소 중요하지 않게 되었다.

그러한 태도는 관계 관점에 본질적인 태도는 아니다. 사실 내 자신의 관계 접근은 제1부에서 언급하고 여기서 상술한 바와 같이 내담자의 상담실 밖 일상생활을 매우 중요시하고 있다. 하지만 관계 관점이 내 전반적인 임상 접근에 지대하게 기여를 한 까닭에 다른 관계 관점의 상담자들과 내 상담이 어떻게 다른지 밝히는 것이 중요하겠다.

비슷한 맥락에서 치료동맹과 치료 관계가 상담효과에 중요한 역할을 한다는 연구 결과의 의미를 명확하게 하는 것도 유용하다(예: Norcross, 2002, 2009). 여기서 다시 말하지만, 치료동맹을 발달시키고 촉진시키는 데 중점을 둔다고 해서 상담실 밖 내담자의 삶이 하는 역할에 주의를 소홀히 해서는 안 된다. 치료동맹은 보완적이기는 하지만 적어도 두 가지 면에서 치료 변화에 기여한다. 첫째, 관계정신분석가들이 똑같이 강조하기는 하지만 상담 관계의 질 자체가 내담자가 어려서부터 경험한 인간관계와 다른 촉진적인 인간관계의 모델로서 자기와 타인에 대한 내담자의 경험, 그리고 상담을 받는 계기가 된 문제를 일으키는 감정과 경험에 직접 영향을 미친다. 상담 관계는 직접 경험을 제공하는데, 이러한 직접 경험에서 상호작용하는 새로운 방식, 그리고 자기와 타인을 경험하는 새로운 방식이 키워지고 본이 되며 촉진되는 것이다. 그러는 과정에서 상담 관계는 실험실이나 연습장이 되는데, 여기서 상담하는 동안 하는 경험 자체를 토대로 내담자는 새로운 행동을 배우고 새로운 형태의 정서조절을 발달시키며 자신의 도식과 표상을 고치게 된다.

하지만 치료동맹의 기여에 두 번째 중요한 차원이 있는데, 이는 강력한 긍정적 치료동맹과 치료 효과가 상관이 있는 이유이기도 하다. 치료동맹이 잘 되면 성공적인 상담에서 하게 되는 **모든 상담 작업**이 촉진된다. 상담자와 내담자 사이에 협력적인 상호작용이 있을 때, 즉 내담자는 상담자를 신뢰하고 상담자가 자신을 이해하고 존중해 주고 있다고 느낄 때, 내담자는 상담 과정에 더 온전히 그리고 더 생산적으로 참여하게 되는 것이다. 그 정도로 온전하게 그리고 생산적으로 참여한다는 것은 오로지 관계의 질 또는 본질로만 환원될 수 없는 (종종 상담 기법 또는 특정 개입법이라는 관점에서 논의되는) 다양한 과정과 경험에 참여하는 것이다. 이러한 점을 인정한다는 것은, 즉 상담 과정의 다른 측면에 치료동맹이 영향을 준다는 관점에서 치료동맹의 영향을 이해할 필요가 있다는 사실을 인정한다는 것은 곧 변화의 원인에 더 근접한 것인데, 치료동맹의 가치를 축소하는 것이 아니라 **치료동맹이 어떻게 효과가 있는가**, 즉 치료 변화에 어떻게 기여하며 가능하게 하는가를 상세히 설명하는 것이 되는 것이다. 달리 말하면, 치료동맹은 상담에 직접 영향을 미치기도 하고 (내담자가 자기 자신이나 세상을 경험하는 데 영향을 미치는 새로운 관계 경험으로서) **촉매제**, 즉 다른 과정을 촉진시키는 요소로서 영향을 미치기도 한다. 이렇게 촉진된 다른 과정의 영향은 치료동맹 자체와는 별개이기는 하지만 강한 촉진적 치료동맹이 없으면 그 영향은 감소된다.

이러한 다른 과정을 이해할 때 상담실에서 일어나는 일들이 가치가 있으려면 그것이 상담실 **밖에서도** 일어나야 한다는 것을 상기하는 것이 중요하다. 이 말이 뜻하는 것은 상담이 성공했는지 판단하는 데 궁극적인 **기준**은 내담자 일상생활의 변화 여부라는 것이다. 종종 보면 상담자들은 자신들이 한 상담에 대해 지나치게 낙관적인데, 이는 내담자가 **상담자**를 대하는 방식이 상당히 바뀐 것을 자신의 눈으로 보기 때문이다. 이러한 예에는 정서적으로 위축

되었던 내담자가 감정을 더 표현하고 더 적극적으로 상담자를 대하고, 적개심이 많아 따지기 좋아하던 내담자가 협조를 하게 되며, 의심이 많아 철회되었던 내담자가 신뢰를 하게 되는 것 등이 있다. 이러한 변화는 극적이어서 상담자가 상담이 잘되었는지 판단하는 데 지대한 영향을 미친다. 유감스럽지만 상담실의 변화가 곧 일상생활의 변화가 아닌 경우는 적지 않다.

상담관계는 매우 특별한 관계이다. 상담관계에는 변화를 증진시키는 가능성도 있지만 상담자들이 잘못 인도되는 이유 가운데 하나가 되기도 한다. 상담자는 내담자 주변 사람들보다 그들 사이에 있는 장애물에 대해 더 잘 이해하고 내담자가 더 나은 자신이 되려고 노력할 때 내담자가 보이는 결점을 더 잘 인내할 수 있다. 그 결과로, 내담자가 알게 되는 것은 상담에서 배운 내용을 일상생활에 적용할 때 일반 사람들은 그렇게 이해심이나 인내심이 많지 않다는 사실이다. 상담하면서 생긴 새로운 존재 방식과 자기 또는 타인에 대한 새로운 경험 방식은 상담실 밖에서 늘 유지되는 것은 아니다. 내담자는 이런 사실을 의식하지 못할 수 있고, 심지어는 상담실에서 배운 것을 일상 관계에 적용하고 있다는 사실조차 인식하지 못할 수도 있다. 그러나 그럼에도 불구하고 사실상 "**상담실 안에서** 나는 내 자신이 될 수 있고, 불만족스러우면 불만족스럽다고 말할 수 있으며, 필요한 것이 있으면 요구할 수 있고, 내 장점과 약점을 모두 드러낼 수 있어. 하지만 **상담실 밖에서는** 못하겠어."로 요약되는 상당한 차이를 배우는 것일 수 있다.

더 중요한데도 많은 상담자가 명확하게 이해하지 못하는 것은 변화과정이 내담자 문제가 유지되는 과정처럼 내적 상태와 외부 환경이 따로 떨어진 것이 아니라 서로 엮여 있다는 것이다. 여러 감정을 느끼게 하는 일상생활 속 일들은 우리가 우리 자신과 인생을 보는 방식에 가장 중요하며 상담에 오게 되는 계기에도 중요한 것으로서 천둥 번개나 경제 침체와 같이 순수하게 '외적' 사건은 아니다. 일상생활 속 일들은 주로 우리의 행동과 상호작용 그리고 그에 수반되는 정서적 어조를 통해서 우리가 초래하는 사건인 것이다.

어떤 의미에서 이런 행동과 정서 성향은 살아오는 동안 빈번하게 반복될 때는 오래 지속된 성격 특성을 반영하는데, 성격 특성이란 그 사람의 사고, 욕망, 정서 그리고 표상의 성격 구성으로서 그 사람이 특정 방식으로 다른 사람과 상호작용하도록 하고 상담의 표적이 될 수도 있는 것이다. 그러나 제1부에서 내가 강조한 것처럼 오래 지속된 심리적 경향성이라는 것이 그 사람의 일상생활 일들과 전혀 상관없이 별도의 '내부' 세계가 끼친 영향을 반영하는 것은 아니라는 것을 이해할 필요가 있다. 내면 상태가 타인과 반복되는 상호작용에 원인이 되는 것처럼 타인과 반복되는 상호작용 패턴도 내면 상태의 원인이 된다. 이처럼 밀접한 관계가 있는 개인 특성과 개인 경험이 서로 영향을 주고받는데, 이러한 상호 영향이 성격 특성과 대부분의 호소 문제의 뿌리에 있는 것이다(예: P. L. Wachtel, 1977a, 1980, 1993, 1994, 1997, 2008 참조). 상담이 지속적인 변화를 이루는 가장 강력한 수단은 바로 내담자가 갇혀 있는 악순환을 깨기 위해 쌍방향의 반복되는 패턴에 개입하는 것이다. 내담자의 일생에서 반복되는 패턴이 다른 사람들과의 상호작용에서 어떻게 확증되고 유지되는지 주의를 기울이지 않는다면 상담실에서 경험한 좋은 경험의 결과로 나타나는 변화는 오래 지속되지 못하거나 앞에서 언급한 대로("여기는 안전하지만 밖에서는 아니다.") 상담실에만 한정될 수 있다.

따라서 성격과 심리적 문제의 역동을 이해한다는 면에서 보면 내담자 마음상태의 중요 세부 요소에 세밀한 주의를 기울이는 것과 마찬가지로 내담자의 주관적 경험을 반영하고 유지하는 일상 관계와 경험에도 세밀한 주의를 기울어야 하는 것이다. 내담자의 일상 관계와 내담자가 휘말리게 되는 싸움에 주의를 기울이는 것은 절대 '피상적'인 것이 아니라(Bston Change Process Study Group, 2007; P. L. Wachtel, 2003), 내담자를 깊게 이해하고 폭넓고 지속적인 변화를 증진시키는 중요한 부분인 것이다.

상담 과정을 이런 식으로 이해하고 접근한 것은 멜리사와의 상담보다는 루이스와의 상담에서 더 잘 드러난다. 멜리사가 봉급, 의료보험 등에 초점을 두는 것은 분명히 중요하고 의미 있는 문제를 반영하고 있지만, 이런 것들이 멜리사의 다양한 삶의 경험에 다가가거나 작업하는 것을 허용하지 않았다(하지만 상담 후반부에 멜리사의 문제를 더 복합적으로 탐색할 수 있는 기회가 있었다). 이와 반대로 루이스의 경우에는 자신의 주관적 경험과 심리적 구조 그리고 성향에 주의를 기울이면서도 동시에 다른 사람과의 관계에서 나타나는 자신의 실제 행동과 그로 인해 지속되는 순환적인 과정에도 주의를 기울이면서 자신의 문제를 다루기 시작했다는 것이 루이스와 한 상담의 가장 큰 특징이다. 이 상담의 중요 목표는 루이스가 자신의 욕구를 감추지 않으면서 시댁 식구들과 다시 연결될 수 있는 방안을 찾도록 돕는 것이다. 자신의 욕구를 감추게 되면, 이는 결국 좌절감과 분노를 느끼게 하기 때문이다.[7] 이 목표를 달성하기 위해서 루이스가 자신의 패턴을 더 명확하게 볼 수 있도록 하고 시댁 식구들과 상호작용한 결과 무슨 일이 일어나는지 더 잘 이해할 수 있도록 돕는 것 등이 필요하다. 또한 상담에서 목표로 둔 것은 루이스가 다르게 **행동**할 수 있도록 하는 것이었는데, 이는 루이스가 시댁 식구들과 상호작용할 때 그녀와 시댁 식구가 갇혀 있는 반복되는 순환을 깨도록 하는 것이다. 반복되는 순환 속에서 이들은 서로 가장 바라지만 그렇지 않은 행동을 이끌어 냈던 것이다(불만스러운 행동을 이끌어 내는 유사한 패턴이 인종과 민족에 대한 불신 그리고 고정관념에서 어떻게 반복되는가는 P. L. Wachtel, 1999 참조).

이처럼 서로 연결되어 있는 목표를 달성하려고 할 때 새로운 행동으로 가는 중요한 가교가 된 것은 보통 **해석**이라고 부르는 반응이었으나 행동지향적인 **해석**, 즉 루이스가 원하고 경험하고 있는 것을 확인하고 공감하고 명료화하는 것을 목적으로 하지만 **말하거나 하고 싶은** 것을 표현하도록 하는 방식으로 하는 반응이다("루이스 씨가 그들에게 말하고 싶은 것은 ~인 것 같네요."). 그

7) 자신의 욕구를 감춘다면 자신의 욕구와 바람을 무시함으로써 소위 '유사 해결'은 될 수 있으나 그 결과로 다른 사람과 관계 맺는 것이 방해받을 가능성이 있다.

런 반응에는 해석이나 공감의 요소뿐만이 아니라 모델링, 제안, 심지어는 암묵적인 행동시연도 있다. 거울뉴런이 활성화되었을 때 일어나는 것과 유사하게 루이스가 시댁 식구에게 말하지 못했던 것을 나를 통해 듣는 것은 스스로 말하는 것과 거의 다름없는 역할을 한다고 생각하는데, 이는 루이스가 그런 말을 하는 것에 덜 민감하게 할 수 있다. 이는 또한 암묵적인 연습이 되는데, 내가 말한 것과 루이스의 경험이 일치하는 정도만큼 자신의 것으로 소화하게 된다.

일상생활에서의 행동에 주의를 기울이는 것은 상담시간 후반부에 다르게 나타났다. 루이스가 시댁 식구 그리고 자신과 이들의 관계에 대해 새로운 관점을 갖게 된 후 루이스는 "그래요. 그걸 직면할 필요가 있어요. 잘 모르겠는데…… 다시 그건 단지 어떻게 하는가의 문제예요."라고 말한다. 이렇게 말하면서 루이스는 동시에 사실 그 문제를 어떻게 다루어야 할지 모른다고 말하면서도 자신이 그것에 대해 내게서 도움을 얻는 게 적절한 거라고 생각하지는 않는다고 넌지시 전달하고 있다. "그건 단지 어떻게 하는가의 문제예요."라는 말은 어떤 의미에서 자신에게 지나치게 책임을 지우는 것이다. 만일 그것이 '단지 어떻게 하는가의 문제'라면 루이스는 그렇게 노력하지 않을 것이다. 왜냐하면 처리해야 할 필요가 있는 것을 피하는 데 인생 대부분을 보냈는데 그것을 해결하는 데 노력을 기울여야 하는 것은 벅찬 일이기 때문이다. 많은 상담자가 상담할 때 암묵적으로 갖게 되는 "기본적인 자세"(P. L. Wachtel, 2008)는 이렇게 매우 간접적이면서 내담자 스스로는 부인하는 도움받고자 하는 요청은 살피지 않는 것이다. 루이스가 말하는 방식은 그냥 놔두는 것이 자연스러운 것이라는 느낌이 들도록 하는 것인데, 드는 느낌은 루이스가 혼자 알아서 '처리를 해야' 한다는 것이다. 그러나 나는 이렇게 놔두지 않았다. 루이스에게 나는 "어떻게 할지 같이 생각해 봅시다."라고 말하고서 "그들에게 어떻게 다가가고 싶은가요? 그들에게 뭐라고 말하고 싶은가요?"라고 하면서 그것에 대해 생각해 보도록 연달아 자극한다.

따라서 나는 루이스가 적극 참여하도록 하면서 루이스 자신의 성향, 선호, 스타일 그리고 역량을 바탕으로 상담 과정이 진행되도록 한다. 그러나 이렇게 노력하는 과정에서 루이스에게 **협력자**가 있다는 것을 여러모로 전달한다. 나는 무엇보다도 루이스가 사실상 혼자 힘으로 자발적으로 했다는 것을 내가 알아차리고 있다는 사실로 인해 이렇게 하는 것이다(하지만 그렇게 하지 못하기도 했다). 나는 또한 **함께** 생각해 보자고 말한다. 나는 협력적인 과정을 강조하고 있는 것이지, 혼자 탐색하도록 하고 나는 그저 관찰만 하는 것은 아니다. 루이스는 악순환에 갇혀서 그녀와 시댁 식구 각자가 반복해서 서로 상처를 악화시키도록 하고 있다는 사실로 인해 그 악순환을 깨는 것이 어려웠다. 악순환을 깨는 데 **적극적인 도움**이 없다면 이 악순환은 계속해서 유지될 가능성이 있고, 이로 인해 어떤 통찰도 오래가지 못하며 실제 변화를 일으킬 수도 없다.

나는 통찰과 내적 상태의 변화가 가치 있다고 생각한다. 이를 통해 내담자는 자신의 생각, 느낌 그리고 욕구를 더 자각하고 더 잘 받아들일 수 있다. 그렇기 때문에 나는 이 책 전반에서 **내담자가 자신의 감정을 느낄 수 있는 공간을 만드는 것**을 강조했다. 그러나 '내적' 상태의 변화는 내담자 생활의 대부분을 이루고 있는 다른 사람과 하는 '외적' 상호작용에서 변화가 있지 않는 한(더 정확히 말하자면, '내적'인 것과 '외적'인 것 사이의 구분은 대체로 인위적이라는 것을 이해하지 않는 한), 잘 유지될 수 없다. 상당수의 상담자는 내담자의 '내적 세계'에 대한 통찰을 증진시키거나 '내적 세계'가 수정된다면 행동은 다음에 저절로 온다고 본다. 나는 늘 그렇다는 것에는 회의적이다.

내가 이미 말한 것에서 분명하다고 생각하지만, 이러한 단일 차원의 선형적인 관점의 반대되는 관점, 즉 인과관계의 방향이 오로지 다른 사람과의 상호작용에서 내담자의 내적 상태로 가는 것이라고 보는 관점을 지지하는 것은 아니다. 내가 보는 관점은 변화의 과정은 서로가 원인과 결과가 되면서 계속된다고 보는 것인데, 이 관점에서 보면 삶의 한 부분(그것이 내담자 마음의 상태이건 다른 사람과의 상호작용이건)에서의 변화가 다른 부분을 변화시킬 뿐만 아니라 이러한 다른 부분의 변화로 인해서만 **유지**될 수 있는 것이다.

마치면서

루이스와 멜리사는 둘 다 삶의 문제로 고통받았는데 자신들의 문제를 다루려고 할 때 자신들에서 일어나는 느낌, 생각, 지각에 대한 불편함 때문에 해결하기가 힘들었다. 루이스의 경우 피했던 경험 또는 두려웠던 경험을 보면 자라는 동안 가족이 고통을 주는 공간이었음을 자각하는 것, 자신의 가족이 다른 친구들의 가족과 달랐고 이에 대해 자신이 수치심과 분노 그리고 실망감을 느꼈다는 것, 어머니에게 의지할 수도 없었고 어머니가 혼란스러웠다는 것, 어머니가 루이스를 유기한 것, 가족 간 연결감이 없었는데 서로 필요로 할 때는 도움을 주었다는 생각으로 가려져 있었다는 것, 그리고 시댁 식구에게 가까이 가고 싶은 바람이 있었는데 이것이 친정어머니를 배반하는 것같이 느껴졌고 시댁 식구의 결점에 초점을 둠으로써 친정어머니의 결점은 의식 밖으로 밀려났다는 것이었다.

멜리사와의 상담에서 갈등이 되는 감정을 탐색하는 것은 더 한계가 있었다. 루이스는 멜리사보다 상담에 더 적극 참여했고, 그래서 루이스를 더 잘 알게 되었다. 물론 초기 수준의 이해이기는 하지만 말이다.[8] 그러나 멜리사에게도 자기정체성과 자기 위치를 받아들이고 통합하는 데 어려움을 겪었던 경험이 있었다. 예를 들면, 멜리사는 반항적이고 놀기 좋아하며 순간을 즐기는 자신의 모습을 긍정할지 또는 교육이나 진로 그리고 책임 있는 행동에 대

8) 이것을 말하는 이유는 내가 루이스와 두 번째 상담을 했기 때문이 아니라 둘과 한 초기 상담의 차이 때문이다.

해 가족이 이상적이라고 보는 모습을 따라야 할지로 갈등하고 있는 것처럼 보였다. 전자는 멜리사의 생활에 표현되었고, 자기정체성 그리고 '멜리사의 것' 또는 '멜리사 방식' 같은 느낌이 드는 것이었으나, 이러한 모습을 받아들이는 것이 또 그렇게 편하지 않은 언급이 있었다. 이러한 모습들은 '억압'되거나 '무의식'에 있지 않았으나 멜리사가 받아들이기에는 힘든 경험처럼 보였다. 멜리사가 현재 직장에 계속 있을지 결정하는 것이 어려운 이유도 상당 부분 그녀가 자신의 경험, 그리고 자기 자신의 인식이나 욕구를 인정하는 데 어려움이 있기 때문이라고 생각한다.

루이스 그리고 멜리사와 한 상담을 생각해 보고 이를 내가 보통 하는 상담 방식과 비교해 보면, 이들과 한 상담에 내가 하는 상담을 대표하는 방식이 많은 부분 있기도 하고 다른 부분이 몇 가지 있기도 하다. 내가 보통 하는 상담 방식을 가장 명확하게 대표하는 것은 갈등이 되거나 충분히 수용하지 못한 감정과 성향에 초점을 둔다는 점과 이런 감정과 성향을 내담자의 심리적 조직과 자기경험 내에서 느낄 수 있는 **여지를 만들려고** 노력한다는 점이다. 이렇게 하기 위해 내담자가 자신을 속이고 있다거나 유아기 감정과 욕구를 숨기고 있다는 것을 내담자에게 보여 주는 '해석'이 아니라 내담자 경험에 대해 **부연하는** 말을 통해서, 즉 루이스가 아직 느끼지 못하고 있는 감정과 성향을 느낄 수 있는 여지를 만들려고 노력하면서도 루이스가 자신을 보는 익숙한 방식을 존중하는 방식을 통해서 한다는 것도 또한 내가 하는 상담 방식을 대표하는 것이다.

또한 이 상담에는 내가 상담하는 방식을 잘 나타내는 또 다른 요소가 명확하게 나타나는데, 내가 **귀인** 반응 또는 귀인 해석이라고 부르는 것을 이용한다는 것이다. 귀인 반응을 강조한 것은 내가 귀인 반응을 인식하기 수년 전부터였으며 효과적인 치료적 의사소통(effective therapeutic communication)에 관한 책(P. L. Wachtel, 1993, 출판 중)을 저술하면서 이름을 붙이거나 개념에 대해 상세하게 설명하기 수년 전부터였다. 나는 다양한 범주의 반응이 **귀**

인이라는 이름에 잘 들어맞는다고 생각한다[이 귀인이라는 용어는 사회심리학 문헌의 '귀인이론'에서 사용하는 용어(예: Heider, 1958; Jones et al., 1972; Weiner, 1986)와는 다르게 쓰고 있다]. 내가 이 개입법에 이 이름을 붙인 개입법의 공통된 특성, 그리고 이 개입법을 기술할 때 **귀인적**이라는 표현을 하게 된 이유는 상담 성과를 내담자에게 돌리기 때문이다. 이 과정은 통찰을 아직 하지 못한 내담자에게 통찰을 하도록 하는 방식이 아니라 내담자가 **이미** 알고 있는 것을 인정하는 방식으로("내가 당신이 하고 있는 말을 정확하게 이해하고 있다면 당신이 하는 말은……") 말하면서 진행된다(비교: Renik, 1993). 다른 경우 귀인 차원은 내담자가 이미 더 명료하게 이해하거나 더 효과적인 행동을 한 것에 초점을 맞추는 것으로 구성된다. 여기서 귀인 반응은 내담자의 강점에 기반하기라는 제목 아래 논의한 관점을 기초로 하는데, 이는 내담자가 일상생활에서 행동을 하도록 하는 가장 좋은 방법 가운데 하나는 내담자가 새로운 행동의 씨앗이나 싹이 이미 내담자에게 있다는 가정을 반영하고 있는 것이다. 이와 유사한 상담 접근에 대해 토론하면서 내 아내 엘렌 왁텔은 "되어 가기 언어(the language of becoming)"를 언급하고 있는데(E. F. Wachtel, 2001), 이 용어는 내가 여기서 귀인적이라고 부르는 것의 의미를 상당 부분 잘 포착하고 있다.

따라서 귀인 요소는 통찰과 상담 성과를 내담자에게 돌리는 정도(달리 말하면, 상담자의 기여보다는 내담자의 기여를 더 강조하는 것이다), 이러한 성과가 다른 사람이 보기보다 더 지속될 것이라고 말하는 것, 이렇게 말하면서 성과가 더 지속될 수 있도록 하는 것에 달려 있다(이 부분에 대해서는 P. L. Wachtel, 1993 참조). 축어록에 있는 보충 설명에서 여러 번 이러한 귀인 특성에 대해 지적한 바 있다.

상담사례에 나타나는 내 상담 방식은 내담자가 일상생활에서 하는 상호작용에 주의를 많이 기울인다는 것과 내담자가 일상생활에서 하는 행동 방식, 그리고 이 행동의 결과를 직접 다루려고 노력한다는 것이다. 이처럼 정신분석 임상가들에게 전형적으로 나타나는 '내적 세계'에 대한 관심보다는 일상생활에 관심을 두는 것은 호소 문제를 특징짓는 악순환에 관심을 두고 있고 또 이 악순환의 결과로 '내적' 세계와 '외적' 세계가 서로 어떻게 계속 반복되고 유지되는가에 관심을 두고 있기 때문이다. 단순히 가족에 대해서만이 아니라 직장, 친구 등과 같은 다른 대인관계에도 초점을 두는 것은 통합 모형에 체계론적 사고방식과 상담 접근을 포함시키려는 이전의 통합 시도를 확장시키고 있는 것이다(E. F. Wachtel & P. L. Wachtel, 1986; P. L. Wachtel, 1997). 사람들은 고립되어 있는 모나드(monad)[9]가 아니다. 우리는 다양한 사회적 그리고 심리적 체계에 속해서 살아간다. 그리고 그 체계에서 개인의 행동과 경험은 당사자의 상호작용의 복합적인 산물로 이해될 수 있다. 루이스와 시댁식구의 상호작용은 좋은 예인데, 이들의 상호작용은 각자의 성격 면에서뿐만 아니라 체계 그 자체로 이해되어야 한다. 이 체계는 시간이 지나면서 그 자체로 생명력을 지니게 되고 이 때문에 그 자체로 다루어야 한다.

내가 사용하는 통합 접근에 기여하는 네 개의 상담 접근 가운데 마지막은 경험적 접근이다. **경험적**이라는 용어는 다양한 이론적 그리고 임상적 접근을 말하는데(예: Elliott, Greenberg, & Lietaer, 2004; Fosha, Paivio, Gleiser, & Ford, 2009; L. S. Greenberg & Pascual-Leone, 2006), 이 지점에서 이러한 상담 전통의 부분이 되는 다양한 관점이 내 사고방식과 어디서 정확히 교차하는지가 가장 불분명하다. 오래전이기는 하지만 통합 노력에 초기 추진력이 된 것이 지나치게 말만 강조하고 인지적인 것에 치우친 것으로 보였던 그 당시의 정신분석에 대한 실망감에 있었다는 것이 명확해짐에 따라 나는 경험주의 관점

---

9) 역자 주: 모나드란 라이프니츠(G. W. Leibniz)의 『모나드론(Monadenlehre)』에서 분석한 핵심 개념으로, '무엇이 실체인가?'라는 물음에 대한 해답으로 활용한 개념이다. 모나드는 모든 존재의 기본 실체인데, 물질의 기본 단위인 원자와는 달리 비물질적인 실체로서, 본질적인 작용은 표상이다 [참고문헌: Russell, B. (2019). **러셀 서양철학사**. (서상복 역). 서울: 을유문화사. (원저는 1945년에 출판)].

의 문헌에 점점 빠져들게 되었다. 행동시연이나 노출과 같은 행동주의 방법은 내담자의 공포 대상이나 문제 상황을 더욱 직접적으로 경험할 수 있도록 하는 것으로 보이며, 이렇게 직접 경험할 수 있는 기회는 언어와 생각을 강조하는 정신분석 전통을 보완하는 것으로 보인다. 내 상담이 발전하면서 상담이 더 경험적이 되기를 바람으로써 각 접근에서 경험적인 요소를 선택적으로 추출하였다. 따라서 내가 제1장에서 논의한 바와 같이 정서 경험을 '비합리적'이라고 설득하는 인지행동 상담보다는 감정에 주의를 기울이고 수용하는 인지행동 상담에 더 끌린다. 그래서 정신분석 영역에서도 참여자에 대한 관계 관점을 강조하고(비교: K. A. Frank, 1999), 상호작용하는 장 밖에서 내담자의 경험을 '중립적으로 해석하는' 자세보다는 직접적인 관계 경험의 영향을 강조하는 정신분석 접근에 끌리는 것이다.

이 책의 사례들에는 내가 보통 하는 상담보다 직접적인 경험 차원이 덜 분명한데, 이는 이들 사례가 초기 상담이기 때문이기도 하지만 그렇다고 해서 그것이 전혀 없는 것은 아니다. 예를 들면, 루이스와 멜리사가 자기로부터 배제해 버린 성향과 정서 경험을 '해석하기'보다는 이러한 성향과 정서 경험으로 이들을 초대하려고 한 노력은 상담의 특징이라고 하겠다. 하지만 다른 방식도 있는데, 이 방식에서는 내가 보통 하는 상담 방식이 상당히 빠져 있다. 보통은 나와 내담자 사이에 일어나고 있는 것과 각자의 상호 경험에 대해 내담자와 검토하고 이야기를 나누는 데 상당 시간을 할애한다. 이렇게 상담실에서 일어나고 있는 것에 주의를 기울이면 일상생활에서 일어나고 있는 일에 주의를 기울이는 것을 보완하게 되는데, 이처럼 이 두 가지는 상호 보완을 통해 둘 다 이해를 더 깊게 하게 한다. 하지만 이 상담에서는 장기상담의 일부가 아닌 초기 상담이어서 관계에 그만큼 주의를 기울이고 있는가는 명확하지 않다. 상담하는 동안 분명히 이 차원에 대해 생각은 했지만 이에 대해 거의 이야기는 하지 않았고, 이런 점에서 이 상담은 내가 보통 하는 상담과 진행과정이 달랐다.

이와 함께 보통 상담할 때 상담시간을 온통 상담실에서 일어나고 있는 일에만 초점을 둔다는 것은 사실이 아님을 언급해 두어야겠다. 앞에서 말한 바와 같이 상담하는 동안 미묘한 정서적 연결과 단절을 검토하는 것이 상담 과정의 핵심으로 보이지만, 내담자의 일상생활을 자세하게 살펴보는 것은 상대적으로 피상적이라고 보는 관계정신분석 상담자들이 있다. 내 상담 접근에서는 그렇지 않다. 루이스와 멜리사의 일상생활에서 일어나는 일들과 문제에 주의를 기울이는 것은 하나의 초점을 나타내는 것인데, 이 초점은 내게 언제나 중요한 것이다. 이 책에 수록된 상담에서 없었던 것은 내가 보통 하는 상담에서 이따금씩이지만 그렇게 적지 않게 발생하는 어떤 것인데, 전체 상담 과정과 접근에서 중요한 부분이어서 그것이 없는지 주목해야 하는 것이다. 설사 여기에 제시한 상담사례가 내가 하는 상담 경향과 아주 벗어나지는 않았더라도 말이다. 달리 말하면, 이 상담사례에서 달랐던 점은 협력적인 관계가 오랜 시간 안정적으로 수립된 것이 아니기 때문에 보통 내가 장기상담에서 하는 것보다 이러한 초점을 상담사례에 도입하는 경향이 덜했다는 것이다.

관계에 대한 논의가 많이 없었던 것과 유사하게, 보통 자기개방이라고 하는 것도 거의 없었다. 좀 더 정확하게는 미리 생각하고 의도한 자기개방이 없었다는 것이다. 우연한 또는 의도하지 않은 자기개방, 즉 상담자가 한 인간임으로 인해 나타나는 자기개방은 의도하든 의도하지 않든 일어난다(K. A. Frank, 1997; Renik, 1995, 1999). 상담실에서 내담자와 내 생각과 느낌, 또는 내 일상생활, 심지어는 내 어린 시절에 대해 나누는 것은 상담할 때 보통 하는 것들이다(P. L. Wachtel, 1993, 2008). 모든 상담시간마다 하는 것은 아니지만, 이번 상담에서는 이러한 내 방식이 전형적으로 나타나지는 않았다. 하지만 이런 것이 없다는 것이 전이나 역전이 현상에 있어서는 상호작용의 구조(녹화를 위해 단회 상담을 하는 상황)로 인해 의미가 전혀 달랐다는 것을 언급해 두고자 한다.

전반적으로 보면 이 책의 사례들은 내가 하는 상담 방식을 꽤 잘 나타내 준다. 되짚어 보면 내가 서두에서 내 접근을 안내하는 것으로 제시했던 이론적 고찰이 사례에 상당한 정도 반영된 것으로 보인다. 하지만 루이스와 멜리사와 한 상담을 계속 생각해 보면서 여전히 그 방식은 내가 잘 인식하지 못하고 있지만 이들도 그러한 이론적 이해를 더해 가는 데 기여하리라는 것이 내 생각이다. 훌륭한 이론이란 고정되고 존경받는 이론이 아니다. 임상 경험에서 새롭게 관찰한 내용을 계속 받아들이고 실증 연구의 새로운 결과에 주목하는 이론이 바로 훌륭한 이론인 것이다.

나는 대부분의 상담은 매뉴얼로 만들어야 한다거나 상담 접근이 '실증 연구로 지지'되는가 여부를 평가하는 데는 단일 연구 패러다임이 적절하다고 생각하는 상담자는 아니다(P. L. Wachtel, 2010a). 하지만 우리 생각을 실증 관찰(임상 관찰과 실증 연구 결과)에서 나온 증거에 기반하는 것이 중요하고 그렇게 하는 것이 우리 이론을 활력 있고 유용하게 유지하는 데 핵심이라고 생각하고 있다. 상담 접근이 '증거 기반'이어야 한다는 것이 정확히 무슨 의미인가는 사실 더 복잡하고 논란의 여지가 있는 주제이다(예: Norcross, Beutler, & Levant, 2006; Shedler, 2010; P. L. Wachter, 2010a 참조). 존경받는 여러 연구자는 핵심적인 과정, 원리 그리고 상담 성과를 설명하는 매개변수를 이해하려고 하는 것이 특정 '패키지'나 '이론 상표'를 인증하거나 승인의 표시를 주는 노력보다 더 견고한 실증 전략이라고 제안하고 있다(예: Castonguay & Beutler, 2003; Goldfried & Eubanks-Carter, 2004; Kazdin, 2007, 2008; Kadzin & Nock, 2003; Pachankis & Goldfried, 2007; Rosen & Davison, 2003; 단순히 상담 접근의 효과를 검증하는 것보다 이와 같은 노력이 하는 것이 상담자로서 상담효과를 증진하는 데 어떻게 도움이 되는가에 대한 심층적인 논의는 P. L. Wachtel, 2010a 참조).

이 책에서 설명하는 접근의 지침이 되는 것은 상담 실제를 위한 관련 연구 토대라는 과정 중심 관점이다. 인지행동, 정신역동, 체계이론 그리고 경험적 관점에서 시행된 연구에서 나온 기본 원리에 대한 실증연구가 상당히 있는데, 여기에 이 책의 통합적 접근이 토대를 하고 있다(이 증거에 대한 개관은 P. L. Wachtel, 1994, 1997; P. L. Wachtel, Kruk, & McKinney, 2005 참조; 또한 Andersen & Saribay, 2005; Andersen, Thorpe, & Kooij, 2007; Bargh, 2006; Elliot, Lietaer, & Greenberg, 2004; Greenberg & Pascual-Leone, 2006; Hofman & Weinberger, 2007; Norcross, 2002; Shedler, 2010; Wampold, 2001; Westen, 1998; Wilson, 2002 참조). 하지만 '실증적으로 지지하는 상담'[10](예: Chambless & Ollendick, 2001)과는 반대로 여기서 말하는 연구는 고정되고 매뉴얼로 된 상담 '패키지'를 위해서가 아니라 어떤 특정 사례에서도 적용할 수 있는 심리적 변화 원리를 더 폭넓게 이해하기 위한 관련 연구를 검토하는 것이다. '실증적으로 지지하는 상담' 운동에서 매뉴얼과 무선 통제 실험에 전적으로 의존하는 것은 과학에 이념적으로 접근하고 있음을 반영하는 것으로, 방법론에만 집착하여 가장 광범위한 과학의 토대에서 임상 실제의 기초를 쌓는 것을 방해하는 것이고 막대한 양의 굳건하고 중요한 자료를 무시하는 것이다(P. L. Wachtel, 2010a).

이렇게 지적한다고 해서 특정 심리 문제에 대한 특정 상담 접근법을 검증하기 위해 무선 통제 실험을 사용하는 데 무조건 반대하는 것은 아니다. 그러한 접근이 적절한가는 평가하는 상담 접근의 특성과 그 상담 접근이 다루는 임상 문제의 특성에 달려 있다. 어떤 문제를 치료하는 것은 내담자마다 유사해서 대규모 연구의 일환으로 된다면 그러한 접근은 상당히 가치가 있을 수 있다. 하지만 대부분의 경우 '실증적으로 지지하는 상담' 접근의 전제에는 부적절하고 또 실증 연구 면에서도 의구심이 드는 가정들이 있는데, 이 가정들은 우리 분야의 임상과학이 의미 있고 세련되게 발전하게끔 하지 못하고 방해가 된다(P. L. Wachtel, 2010a; Westen, Novotny, & Thompson-Brenner, 2004).

체계적인 실증 연구의 지지를 받는 기본 원리에 주목하면서 나는 상담 방

10) 역자 주: 증거 기반 치료

식을 상당히 수정해 왔다(예: P. L. Wachtel, 1997; P. L. Wachtel et al., 2005 참조). 하지만 이 책에도 수록되어 있는 내 상담 방식은 매뉴얼로 제작된 것도 아니고 무선 통제 실험으로 '패키지'로서 검증된 것도 아니다. 그렇게 하는 것이 다는 아니지만 암묵적인 전제를 몇 가지 실제로 위배하는 것이기 때문인데, 여기에는 내담자의 경험과 그것이 매 순간 서로 상호작용하는 사건에 반응하여 변하는 방식에 주의를 기울일 때는 개인에 맞추어 해야 한다는 것 등이 있다. 치료적 상호작용이 창조하는 계속 변화하는 우발적인 사건에 반응하는 데 필요한 지침이 있는 세련된 매뉴얼이 제작된다고 하더라도 이러한 더 융통성 있고 임상적으로 유용한 매뉴얼의 바로 그 속성이 **매뉴얼**이라는 용어 자체의 의미를 과학적인 목적이 아니라 정치적인 목적에 유용한 지점까지 확장시키게 되기 때문이다(P. L. Wachtel, 2010a).

상담효과를 실증연구를 통해 타당화하는 많은 방법은 의학에서 약물치료 효과를 검증하는 데 유용한 접근법으로 상담 과정과 결과를 연구할 때 나타나는 상당히 다른 문제를 다루는 데 차용될 때는 다소 어설픈 기계적인 접근이 된다.[11] 예를 들면, '실증적으로 지지하는 상담' 방법론은 이 방법이 모방하고 있는 약물 효과 연구에서 하고 있는 이중 은폐(double-blind)에 기초한 연구나 연구에서 이중 은폐 상태가 유지되지 않는다면 내적 타당도에 심각한 위협이 된다는 사실을 중요하게 고려하지 못하고 있다. 물론 상담연구에서 내담자와 상담자가 어떤 상담 접근으로 하고 있는지 모르도록 유지하는 것은 거의 불가능하다(이와 관련된 문제는 P. L. Wachtel, 2010a 참조).

협소한 그리고 때로는 이념적으로 도출된 '실증연구로 인증되기' 또는 '실증연구로 지지되기' 위한 규칙에 집착하는 것과 통제되지 않은 '임상적 직관'

11) 역설적으로 약물 효과 실험 방법을 따라 하는 것(그리고 결과 연구를 특정 정신장애의 연구에 국한시킬 것을 주장하는 것)은 알려진 바에 따르면 '의학 모형'에 집착하는 상담 접근을 오래 비판한 접근법의 지지자들에 의해 특히 강조되었다.

을 존중하는 것 사이에는 큰 결실을 맺을 수 있는 영역이 있다. 이러한 넓고 풍성한 영역이 바로 이 책에서 기술한 접근의 씨앗이 심겨진 곳이다. 과실을 수확하는 사람들은 이 씨앗의 질과 가치를 계속해서 책임감 있게 지켜보아야 한다. 하지만 지켜보고 평가하는 과정은 씨앗과 과실을 파괴하는 것이어서는 안 된다. 우리 내담자가 가장 잘 상담받고 우리 분야가 가장 발전하는 것은 내담자와 상담자의 인간으로서 품성과 연구가 제공하는 배경지식 사이에서 계속 면밀하게 검토하는 것에 달려 있다.

참고문헌

Alexander, F., & French, T. M. (1946). *Psychoanalytic therapy: Principles and applications.* New York, NY: Ronald Press.

Allen, L. B., McHugh, R. K., & Barlow, D. H. (2008). Emotional disorders: A unified protocol. In D. H. Barlow (Ed.), *Clinical handbook of psychological disorders: A step-by-step treatment manual* (4th ed., pp. 216-249). New York, NY: Guilford Press.

American Psychological Association. (Producer). (2007). *Integrative relational psychotherapy* [DVD]. Available from http://www.apa.org/pubs/videos/

Andersen, S. M., & Chen, S. (2002). The relational self: An interpersonal social-cognitive theory. *Psychological Review, 109*(4), 619-645. doi:10.1037/0033-295X.109.4.619

Andersen, S. M., & Saribay, S. A. (2005). The relational self and transference: Evoking motives, self-regulation, and emotions through activation of mental representations of significant others. In M. W. Baldwin (Ed.), *Interpersonal cognition* (pp. 1-32). New York, NY: Guilford Press.

Andersen, S. M., Saribay, S. A., & Kooij, C. S. (2008). Contextual variability in personality: The case of the relational self and the process of transference. In F. Rhodewalt (Ed.), *Personality and social behavior: Frontiers of social psychology* (pp. 79-116). New York, NY: Psychology Press.

Andersen, S. M., Thorpe, J. S., & Kooij, C. S. (2007). Character in context: The relational self and transference. In Y. Shoda, D. Cervone, & G. Downey (Eds.), *Persons in context: Building a science of the individual* (pp. 169–200). New York: Guilford Press.

Angus, L. E., & McLeod, J. (2003). *The handbook of narrative and psychotherapy: Practice, theory and research.* Thousand Oaks, CA: Sage.

Apfelbaum, B. (2005). Interpretive neutrality. *Journal of the American Psychoanalytic Association, 53,* 917–943. doi:10.1077/00030651050530030101

Aron, L. (1990). One person and two person psychologies and the method of psychoanalysis. *Psychoanalytic Psychology, 7,* 475–485. doi:10.1037/0736-9735.7.4.475

Aron, L. (1991). Working through the past, working toward the future. *Contemporary Psychoanalysis, 27,* 81–109.

Aron, L. (1996). *A meeting of minds: Mutuality in psychoanalysis.* Hillsdale, NJ: The Analytic Press.

Aron, L. (2006). Analytic impasse and the third: Clinical implications of intersubjectivity theory. *The International Journal of Psychoanalysis, 87,* 349–368. doi:10.1516/15EL-284Y-7Y26-DHRK

Balint, M. (1950). Changing therapeutical aims and techniques in psycho-analysis. *The International Journal of Psychoanalysis, 31,* 117–124.

Bargh, J. (2006). *Social psychology and the unconscious: The automaticity of higher mental processes.* New York, NY: Psychology Press.

Barlow, D. H. (2002). *Anxiety and its disorders: The nature and treatment of anxiety and panic* (2nd ed.). New York, NY: Guilford Press.

Barlow, D. H., Allen, L. B., & Basden, S. L. (2007). Psychological treatments for panic disorders, phobias, and generalized anxiety disorder. In P. E. Nathan & J. M. Gorman (Eds.), *A guide to treatments that work* (3rd ed., pp. 351–394). New York, NY: Oxford University Press.

Barlow, D. H., Allen, L. B., & Choate, M. L. (2004). Toward a unified treatment for emotional disorders. *Behavior Therapy, 35,* 205-230. doi:10.1016/S0005-7894(04)80036-4

Bass, A. (2003). "E" enactments in psychoanalysis: Another medium, another message. *Psychoanalytic Dialogues, 13,* 657-675. doi:10.1080/10481881309348762

Beebe, B., & Lachmann, F. (2002). *Infant research and adult treatment: Co-constructing interactions.* Hillsdale, NJ: The Analytic Press.

Beebe, B., & Lachmann, F. (2003). The relational turn in psychoanalysis: A dyadic systems view from infant research. *Contemporary Psychoanalysis, 39,* 379-409.

Benjamin, J. (2004). Beyond doer and done to: An intersubjective view of thirdness. *The Psychoanalytic Quarterly, 73,* 5-46.

Berman, E. (1981). Multiple personality: Psychoanalytic perspectives. *The International Journal of Psychoanalysis, 62,* 283-300.

Bibring, E. (1954). Psychoanalysis and the dynamic psychotherapies. *Journal of the American Psychoanalytic Association, 2,* 745-770. doi:10.1177/000306515400200412

Bornstein, R. (1988). Psychoanalysis in the undergraduate curriculum: The treatment of psychoanalytic theory in abnormal psychology texts. *Psychoanalytic Psychology, 5,* 83-93. doi:10.1037/h0085122

Boston Change Process Study Group. (2007). The foundational level of psychodynamic meaning: Implicit process in relation to conflict, defense and the dynamic unconscious. *The International Journal of Psychoanalysis, 88,* 843-860. doi:10.1516/ijpa.2007.843

Bowers, K. S. (1973). Situationism in psychology: An analysis and a critique. *Psychological Review, 80,* 307-336. doi:10.1037/h0035592

Bowlby, J. (1969). *Attachment and loss: Vol. 1. Attachment.* New York, NY: Basic Books.

Bowlby, J. (1973). *Attachment and loss: Vol. 2. Separation.* New York, NY: Basic

Books.

Bowlby, J. (1980). *Attachment and loss: Vol. 3. Loss.* New York, NY: Basic Books.

Bowlby, J. (1988). *A secure base: Parent-child attachment and healthy human development.* New York, NY: Basic Books.

Brenner, C. (1979). Working alliance, therapeutic alliance, and transference. *Journal of the American Psychoanalytic Association, 27,* 137-157.

Bromberg, P. M. (1996). Hysteria, dissociation, and cure: Emmy von N revisited. *Psychoanalytic Dialogues, 6,* 55-71. doi:10.1080/10481889609539106

Bromberg, P. M. (1998a). *Standing in the spaces: Essays on clinical process, trauma, and dissociation.* Hillsdale, NJ: The Analytic Press.

Bromberg, P. M. (1998b). Staying the same while changing: Reflections on clinical judgment. *Psychoanalytic Dialogues, 8,* 225-236. doi:10.1080/10481889809539244

Bromberg, P. M. (2003). Something wicked this way comes: Trauma, dissociation, and conflict: the space where psychoanalysis, cognitive science, and neuroscience overlap. *Psychoanalytic Psychology, 20,* 558-574. doi:10.1037/0736-9735.20.3.558

Burton, N. (2005). Finding the lost girls: Multiplicity and dissociation in the treatment of addictions. *Psychoanalytic Dialogues, 15,* 587-612. doi:10.1080/10481881509348852

Cacioppo, J. T., & Berntson, G. G. (1992). Social psychological contributions to the decade of the brain: Doctrine of multilevel analysis. *American Psychologist, 47,* 1019-1028. doi:10.1037/0003-066X.47.8.1019

Cacioppo, J. T., Berntson, G. G., Sheridan, J. F., & McClintock, M. K. (2000). Multilevel integrative analyses of human behavior. *Psychological Bulletin, 126,* 829-843. doi:10.1037/0033-2909.126.6.829

Castonguay, L. G., & Beutler, L. E. (Eds.). (2003). *Empirically supported principles of therapeutic change.* New York, NY: Oxford University Press.

Chambless, D. L., & Ollendick, T. H. (2001). Empirically supported psychological interventions: Controversies and evidence. *Annual Review of Psychology, 52,* 685-716. doi:10.1146/annurev.psych.52.1.685

Cohen, J., & Tronick, E. (1988). Mother-infant face-to-face interaction: Influence is bidirectional and unrelated to periodic cycles in either partner's behavior. *Developmental Psychology, 24,* 386-392.

Cortina, M., & Marrone, M. (2003). *Attachment theory and the psychoanalytic process.* London, England: Whurr.

Craske, M. G., & Barlow, D. H. (2008). Panic disorder and agoraphobia. In D. H. Barlow (Ed.), *Clinical handbook of psychological disorders* (4th ed., pp. 1-64). New York, NY: Guilford Press.

Craske, M. G., & Mystkowski, J. (2006). Exposure therapy and extinction: Clinical studies. In M. G. Craske, D. Hermans, & D. Vansteenwegen (Eds.), *Fear and learning: Basic science to clinical application* (pp. 217-233). Washington, DC: American Psychological Association. doi:10.1037/11474-011

Crastnopol, M. (2001). On the importance of being (earnestly) hybrid—Or, qualms of a qu. *Psychoanalytic Dialogues, 11,* 253-267. doi:10.1080/10481881109348610

Crastnopol, M. (2007). The multiplicity of self-worth. *Contemporary Psychoanalysis, 43,* 1-16.

Davies, J. M. (1996). Linking the "pre-analytic" with the postclassical: Integration, dissociation, and the multiplicity of unconscious process. *Contemporary Psychoanalysis, 32,* 553-576.

Davies, J. M. (1998). Multiple perspectives on multiplicity. *Psychoanalytic Dialogues, 8,* 195-206. doi:10.1080/10481889809539241

Deacon, B. J., & Abromowitz, J. S. (2004). Cognitive and behavioral treatments for anxiety disorders: A review of meta-analytic findings. *Journal of Clinical Psychology, 60,* 429-441. doi:10.1002/jclp.10255

de Shazer, S., Dolan, Y., Korman, H., McCollum, E., Trepper, T., & Berg, I. K.

(2007). *More than miracles: The state of the art of solution focused brief therapy.* New York, NY: Haworth Press.

Dimen, M. (2004). The return of the dissociated [Discussion]. *Psychoanalytic Dialogues, 14,* 859-865. doi:10.1080/10481880409353132

Dollard, J., & Miller, N. E. (1950). *Personality and psychotherapy.* New York, NY: McGraw-Hill.

Duncan, B. L., Miller, S. D., Wampold, B. E., & Hubble, M. A. (Eds.). (2009). *The heart and soul of change, second edition: Delivering what works in therapy.* Washington, DC: American Psychological Association.

Eccles, J. S. (2004). *Contextual influences on life span/life course.* Hillsdale, NJ: Erlbaum.

Ehrenreich, J. T., Buzzella, B. A., & Barlow, D. H. (2007). General principles of the treatment of emotional disorders across the lifespan. In S. G. Hoffman & J. Weinberger (Eds.), *The art and science of psychotherapy* (pp. 191-210). New York, NY: Routledge.

Elliott, R., Lietaer, G., & Greenberg, L. S. (2004). Research on experiential psychotherapies. In M. J. Lambert (Ed.), *Bergin and Garfield's handbook of psychotherapy and behavior change* (5th ed., pp. 493-540). New York, NY: Wiley.

Erickson, M. H. (1950). *Childhood and society.* New York, NY: Norton.

Erickson, M. H. (1980). *Identity and the life cycle.* New York, NY: Norton.

Erickson, M. H. (1982). *My voice will go with you: The teaching tales of Milton H. Erickson.* New York, NY: Norton.

Erickson, M. H., & Lankton, S. R. (1987). *Central themes and principles of Ericksonian therapy.* New York, NY: Brunner/Mazel.

Fairbairn, W. D. (1958). On the nature and aims of psycho-analytical treatment. *International Journal of Psychoanalysis, 39,* 374-385.

Fairbairn, W. R. D. (1952). *An object relations theory of the personality.* New York,

NY: Basic Books.

Ferenczi, S. (1926). *Further contributions to the theory and technique of psychoanalysis.* London, England: Hogarth Press & the Institute of Psychoanalysis.

Foa, E. B., Huppert, J. D., Cahill, S. P., & Rothbaum, B. O. (Eds.). (2006). *Emotional processing theory: An update.* New York, NY: Guilford Press.

Foa, E. B., & Kozak, M. J. (1986). Emotional processing of fear: Exposure to corrective information. *Psychological Bulletin, 99,* 20-35. doi:10.1037/0033-2909.99.1.20

Foa, E. B., & Meadows, E. A. (1997). Psychosocial treatments for posttraumatic stress disorder: A critical review. *Annual Review of Psychology, 48,* 449-480. doi:10.1146/annurev.psych.48.1.449

Foa, E. B., Rothbaum, B. O., & Furr, J. M. (2003). Augmenting exposure therapy with other CBT procedures. *Psychiatric Annals, 33,* 47-53.

Fonagy, P. (2001). *Attachment theory and psychoanalysis.* New York, NY: Other Press.

Fosha, D. (2000). *The transforming power of affect: A model for accelerated change.* New York, NY: Basic Books.

Fosha, D., Paivio, S. C., Gleiser, K., & Ford, J. D. (2009). Experiential and emotion-focused therapy. In C. A. Courtois & J. D. Ford (Eds.), *Treating complex traumatic stress disorders: An evidence-based guide* (pp. 286-311). New York, NY: Guilford Press.

Fosha, D., & Yeung, D. (2006). Accelerated experiential-dynamic psychotherapy: The seamless integration of emotional transformation and dyadic relatedness at work. In G. Stricker & J. Gold (Eds.), *A casebook of psychotherapy integration* (pp. 165-184). Washington, DC: American Psychological Association. doi:10.1037/11436-013

Frank, J. D. (1973). *Persuasion and healing: A comparative study of psychotherapy* (Rev. ed.). Baltimore, MD: Johns Hopkins University Press.

Frank, K. A. (1997). The role of the anayst's inadvertent self-revelations. *Psychoanalytic dialogues, 7*, 281-314.

Frank, K. A. (1999). *Psychoanalytic participation: Action, interaction and integration.* Hillsdale, NJ: Analytic Press.

Frank, K. A. (2002). The "ins" and "outs" of enactment. *Journal of Psychotherapy Integration, 12*, 267-286. doi:10.1037/1053-0479.12.3.267

Freud, A. (1936). *The ego and the mechanisms of defense.* New York, NY: International Universities Press.

Freud, S. (1957). Remembering, repeating and working through. In J. Strachey (Ed. & Trans.), *The standard edition of the complete psychological works of Sigmund Freud* (Vol., 12, pp. 145-156). London, England: Hogarth Press. (Original work published 1914)

Freud, S. (1959). The neuro-psychoses of defence. In J. Strachey (Ed. & Trans.), *The standard edition of the complete psychological works of Sigmund Freud* (Vol. 3, pp. 41-61). London, England: Hogarth Press. (Original work published 1894)

Freud, S. (1959). Further remarks on the neuro-psychoses of defense. In J. Strachey (Ed. & Trans.), *The standard edition of the complete psychological works of Sigmund Freud* (Vol. 3, pp. 157-185). London, England: Hogarth Press. (Original work published 1896)

Freud, S. (1959). On the history of the psychoanalytic movement. In J. Strachey (Ed. & Trans.), *The standard edition of the complete psychological works of Sigmund Freud* (Vol. 14, pp. 7-66). London, England: Hogarth Press. (Original work published 1914)

Freud, S. (1959). Repression. In J. Strachey (Ed. & Trans.), *The standard edition of the complete psychological works of Sigmund Freud* (Vol. 14, pp. 141-158). London, England: Hogarth Press. (Original work published 1915)

Freud, S. (1959). Inhibitions, symptoms, and anxiety. In J. Strachey (Ed. & Trans.),

The standard edition of the complete psychological works of Sigmund Freud (Vol. 20, pp. 87-172). London, England: Hogarth Press. (Original work published 1926)

Freud, S. (1959). New introductory lectures on psycho analysis. In J. Strachey (Ed. & Trans.), *The standard edition of the complete psychological works of Sigmund Freud* (Vol. 22, pp. 1-182). London, England: Hogarth Press. (Original work published 1933)

Friedman, L. (2002). What lies beyond interpretation, and is that the right question? *Psychoanalytic Psychology, 19,* 540-551. doi:10.1037/0736-9735.19.3.540

Ghent, E. (1989). Credo—The dialectics of one-person and two-person paies. *Contemporary Psychoanalysis, 25,* 169-211.

Gill, M. M. (1954). Psychoanalysis and exploratory psychotherapy. *Journal of the American Psychoanalytic Association, 2,* 771-797.

Gill, M. M. (1979). The analysis of the transference. *Journal of the American Psychoanalytic Association, 27*(Suppl.), 263-288.

Gill, M. M. (1982). *Analysis of transference.* New York, NY: International Universities Press.

Gill, M. M. (1984). Psychoanalysis and psychotherapy: A revision. *The International Review of Psychoanalysis, 11,* 161-179.

Goldfried, M. R., & Eubanks-Carter, C. (2004). On the need for a new psychotherapy research paradigm. *Psychological Bulletin, 130,* 669-673. doi:10.1037/0033-2909.130.4.669

Greenberg, J. R., & Mitchell, S. A. (1983). *Object relations in psychoanalytic theory.* Cambridge, MA: Harvard University Press.

Greenberg, L. S. (2002). *Emotion-focused therapy: Coaching clients to work through their feelings.* Washington, DC: American Psychological Association.

Greenberg, L. S., & Pascual-Leone, A. (2006). Emotion in psychotherapy: A practice-friendly research review. *Journal of Clinical Psychology, 62,* 611-630.

Harris, A. (1996). The conceptual power of multiplicity. *Contemporary Psychoanalysis, 32,* 537-552.

Havens, L. (1986). *Making contact: Uses of language in psychotherapy.* Cambridge, MA: Harvard University Press.

Hayes, S. C., Follette, V. M., & Linehan, M. M. (Eds.). (2004). *Mindfulness and acceptance: Expanding the cognitive-behavioral tradition.* New York, NY: Guilford Press.

Hayes, S. C., Luoma, J., Bond, F., Masuda, A., & Lillis, J. (2006). Acceptance and commitment therapy: Model, processes, and outcomes. *Behaviour Research and Therapy, 44,* 1-25. doi:10.1016/j.brat.2005.06.006

Hayes, S. C., Strosahl, K. D., & Wilson, K. G. (1999). *Acceptance and commitment therapy: An experiential approach to behavior change.* New York, NY: Guilford Press.

Heider, F. (1958). *The psychology of interpersonal relations.* New York, NY: Wiley.

Hoffman, I. Z. (1998). *Ritual and spontaneity in psychoanalysis: A dialectical-constructivist view.* Hillsdale, NJ: The Analytic Press.

Hofman, S. G., & Weinberger, J. L. (Eds.). (2007). *The art and science of psychotherapy.* New York, NY: Routledge.

Howell, E. (2006). *The dissociative mind.* Hillsdale, NJ: The Analytic Press.

Jaffe, J., Beebe, B., Feldstein, S., Crown, C. L., & Jasnow, M. (2001). Rhythms of dialogue in infancy: Coordinated timing in development. *Monographs of the Society for Research in Child Development, 66*(2), vi-131.

Johnson, S. M. (2005). *The practice of emotionally focused couple therapy: Creating connection* (2nd ed.). New York, NY: Routledge.

Jones, E. (1961). *The life and work of Sigmund Freud.* New York, NY: Basic Books.

Jones, E. E., Kannouse, D. E., Kelley, H. H., Nisbett, R. E., Valins, S., & Weiner, B. (Eds.). (1972). *Attribution: Perceiving the causes of behavior.* Morristown, NJ: General Learning Press.

Kazdin, A. E. (2007). Mediators and mechanisms of change in psychotherapy research. *Annual Review of Clinical Psychology, 3,* 1-27. doi:10.1146/annurev.clinpsy.3.022806.091432

Kazdin, A. E. (2008). Evidence-based treatment and practice: New opportunities to bridge clinical research and practice, enhance the knowledge base, and improve patient care. *American Psychologists, 63,* 146-159. doi:10.1037/0003-066X.63.3.146

Kazdin, A. E., & Nock, M. K. (2003). Delineating mechanisms of change in child and adolescent therapy: Methodological issues and research recommendations. *Journal of Child Psychology and Psychiatry, and Allied Disciplines, 44,* 1116-1129. doi:10.1111/1469-7610.00195

Keane, T. M. (1995). The role of exposure therapy in the psychological treatment of PTSD. *National Center for PTSD Clinical Quarterly, 5,* 1-6.

Keane, T. M. (1998). Psychological and behavior treatments of posttraumatic stress disorder. In P. E. Nathan & J. M. Gorman (Eds.), *A guide to treatments that work* (pp. 398-407). New York, NY: Oxford University Press.

Kernberg, O. F. (1976). *Object relations theory and clinical psychoanalysis.* New York, NY: Jason Aronson.

Klein, M. (1952). *Developments in psycho-analysis* (J. Riviere, Ed.). London, England: Hogarth PRess.

Klein, M. (1957). *Envy and gratitude: A study of unconscious sources.* London, England: Tavistock.

Klein, M. (1961). *Narrative of a child analysis; the conduct of the psychoanalysis of children as seen in the treatment of a ten year old boy.* New York, NY: Basic Books.

Klein, M. (1984). *Love, guilt, and reparation, and other works, 1921-1945.* New York, NY: Free Press.

Kohut, H. (1984). *How does analysis cure?* Chicago, IL: University of Chicago Press.

Leichsenring, F., & Rabung, S. (2008). Effectiveness of long-term psychodynamic psychotherapy: A meta-analysis. *JAMA, 300,* 1551-1565. doi:10.1001/jama.300.13.1551

Levy, R. A., & Ablon, J. S. (Eds.). (2009). *Handbook of evidence-based psychodynamic psychotherapy: Bridging the gap between science and practice.* Totowa, NJ: Humana Press.

Linehan, M. M. (1993). *Cognitive-behavioral treatment of borderline personality disorder.* New York, NY: Guilford Press.

Linehan, M. M., & Dexter-Mazza, E. T. (2008). Dialectical behavior therapy for borderline personality disorder. In D. H. Barlow (Ed.), *Clinical handbook of psychological disorders: A step-by-step treatment manual* (4th ed., pp. 365-420). New York, NY: Guilford Press.

Loewald, H. W. (1960). On the therapeutic action of psycho-analysis. *The International Journal of Psychoanalysis, 41,* 16-33.

Loewenstein, R. J., & Ross, D. R. (1992). Multiple personality and psychoanalysis: An introduction. *Psychoanalytic Inquiry, 12,* 3-48. doi:10.1080/07351699209533881

Lyons-Ruth, K. (1998). Implicit relational knowing: Its role in development and psychoanalytic treatment. *Infant Mental Health Journal, 19,* 282-289. doi:10.1002/(SICI)1097-0355(199823)19:3〈282::AID-IMHJ3〉3.0.CO;2-O

Magnusson, D., & Endler, N. (Eds.). (1977). *Personality at the crossroads: Issues in interactional psychology.* Hillsdale, NJ: Erlbaum.

Mahoney, M. J. (1995). *Cognitive and constructive psychotherapies: Theory, research, and practice.* New York, NY: Springer.

Mahoney, M. J. (2003). *Constructive psychotherapy: A practical guide.* New York, NY: Guilford Press.

Mancini, J. A. (Ed.). (2009). *Pathways of human development: Explorations of change.* Lanham, MD: Lexington Books.

Maroda, K. J. (1999). *Seduction, surrender, and transformation: Emotional engagement in the analytic process*. Mahwah, NJ: The Analytic Press.

Mayes, L., Fonagy, P., & Target, M. (2007). *Developmental science and psychoanalysis: Integration and innovation*. New York, NY: Karnac.

McCullough, L. (2003). *Treating affect phobia: A manual for short-term dynamic psychotherapy*. New York, NY: Guilford Press.

McNeilly, R. B. (2000). *Healing the whole person: A solution-focused approach to using empowering language, emotions, and actions in therapy*. New York, NY: Wiley.

McWilliams, N. (2004). *Psychoanalytic psychotherapy: A practitioner's guide*. New York, NY: Guilford Press.

Messer, S. B. (2000). Applying the visions of reality to a case of brief psychotherapy. *Journal of Psychotherapy Integration, 10*, 55-70. doi:10.1023/A:1009470427889

Miller, S. D., Hubble, M. A., & Duncan, B. L. (Eds.). (1996). *Handbook of solution-focused brief therapy*. San Francisco, CA: Jossey-Bass.

Minuchin, S. (1974). *Families and family therapy*. Cambridge, MA: Harvard University Press.

Mischel, W. (1968). *Personality and assessment*. New York, NY: Wiley.

Mischel, W., & Shoda, Y. (1998). Reconciling processing dynamics and personality dispositions. *Annual Review of Psychology, 49*, 229-258.

Mitchell, S. A. (1988). *Relational concepts in psychoanalysis*. Cambridge, MA: Harvard University Press.

Mitchell, S. A. (1993). *Hope and dread in psychoanalysis*. New York, NY: Basic Books.

Mitchell, S. A. (1995). Interaction in the Kleinian and interpersonal traditions. *Contemporary Psychoanalysis, 31*, 65-91.

Modell, A. H. (1984). *Psychoanalysis in a new context*. New York, NY: International Universities Press.

Molnar, A., & de Shazer, S. (1987). Solution focused therapy: Toward the identification of therapeutic tasks. *Journal of Marital and Family Therapy, 13,* 349-358.

Moscovitch, D. A., Antony, M. M., & Swinson, R. P. (2009). Exposure-based treatments for anxiety disorders: Theory and process. In M. M. Antony & M. B. Stein (Eds.), *Oxford handbook of anxiety and related disorders* (pp. 461-475). New York, NY: Oxford University Press.

Moses, E. B., & Barlow, D. H. (2006). A new unified treatment approach for emotional disorders based on emotion science. *Current Directions in Psychological Science, 15,* 146-150. doi:10.1111/j.0963-7214.2006.00425.x

Neimeyer, R. (2009). *Constructivist psychotherapy: Distinctive features.* New York, NY: Routledge.

Neimeyer, R. A., & Mahoney, M. M. (Eds.). (1995). *Constructivism in psychotherapy.* Washington, DC: American Psychological Association. doi:10.1037/10170-000

Norcross, J. (Ed.). (2002). *Psychotherapy relationships that work: Therapist contributions and responsiveness to patients.* New York, NY: Oxford University Press.

Norcross, J. C. (2009). The therapeutic relationship. In B. L. Duncan, S. D. Miller, B. E. Wampold, & M. A. Hubble (Eds.), *The heart and soul of change, second edition: Delivering what works in therapy* (pp. 113-142). Washington, DC: American Psychological Association.

Norcross, J. C., Beutler, L. E., & Levant, R. F. (Eds.). (2006). *Evidence-based practices in mental health: Debate and dialogue on the fundamental questions.* Washington, DC: American Psychological Association.

O'Hanlon, B., & Weiner-Davis, M. (1989). *In search of solutions: A new direction in psychotherapy.* New York, NY: Norton.

Ogden, T. H. (1994). The analytic third: Working with intersubjective clinical facts. *The International Journal of Psychoanalysis, 75,* 3-19.

Ogden, T. H. (2004). The analytic third: Implications for psychoanalytic theory and technique. *The Psychoanalytic Quarterly, 73,* 167-195.

Orange, D. M., Atwood, G. E., & Stolorow, R. D. (1997). *Working intersubjectively: Contextualism in psychoanalytic practice.* Mahwah, NJ: Analytic Press.

Pachankis, J. E., & Goldfried, M. R. (2007). An integrative, principle-based approach to psychotherapy. In S. G. Hoffman & J. Weinberger (Eds.), *The art and science of psychotherapy* (pp. 49-68). New York, NY: Routledge.

Pizer, S. A. (1996). The distributed self: Introduction to symposium on "The Multiplicity of Self and Analytic Technique". *Contemporary Psychoanalysis, 32,* 499-507.

Polanyi, M. (1958). *Personal knowledge: Towards a post-critical philosophy.* Chicago, IL: University of Chicago Press.

Polanyi, M. (1967). *The tacit dimension.* Chicago, IL: University of Chicago Press.

Pos, A. E., Greenberg, L. S., & Elliott, R. (2008). Experiential therapy. In J. L. Lebow (Ed.), *Twenty-first century psychotherapies: Contemporary approaches to theory and practice* (pp. 80-122). Hoboken, NJ: Wiley.

Psychological & Educational Films. (Producer). (1989). *Integrative psychotherapy, Part 4: A demonstration with Dr. Paul Wachtel.* Available from http://www.psychedfilms.com/index.html

Redmond, J., & Schulman, M. (2008). Access to psychoanalytic ideas in American undergraduate institutions. *Journal of the American Psychoanalytic Association, 56,* 391-408. doi:10.1177/0003065108318639

Renik, O. (1993). Analytic interaction: Conceptualizing technique in light of the analyst's irreducible subjectivity. *The Psychoanalytic Quarterly, 62,* 553-571.

Renik, O. (1995). The ideal of the anonymous analyst and the problem of self-disclosure. *The Psychoanalytic Quarterly, 64,* 466-495.

Renik, O. (1999). Playing one's cards face up in analysis: An approach to the problem of self-disclosure. *The Psychoanalytic Quarterly, 68,* 521-530.

Rhodewalt, F. (Ed.). (2008). *Personality and social behavior: Frontiers of social psychology.* New York, NY: Psychology Press.

Rickman, J. (1957). *Selected contributions to psycho-analysis.* Oxford, England: Basic Books.

Ricoeur, P. (1970). *Freud and philosophy: An essay in interpretation* (D. Savage, Trans.). New Haven, CT: Yale University Press.

Rosen, G. M., & Davison, G. R. (2003). Psychology should list empirically supported principles of change (ESPs) and not credential trademarked therapies or other treatment packages. *Behavior Modification, 27,* 300-312. doi:10.1177/0145445503027003003

Ruiz-Cordell, K., & Safran, J. D. (2007). Alliance ruptures: Theory, research, and practice. In S. G. Hoffman & J. Weinberger (Eds.), *The art and science of psychotherapy* (pp. 155-170). New York, NY: Routledge.

Safran, J. D., & Muran, J. C. (2000). *Negotiating the therapeutic alliance: A relational treatment guide.* New York, NY: Guilford Press.

Safran, J. D., Muran, J. C., & Proskurov, B. (2009). Alliance, negotiation, and rupture resolution. In R. A. Levy & J. S. Ablon (Eds.), *Handbook of evidence-based psychodynamic psychotherapy: Bridging the gap between science and practice* (pp. 201-225). Totowa, NJ: Humana Press. doi:10.1007/978-1-59745-444-5_9

Schafer, R. (1983). *The analytic attitude.* New York, NY: Basic Books.

Schafer, R. (1992). *Retelling a life: Narration and dialogue in psychoanalysis.* New York, NY: Basic Books.

Schafer, R. (1997). *The contemporary Kleinians of London.* Madison, CT: International Universities Press.

Schore, A. N. (2003). *Affect regulation and the repair of the self.* New York, NY: Norton.

Shapiro, D. (1965). *Neurotic styles.* New York, NY: Basic Books.

Shawver, L. (1983). Harnessing the power of interpretive language. *Psychotherapy:*

Theory, Research and Practice, 20, 3-11.

Shedler, J. (2010). The efficacy of psychodynamic psychotherapy. *American Psychologist, 65,* 98-109.

Shoda, Y., Cervone, D., & Downey, G. (Eds.). (2007). *Persons in context: Building a science of the individual.* New York, NY: Guilford Press.

Slavin, M. O. (1996). Is one self enough? Multiplicity in self-organization and the capacity to negotiate relational conflict. *Contemporary Psychoanalysis, 32,* 615-625.

Spence, D. P. (1982). *Narrative truth and historical truth.* New York, NY: Norton.

Spence, D. P. (1983). Narrative persuasion. *Psychoanalysis and Contemporary Thought, 6,* 457-481.

Spezzano, C. (1996). The three faces of two-person psychology: Development, ontology, and epistemology. *Psychoanalytic Dialogues, 6,* 599-622. doi:10.1080/10481889609539141

Stern, D. B. (1997). *Unformulated experience: From dissociation to imagination in psychoanalysis.* Hillsdale, NJ: The Analytic Press.

Stern, D. B. (2003). The fusion of horizons: Dissociation, enactment, and understanding. *Psychoanalytic Dialogues, 13,* 843-873. doi:10.1080/10481881309348770

Stern, D. B. (2004). The eye sees itself: Dissociation, enactment, and the achievement of conflict. *Contemporary Psychoanalysis, 40,* 197-237.

Stern, D. N. (1985). *The interpersonal world of the infant: A view from psychoanalysis and developmental psychology.* New York, NY: Basic Books.

Stern, D. N. (2004). *The present moment in psychotherapy and everyday life.* New York, NY: Norton.

Stern, D. N., Sander, L. W., Nahum, J. P., Harrison, A. M., Lyons-Ruth, K., Morgan, A. C., . . . Tronick, E. Z. (1998). Non-interpretive mechanisms in psychoanalytic therapy: The "something more" than interpretation. *International*

Journal of Psycho-Analysis, 79, 903-921.

Stolorow, R. D. (1997a). Dynamic, dyadic, intersubjective systems. *Psychoanalytic Psychology, 14,* 337-346. doi:10.1037/h0079729

Stolorow, R. D. (1997b). Principles of dynamics systems, intersubjectivity, and the obsolete distinction between one-person and two-person psychologies. *Psychoanalytic Dialogues, 7,* 859-868. doi:10.1080/10481889709539224

Stolorow, R. D., & Atwood, G. E. (1992). *Contexts of being: The intersubjective foundations of psychological life.* Hillsdale, NJ: Analytic Press.

Stolorow, R. D., Atwood, G. E., & Orange, D. M. (1999). Kohut and contextualism: Toward a post-Cartesian psychoanalytic theory. *Psychoanalytic Psychology, 16,* 380-388.

Stolorow, R. D., Brandchaft, B., & Atwood, G. E. (2000). *Psychoanalytic treatment: An intersubjective approach.* Hillsdale, NJ: The Analytic Press.

Stone, L. (1961). *The psychoanalytic situation.* New York, NY: International Universities Press.

Strachey, J. (1934). The nature of the therapeutic action of psychoanalysis. *The International Journal of Psychoanalysis, 15,* 127-159.

Sullivan, H. S. (1947). *Conceptions of modern psychiatry.* New York, NY: Norton.

Sullivan, H. S. (1950). The illusion of personal individuality. *Psychiatry, 13,* 317-332.

Sullivan, H. S. (1953). *The interpersonal theory of psychiatry.* New York, NY: Norton.

Swales, M. A., & Heard, H. L. (2009). *Dialectical behaviour therapy.* New York, NY: Routledge.

Tenzer, A. (1984). Piaget and psychoanalysis: II. The problem of working through. *Contemporary Psychoanalysis, 20,* 421-436.

Tronick, E. (1989). Emotions and emotional communication in infants. *American Psychologist, 44,* 112-119.

Wachtel, E. F. (2001). The language of becoming: Helping children change how they think about themselves. *Family Process, 40,* 369-384. doi:10.111/j.1545-5300.2001.4040100369.x

Wachtel, E. F., & Wachtel, P. L. (1986). *Family dynamics in individual psychotherapy.* New York, NY: Guilford Press.

Wachtel, P. L. (1973a). On fact, hunch, and stereotype: A reply to Mischel. *Journal of Abnormal Psychology, 82,* 537-540. doi:10.1037/h0035375

Wachtel, P. L. (1973b). Psychodynamics, behavior therapy, and the implacable experimenter: An inquiry into the consistency of personality. *Journal of Abnormal Psychology, 82,* 324-334.

Wachtel, P. L. (1977a). Interaction cycles, unconscious processes, and the person situation issue. In D. Magnusson & N. Endler (Eds.), *Personality at the crossroads: Issues in interactional psychology* (pp. 317-331). Hillsdale, NJ: Erlbaum.

Wachtel, P. L. (1977b). *Psychoanalysis and behavior therapy: Toward an integration.* New York, NY: Basic Books.

Wachtel, P. L. (1980). Transference, schema, and assimilation: The relevance of Piaget to the psychoanalytic theory of transference. *The Annual of Psychoanalysis, 8,* 59-76.

Wachtel, P. L. (1983). *The poverty of affluence.* New York, NY: Free Press.

Wachtel, P. L. (1987). *Action and insight.* New York, NY: Guilford Press.

Wachtel, P. L. (1991). The role of accomplices in preventing and facilitating change. In R. Curtis & G. Stricker (Eds.), *How people change: Inside and outside therapy* (pp. 21-28). New York, NY: Plenum Press.

Wachtel, P. L. (1993). *Therapeutic communication: Principles and effective practice.* New York, NY: Guilford Press.

Wachtel, P. L. (1994). Cyclical processes in psychopathology. *Journal of Abnormal Psychology, 103,* 51-54. doi:10.1037/0021-843X.103.1.51

Wachtel, P. L. (1995). The contextual self. In C. Strozier & M. Flynn (Eds.), *Trauma and self* (pp. 45–56). London, England: Rowman & Littlefield.

Wachtel, P. L. (1997). *Psychoanalysis, behavior therapy, and the relational world.* Washington, DC: American Psychological Association. doi:10.1037/10383-000

Wachtel, P. L. (1999). *Race in the mind of America: Breaking the vicious circle between Blacks and Whites.* New York, NY: Routledge.

Wachtel, P. L. (2003). Full pockets, empty lives: A psychoanalytic exploration of the contemporary culture of greed. *American Journal of Psychoanalysis, 63,* 103–122. doi:10.1023/A:1024037330427

Wachtel, P. L. (2005). Anxiety, consciousness, and self-acceptance: Placing the idea of making the unconscious conscious in an integrative framework. *Journal of Psychotherapy Integration, 15,* 243–253. doi:10.1037/1053-0479.15.3.243

Wachtel, P. L. (2008). *Relational theory and the practice of psychotherapy.* New York, NY: Guilford Press.

Wachtel, P. L. (2009). Knowing oneself from the inside out, knowing oneself from the outside in: The "inner" and "outer" worlds and their link through action. *Psychoanalytic Psychology, 26,* 158–170.

Wachtel, P. L. (2010a). Beyond "ESTs": Problematic assumptions in the pursuit of evidence-based practice. *Psychoanalytic Psychology, 27,* 251–272.

Wachtel, P. L. (2010b). One-person and two-person conceptions of attachment and their implications for psychoanalytic thought. *International Journal of Psychoanalysis, 91,* 561–581.

Wachtel, P. L. (in press). *Therapeutic communication* (2nd ed.). New York, NY: Guilford Press.

Wachtel, P. L., Kruk, J., & McKinney, M. (2005). Cyclical psychodynamics and integrative relational psychotherapy. In J. Norcross & M. Goldfried (Eds.), *Handbook of psychotherapy integration* (2nd ed., pp. 172–195). New York, NY: Oxford University Press.

Wallerstein, R. S. (1989). The psychotherapy research project of the Menninger

Foundation: An overview. *Journal of Consulting and Clinical Psychology, 57,* 195-205. doi:10.1037/0022-006X.57.2.195

Wallin, D. J. (2007). *Attachment in psychotherapy.* New York, NY: Guilford Press.

Wampold, B. (2001). *The great psychotherapy debate: Models, methods, and findings.* Mahwah, NJ: Erlbaum.

Watzlawick, P., Weakland, J. H., & Fisch, R. (1974). *Change; principles of problem formation and problem resolution.* New York, NY: Norton.

Weiner, B. (1986). *An attributional theory of motivation and emotion.* New York, NY: Springer-Verlag.

Weiss, J., & Sampson, H. (1986). *The psychoanalytic process.* New York, NY: Guilford Press.

Westen, D. (1998). The scientific legacy of Sigmund Freud: Toward a psychodynamically informed psychological science. *Psychological Bulletin, 124,* 333-371.

Westen, D., & Gabbard, G. O. (2001a). Developments in cognitive neuroscience: I. Conflict, compromise, and connectionism. *Journal of the American Psychoanalytic Association, 50,* 53-98. doi:10.1177/00030651020500011501

Westen, D., & Gabbard, G. O. (2001b). Developments in cognitive neuroscience: II. Implications for theories of transference. *Journal of the American Psychoanalytic Association, 50,* 99-134. doi:10.1177/00030651020500011601

Westen, D., Novotny, C. M., & Thompson-Brennet, H. (2004). The empirical status of empirically supported psychotherapies: Assumptions, findings, and reporting in controlled clinical trials. *Psychological Bulletin, 130,* 631-663. doi:10.1037/0033-2909.130.4.631

White, M., & Epston, D. (1990). *Narrative means to therapeutic ends.* New York, NY: Norton.

Wile, D. B. (1984). Kohut, Kernberg, and accusatory interpretations. *Psychotherapy: Theory, Research, & Practice, 21,* 353-364. doi:10.1037/h0086097

Wilson, T. D. (2002). *Strangers to ourselves: Discovering the adaptive unconscious.* Cambridge, MA: Harvard University Press.

Winnicott, D. W. (1965). *The maturational processes and the facilitating environment: Studies in the theory of emotional development.* Oxford, England: International Universities Press.

Winnicott, D. W. (1971). *Playing and reality.* New York, NY: Basic Books.

Winnicott, D. W. (1975). Through paediatrics to psycho-analysis. In *International psychoanalysis library* (Vol. 100, pp. 1-325). London, England: The Hogarth Press & the Institute of Psycho-Analysis.

Wolff, P. H. (2001, June). *Why psychoanalysis is still interesting?* Paper presented at the Annual Meeting of the Rapaport-Klein Study Group, Stockbridge, MA.

Zeig, J. K. (1985). *Ericksonian psychotherapy.* New York, NY: Brunner/Mazel.

Zinbarg, R. E., Barlow, D. H., Brown, T. A., & Hertz, R. M. (1992). Cognitive behavioral approaches to the nature and treatment of anxiety disorders. *Annual Review of Psychology, 43,* 235-267. doi:10.1146/annurev.ps.43.020192.001315

저자 소개

폴 왁텔(Paul L. Wachtel)

컬럼비아 대학교에서 학부과정을 마쳤고 예일 대학교에서 임상심리학으로 박사학위를 취득하였다. 그리고 뉴욕 대학교에서 박사후과정으로 정신분석훈련 과정을 마쳤으며, 현재 뉴욕 대학교 교수로 있다. 왁텔 박사는 세계적으로 심리치료 분야의 혁신가로 알려져 있으며, 심리학 이론과 연구를 당면한 사회 문제에 적용하는 데도 기여하였다. 심리치료통합연구학회(Society for the Exploration of Psychotherapy Integration)의 공동 창립자인 왁텔 박사는 심리치료, 성격역동, 심리학을 바탕으로 한 사회비판과 관련된 저서를 집필했는데, 여기에는 『행동과 통찰(Action and Insight)』『풍요 속의 빈곤(The Poverty of Affluence)』『개인상담에서 가족의 역동(Family Dynamics in Individual Psychotherapy)』『치료적 의사소통(Therapeutic Communication)』『정신분석, 행동치료, 그리고 관계적 세계(Psychoanalysis, Behavior Therapy, and Relational World)』『미국 마음속의 인종(Race in the Mind of America)』『흑인과 백인 간 악순환 끊기(Breaking the Vicious Circles Between Blacks and Whites)』『관계주의 이론과 심리치료의 실제(Relational Theory and the Practice of Psychotherapy)』가 있다. 상당수의 저서는 이 분야의 고전으로 일컬어지고 있다.

역자 소개

허재홍(Heo Jaehong)

연세대학교 심리학과 상담심리전공 박사

현 경북대학교 심리학과 교수

〈대표 저 · 역서〉

사례로 배우는 심리상담의 실제(공저, 학지사, 2020)

정서조절을 이용한 아동 · 청소년 상담(역, 학지사, 2016)

초보상담자를 위한 정신역동 상담: 상담자와 내담자의 감정 다루기(공역, 학지사, 2014)

초보 상담자를 위한

사례중심 관계정신분석 상담

Inside the Session: What Really Happens in Psychotherapy

2021년 6월 10일 1판 1쇄 인쇄
2021년 6월 20일 1판 1쇄 발행

지은이 • Paul L. Wachtel
옮긴이 • 허재홍
펴낸이 • 김진환
펴낸곳 • (주)학지사
04031 서울특별시 마포구 양화로 15길 20 마인드월드빌딩
대표전화 • 02-330-5114 팩스 • 02-324-2345
등록번호 • 제313-2006-000265호

홈페이지 • http://www.hakjisa.co.kr
페이스북 • https://www.facebook.com/hakjisabook

ISBN 978-89-997-2426-8 93180

정가 23,000원

역자와의 협약으로 인지는 생략합니다.
파본은 구입처에서 교환해 드립니다.